헤겔의 서문들

Erwin Metzke, Hegels Vorreden — Mit Kommentar zur Einführung in seine Philosophie, F. H. Kerle Verlag Heidelberg, 1949.

헤겔의 서문들 헤겔 철학 입문을 위한 그 주해

G. W. F. 헤겔 지음 | 에르빈 메츠케 편주
이신철 옮김

도서출판 b

차 례

Ⅱ. 헤겔의 서문들에 대한 주해 • 151

서론을 위한 예비적 언급

헤겔의 서문들의 텍스트들과 그에 대한 주해에 앞서 서론 격으로 현재의 헤겔 이해의 전제들과 관심사들 및 어려움들에 관해 몇 가지를 지적해 두고자 한다.

헤겔 철학을 가능한 한 간결하게 특징짓고자 하는 사람들은 그 철학에서 독일 관념론이 완성되었다고 말하곤 한다. 그러나 그것으로 헤겔의 의미가 다 드러나지는 않는다. 그의 사유에서는 동시에 그리스 문화와 기독교에 그 뿌리가 놓여 있는 선행하는 유럽의 철학과 과학 및 인생관 전체가 유일무이한 종합 속에서 총괄적인 체계적이고 역사적인 자기의식에 도달했다. 아리스토텔레스가 고대에 대해 지녔고 토마스 아퀴나스와 나중에는 다른 측면에서 니콜라우스 폰 쿠자누스가 중세에 대해 지녔던 그 의미를 헤겔은 고유한 방식으로 근대적 의식의 단계에서 좀 더 새로운 사유에 대해 지녀 왔다. 바로 그 점이 헤겔의 사유에 구체적인 내실을 부여하거니와, 그 내실은 체계적으로 작용하는 동시에 관념론적인 범주들을 넘어서서 눈에 띄게 멀리 밀고 나아간다. 그러나 그의 철학은, 모든 정신사적인 뿌리와 이념사적인 중요성 일반을 넘어서서 그리고 동시에 체계로서의 그것의 타당성과는 독립적으로, 헤겔의 체계학과 종합들이 견지될 수 없는 것으로서 입증될 때에도 인식들로서 유지되고 따라서 문제들에 대한 철학적 작업에 관여할 수 있는 통찰들을 포함한다.

그러한 일반적 관점들의 지평에서 최근의 헤겔 해석들──이 헤겔 해석들은 이제 생성 중인 헤겔 아니면 완성된 헤겔을, 문제 사상가 아니면 체계 창조자를, 낭만주의자 아니면 고전주의자를, 독일의 형이상학자 아니면 보편적 정신의 세계시민을 안목에 두고 있다──이 자기의 길을 개척해 온 까닭에 그 관점들을 명확히 그려내는 것이 중요함은 물론이다. 그럼에도 불구하고 이것이 바로 그것만으로 이미 헤겔에 대한 접근 통로가 획득되었다거나 심지어 그의 철학 사상들을 분류하기 위한 처방전이 주어지기나 한 것처럼 이해되어서는 안 된다. 이미 위에서 언급한 관점들의 연관이 문제이다.[1] 그 연관은 물론 우리가 (오로지 경험과 역사 그리고 그들의 대립들을 관통해서만 자기 자신에 도달하지만, 바로 이러한 생성 속에서 경험과 역사의 본질근거로서 드러나는) 정신의 역사성에 대한 헤겔의 인식을 그 전체적 중요성에서 주목할 때 밝혀질 수 있다. 또한 오로지 사태적-체계적 성찰과 역사적 성찰을 충분히 깊이 결합하는 접근만이 적절한 헤겔 해석의 가능성을 열어줄 것이라는 점에 대해서도 의심할 여지가 없다. 그러나 그와 더불어 우리는 모든 개별적인 복잡한 문제들을 넘어서서 그 철학을 역사학적 자기의식의 지반 위에 정초하는 것 자체와 관계되는 물음들에 빠져들게 된다. 존재자의 절대적 로고스와 역사적-실재적 정신에 대한 헤겔 사유의 이중적이지만 뗄 수 없이 하나를 이루는 관련은 그의 철학을 그 철학의

• • •

1. 체계 구축과는 독립적으로 문제들을 다루는 작업이 철학과 철학사에 대해 지니는 의미를 누구보다도 우선 니콜라이 하르트만Nicolai Hartmann이 이미 1929년의 그의 헤겔 책에서, 그 다음으로는 주제적으로 그의 베를린 아카데미 논고「철학적 사상과 그 역사Der philosophische Gedanke und seine Geschichte」, 1936에서 근본적으로 강조한 바 있다. 문제사적 방법과 정신과학적 방법의 관계에 관해서는 에른스트 호프만Ernst Hoffmann,「철학사적 방법의 문제에 대하여 Über die Problematik der philosophiegesch. Methode」, Theoria, A Swedish Journal of Philosophy and Psychology III, 1937, 1 fl. 참조. 특히 문제들을 다루는 작업이 또한 역사적 삶에 뿌리박고 있다는 문제에 대해서는 로타커E. Rothacker, Deutsche Vierteljahrsschrift f. Literaturwissenschaft und Geistesgeschichte XVIII, 1940, 1 fl.을 참조.

전승된 토대들로부터는 더 이상 해결될 수 없는 과제들 앞에 세워 놓았다. 그러나 이 점을 파악한다는 것은 바로 헤겔 철학이 하나의 발전의 끝과 완성 그 이상이라는 것, 그리고 너무도 정당한 일이지만 프로이센의 국가철학 그 이상이라는 것, 그러나 또한 이런저런 보편적이고 가장 보편적인 개념들과 문제들에 대한 시대로부터 동떨어진 작업 그 이상이기도 하다는 것을 인식한다는 것을 의미한다. 오로지 장기적이고 수고스러운 연구를 통해서만 그 내실이 해명되는 헤겔 저작들의 어려움과 심원함에도 불구하고, 그 철학의 그야말로 놀라지 않을 수 없는 세계에 대한 지속적인 영향은 오로지 이러한 "그 이상"으로부터만 파악될 수 있다. 왜냐하면 오늘날에는 헤겔 철학과의 결실 있는 만남에 도달하지 않은 문화민족은 존재하지 않기 때문이다. 헤겔 철학은 니체의 말에 따라 생각할 수 있는 것보다 더 내용이 풍부하고 더 폭넓은 의미에서 "유럽적 사건"이다.

그런 까닭에 더욱 더 눈에 띄는 것은 독일에서 헤겔에 대한 관계가 얼마나 적은지, 그의 사상 세계가 실제로 얼마나 적게 알려져 있는지, 사람들이 얼마나 쉽게 그 철학을 내던져 버리려고 하는지, 나아가 헤겔 연구의 그 모든 성과에도 불구하고 처음부터 이해를 가로막는 구호들, 즉 헤겔 철학이란 허황된 정신주의와 삶에서 동떨어진 이성 낙관주의 그리고 변증법적 형식주의와 생명을 마비시키는 범논리주의적인 개념 교조주의라는 구호들이 또다시, 아니 예전보다도 더 얼마나 자명하게 그것에 적용되는지 하는 것이다. 헤겔 철학은 이미 19세기에, 즉 그것이 다른 나라들에서는 대단한 명성을 누리고 있던 바로 그 시대에 독일에서는 망각에 빠져 있었거니와, 그런 일은 헤겔 철학의 현실적 추동력이 무엇보다도 우선 그것이 19세기의 정신과학들의 비약적 발전을 위한 결정적 토대일 뿐만 아니라 또한 반-관념론적인 운동들 가운데서 가장 강력한 것, 즉 변증법적 유물론에서도 은폐된 채 생산적인 철학적 원리로서 계속해서 작용한다는 사실에 의해 확인될 수 있었음에도 불구하고 이루어졌다. 나중에야, 즉 세기 전환기에야 비로소 헤겔을 독일 철학에 다시 수용하기 위한 최초의 노력들이 생겨났다.

1900/1901년에 쿠노 피셔Kuno Fischer의 두 권짜리 헤겔 서술이, 1905년에 헤겔의 청년기 역사에 대한 딜타이Dilthey의 논고가 출간되었다. 1841년 이후 더 이상 인쇄되지 않은 『정신현상학*Phänomenologie des Geistes*』이 1907년에, 즉 그것이 처음 출간된 이후 백 년 만에 게오르크 라손Georg Lasson에 의해 새롭게 간행되었다. 이탈리아로부터 베네데토 크로체Benedetto Croce의 『헤겔 철학에서 살아 있는 것과 죽은 것*Lebendiges und Totes in Hegels Philosophie*』(이탈리아어판 1907, 독일어판 1909)은 본질적인 자극을 주었다. 그것은 헤겔 르네상스로 이어졌는데, 이 헤겔 르네상스는 제1차 세계대전 이후 강력하게 전개되기 시작했으며, 거기에는 독일의 연구자들이 주도적으로 참여하고 있었다.[2] 그러나 그것은 성과를 거두지 못했다. 외부로 향할 수밖에 없었던 정신은 다른 관심들의 요구를 받았다. 헤겔 르네상스의 대표자들 자신이 드물지 않게 형식적 변증법과 체계학에 빠져 들었으며, 돌이킬 수 없는 방식으로 과거에 속하는 것들을 헤겔주의화함으로써 부흥시키고자 했다. 그것들이 성과를 거두지 못했던 까닭은, 헤겔 자신이 가르쳐 주듯이 "정신의 실체적 형식이 변형되었을 때 이전의 교양 형식들을 보존하고자 하는 것은 단연코 헛된 일이다. 그 형식들은 뿌리에서 이미 움튼 새로운 싹에 의해 밀려나는 시든 잎사귀들"(5/15)이기 때문이다.

• • •

2. 무엇보다도 우선 빌헬름 빈델반트Wilhelm Windelband의 하이델베르크 아카데미 의사 보고인 「헤겔주의의 부흥Die Erneuerung des Hegelianismus」, 1910과 그 다음으로는 특히 레비H. Levy, 「독일 철학에서의 헤겔 르네상스Die Hegel-Renaissance in der deutschen Philosophie」, 1927 그리고 『제1차 헤겔 회의의 논의들*Verhandlungen des ersten Hegelkongresses*』, 1930/31에서의 칼로게로Calogero, 글로크너Glockner, 코이레Koyré, 크로너Kroner, 스미스J. A. Smith, 텔더스Telders, 치체프스키Tschizewskij의 보고들을 참조. 또한 『슬라브인들에게 있어 헤겔*Hegel bei den Slawen*』, hrsg. Tschizewskij 1934와 나아가 야코벤코B. Jakowenko, 『러시아에서의 헤겔주의의 역사*Geschichte des Hegelianismus in Rußland*』, 1938을 참조. 또한 영국의 헤겔학에서의 헤겔주의에 대해서는 회네H. Höhne 1936을 참조. 야네프J. Janeff는 1931년의 문헌 보고들에서 1931년까지의 외국의 헤겔 관련 문헌의 목록을 제공하고 있다.—게르하르트 크뤼거Gerhard Krüger의 미래 지향적으로 목표를 정립하는 연구 보고인 「헤겔 연구의 과제, 목적론적 전망Die Aufgabe der Hegelforschung, Theologische Rundschau」, 1935, 86 ff., 294 ff.은 여전히 하나의 결산으로 남아 있다.

그 사이 이미 제1차 세계대전 이후 중대한 비판적 공격들에 처한 것으로 보였던 독일 관념론은 다시 한 번 이런저런 점들과 현상들에서뿐만 아니라 전체적으로나 그 최종적 기초에 이르기까지 의심스럽게 되었다. 그럼에도 불구하고 여기서는 동시에 우리가 사람들의 입에 자주 오르기는 하지만 결코 논란의 여지가 없지는 않은 "독일 관념론의 붕괴"라는 말로써 독일적일 뿐만 아니라 또한 전 유럽적이기도 한 사유의 위대한 전통의 극복을 너무나도 안일하게 수행한 것은 아닌가 하는 물음이 필요해진다. 칸트와 헤겔의 강력한 사상의 노동은 이제 다만 과거에 속할 뿐인가? 그것은 참으로 도대체 극복될 수 있는 것일까? 어쨌든 우리가 조심하지 않으면 안 될 것은 주의 깊은 검토 없이 서구의 정신적 삶의 핵심 구성요소에 속하는 것을 포기하는 것이다. 또한 간과해서는 안 될 것은 헤겔에 의해 철학적 의식의 변화가 시작되었거니와, 그 변화는 단순히 포기될 수 없을 뿐만 아니라 여전히 우리 자신의 철학적 가능성들을 규정하고 있다는 점이다. 게다가 내가 잘못 평가하는 것이 아니라면 헤겔에 대한 새로운 동의가 성장하고 있음을 시사하는 징표들이 늘어나고 있다.

그러므로 더욱 더 절박해지는 것은 다만, 헤겔이 그 스스로 결코 그런 적이 없었던 세계관 기획의 주창자로서가 아니라 철학자로서 무엇을 말할 수 있는가 하는 물음일 뿐이다. 이 물음과 그로부터 뒤따라 나오는 헤겔과의 내적인 대결은 모든 관념론적 체계 구상들의 능력에 대해 원칙적으로 회의적으로 맞서 있는 사람들도 그냥 지나칠 수 없는 과제이다. 왜냐하면 과연 헤겔이 성취한 것의 의미가 관념론적 체계 속에서 다 드러나는가 하는 것과 오히려 신-관념론이 우리와 헤겔 사이를 가로막고 서 있었던 것은 아닐까 하는 것이야말로 너무나도 의심스러운 문제이기 때문이다. 이미 딜타이는 헤겔의 사유에서 "강력하게 실재론적이고 사태적인 특징"을 인식한 바 있다. 그리고 바로 근래와 최근의 헤겔 연구는——그것이 어디서 착수되었든지 간에——점차적으로 헤겔 철학이 얼마나 강하게 현실과 그 내용들을 토대로 성숙했는지 하는 것과, 만약 우리가 헤겔의 사상들을 선입관 없이 있는 그대로 뒤쫓아 간다면 얼마나 많은 구체적 현실주의가 보일 수 있게 되는지를 인식할 수 있도록 해 주었다. 이러한 연관에서 "무사상적인 전통들"과 "거짓된 선입견들"에 맞서 아리스토텔레스 철학에 대해 새롭게 그것에 마땅한 타당성을 마련해 주고자 하는 헤겔의 점증하는 노력은 지금까지보다 더 많이 선구적인 개척 과정으로 주목받을 수 있을 것이다. 그것은 우리 자신도 여전히 그 한가운데에 서 있는 근대 주관주의와의 대결에 속한다.

헤겔을 전통적인 헤겔 이해들로부터 해방시키는 것은 말할 것도 없이 살아 있는 이해를 가능하게 하기 위한 비판적 전제이거니와, 그 살아 있는 이해란 또한 바로 고대의 관념론으로부터는 더 이상 파악될 수 없고 오로지 르네상스와 종교개혁 이후로 전개된 서구적-기독교적 사유의 특수한 상황과의 연관 속에서만 파악될 수 있는 헤겔 철학의 "관념론적" 근거에 대한 이해를 말한다. 오로지 그렇게 해서만, 요컨대 헤겔 자신이 역사적으로 부딪친 것이지 그가 생각해낸 것도 찾아낸 것도 아닌 정신의 구체적 문제틀(이는 무엇보다도 우선 신학적 논쟁에 의해서는 거의 참작되지 않는다)을 고려해서만 확실히 필연적일 뿐만 아니라 또한 결코 우리 배후에 놓여 있는 것도 아닌, 바로 그의 철학함에 대한 비판[3]이 열매를 맺을 수 있다.

• • •

3. 지금까지의 비판은 포괄적으로 오로지 관념론적 사유 유형과 체계 유형만을 목표로 삼았거나(분명히 그 시대에, 예를 들면 자주 언급된 그로스H. Groos의 책, 『독일 관념론과 기독교*Der deutsche Idealismus und das Christentum*』, 1927을 참조. 이에 대해서는 이미 그 당시에 슈프랑거E. Spranger의 『관념론에 대한 투쟁*Der Kampf gegen den Idealismus*』, 1931이 학술적이고 비판적으로 취급하고 있다) 아니면 사변적 종언 테제들을 공격했다. 지금까지의 비판은 대부분 구체적인 사상 작업과의 대결을 그냥 지나쳤다. 또한 아주 자주 적수가 된 것은 다만, 물론 그 내용이 빈곤한 신-관념론일 뿐이었는데, 사람들은 잘못되게도 그것에서 고전적 독일 관념론을 만났거나 심지어는 절멸시켰다고 생각했다. 그러나 고전적 독일 관념론 자체와 대결한 곳에서도 그 대부분은 상대적으로 너무 취약한 것들이었는데, 가령 에밀 브룬너Emil Brunner는 그의 비판(『신비론과 말*Die Mystik und das Wort*』 2. Auflage, 1928)에서 주로 슐라이어마허에 방향을 맞추었다. 히르쉬E. Hirsch는 피히테에게 있어 이미 사태가 일반적으로 가정되는 것보다 훨씬 더 복잡하게 놓여 있다고 확정하지 않을 수 없었다(『관념론 철학과 기독교*Die idealistische Philosophie und das Christentum*』, 1926).—뤼트게르트W. Lütgert의 『독일 관념론의 종교와 그 종언*Die Religion des deutschen Idealismus und ihr Ende*』 I/II, 1923, III, 1925는 아주 상세한

그리고 오로지 그렇게 해서만 우리는 또한 우리 자신이 생각해낸 환영만을 공격하는 것으로부터 스스로를 지킬 수 있다.[4]

따라서 헤겔로 나아가는 길을 새롭게 개척할 필요가 있다. 헤겔에 대한 접근이 지니는 어려움들에 대해서는 물론 어떠한 환상도 가져서는 안 된다. 그 이유는 단지 헤겔의 죽음 이후 한 세기 동안 우리의 삶의 의식 전체가 너무도 깊은 동요와 변화를 겪었던 까닭에 우리가 헤겔에 도달하기 위해서는 이를테면 언제나 새롭게 심연을 건너뛰어야만 하기 때문만이 아니다. 헤겔 독해는 또한 보편적 교양의 철학적 수준 전체와 그에 더하여 칸트와 계몽주의, 셸링과 낭만주의에 대한 심도 있는 친숙함을 전제하는데, 이는 오늘날 더 이상 현전하지 않는다.

물론 헤겔 자신이 이미 독자들의 포기에 대해 탄식했다. 이미 그 당시에 쉽게 접근할 수 없는 종류의 것인 그의 언어와 더불어, 현실에 대한 이해 속으로 현실에 대한 정신의 관계가 생산적으로 관여함으로써 사태의 인식이 외면적으로 머무는 것이 아니라 주체–객체–관계가 포괄적인 연관 속으로 다시 받아들여져 그로부터 그 관계가 전개될 수 있게 되는 헤겔의 특유한 사상 수행이 이해를 어렵게 만들고 있었다. 더 나아가 그것에는 개별 인식의 진리가 ("참된 것은 전체다"라는 헤겔의 원리에 상응하여) 전체의 연관으로부터 비로소 출현하며, 또한 헤겔의 개별 사상도 그의 사상 세계 전체로부터

• • •

역사학적 기술을 제공하지만, 좀 더 깊이 나아가 기독교와 근대 형이상학의 만남에서 문제가 되는 사태 자체에 관여하고 있지는 못하다. 내 생각에 여기서 바로 신학은 여전히 헤겔 및 역사와 기독교에 대한 그의 관계를 통해 처음으로 완전히 의식되게 된 중심적 과제들 앞에 서 있다.

4. 헤겔에 관한 이야기에서 헤겔 자신의 목소리가 결국 일반적으로 더 이상 들리지 않는 데로 이어진 과정은 일찍이 시작되었다. 헤겔의 적대자들에 의해서뿐만 아니라—이는 놀라운 일이 아니다—또한 그 자신의 제자들과 지지자들에 의해, 그리고 더 나아가 직접적인 후계자들에게서, 심지어는 아주 중요할 뿐만 아니라 그 보편적 넓이와 형이상학적 사상 방향에서 헤겔과 유사한 칼 로젠크란츠Karl Rosenkranz와 같은 철학자들에 의해 헤겔의 근원적 의도들이 더 이상 적절하게 파악되지 못했다. 칼 로젠크란츠와 헤겔에 대한 나의 박사 학위 논문인 「19세기의 이른바 헤겔주의의 역사에 대하여ein Beitrag zur Geschichte des sog. Hegelianismus im 19. Jahrhundert」, 1929를 참조.

비로소 밝혀진다는 점이 연관되어 있다.

그런 까닭에 독자가 완결된 방식의 헤겔의 서술을 통해 곧바로 그 속에 놓이게 되는 그 체계의 영역 전체를 관통해 나감이 없이 헤겔 철학을 이해하는 것은 일반적으로 가능하지 않은 것으로 보인다. 그러나 그것이야말로 많은 사람들이 이미 올바른 접근의 물음에서 용기를 잃고 서둘러 뒤로 돌아서는 이유이다. 그러나 참으로 관건이 되는 것은 오히려 각각의 모든 점에 현전해 있는 전체에 대한 외연적 성취가 아니라 전체를 현재화할 수 있게 해주는 유일한 것인 내적 전환이다. 하지만 바로 그것이야말로 어려운 것이다. 내적 전환은 "개념의 노력Anstrengung des Begriffs"을 받아들일 것을 요구하지만, 그 노력은 우리의 "이치추론하는räsonierenden 사유"에게는 결코 자명하지 않으며 오히려 아주 불편하다(이에 대해서는 『정신현상학』의 서문이 좀 더 상세한 것을 포함하고 있다). 그리하여 사람들은 기껏해야 사변적 요소에 정통하지 않고 개념의 노력을 받아들이지 않고서도 충분히 이해할 수 있다고 생각하는 역사철학의 몇몇 부분들에 만족하게 된다. 그러나 바로 그 역사철학은 따로 취해지게 되면 지독한 오해들에 내맡겨지게 되며, 내용적으로도 어쨌든 쉽사리 철학을 불신에 빠트릴 수 있는 수많은 일시적인 것들과 의심스러운 것들을 포함한다.

그런데 자연스러운 방식으로 헤겔의 철학적 세계에 들어설 수 있는 문을 찾고자 한다면, 우리는 너무 멀리 떨어져 있지 않은 곳에서 헤겔 자신이 자신의 생애 동안 출간된 주요 저작들에 덧붙인 서문들을 가지고서 열어 놓은 문을 이용할 수 있다. 왜냐하면 이 서문들 가운데 가장 중요한 것들은 그저 예비적 언급들만을 담고 있는 것이 아니라 그 자체가, 물론 해명을 필요로 하긴 하지만, 헤겔의 근본입장 및 그의 철학함의 방식을 그때그때마다 다양하게 조명하고 있는 완결되고 지극히 집중적이며 그 집중으로 인해 한갓 외면적으로 이치추론하는 것이 아니라 철학의 정점으로 이끌어 가는 서술들이기 때문이다. 그의 정신사적 입장과 체계적 입장 및 결국 그 자신의 철학적 자기이해에 대해 특별히 특징적인 것으로 받아들여져 온——물론 종종 완전히 오해되고 따라서 특별히 해석을 요구하는——정식화들 가운데 많은 것이 이 서문들에서 그것들 각각에 속하는 연관들에 따라 발견될 수 있다. 그것들에서는 합리주의적 및 비합리주의적인 경향의 스스로를 "뽐내는" 주관주의에 대한 헤겔의 대결——이는 오늘날에도, 아니 바로 오늘날 본질적이다——이 완전하고도 설득력 있게 드러나 있다. 따라서 그 서문들은 동시에 또한 개별적인 문제 분석들, 즉 임의적인 것들이 아니라 직접적으로 정신과 현실의 관계에 대한 헤겔의 변화되고 심화된 이해를 보여주고 특히 정신적 삶과 역사적 세계의 연관들 내에서의 철학의 태도와 과제에 관계되는 그러한 분석들로 이어진다. 요컨대 그것은 "실체 없는" 자기반성이 아니라 자기의 현재 속에서 살아가고 특별히 "사태 자체의 경험으로 인도하는" "충족된 삶의 진지함"을 지닌 철학하는 인간의 자기성찰로서의 철학의 철학인 것이다.

처음에는 『정신현상학』에 대한 위대하고 유일무이한 서문이 놓여 있다. 그에 대해 루돌프 하임Rudolf Haym은 "헤겔 철학의 발생과 발전, 본질과 가치"에 관한 1857년의 자신의 책(『헤겔과 그의 시대*Hegel und seine Zeit*』)에서 곧바로 "이 서문의 의미를 완전히 자기 것으로 한 사람은 헤겔 철학을 이해한다"고 말할 수 있었다. 더욱 중요한 것은 니콜라이 하르트만의 판단이다(『헤겔*Hegel*』, 1929, S. 57). "이 저작에 대한 서문은 그의 사변적 높이의 기념비적인 증거이며 다가올 모든 것에 대해 강령적이거니와, 이를테면 그의 생애의 전 작업에 대한 서문이다. 그것은 완전히 충만한 성숙함이며, 나중의 저작들은 그것을 그저 이따금씩 다시 달성했을 뿐이다. 그것은 피히테-셸링 시대에 발효된 모든 것이 그 속에 남겨져 있고, 철학하는 정신이 평온한 위대함 속에서 자기 자신과 자기의 생성과정을 개관하고 있는 독일 관념론의 유일무이한 기록이다."

다른 서문들은 『정신현상학』의 서문과는 비교될 수 없다——이미 그 범위에서 비교될 수 없다——. 그럼에도 불구하고 그것들은 『정신현상학』의 서문을 결실 있게 보완할 수 있고, 나아가 헤겔 철학의 기초적 연관들을 볼 수 있는 문을 설득력 있고 간결한 방식으로 열어줄 수 있으며, 그와 동시에 너무나도 다양한 각각의 주제들에서 헤겔 사유의 내적인 연속성을 지극히 특유하게 조명해 주고 있다.

그런 까닭에 그의 저작들에 대한 서문들을 따로 모아 놓고 거기에 그의 강의들에 대한 일종의 서문이랄 수 있는 잘 알려진 그의 베를린 취임 강의를 덧붙이는 것은 정당화될 수 있을 것이다. 그렇게 하는 것은 그것들을 편리하게 함께 다루기 위해서일 뿐만 아니라 무엇보다도 우선 그것들이 적절하고도 필요한 해명들*을 통해 단적으로 잘못된 대중화로 이끄는 것이 아닌, 이를테면 헤겔 자신의 인도를 따라 그의 사유와의 본원적인 만남을 가능하게 하는 헤겔에 이르는 통로를 마련해줄 수 있기 때문이다. 아마도 그 만남은 최종적인 "보편적 인정을 동반한 위대한 철학 체계"(R. Haym)를 창조한 이 사상가에 몰두하여 지속적으로 깊이 파고들 수 있는 자극과 용기를 제공할 것인바, 그 풍부한 사상과 인식의 내실이 오랫동안 여전히 다 드러나지 않은 그 체계와의 만남은 우리로 하여금 탁월한 의미에서 근본을 파헤치는 깊이 있는 반성을 통해 존재를 현재화할 수 있게 해줄 것이다.

*(**주해**에 대하여) 나로서는 바로 서문들에 대한 간결하지만 설득력 있고, 이해 가능하지만 단순화하지 않는 해설이 지닌 어려움을 의식하고 있다. 집중적이고 암시로 가득 차 있으며 그때마다 전체를 지시하는 그 서문들의 방식은 단연코 텍스트의 다면적인 것을 캐내고 헤겔 철학뿐만 아니라 독일 관념론의 역사가 속하는 저 시대 전체에 대한 총체적 서술을 포함하는 주해를 요구한다. 그렇다고 해서 해설이 텍스트 앞으로 밀고 나오진 않을 것이다. 그러한 것이 의도되지는 않았다. 나는 서문들에서 구체적으로 파악될 수 있는 한에서 헤겔 사유의 본질과 특성을 간취하고 텍스트 연관에 대한 직접적인 철학적 이해를 위해 필요한 해명을 시도했다. 텍스트를 한 문장 한 문장씩으로나 심지어 한 단어 한 단어씩 개별적으로 설명하는

것——이는 철학적으로 특히 밀도 있는 구절들에서 때때로 요구된다——을 방법적 원리로 삼게 되면 그것은 물론 또다시 틀을 파열시킬 것이며, 그 밖에 또한 헤겔의 철학적 사유방식에 전혀 적합하지도 않을 것이다. 헤겔의 사유방식은 그런 식으로는 파악될 수 없다. 중요한 것은 개별적인 것도 담지하는 그때그때마다의 사상의 총체적 운동 속으로 뚫고 들어가는 것이거니와, 그 운동은 그것이 거쳐 나가는 가운데 넘어서는 개별적인 개념이나 개념 연관을 해명하는 가운데 가장 알기 쉽게 가시화될 수 있다. 그에 의해 동시에 개별적인 해명들이 상호적으로 보완되어 몇 가지 중요한 구절들에서 또 다른 전망들이 나타나게 되는 일이 가능해진다. 모든 철학적 해석에서와 마찬가지로 여기서도 결정적인 것은 헤겔이 문제 삼는 사태를 그 자체로부터 파악하고 전개할 수 있는 힘을 지니는 함께-철학함이다.

Ⅰ. 헤겔의 서문들의 텍스트

(메츠케가 편집한 헤겔의 서문들의 텍스트는 "전집Gesammelte Werke"과 마이너 사의 철학총서 판본들에 토대하고 있다. 특히 『정신현상학』 서문의 텍스트는 철학총서 판본에서 호프마이스터J. Hoffmeister가 편집한 제4판에 따른다. 번역에 있어 옮긴이는 메츠케의 텍스트를 따르되 필요에 따라 주어캄프 판 헤겔 전집의 해당 부분을 참조하기도 했다. 텍스트 내의 **돋움체**로 표시된 강조는 헤겔의 것이다. 단락의 숫자는 참조를 쉽게 할 수 있도록 편주자가 덧붙인 것이다. 텍스트 내에서 괄호 없이 위첨자로 표기되어 있는 숫자는 해당 서문에 대한 주해의 번호를 가리킨다. 한편 메츠케는 II부의 주해에서 헤겔 저작들로부터의 인용을 "전집"과 글로크너에 의한 "기념판Jubiläumsausgabe" 전집의 권과 쪽에 따라 제시하고 있는데, 옮긴이는 그것을 이용하는 데서 독자의 편리를 고려하여 거기에 주어캄프 판 전집의 권과 쪽을 덧붙였다. 텍스트에서도 위첨자로 괄호 속에 주어캄프 판 전집의 권과 쪽을 표시했다. 여기서 사선의 앞은 주어캄프 판 전집의 권을, 뒤는 쪽을 표시한다.—— 옮긴이)

1. 『정신현상학』 서문 (1806)[1]

{학문적 인식에 관하여}

1. [3/11]관습에 따라 한 저술의 앞에 서문에서 제시되는 설명――즉 저자가 그 저술에서 품고 있는 목적 및 동기들과 저자가 그 저술이 동일한 대상에 대한 이전의 또는 동시대의 다른 취급들에 대해 맺고 있다고 믿는 관계에 대한 설명――은 철학적 저술에서는 필요 없을 뿐만 아니라 사태의 본성 때문에 심지어 부적절하고 목적에 반하는 것으로 보인다. 왜냐하면 철학에 관해 서문에서 말하기에 적절하다고 할 방법과 내용wie und was――가령 경향과 입장, 일반적 내용과 결과에 대한 역사학적 **언명**historische *Angabe*이나 참된 것에 관해 이리저리 이야기하는 주장들과 단언들의 결합――은 철학적 진리가 서술될 수 있는 양식과 방식으로 여겨질 수 없기 때문이다. 또한 철학은 본질적으로 특수자를 자기 내에 포함하는 보편성의 터전Element에서 존재하기 때문에,[1] 철학에서는 다른 학문들에서보다도 더 많이 다음과 같은 가상, 즉 목적이나 최종적 결과들에서 사태Sache 자체가 그것도 심지어 그 사태의 완전한 본질 속에서 표현되며, 그에 비해 상론Ausfürung은

• • •

1. [편주] 『정신현상학』 서문에 대한 주해에서 이 『정신현상학』에 대한 특별한 예비적 언급을 참조. (텍스트 내에서 { } 안에 제시되어 있는 절 제목은 본래 『정신현상학』의 목차에 제시되어 있는 것을 옮긴이가 삽입한 것이다.―옮긴이)

본래 비본질적인 것이라는 가상이 발생한다. 그에 반해 예를 들어 가령 육체의 부분들을 그들의 생명 없는 현존재에 따라 고찰하는 지식인 해부학이라고 하는 것에 대한 일반적 표상에서는 사람들은 사태 자체, 즉 이 학문의 내용을 아직 소유하고 있지 못할 뿐만 아니라 특수자를 포착하려고 노력해야만 한다고 확신하고 있다.—더 나아가 학문이라는 이름을 달고 다니는 것이 정당하지 않은 그러한 지식들의 집합[2]에서 목적 및 그와 같은 보편성들에 관한 대화는 또한 내용 자체, 즉 이 [3/12]신경들, 근육들 등등에 관해 말해지는 방식인 역사학적이고 몰개념적인 방식과 다르지 않곤 한다. 그에 반해 철학에서는 그러한 방식이 사용되면서도 이 방식이 철학 자신에 의해 진리를 파악할 수 없는 것으로서 제시된다고 하는 부등성이 발생할 것이다.

2. 그리하여 하나의 철학 저작이 동일한 대상에 대한 다른 노력들에 대해 맺고 있다고 믿는 관계의 규정을 통해서도 낯선 종류의 관심이 들어오게 되며, 진리의 인식에서 관건이 되는 것이 모호해진다. 그렇듯 의견Meinung에게 참과 거짓의 대립이 고정되면, 그 의견은 또한 현전하는 철학 체계에 대한 찬성이나 모순을 기대하게 되고 그러한 철학 체계에 관한 설명에서도 오로지 참이나 거짓만을 보곤 한다.[3] 의견은 철학 체계들의 상이성을 진리의 진보적 발전으로서 파악하지 않고, 상이성 속에서 오로지 모순을 볼 뿐이다. 꽃봉오리는 꽃이 피어나게 되면 사라지며, 우리는 전자가 후자에 의해 반박된다고 말할 수 있을 것이다. 마찬가지로 열매에 의해 꽃은 식물의 거짓된 현존재로서 선언되며, 식물의 진리로서 열매가 꽃을 대신한다. 이러한 형식들은 구별될 뿐만 아니라 또한 서로 양립할 수 없는 것으로서 서로를 밀어낸다. 그러나 그들의 유동적 본성은 그들을 동시에 유기적 통일의 계기들로 만들거니와, 그 유기적 통일 속에서 그들은 서로 다투지 않을 뿐만 아니라 하나가 다른 것과 마찬가지로 필연적이며, 이러한 동등한 필연성이 비로소 전체의 생명을 이룬다. 그러나 하나의 철학 체계에 대한 모순은 한편으로 자기 자신을 이러한 방식으로 개념 파악하지 못하곤 하며, 다른 한편으로 또한 해석하는 의식도 일반적으로 모순을 그것의 일면성으로부터 해방시키

거나 자유롭게 유지할 줄 모르고, 또 서로 다투고 반대하는 것으로 보이는 것의 형태에서 상호적으로 필연적인 계기들을 인식할 줄 모른다.

3. 그와 같은 설명들에 대한 요구[4] 및 [3/13]그 요구의 충족은 쉽사리 본질적인 것을 행하는 것으로 여겨진다. 철학 저술의 내적인 것이 그 저술의 목적들과 결과들에서보다 그 어디서 더 많이 언표될 수 있겠으며, 이 목적들과 결과들은 시대가 지금껏 동일한 영역에서 산출한 것에 대해 그 저술이 지니는 상이성을 통해서보다 무엇을 통해 더 규정적으로 인식될 수 있겠는가? 그러나 그러한 행위가 인식의 시원 이상으로, 다시 말해 그것이 현실적 인식으로 여겨져야 한다면, 그것은 사실상 사태 자체를 회피하고 사태에 대한 진지함과 노력의 겉모습을 갖추면서도 실제로는 그것을 하지 않으려는 그 두 가지를 결합하는 잔꾀로 치부되어야 한다.—왜냐하면 사태는 그것의 **목적**에서가 아니라 그에 대한 **상론** 속에서 남김없이 드러나며, 또한 **결과**가 아니라 자기의 생성과 함께 있는 결과가 **현실적** 전체이기 때문이다. 그 자체로 홀로 있는für sich 목적은 경향이 자기의 현실성을 여전히 결여하고 있는 한갓된 충동이듯이 생명 없는 보편자이며, 벌거벗은 결과는 경향을 자기 뒤에 남긴 시체이다.—그와 마찬가지로 **상이성**은 오히려 사태의 **한계**이다.[5] 상이성은 사태가 끝나는 곳에 현존하거나 또는 사태가 아닌 바의 그것인 것이다. 따라서 목적이나 결과들을 추구하거나 상이성들과 이런 저런 사람들의 판정들을 추구하는 그러한 노력들은 그것들이 아마도 그렇게 보이는 것보다도 더 쉬운 일이다. 왜냐하면 그러한 행위는 사태를 다루는 대신에 언제나 사태를 넘어서며, 그러한 지식은 사태 속에 침잠하여 사태 속에서 자기를 잊는 대신에 언제나 다른 것을 추구하고, 사태에 자리 잡고 그에 전념하기보다는 오히려 자기 자신에 머무르기 때문이다.—가장 손쉬운 일은 내실과 옹골참을 지니는 것이 무엇인지를 판정하는 것이며, 그것을 파악하는 것은 그보다 더 어렵고, 가장 어려운 일은 그 둘을 통합하는 것, 즉 그에 대한 서술을 산출하는 것이다.

4. [6]도야·교양의 시원과 실체적 삶의 직접성으로부터 벗어나는 일의

시원은 언제나 [3/14]**보편적** 근본명제들과 관점들에 대한 지식을 획득하고, 스스로를 비로소 사태 **일반**에 대한 **사상**에로 끌어올리며, 그에 못지않게 그것들을 근거들을 가지고서 뒷받침하거나 반박하고, 구체적이고 풍부한 충만함을 규정성들에 따라 파악하며, 그것들에 대한 적절한 결정과 진지한 판단을 내릴 줄 아는 것으로 이루어져야만 할 것이다. 그러나 교양의 이러한 시원은 우선은 사태 자체의 경험에로 들어가는 충족된 삶의 진지함에 자리를 내어줄 것이다. 그리고 비록 개념의 진지함이 사태의 깊이로 내려간다는 점이 또한 덧붙여진다고 할지라도, 그와 같은 지식과 판정은 대화에서 그 나름의 적절한 위치를 보유할 것이다.

{참된 것의 터전은 개념이며, 그 참된 형태는 학문적 체계이다}

5. 진리가 실존하는 참된 형태는 오로지 진리의 학문적 체계일 수 있을 뿐이다.[7] 철학이 학문의 형식——곧 **앎**에 대한 **사랑**[8]이라는 자기의 이름을 벗어 던지고서 **현실적인 앎**이 되는 목표——에 접근하는 것에 협력하는 것이야말로 내가 마음에 품고 있는 바로 그것이다. 앎Wissen이 학문Wissenschaft이라는 내적 필연성은 앎의 본성 속에 놓여 있으며, 이에 대한 만족할 만한 설명은 오로지 철학 자체의 서술일 뿐이다. 그러나 **외적** 필연성[9]은, 사람과 개인적 동기들의 우연성을 도외시한다면 그것이 보편적 방식으로 파악되는 한에서 **내적** 필연성과 동일한 것이거니와, 이를테면 시간이 내적 필연성의 계기들의 현존재를 내세우는 것과 같은 형태로 된 것이다. 따라서 철학의 학문에로의 고양이 시간에서 이루어진다는 바로 이 점을 제시하는 것은 이러한 목적을 지니는 시도들에 대한 유일하게 참된 정당화일 것인데, 왜냐하면 시간은 그 목적의 필연성을 제시해 줄 것이고 심지어 그 목적을 동시에 상세히 펼쳐 보일 것이기 때문이다.

6. [10]진리의 참된 형태가 이러한 학문성 속에 [3/15]정립됨으로써——또는 같은 말이지만, 진리가 그 실존의 터전을 오로지 **개념**에서만 갖는다고 주장됨으로써[11]——나는 이러한 것이 시대의 확신[12] 속에 확산되어 있을 만큼 너무도 오만한 주장을 펼치는 표상 및 그것의 귀결들에 모순되는 것으로

보인다는 것을 알고 있다. 그런 까닭에 이 모순에 관한 설명은, 비록 그것이 스스로가 그에 반대하는 것과 마찬가지로 여기서도 한갓 단언에 불과할 수 있을지라도, 필요 없어 보이지 않는다. 요컨대 참된 것이 오로지 때로는 직관, 때로는 절대자에 대한 직접지, 종교, 존재——신적 사랑의 중심에 있는 존재가 아니라 그 중심 자체의 존재[13]——라고 불리는 것 속에서만 또는 오히려 바로 그와 같은 것으로서만 실존한다면, 그로부터는 동시에 철학의 서술을 위해 오히려 개념의 형식의 반대가 요구된다. 절대자는 개념적으로 파악되는 것이 아니라 느껴지고 직관되어야 하며, 절대자의 개념이 아니라 그에 대한 감정과 직관[14]이 운위되고 언표되어야 한다는 것이다.

{정신의 현재의 입장}

7. 그러한 요구의 현상이 좀 더 보편적인 연관에 따라 파악되고 **자기의식적 정신이 현재** 서 있는 단계에서 살펴진다면, 그 정신은 스스로가 지금껏 사상의 터전에서 이끌어온 실체적 삶을 넘어서 있거니와,——요컨대 자기의식적 정신은 그의 신앙의 다음과 같은 직접성을, 즉 의식이 본질 및 그 본질의 보편적인, 즉 내적이고 외적인 현재와의 화해에 관해 소유하고 있던 확신의 만족과 확실성을 넘어서 있는 것이다. 정신[15]은 그러한 것을 넘어서서 자기 자신 내에서의 자기에 대한 비실체적 반성[16]이라는 다른 극단으로 넘어갔을 뿐만 아니라 또한 이마저도 넘어섰다. 그의 본질적 삶이 그에게서 단지 상실된 것만이 아니다. 정신은 또한 이러한 상실과 그의 내용인 유한성도 의식하고 있다. 이제 정신은 찌꺼기들로부터 방향을 돌려 자신이 악한 상태에 처해 있다는 것을 고백하고 또 그것을 비방하면서 철학에 대해 정신이 무엇**인**지에 대한 **앎**을 요구하는 것이 아니라 저 실체성과 [3/16]존재의 옹골참을 철학을 통해 비로소 다시 회복하기를 갈망한다. 그러므로 이러한 욕구에 부응하여 철학은 실체의 폐쇄성을 열어 젖혀 이 실체를 자기의식으로 고양시키거나 혼돈스러운 의식을 사유된 질서와 개념의 단순성으로 되돌리는 것이 아니라 오히려 사상의 분별들을 뒤섞어버리고 구별하는 개념을 억누르며 본질에 대한 **감정**을 회복하고, **통찰**이 아니라 **신앙심의 고양**을 가져다주

어야 한다. 아름다움, 성스러움, 영원함, 종교 그리고 사랑은 달려들어 물고픈 욕망을 일깨우기 위해 요구되는 미끼이다. 개념이 아니라 황홀함이, 냉정하게 나아가는 사태의 필연성이 아니라 들끓는 열광이 실체의 풍부함을 지탱하고 이끌어 가는 확장이어야 한다는 것이다.

8. 이러한 요구에는, 마치 사람들이 신적인 것을 전적으로 망각하고 벌레처럼 먼지와 물로 만족하려는 시점에 서 있기나 하다는 듯이, 사람들을 감각적인 것, 비루한 것 그리고 개별적인 것에 침잠되어 있는 데로부터 끌어내어 그들의 눈길을 별들로 향하게 하려는 대단히 긴장된 그리고 거의 열광적이고 흥분한 것으로 보이는 노력이 상응한다.[17] 예전에[18] 사람들은 천상에 엄청나게 풍부한 사상들과 형상들을 부여했다. 존재하는 모든 것의 의미는 그것들을 천상에 연결시켜주는 빛의 실에 놓여 있었다. 사람들의 눈길은 **차안의** 현재에 머무르는 대신 빛의 실에 이끌려 이 차안의 현재를 넘어서서 신적인 본질로, 혹여 다음과 같이 말할 수 있다면, 피안의 현재로 미끄러져 올라갔던 것이다. 정신의 눈은 강제로 지상적인 것으로 향해져 그것에 확고히 붙들어 매어져야만 했다. 그리고 오직 초지상적인 것만이 지녔던 저 명확성을 차안적인 것에 대한 감각이 그 속에 놓여 있던 불분명함과 혼란스러움 속으로 이끌어 넣음으로써 **경험**이라 불렸던 현재적인 것 그 자체에 대한 주목을 흥미롭고도 [3/17]타당하게 만들기 위해서는 오랜 시간을 필요로 했다.—지금은 반대의 필요가 앞에 놓여 있거니와, 감각이 지상적인 것에 확고히 뿌리박고 있는 만큼 그것을 지상적인 것 너머로 고양시키기 위해서는 똑같은 강제력이 필요한 것으로 보인다. 정신은 마치 사막에서 방랑자가 단 한 모금의 물을 갈망하듯이 자기의 원기를 북돋우기 위해 신적인 것 일반에 대한 한갓 보잘것없는 감정만을 갈망하는 것으로 보일 만큼 빈곤한 모습을 보인다. 정신을 만족시키는 이 보잘것없는 것에서 정신의 상실의 크기가 측정될 수 있다.

9. 이렇듯 받는 데 만족하거나 주는 데 인색한 것은 학문에 어울리지 않는다. 오직 신앙심의 고양만을 추구하는 자, 자신의 현존재와 사상의

지상적 다양성을 안개로 덮어버리고 이러한 비규정적 신성의 비규정적 향유를 바라는 자는 자기가 이러한 것을 어디서 발견하는지 살펴볼 수 있을 것이다. 그는 쉽사리 자기 스스로 무언가를 열광적으로 이야기함으로써 자신을 뽐낼 수 있는 수단을 발견하게 될 것이다. 그러나 철학은 신앙심을 불러일으키는 것이고자 하는 것을 경계해야만 한다.

10. 하물며 학문을 포기하는 이러한 만족은 그러한 열광과 불투명함이 학문보다 무언가 더 고차적인 것이라는 주장을 해서는 안 된다. 이러한 예언적 언설은 당연히 중심과 심오함에 머무른다고 생각하고, 규정성(**호로스***Horos*)[19]을 경멸하듯 쳐다보며, 개념과 필연성을 한갓 유한성에만 머물러 있는 반성으로 여겨 의도적으로 그것들로부터 스스로를 멀리 떼어놓는다. 그러나 공허한 넓이가 존재하는 것처럼 또한 공허한 깊이도 존재하는 것이고, 스스로를 유한한 다양성으로 쏟아 부으면서도 그것들을 함께 거머쥘 힘은 갖지 못한 실체의 외연적 팽창이 존재하는 것처럼 내실 없는 내포적 응집도 존재하거니와, 확장되지 못하는 순수한 힘으로서 자기를 유지하는 그것은 [3/18]피상성과 동일한 것이다. 정신의 힘은 오로지 그 힘의 발현만큼만 크며, 정신의 깊이도 오로지 그것이 스스로를 펼쳐 보이는 가운데 자기를 확장시키고 기꺼이 자신을 상실하고자 하는 만큼만 깊다.[20] 동시에 만약 이러한 몰개념적인 실체적 앎이 자기의 아집을 본질 속에 침잠시켰으며 참되고 거룩하게 철학한다고 주장한다면, 그것은 다음과 같은 것, 즉 그러한 앎이 신에게 귀의하기보다는 척도와 규정을 경멸함으로써 오히려 다만 때로는 자기 자신 안에서 내용의 우연성이, 때로는 내용 안에서 자기의 자의가 그대로 관철되게끔 할 뿐이라는 것을 숨기고 있다.—그들은 실체의 제어되지 않는 부풀어 오름에 스스로를 내맡기는 가운데 자기의식을 덮어 감추고 지성Verstand을 포기함으로써 하나님이 잠 속에서 지혜를 주시는 **그의 사랑하는 자**라고 생각한다. 그런 까닭에 그들이 그렇듯 사실상 잠 속에서 받아들이고 낳는 것도 꿈들이다.

11. [21]그 점이야 어쨌든 우리의 시대가 탄생의 시대이자 새로운 시기에로

의 이행의 시대라는 것을 파악하기는 어렵지 않다. 정신은 자기의 현존재와 표상의 지금까지의 세계와 단절했으며, 그것을 이제 막 과거 저편 속으로 내던져버리고 그것을 재형성하는 일에 몰두하고 있다. 물론 정신은 결코 쉬는 법이 없으며, 언제나 앞으로 나아가는 운동에 사로잡혀 있다. 그러나 어린아이가 길고도 고요한 영양섭취 후 처음으로 숨을 쉴 때 다만 증대될 뿐인 전진의 저 점진성이 단절되고—질적 비약[22]—이제 어린아이가 태어나듯이, 스스로를 형성해 가는 정신도 오랫동안 소리 없이 새로운 형태를 향해 성숙하는 가운데 자기의 선행하는 **세계**를 구성했던 부분들을 차례대로 해체시켜 나가는바, 선행하는 그 세계의 동요는 오로지 개별적 징후들을 통해서만 암시된다. 기존의 것 속에 만연하는 경솔함이나 권태감, 알려지지 않은 것에 대한 막연한 예감은 무언가 다른 것이 다가오고 있다는 전조들이다. 전체의 면모를 변화시키지는 않는 이러한 점진적 와해작용은 [3/19]마치 번개와도 같이 한순간에 새로운 세계의 형상을 세워놓는 해돋이에 의해 중단된다.

{원리는 완성이 아니다. 형식주의에 반대하여}

12. 그러나 이러한 새로운 것은 방금 태어난 어린아이와 마찬가지로 완전한 현실성을 지니지 않는다. 그리고 이 점은 본질적으로 소홀히 여겨질 수 없다. 최초의 등장은 겨우 그의 직접성이나 그의 개념일 뿐이다.[23] 기초가 놓였다고 해서 건물이 완성된 것이 아니듯이 도달된 전체의 개념이 전체 자체는 아니다. 우리가 힘차게 뻗어나간 줄기와 활짝 펼쳐진 나뭇가지들 그리고 무성한 잎사귀들로 뒤덮인 참나무를 보길 원하는 곳에서 우리에게 그러한 참나무 대신에 그 열매만이 제시된다고 하면 우리는 만족하지 않는다. 마찬가지로 정신의 세계의 정화인 학문도 그것의 시원에서 완성되어 있지 않다. 새로운 정신의 시원은 다양한 도야·교양 형식들의 광범위한 변혁의 산물이며, 다면적으로 뒤엉켜 있는 도정과 그와 마찬가지로 다면적인 고투와 노력의 대가이다. 그것은 계기적 연속 및 자기의 확대로부터 자기 내로 복귀한 전체이자 전체의 이미 생성된 **단순한 개념**이다.[24] 그러나

이 단순한 전체의 현실성은 계기들로 된 저 형태화들이 다시금 새롭게, 그러나 그들의 새로운 터전에서, 즉 이미 생성된 의미에서 전개되어 스스로에게 형태화를 부여한다는 데에 존립한다.

13. 한편으로 새로운 세계의 최초의 현상은 한갓 그의 **단순성** 속에 감추어진 전체 또는 그 전체의 보편적 근거일 뿐인 데 반해, 의식에게는 선행하는 현존재의 풍부함이 여전히 기억 속에서 현재적이다.[24a] 의식은 새롭게 현상하는 형태에서 내용의 확장과 특수화가 결여되어 있음을 깨닫는다. 그러나 더 나아가 의식은 구별들이 확실히 규정되어 그것들의 확고한 관계들 속에 정돈될 수 있게끔 해주는 형식의 형성·발양이 이루어져 있지 않음을 알아차린다. 이러한 발양이 이루어지지 않은 학문은 보편적 **이해 가능성·지성성** *Verständlichkeit*을 결여하며, [3/20]몇몇 개인들의 비교적esoterisches[25] 소유물이라는 가상을 지닌다.—비교적 소유물인 까닭은 그러한 학문이 오로지 그의 개념이나 그의 내적인 것 속에서만 겨우 현전하기 때문이다. 몇몇 개인들의 것인 까닭은 그러한 학문의 확장되지 않은 현상이 그의 현존재를 개별적인 것으로 만들기 때문이다. 완전히 규정되어 있는 것이야말로 비로소 동시에 공교적exoterisch이고 개념적으로 파악 가능하며 학습되어 모든 이의 소유물이 될 수 있다. 학문의 지성적 형식은 학문에 이르는, 모두에게 제시되고 모두를 위해 똑같이 만들어진 길이며, 지성을 통해 이성적 앎에 도달하는 것은 학문에 다가서는 의식의 정당한 요구이다. 왜냐하면 지성은 사유, 즉 순수한 자아 일반이고, 지성적인 것은 이미 잘 알려진 것이자 학문과 비학문적 의식에게 공통된 것으로서, 이를 통해 비학문적 의식은 직접적으로 학문에 들어설 수 있기 때문이다.

14. 이제 비로소 시작되고 따라서 세부적 완벽함이나 형식의 완전함에 도달하지 못한 학문은 바로 그 점에 관해 비난에 내맡겨져 있다. 그러나 이 비난이 학문의 본질에 적중해야 한다면, 그 비난은 저 형성·발양의 요구[26]를 인정하지 않고자 하는 것이 부적절한 만큼이나 부당할 것이다. 다음과 같은 대립[27]이 학문적 교양이 현재 풀려고 애쓰고 있지만 아직 그에

관해 적절히 이해하지 못한 가장 중요한 매듭인 것으로 보인다. 한쪽은 자료의 풍부함과 지성성을 내세우며, 다른 쪽은 최소한 이 지성성을 경멸하고 직접적 이성성Vernünftigkeit과 신성을 내세운다.[28] 전자가 오로지 진리의 힘에 의해서이건 또한 다른 쪽의 격정에 의해서이건 조용히 침묵하게 되고 또 사태의 근거와 관련하여 스스로 압도되었다고 느꼈을지라도, 그렇다고 해서 그 편이 저 요구들과 관련하여 만족되어 있는 것은 아니다. 왜냐하면 그 요구들은 정당하지만 충족되어 있지는 않기 때문이다. 전자의 침묵은 다만 한편으로는 승리에, 그러나 다른 한편으로는 지속적으로 자극된 기대와 약속들의 뒤따르지 않는 충족의 결과이곤 하는 권태감과 무관심에 속할 뿐이다.

15. [3/21]내용과 관련하여 다른 쪽[29] 사람들은 때때로 아주 쉽사리 스스로 커다란 확대를 수행한다. 그들은 자기들의 지반에로 일군의 자료들, 요컨대 이미 잘 알려진 것과 정리된 것을 끌어들이며, 특히 기이한 것들과 호기심이 갈 만한 것들을 다룸으로써 그만큼 더욱 더 그런 종류의 앎이 이미 마무리한 여타의 것을 소유하는 동시에 또한 아직 규칙을 통해 정돈되지 않은 것마저도 지배함으로써 모든 것을 절대적 이념에 종속시키는 것으로 보인다. 이리하여 절대적 이념은 모든 것에서 인식되고 확장된 학문으로 성장한 것처럼 보인다. 그러나 이 확장을 좀 더 상세히 고찰하게 되면, 그것은 하나의 동일한 것이 자기 자신을 상이하게 형태화함으로써 성립한 것으로 나타나지 않는다. 오히려 그것은 단지 상이한 자료에 외면적으로 적용되어 상이성의 지루한 가상을 획득할 뿐인 하나의 동일한 것의 몰형태적인 반복이다. 그 자체로는 아마도 참된 이념은, 그 발전이 동일한 공식의 다름 아닌 그러한 반복에 존립한다면, 사실상 언제나 다만 그 시원에 머물 뿐이다. 하나의 운동하지 않는 형식이 아는 주체에 의해 현전하는 것에로 이끌리어 오고, 자료가 밖으로부터 이러한 정지해 있는 터전 안으로 집어넣어지게 되면, 내용에 대한 자의적 착상에 불과한 이러한 것은 요구되고 있는 것의 충족, 요컨대 형태들의 자기로부터 솟아나는 풍부함과 자기 자신을 규정하는

구별이 전혀 아니다. 오히려 그것은 소재를 구별하는데 그치고 더 나아가 소재의 구별을 통해서만 나타나는 단색의 형식주의일 뿐인데, 왜냐하면 이러한 구별은 이미 마련되어 있고 잘 알려져 있기 때문이다.

16. 그러함에 있어 그러한 형식주의[30]는 이러한 단조로움과 추상적 보편성을 절대자로 주장한다. 나아가 그것은 그러한 보편성에 만족하지 못하는 것을 절대적 입장을 자기 것으로 하여 그것을 확고히 견지하지 못하는 무능력이라고 단언한다. 예전에 어떤 것을 다른 방식으로도 표상할 수 있는 공허한 가능성이 [3/22]하나의 표상을 반박하기 위해 충분했고 또 그러한 한갓된 가능성, 즉 보편적 사상이 또한 현실적 인식의 전적인 긍정적 가치마저도 가졌다고 한다면, 우리는 여기서도 마찬가지로 이러한 비현실성의 형식 속에 있는 보편적 이념에게 모든 가치가 돌려지고, 구별된 것과 규정된 것을 해소하거나 아니면 오히려 그것을 더 이상 전개되지 않거나 그 자신에서 정당화되지 않는 방식으로 공허한 것의 심연에로 내던져버리는 것이 사변적 고찰양식으로 여겨지고 있음을 본다. **절대자** 속에서 존재하는 바의 어떤 하나의 현존재를 고찰한다는 것은 다름이 아니라 그에 대해 말해진다는 것에 존립하며, 물론 지금은 어떤 것으로서의 그에 대해 이야기되고 있다 할 것이다. 하지만 절대자, 즉 A=A에서는 그와 같은 것은 전혀 존재하지 않으며 오히려 그것에서는 모든 것이 하나다.[31] 절대자에서는 모든 것이 똑같다고 하는 이러한 하나의 앎을 구별하고 충족되거나 충족을 추구하고 요구하는 인식에 대립시키는 것 또는 자기의 **절대자**를 흔히 그렇게 이야기되곤 하듯이 바로 그 속에서는 모든 소가 까만 밤으로 주장하는 것은 인식에서의 공허한 순진함이다.──최근의 철학이 비난하고 경멸하면서도 다시금 그 철학 자체에서 산출된 형식주의는, 비록 그것의 불만족스러움이 알려지고 느껴지고 있다 할지라도, 절대적 현실에 대한 인식이 스스로의 본성에 대해 완전히 명확하게 되기까지는 학문으로부터 사라지지 않는다.[32]──보편적 표상에 대한 상론의 시도에 앞서 그러한 표상이 선행할 때 그것이 그에 대한 상론의 파악을 손쉽게 한다는 점을 고려한다면 그 표상의 대략을

제시하는 것이 도움이 되겠거니와, 그렇게 하는 의도는 동시에 이 기회에 철학적 인식에 대해 고질적 장애가 되어 온 몇 가지 형식들을 제거하는 것이기도 하다.

{절대자는 주체다}

17. 오로지 체계 자체의 서술을 통해서만 정당화되어야만 하는 나의 통찰에 따르면 모든 것의 관건이 되는 것은 [3/23]참된 것이 **실체**로서가 아니라 그와 마찬가지로 **주체**로서도 파악되고 표현되는 것이다.[33] 동시에 주의해야 할 것은 실체성이 앎**에 대한 존재** 또는 직접성인 바의 것만큼이나 또한 보편자 또는 **앎 자체의 직접성**도 자기 내에 포함한다는 점이다.—신을 하나의 실체로 파악하는 것이 이러한 규정이 언표된 시대를 격분시켰을 때,[34] 한편으로 이의 근거는 그러한 규정 속에서는 자기의식이 단지 몰락될 뿐 유지되어 있지 않다고 하는 본능에 놓여 있었다. 그러나 다른 한편으로 사유로서의 사유를 견지하는 그 반대도 **보편성** 그 자체, 즉 동일한 단순성이나 구별되지 않고 운동하지 않는 실체성이다. 그리고 셋째로 사유가 실체의 존재를 자신과 합일시켜 직접성이나 직관을 사유로서 파악할 때 여전히 관건이 되는 것은 이러한 지적 직관[35]이 다시금 게으른 단순성에로 퇴락하여 현실 자체를 비현실적인 방식으로 서술하는 것이 아닌가 하는 점이다.[36]

{주체란 무엇인가}

18. 더 나아가 살아 있는 실체[37]는 오로지 그것이 자기 자신을 정립하는 운동이거나 자기의 타자화와 자기 자신을 매개하는 것인 한에서만 참으로 **주체**인, 또는 같은 말이지만, 참으로 현실적인 존재이다. 주체로서의 살아 있는 실체는 순수한 **단순한 부정성**이며, 바로 그 점을 통해 단순한 것의 양분화나 대립시키는 이중화이거니와, 그것은 또다시 이러한 무관심한 상이성과 그 상이성의 대립의 부정이기도 하다. 오로지 이렇듯 스스로를 **회복하는** 동등성 또는 타자존재 속에서의 자기 내 반성[38]—즉 **근원적** 통일 그 자체나 **직접적** 통일 그 자체가 아닌 것—이야말로 참된 것이다. 참된 것은 자기 자신의 생성, 즉 자기의 끝을 자신의 목적으로 전제하여 그것을 시원으

로 삼고 오로지 완수와 자기의 끝을 통해서만 현실적인 원환이다.[38a]

[3/24]19. [39]그러므로 신의 삶과 신적 인식이란 아마도 자기 자신과의 사랑의 유희라고 언표될 수 있을 것이다. 이 이념은 그 속에 부정적인 것의 진지함과 고통, 인내와 노동이 결여된다면 경건함과 심지어 진부함으로 전락한다. **자체적 · 즉자적으로** 저 삶은 아마도 자기 자신과의 흐려지지 않은 동등성이자 통일일 것인바, 그것에 있어 신의 삶은 타자존재와 소외 및 이러한 소외의 극복에 대한 어떠한 진지함도 아니다. 그러나 이러한 **그 자체 · 즉자***Ansich*는 **대자적으로 존재한다***für sich zu sein*는 그의 본성과 따라서 일반적으로 형식의 자기운동이 도외시되는 추상적 보편성이다.[40] 형식이 본질과 같은 것으로 말해진다면, 바로 그런 까닭에 인식은 그 자체나 본질에 만족하지만 형식에 대해서는 상관하지 않을 수 있다고,—요컨대 절대적 근본명제나 절대적 직관은 바로 그 근본명제의 상론이나 직관의 전개를 없어도 되는 것으로 만든다고 생각하는 것은 오해이다. 바로 본질이 자기 자신에게 본질적인 만큼 형식이 본질에게 그러하기 때문에, 본질은 단순히 본질로서, 다시 말하면 직접적 실체나 신적인 것의 순수한 자기직관으로서만이 아니라 그와 마찬가지로 **형식**으로서 그리고 전개된 형식의 온전한 풍부함 속에서 파악되고 표현되어야 한다. 이를 통해 본질은 비로소 현실적인 것으로서 파악되고 표현된다.

20. 참된 것은 전체다.[41] 그러나 전체는 오직 자기의 전개를 통해 스스로를 완성하는 본질일 뿐이다. 절대자에 관해서는 그것이 본질적으로 **결과**이며 **끝**에 이르러서야 비로소 그것이 참으로 그것인 바의 것이라고 말할 수 있다. 그리고 바로 여기에 현실적인 것, 주체 또는 자기 자신으로 됨이라고 하는 그의 본성이 존립한다. 절대자가 본질적으로 결과로서 파악되어야 한다는 것이 아무리 모순적으로 보일지라도, 조금만 더 숙고해보면 이러한 모순의 가상은 바로잡힌다. 시원, 원리 또는 처음에 직접적으로 언표된 대로의 절대자는 다만 보편자일 뿐이다.[42] 내가 **모든** 동물이라고 말할 때 이 낱말이 동물학으로 여겨질 수 없는 것과 마찬가지로 신적인 것, 절대적인

것, 영원한 것 등등과 같은 낱말들이 [3/25]그 낱말들 속에 포함되어 있는 것을 언표하지 않는다는 것은 명백하거니와,—그러한 낱말들은 사실상 다만 직접적인 것으로서의 직관을 표현할 뿐이다. 그러한 낱말 이상의 것, 즉 또한 오로지 명제에로의 이행일 뿐이기도 한 것은 환수되어야만 하는 **타자화**를 포함하며 매개이다. 그러나 이 매개는 오히려 그 매개로부터는 도대체 오로지 다음의 것만이, 즉 매개란 절대적인 것이 아니고 또 절대자 속에 전혀 존재하지 않는다는 것만이 이루어짐으로써 절대적 인식이 포기되기나 한다는 듯이 기피되는 바의 것이다.

21. 그러나 사실상 이러한 기피는 매개[43]와 절대적 인식 자체의 본성에 대해 잘 알지 못하는 데서 유래한다. 왜냐하면 매개란 스스로 운동하는 자기 자신과의 동등성 이외에 다른 것이 아니거나, 자기 자신 내에서의 반성, 대자존재적인 자아의 계기, 순수한 부정성 또는, 그것의 순수한 추상으로 격하하자면, **단순한 생성**이기 때문이다. 자아나 생성 일반, 즉 이러한 매개 작용은 바로 자기의 단순성을 위하여 생성되어 가는 직접성이자 직접적인 것 자체이다.—따라서 만약 반성이 참된 것으로부터 배제되어 절대자의 긍정적 계기로 파악되지 않는다면 그것은 이성에 대해 잘못 아는 것이다.[44] 반성은 참된 것을 결과로 만들지만, 그것의 생성에 대한 이러한 대립을 마찬가지로 지양하는 것이기도 한데, 왜냐하면 이러한 생성은 마찬가지로 단순하며 따라서 결과에서 스스로를 **단순한** 것으로 보여주는 참된 것의 형식과 다르지 않기 때문이다. 참된 것은 오히려 바로 이렇듯 단순성에로 복귀해 있음이다.—태아는 아마도 **즉자적으로** 인간이겠지만 **대자적으로는** 아니다. 대자적으로 태아는 오직 **즉자적으로** 이성인 바의 것으로 스스로를 **다듬어낸** 형성된 이성으로서만 인간이다. 이러한 것이 비로소 이성의 현실성이다.[45] 그러나 이러한 결과는 그 자체가 단순한 직접성인데,[46] 왜냐하면 그것은 자기 내에 안주하고, 대립을 한쪽으로 치워 놓고서는 [3/26]그것이 거기에 그대로 놓여 있게 하는 것이 아니라 그것과 화해한[47] 자기의식적인 자유이기 때문이다.

22. 앞에서 이야기된 것은 또한 이성은 **합목적적 행위**다, 라는 식으로도 표현될 수 있다.[48] 그런데 잘못 생각된 자연을 오인된 사유보다 위에 올려놓은 것과 우선은 외적 합목적성을 쫓아내 버린 것은 **목적**이라는 형식 일반을 불신에 빠뜨렸다. 그러나 **아리스토텔레스**도 자연을 합목적적 행위로 규정하고 있듯이, 목적이란 **스스로 운동하고** 있고 따라서 **주체**인 바의 직접적인 것, **정지해** 있는 것, 부동자이다. 운동하는 목적의 힘은 추상적으로 보면 **대자존재** 또는 순수한 부정성이다. 결과가 시원과 동일한 까닭은 다만 **시원**이 **목적**이기 때문일 뿐이다.—또는 현실적인 것이 곧 그의 개념과 동일한 까닭은 다만 목적으로서의 직접적인 것이 자기Selbst 또는 순수한 현실성을 그 자신 속에 지니기 때문일 뿐이다. 완수된 목적이나 또는 현존재하는 현실적인 것은 운동이자 전개된 생성이다. 그러나 바로 이러한 불안Unruhe이 자기이다. 그리고 자기가 시원의 저 직접성 및 단순성과 같은 까닭은 그것이 결과, 즉 자기 내로 귀환한 것이긴 하지만,—그 자기 내로 귀환한 것이 바로 자기이고, 자기는 스스로 자기와 관계하는 동등성과 단순성이기 때문이다.

23. [49]절대자를 **주체***Subjekt*로서 표상하고자 하는 욕구는 **신**은 영원한 것이라거나 도덕적 세계질서 또는 사랑이라는 등등의 명제를 사용했다. 그러한 명제들에서는 참된 것은 곧바로 다만 주어Subjekt로서 정립될 뿐, 자기 자신 내에서 스스로를 반성하는 운동으로서 나타나 있지 않다. 그런 종류의 명제에서는 '**신**'이라는 낱말로 시작된다. 이 낱말은 그 자체로는 무의미한 소리이며, 한갓된 이름이다. 술어가 비로소 **신이 무엇인지**를 말하는바, 그의 충족이자 [3/27]의미이다. 공허한 시원은 오직 이 끝에서만 현실적인 앎이 되는 것이다. 그런 한에서 왜 그 **무의미한** 소리를 덧붙일 것 없이 다만 영원한 것, 도덕적 세계질서 등등에 대해서만, 또는 고대인들이 했듯이 순수한 개념들, 존재, 일자 등등에 대해서만, 즉 의미인 것에 대해서만 말하지 않는 것인지 알아차릴 수 없다. 그러나 이 낱말을 통해 바로 존재나 본질 또는 보편자 일반이 아니라 자기 내로 반성된 것, 즉 주체가 정립되어 있다는

것이 표시된다. 그러나 동시에 이것은 다만 선취되어 있을 뿐이다. 주체・주어는 고정된 점으로서, 즉 그것에 관해 아는 자에 속하고 또한 점 자체에 속하는 것으로는 간주되지 않는 운동을 통해 술어들이 그들의 지주로서의 그것에 부착되어 있는 고정된 점으로서 가정되어 있다. 그러나 그 운동을 통해서만 주체로서의 내용이 제시될 것이다. 지금 이 운동이 띠고 있는 성질의 방식에서 그것은 주체・주어에 속할 수 없다. 그러나 또한 저 점의 전제에 따르면 그것은 다른 성질을 띨 수 없으며, 한갓 외면적일 수밖에 없다. 따라서 절대자는 주체・주어라고 하는 저 선취는 이러한 개념의 현실성이 아닐 뿐만 아니라, 심지어 그 현실성을 불가능하게 만들기까지 한다. 왜냐하면 저 선취는 그러한 개념을 정지되어 있는 점으로 정립하지만, 현실성은 자기운동이기 때문이다.

24. [50]지금까지 이야기된 것에서 흘러나오는 많은 결론들 중에서 다음의 것, 즉 앎은 오로지 학문으로서나 **체계**로서만 현실적이며 또 그러한 것으로서만 서술될 수 있다는 것이 강조될 수 있다. 더 나아가 철학의 이른바 근본명제[50a]나 원리는 비록 그것이 참일지라도 이미 그것이 단지 근본명제나 원리로서만 존재하는 한에서 또한 거짓이기도 하다는 것이 강조될 수 있다. ―그런 까닭에 그것을 반박하기는 쉽다. 반박은 그 근본명제나 원리의 결함이 제시되는 데에 존립한다. 그러나 그것이 결함 있는 까닭은 그것이 한갓 보편자나 원리, 시원이기 때문이다. 반박이 근본적이라면, 그것은 원리 자체로부터 취해져 전개되지,―대립되는 단언들과 착상들을 통해 밖으로부터 실행되지 않는다. 그러므로 반박은, [3/28]만약 그것이 자기의 **부정적** 행위에만 주목하고 자기의 전진과 결과를 또한 그것의 **긍정적** 측면에 따라 의식하지 않는다는 점에서 스스로를 오해하지 않는다면, 본래 원리의 발전임과 더불어 그 원리가 지닌 결함의 보완일 것이다.―역으로 시원에 대한 본래적인 **긍정적** 상론은 동시에 그와 마찬가지로 그것에 대한 부정적 태도, 다시 말하면 처음에 **직접적**이거나 또는 **목적**이라고 하는 그것의 일면적 형식에 대한 부정적 태도이다. 그리하여 긍정적 상론은 체계의 **근거**를 형성

하는 것에 대한 반박과 마찬가지로 받아들여질 수 있지만, 더 올바르게 말하자면 그것은 체계의 **근거**나 원리란 사실상 다만 그 체계의 **시원**일 뿐이라는 것을 드러내는 것으로서 간주될 수 있다.

25. [51]참된 것은 오직 체계로서만 현실적이라는 것 또는 실체는 본질적으로 주체라는 것은 절대자를 **정신**으로 언표하는 표상 속에 표현되어 있는데,—정신은 가장 숭고한 개념이자 근대와 그 종교에 속하는 바의 것이다. 오로지 정신적인 것만이 **현실적인** 것이다. 그것은 본질 또는 **즉자존재자**이며,—스스로와 **관계하는** 것과 **규정된** 것, 즉 **타자존재**와 **대자존재**이고—이러한 규정성 또는 그의 자기 외 존재 속에서 자기 자신 속에 머무르는 것이거니와,—또는 그것은 **즉자대자적**이다.—그러나 이러한 즉자대자적 존재는 처음에는 우리에 대해서 또는 **즉자적으로 · 그 자체에서** 그러한 것이거니와, 그것은 정신적 **실체**이다. 그것은 또한 **자기 자신에 대해서도** 이러한 것이어야만 하고, 정신적인 것에 대한 앎과 정신으로서의 자기에 대한 앎이어야만 하는 바, 다시 말하면 그것은 스스로 **대상**으로서 존재해야만 하지만, 직접적으로 뿐만 아니라 마찬가지로 지양된, 즉 자기 내에서 반성된 대상이어야만 하는 것이다. 정신은 오로지 그의 정신적 내용이 그 자신을 통해 산출되어 있는 한에서만 우리에 대해 **대자적**이다. 그러나 정신이 또한 자기 자신에 대해서도 대자적인 한에서, 이러한 자기산출, 순수한 개념은 정신에게 동시에 정신이 그 속에서 자기의 현존재를 가지는 대상적인 터전이며, 정신은 이러한 방식으로 자기의 [3/29]현존재에서 자기 자신에 대해 자기 내로 반성된 대상이다.—그렇듯 전개되어 스스로를 정신으로서 아는 정신이 **학문**이다. 학문은 정신의 현실성이며, 정신이 자기의 고유한 터전에서 구축하는 나라이다.

{앎의 터전}

26. [52]절대적 타자존재에서의 **순수한** 자기인식,[52a] 이러한 에테르 **그 자체**야말로 학문의 근거와 지반이거나 **앎 일반**이다. 철학의 시원은 의식이 이러한 **터전**에 자리 잡고 있다는 것을 전제하거나 요구한다. 그러나 이 터전은

오직 그것의 생성의 운동을 통해서만 그 완성과 투명성 자체를 획득한다. 그 터전은 단순한 직접성의 방식을 지니는 **보편자**로서의 순수한 정신성이다. —그 터전 자체가 **실존**을 지니는 바의 이러한 단순한 것은 오로지 정신 속에 존재하는 지반, 즉 사유이다. 이러한 터전, 즉 정신의 이러한 직접성이 정신의 실체적인 것 일반이기 때문에, 그러한 정신의 직접성은 **변용된 본질성** *verklärte Wesenheit*, 그 자체로 단순하고 대자적인 직접성 그 자체인 반성, 자기 자신 내에서의 반성인 **존재**이다.[52a] 학문은 그 자신 편에서 자기의식에 대해 그것이 학문과 더불어 학문 속에서 살 수 있고 또 살기 위해 이러한 에테르 속으로 고양되었기를 요구한다. 역으로 개인은 학문이 그에게 최소한 이러한 입장에 이르는 사다리를 내어주고, 그에게 그 자신 내에서 그와 같은 입장을 제시하도록 요구할 권리를 갖는다. 그의 권리는 개인이 그의 앎의 각각의 모든 형태에서 소유할 수 있는 그의 절대적 자립성에 근거한다. 왜냐하면 [3/30]앎의 모든 형태에서—그것이 학문에 의해 인정되어 있건 아니건, 그리고 그 내용이 어떠한 것이든 간에—개인이 절대적 형식인바, 다시 말하면 개인이 자기 자신의 **직접적 확신**[53]이고, 다음과 같은 표현이 선호된다고 하면, 따라서 무제약적인 **존재**이기 때문이다. 만약 의식의 입장, 즉 자기 자신과 대립하는 대상적 사물들에 대해 아는 것이자 대상적 사물들과 대립하는 자기 자신에 대해 아는 것인 의식의 입장이 학문에게 **타자**로서—즉 의식이 그 속에서 자기를 자기 자신에서 아는 것이어서, 오히려 정신의 상실로서—여겨진다면, 그와 반대로 의식에게는 학문의 터전이 의식이 그 속에서 더 이상 자기 자신을 소유하지 못하는 피안의 먼 곳이다.[54] 이들 두 부분들의 각각은 다른 부분에 대해 진리가 전도된 것으로 보인다. 자연적 의식이 스스로를 직접적으로 학문에 내맡기는 것은 그 의식이 무엇에 이끌리는지 알지 못한 채 행하는 시도이거니와, 또한 일단은 머리로 걷고자 하는 시도이다. 이러한 익숙하지 않은 태도를 받아들여 그 속에서 움직이라는 강요는 자연적 의식에게 스스로 가할 것이 요구되는, 불필요해 보이는 만큼이나 준비되지 않은 강제력이다.—학문은 그 자신에서 자기가 원하는 바의 것일 터이다. 즉 직접적 자기의식에 대한 관계에서 학문은 이 직접적 자기의식에 대해 전도된 것으로 나타나는 것이다. 또는 직접적 자기의식이 자기 자신의 확신 속에서 자기의 현실성의 원리를 지니기 때문에, 학문은 직접적 자기의식이 그 자체로 학문의 외부에 있다는 점에서 비현실성의 형식을 짊어진다. 그런 까닭에 학문은 그러한 터전을 자기와 통합시켜야 하거나 오히려 그것이 그 자신에게 속한다는 것과 어떻게 그러한지를 보여 주어야 한다. 그러한 현실성을 결여하는 것으로서의 학문은 다만 **즉자적인** 것으로서의 내용, 즉 처음에는 아직 **내적인** 것이어서 [3/31]정신으로서가 아니라 처음에는 한갓 정신적 실체일 뿐인 **목적**에 지나지 않는다. 이러한 **즉자적인** 것은 스스로를 외화시켜 **대자적으로** 되어야 한다. 이것은 다름이 아니라 바로 그와 같은 것이 자기의식을 자신과 하나로서 정립해야 한다는 것을 뜻한다.[55]

{바로 그와 같은 앎으로의 고양이 정신현상학이다}

27. **학문 일반** 또는 **앎**의 이러한 생성이 이 정신**현상학**이 서술하는 바로 그것이다. 처음에 존재하는 바의 앎, 또는 **직접적 정신**은 몰정신적인 것, 즉 **감각적 의식**이다. 본래적인 앎이 되기 위해서나 학문의 순수한 개념 자체인 학문의 터전을 산출하기 위해 그 의식은 기나긴 도정을 스스로 헤쳐 나가야 한다.—자기의 내용과 그 내용 속에서 드러나는 형태들에서 세워지게 될 이러한 생성[56]은 사람들이 처음에 비학문적 의식을 학문에로 이끄는 것에서 표상하는 것이 아닐 것이며, 또한 학문의 근거짓기와도 다른 어떤 것일 것인바,—그리하여 본래 마치 권총에서 총알이 발사되듯이 절대지로부터 직접 시작하고, 다른 입장들에 대해 전혀 주의하지 않는다고 천명함으로써 이미 그러한 입장들과 관계를 끊는 영감과도 다른 어떤 것일 것이다.

28. [57]개인을 그의 도야되지 않은 입장으로부터 앎으로 이끄는 과제는 그 보편적 의미에서 파악되어야 했거니와, 보편적 개인, 즉 자기의식적 정신을 그의 도야에서 고찰해야 했다.—양자의 관계에 관한 한, 보편적 개인 속에서는 구체적 [3/32]형식과 고유한 형태화를 획득하는 바의 모든

계기가 드러난다. 특수한 개인은 불완전한 정신, 즉 구체적 형태인바, 그 구체적 형태의 전체적 현존재에서는 **하나의** 규정성이 지배적이며 그 형태에서는 다른 규정성들이 다만 희미한 특징들에서만 현전한다. 다른 정신보다 좀 더 고차적인 단계의 정신에서는 그보다 저차적인 구체적 현존재가 눈에 띄지 않는 계기로 전락해 있다. 이전에 사태 자체였던 것은 다만 하나의 흔적일 뿐이며, 그 형태도 베일에 싸여 단순한 그림자가 되어 있는 것이다. 좀 더 고차적인 단계의 정신이 그의 실체인 개인은 이러한 과거를 두루 거쳐나가는바, 이는 좀 더 고차적인 학문을 시도하는 자가 자기가 오래전부터 소유하고 있는 예비지식들을 스스로 그 지식들의 내용을 현재화하기 위해 두루 살펴보는 것과 마찬가지 방식으로 이루어진다. 그가 그 예비적 지식들의 기억을 다시 불러내는 것은 거기에 자기의 관심을 기울여 그 속에 머무르고자 하는 것이 아니다. 개별자는 또한 내용에 따라서도 보편적 정신의 교양단계들을 두루 거쳐나가야만 하지만, 그 단계들은 정신이 이미 벗어 던진 형태들로서 다 마무리되고 평평해진 길의 단계들이다. 그리하여 우리는 지식과 관련하여 이전 시대에 성인의 성숙한 정신을 사로잡았던 것이 소년기의 지식과 연습 그리고 심지어는 놀이들로 전락해 버렸음을 보며, 교육적인 전진에서 마치 실루엣처럼 모사된 세계 교양의 역사를 인식하게 될 것이다. 이러한 지나간 현존재는 개인의 실체와 따라서 그에게 외면적으로 현상하는 가운데 그의 비유기적인 자연・본성을 [3/33]형성하는 보편적 정신이 이미 획득한 소유물이다.—이러한 측면에서 개인의 도야・교양은, 그 개인 편에서 고찰하자면, 바로 개인이 이러한 현전하는 것을 획득하고, 그의 비유기적인 자연을 자기 내로 소화하여 대자적으로 소유하게 된다는 데 존립한다. 그러나 이러한 것은 실체로서의 보편적 정신의 편에서는 이 실체가 스스로에게 자기의 자기의식을 부여하여 자기의 생성과 자기의 자기 내 반성을 산출한다는 것 이외에 다른 것이 아니다.

29. 학문은 이러한 형성・도야하는 운동을 그것이 지닌 상세함과 필연성에서 서술할 뿐만 아니라 또한 이미 정신의 계기와 소유물로 전락해 있는

것을 그것의 형태화에서 서술한다. 목표는 앎이란 무엇인지에 대한 정신의 통찰이다. 조바심은 불가능한 것, 요컨대 수단 없이 목표를 달성할 것을 바란다. 한편으로는 이 도정의 **장구함**을 견뎌야 하는데, 왜냐하면 각각의 모든 계기가 필연적이기 때문이다.──다른 한편으로는 각각의 모든 계기에 **머물러야** 하는데, 왜냐하면 각각의 모든 계기가 그 자체로 개별적인 전체 형태이고, 오로지 그의 규정성이 전체나 구체적인 것으로서 또는 그 전체가 이 규정의 고유성에서 고찰되는 한에서만 절대적으로 고찰되기 때문이다. ──개인의 실체가, 심지어 세계정신이 장구하게 확대된 시간 속에서 이러한 형식들을 거쳐나가고, [3/34]각각의 이 형식들에서 그것들이 취할 수 있는 자기의 전체 내실을 형태화했던 세계사의 엄청난 노동을 떠맡는 인내를 가졌기 때문에,[58] 그리고 세계정신이 그보다 더 적은 노동을 통해서는 자기에 관한 의식에 도달할 수 없었기 때문에, 물론 사태에 따라서는 개인도 그보다 덜한 노동을 가지고서는 자기의 실체를 파악할 수 없다. 그럼에도 불구하고 동시에 개인이 기울여야 할 노고는 그보다 더 적은데, 왜냐하면 이러한 것은 **그 자체에서** 완수되었고, 내용은 이미 가능성으로 지워진 현실성이자 극복된 직접성이고, 형태화는 그것의 축약, 즉 단순한 사상규정으로 끌어내려져 있기 때문이다. 이미 **사유된** 것인 내용은 실체의 소유물이다. 더 이상 현존재가 **즉자존재 · 자체에서의 존재**의 형식으로 전환되어야 하는 것이 아니라 다만 더 이상 한갓 근원적인 것도 또한 현존재로 침잠된 것도 아닌, 오히려 이미 **내면화된 즉자적인 것**이 **대자존재**의 형식으로 전환되어야 하는 것이다. 이러한 행위의 양식이 좀 더 상세하게 제시되어야 한다.[59]

{표상된 것과 잘 알려진 것의 사상에로의 전환}

30. 우리가 여기서 이 운동을 받아들이는 입장에서 전체적으로 면제되어 있는 것은 현존재의 지양이다. 그러나 여전히 남아 있고 좀 더 고차적인 개조를 필요로 하는 것은 **표상**과 형식들에 대한 **잘 알고 있음**이다. 실체 속으로 환수된 현존재는 저 첫 번째 부정을 통해 처음에는 단지 **직접적으로**만 자기Selbst의 터전 속으로 옮겨져 있다. 그러므로 그에게 획득된 이 소유

물은 여전히 현존재 자체와 동일한, 개념적으로 파악되지 않은 [3/35]직접성, 운동하지 않은 무관심성의 성격을 지닌다. 따라서 이 현존재는 다만 **표상** 속으로 이행해 있을 뿐이다.[59a]——동시에 그와 더불어 그것은 **잘 알려진** 것, 즉 현존재하는 정신이 다 마무리한 것이자, 따라서 정신의 활동성과 더불어 그의 관심이 더 이상 그 속에 있지 않은 그러한 것이다. 현존재를 다 마무리한 활동이 그 자체로 단지 특수한, 즉 스스로를 개념적으로 파악하지 못하는 정신의 운동일 뿐이라고 한다면, 그와 반대로 앎은 이를 통해 발생된 표상, 즉 이러한 잘 알려져 있음에로 향한다. 그 앎은 **보편적 자기**의 행위이자 **사유**의 관심이다.

31. 잘 알려진 것은 일반적으로 그것이 **잘 알려져** 있다고 해서 **인식되어** 있는 것은 아니다. 인식함에 있어 어떤 것을 잘 알려진 것으로 전제하고 그와 마찬가지로 그것을 받아들이는 것은 가장 일상적인 자기기만이자 타인에 대한 기만이다. 그러한 지식은 온갖 횡설수설을 늘어놓으면서 자기에게 어떤 일이 일어나는지 알지 못한 채 한 발자국도 나아가지 못한다. 주체와 객체 등등, 신, 자연, 지성, 감성 등등이 전혀 살펴지지 않은 채 잘 알려진 것이자 무언가 타당한 것으로서 근저에 놓이며, 출발뿐만 아니라 또한 귀환의 확고한 점들을 이룬다. 운동은 운동하지 않은 채 머무르는 그것들 사이에서 우왕좌왕하며, 따라서 단지 그것들의 표면 위에서만 일어난다. 그리하여 또한 파악이나 검증도 각자가 그것들에 대해 말해진 것을 또한 자신의 표상에서도 발견하는지, 그리고 그 말해진 것이 각자에게 그렇게 보이고 또 잘 알려져 있는지 아닌지를 살펴보는 데 존립한다.

32. 이전에 추진되었던 바의 표상에 대한 **분석**은 이미 그 표상의 잘 알려져 있음의 형식을 지양하는 것 이외에 다른 것이 아니었다.[60] 하나의 표상을 그것의 근원적 요소들로 분해하는 것은 최소한 미리 발견된 표상의 형식을 지니는 것이 아니라 자기Selbst의 직접적 소유물을 이루는 그것의 계기들로 되돌아가는 것이다. 물론 이러한 분석은 다만 그 자체로 잘 알려져 있고 확고하며 정지되어 있는 규정들인 **사상들**에 도달한다. 그러나 본질적 계기

는 이러한 **나누어진** 것, 즉 비현실적인 것 자체이다. 왜냐하면 [3/36]구체적인 것은 오직 스스로를 나누어 비현실적인 것으로 됨으로써만 스스로 운동하는 것이기 때문이다. 나눔의 활동은 **지성**의, 즉 가장 놀라우면서 가장 위대한, 아니 오히려 절대적인 위력의 힘과 노동이다.[61] 자기 내에 완결되어 정지해 있고 실체로서 자기의 계기들을 고수하고 있는 원은 직접적이고 그런 까닭에 놀랍지 않은 관계이다. 그러나 자기의 영역에서 분리된 우유적인 것 그 자체, 즉 타자에 묶여 있고 오로지 그와의 연관 속에서만 현실적인 것이 자기의 고유한 현존재와 고립된 자유를 획득한다는 사실은 부정적인 것의 엄청난 위력이다.[62] 부정적인 것은 사유, 즉 순수 자아의 에너지이다. 만약 우리가 저 비현실성을 죽음이라 부르고자 한다면 이 죽음이야말로 가장 두려운 것이며, 죽은 것을 확고히 거머쥐는 것은 가장 위대한 힘을 요구하는 바의 것이다. 힘없는 아름다움은 지성을 증오하는데, 왜냐하면 지성은 그 힘없는 아름다움에 대해 그것이 행할 수 없는 것을 기대하기 때문이다. 그러나 죽음을 두려워하여 스스로를 황폐화로부터 순수하게 보존하는 것이 아니라 죽음을 견뎌내고 그 속에서 스스로를 보존하는 삶이야말로 정신의 삶이다. 정신은 오로지 갈기갈기 찢긴 절대적 분열 속에서 자기 자신을 발견함으로써만 자신의 진리를 획득한다. 정신은 우리가 어떤 것에 대해 이것은 아무것도 아니거나 거짓이라고 말하고는 이제 그것을 마무리하고 그로부터 떠나 모종의 다른 어떤 것으로 이행할 때처럼 부정적인 것을 외면하는 긍정적인 것으로서는 이러한 위력이 아니다. 오히려 정신은 오직 부정적인 것을 정면으로 바라보며 그에 머물기 때문에만 이러한 위력이다. 이러한 머물기야말로 부정적인 것[62a]을 존재로 전환시키는 마력이다.—이 마력은 위에서 주체라고 불렀던 것과 같은 것이거니와, 주체란 자기의 터전에서 규정성에 현존재를 부여하고 추상적인, 다시 말하면 일반적으로 단지 **존재적**일 뿐인 직접성을 지양함을 통해 참다운 실체라는 점에서 존재 또는 자기 바깥에 매개를 지니는 것이 아니라 이 매개 자체인 직접성이다.[63]

{사상의 개념에로의 전환}

33. 표상된 것이 순수한 자기의식의 소유물로 되는 것, 즉 이러한 보편성 일반에로의 고양은 다만 하나의 측면일 뿐, 아직은 완성된 교양이 아니다.[64] ─고대의 공부 방식은 [3/37]그것이 자연적 의식의 본래적인 완전한 형성이었다는 점에서 근대의 그것과 상이성을 지닌다. 자연적 의식은 자신의 현존재의 각각의 모든 부분들에서 자신을 특별히 시험해 보고 일어나는 모든 것에 관해 철학하면서 스스로를 철두철미 활동적인 보편성으로 산출했다. 그에 반해 근대에 있어 개인은 추상적 형식이 이미 준비되어 있음을 발견한다. 그 형식을 포착하여 자기 것으로 만들려는 노력은 구체적인 것과 현존재의 다양성으로부터 보편자를 출현시키는 것이라기보다는 오히려 내적인 것의 무매개적 표출이자 보편자의 단절된 산출이다. 그런 까닭에 이제 노동은 개인을 직접적인 감각적 방식에서 순화시켜 그를 사유되고 사유하는 실체로 만드는 데 존립하는 것이 아니라, 오히려 그와 대립된 것에, 즉 고정되고 규정된 사상들을 지양함으로써 보편자를 현실화하고 정신을 불어넣는 데 존립한다. 그러나 고정된 사상들을 유동화 하는 일은 감각적 현존재를 사상으로 만드는 것보다 훨씬 더 어렵다. 그 이유는 앞에서 제시된 바 있다. 저 규정들은 자아, 즉 부정적인 것의 위력 또는 순수한 현실성을 실체로 그리고 자기들의 현존재의 터전으로 지니는 데 반해, 감각적 규정들은 다만 무력한 추상적 직접성이나 존재 그 자체만을 그러한 것으로 지니는 것이다. 사상들은 순수한 사유, 즉 이러한 내적 **직접성**이 스스로를 계기로서 인식하거나 또는 자기 자신에 대한 순수한 확신이 스스로를 사상捨象함으로써 유동화 하는데,─여기서 스스로를 사상한다는 것은 자신을 빼내 한쪽으로 치워놓는 것이 아니라, 자기 자신의 순수한 확신이 자기 자신을 정립하는 것의 **고착성**을 방기하는 것인바, 요컨대 구별된 내용에 대립하는 자아 자체인 순수하게 구체적인 것의 고착성뿐만 아니라 또한 순수 사유의 터전에서 정립되어 자아의 저 무제약성에 참여하는 구별된 것들의 고착성도 방기하는 것이다. 이러한 운동에 의해[65] 순수한 사상들은 **개념들**로 되어 비로소 참으로 그것들인 바의 것, 즉 자기운동들, 원들이고, 그들의 실체인 바의

것, 즉 정신적 본질성들이다.

34. 순수한 본질성들의 이러한 운동이 학문성 일반의 본성을 이룬다. [3/38]그 내용의 연관으로 고찰되는 이 운동은 유기적 전체를 향한 그 내용의 필연성과 확장이다.[65] 앎의 개념을 달성하기 위해 나아가는 도정은 이 운동을 통해 그와 마찬가지로 필연적이고 완전한 생성이 되며, 그리하여 이러한 준비는 우연성이 초래하는 바와 같은 불완전한 의식의 이런저런 대상들, 관계들 및 사상들에 연결되거나 또는 이리저리 헤매는 이치추론, 추리 및 추론에 의해 규정된 사상들로부터 참된 것을 근거짓고자 시도하는 우연적인 철학함이기를 그친다. 오히려 이 도정은 개념의 운동을 통해 의식의 완전한 세계성을 그 필연성에서 포괄하게 될 것이다.[66]

35. 더 나아가 그러한 서술은 학문의 **제1부**를 이루는데, 왜냐하면 최초의 것으로서의 정신의 현존재는 직접적인 것이나 시원 이외에 다른 것이 아니지만, 그 시원은 아직은 정신의 자기 내 귀환이 아니기 때문이다. 따라서 **직접적 현존재의 터전**은 그에 의해 학문의 이 부분이 다른 부분들로부터 구별되는 규정성이다.—이러한 구별에 대한 언명은 여기서 나타나곤 하는 몇 가지 고정된 사상들에 대한 논의로 이어진다.

36. 정신의 직접적 현존재, 즉 **의식**은 앎과 앎에 부정적인 대상성이라고 하는 두 계기를 지닌다.[67] 이 터전에서 정신이 전개되고 자기의 계기들을 펼쳐놓음으로써, 그 계기들에게는 이 대립이 속하며, 그것들은 모두 의식의 형태들[68]로서 등장한다. 이러한 도정의 학문은 바로 의식이 수행하는 **경험**의 학문이다. 실체는 그 실체와 그의 운동이 의식의 대상인 바에 따라 고찰되는 것이다. 의식은 자기의 경험 내에 있는 것 이외에 아무것도 알거나 파악하지 못한다. 왜냐하면 이 경험 속에 있는 것은 다만 정신적 실체일 뿐이고, 더 나아가 그 정신적 실체의 자기Selbst의 **대상**으로서 존재하기 때문이다. 그러나 정신은 대상이 되는데, 왜냐하면 정신은 **스스로에게 타자**, 다시 말하면 **그의 자기의 대상**이 되고 이 타자존재를 지양하는 운동이기 때문이다. 그리고 경험은 [3/39]바로 이러한 운동으로 불리거니와, 이 운동 속에서는

감각적 존재의 것이든 아니면 단지 생각될 뿐인 단순자의 것이든 직접적인 것과 경험되지 않은 것, 다시 말하면 추상적인 것이 스스로를 소외시키고나서 다시 이 소외로부터 자신에게로 되돌아오고, 이리하여 이제 비로소 또한 의식의 소유물이기도 한 바의 그의 현실성과 진리에서 서술되는 것이다.

37. 의식 내에서 자아와 자아의 대상인 실체 사이에서 발생하는 부등성은 그들의 구별, 즉 **부정적인** 것 일반이다. 그 부정적인 것은 양자의 **결함**으로 간주될 수 있지만, 그들의 영혼 또는 그들의 운동하는 것이다. 그런 까닭에 몇몇 고대인들은 운동하는 것을 물론 **부정적인** 것으로 포착함으로써 **공허**를 운동하는 것으로 파악했지만, 이 부정적인 것을 여전히 자기Selbst로서 포착하지는 못했다.[68a]——그런데 만약 이 부정적인 것이 우선은 대상에 대한 자아의 부등성으로 나타난다면, 그것은 그와 마찬가지로 실체의 자기 자신에 대한 부등성이기도 하다.[69] 실체 밖에서 진행되는 듯이 보이는 것, 즉 실체에 반하는 활동인 것으로 보이는 것은 실체의 고유한 행위이거니와, 실체는 스스로를 본질적으로 주체인 것으로 드러낸다. 실체가 이 점을 완전하게 드러냄으로써, 정신은 자기의 현존재를 자기의 본질에 동등하게 만들었다. 정신은 스스로에게 그 자신의 모습 그대로 대상이거니와, 직접성이라는 그리고 앎과 진리의 분리라는 추상적 터전은 극복되어 있다. 존재는 절대적으로 매개되어 있는바,—존재는 마찬가지로 직접적으로 자아의 소유물이자 자기적selbstisch이거나 개념인 실체적 내용이다. 이와 더불어 정신현상학은 종결된다. 정신이 이 정신현상학에서 스스로 마련하는 것은 앎의 터전이다. 이제 이 터전에서 정신의 계기들은 자기의 대상을 자기 자신으로 아는 **단순성의 형식**에서 펼쳐진다. 그 계기들은 더 이상 존재와 앎의 대립에로 분열되는 것이 아니라 앎의 단순성에 머물고, 참된 것의 형식 속에 있는 참된 것인바, 그들의 상이성도 다만 내용의 상이성일 뿐이다.[70] 이러한 터전에서 스스로를 전체로 유기적으로 조직하는 그 계기들의 운동이 **논리학** 또는 **사변철학**이다.

{그런 한에서 정신현상학은 부정적이거나 거짓을 포함한다}

38. 그런데 정신의 경험의 저 체계는 다만 [3/40]정신의 **현상***Erscheinung*만을 [71] 포괄하기 때문에, 그로부터 **참된 것의 형태** 속에 존재하는 **참된** 것의 학문에로 나아가는 전진은 단적으로 부정적인 것으로 보이거니와, 사람들은 **거짓된** 것으로서의 부정적인 것으로 인해 성가심을 당하지 않고 즉각적으로 진리에로 인도되기를 바랄 수가 있을 것이다. 무엇 때문에 거짓된 것에 관여해야 한단 말인가?——그에 대해 이미 위에서 이야기했던 것, 즉 곧바로 학문에서 시작해야 한다는 것에 대해서는 여기서 **거짓된** 것 일반으로서의 부정적인 것이 어떤 성질의 것인가 하는 측면에 따라 대답되어야 한다. 이에 관한 표상들이 무엇보다도 진리에의 입구를 가로막고 있다. 이 점은 비철학적인 앎이 철학이 달성하고자 노력해야만 하지만 지금까지 헛되이 노력했을 뿐인 이상으로 간주하는 수학적 인식[72]에 관해 이야기할 동기를 마련해줄 것이다.

39. **참된** 것과 **거짓된** 것[73]은 운동이 없는 고유한 본질들로 여겨지되 그 중 하나는 저편에, 다른 하나는 이편에 다른 것과 공동성을 지니지 않은 채 고립되어 고정되어 있는 규정된 사상들에 속한다. 그에 반해 진리란 다 마무리되어 주어짐으로써 호주머니에 쓸어 담을 수 있는 주화가 아니라는 점이 주장되어야만 한다. 악이 존재하지 않는 것과 마찬가지로 거짓된 것도 **존재하지** 않는다. 물론 악과 거짓된 것은 악마만큼 나쁘지 않은데, 왜냐하면 악마로서의 그것들은 심지어 특수한 **주체**로 되어 있기 때문이다. 거짓된 것과 악으로서의 그것들은 다만 **보편자**일 뿐이지만, 그럼에도 불구하고 그것들은 서로에 대해 고유한 본질성을 지닌다.——(여기서는 오직 거짓된 것에 대해서만 이야기하고 있기 때문에 그에 대해 이야기하자면) 거짓된 것은 앎의 내용으로서 참된 것인 실체의 타자, 즉 부정적인 것일 터이다. 그러나 실체는 그 자체가 한편으로는 내용의 구별화와 규정으로서, 다른 한편으로는 **단순한** 구별작용으로서, 즉 자기와 앎 일반으로서 본질적으로 부정적인 것이다.[74] 확실히 우리는 거짓되게 알 수도 있다. 어떤 것이 거짓되게 알려진다는 것은 앎이 그의 실체와 부등성 속에 있다는 것을

뜻한다. 하지만 바로 이러한 부등성이야말로 본질적 계기인 구별작용 일반이다. 확실히 이러한 구별화로부터 그들의 동등성이 생성되며, 이렇게 생성된 [3/41]동등성이야말로 진리이다.[75] 그러나 그것이 진리인 것은 부등성이 마치 광물 찌꺼기가 순수한 금속에서 제거되어 있는 것처럼 제거되어 있거나, 또한 도구가 완성된 그릇에서 떨어져 놓여 있는 것처럼 놓여 있는 식으로는 아니다. 오히려 부등성은 부정적인 것으로서, 즉 자기로서 참된 것 그 자체 속에 여전히 직접적으로 현전하고 있다. 하지만 그렇다고 해서 **거짓된** 것이 참된 것의 계기나 심지어 구성요소를 이룬다고 말해질 수는 없다. 각각의 모든 거짓된 것에는 무언가 참된 것이 있다고 하는 표현에서 양자는 혼합될 수 없고 다만 외면적으로만 결합되어 있는 기름과 물처럼 여겨진다. **완전한 타자존재**의 계기를 가리킨다고 하는 바로 그 의미 때문에 그 표현들은 그들의 타자존재가 지양되어 있는 곳에서는 더 이상 사용되어서는 안 된다. 주체와 객체, 유한과 무한, 존재와 사유 등등의 **통일**이라는 표현이 다음과 같은 부적절한 점, 즉 객체와 주체 등등이 **그들의 통일 밖에서** 그것인 바의 것을 의미하고, 그러므로 통일 속에서는 그들의 표현이 말하는 바의 것으로서 생각되고 있지 않다는 점을 지니는 것과 마찬가지로, 거짓된 것도 더 이상 거짓된 것으로서는 진리의 계기가 아니다.

40. 앎에서와 철학 연구에서 사유양식의 **교조주의***Dogmatismus*[76]는 참된 것이 고정된 결과이거나 또한 직접적으로 알려지는 명제 속에 존립한다는 의견 이외에 다른 것이 아니다. 카이사르는 언제 태어났는가, 1 스타디온은 몇 또아즈였는가 등등과 같은 물음들에 대해서는 **깔끔한** 대답이 주어져야 할 것인바, 그것은 직각삼각형의 빗변의 제곱이 다른 두 변의 제곱의 합과 같다는 것이 확실히 참인 것과 마찬가지다. 그러나 그러한 이른바 진리의 본성은 철학적 진리들의 본성과는 상이하다.

{역사학적 진리와 수학적 진리}

41. **역사학적** 진리들과 관련하여[77] 그것들에 대해 짧게 언급하자면, 요컨대 그것들의 순수하게 역사학적인 것이 고찰되는 한, 그것들이 개별적 현존재,

즉 우연성과 자의의 측면에 따른 내용과 그 내용의 필연적이지 않은 규정들에 [3/42]관한 것이라는 점은 쉽게 인정된다.──그러나 예로서 위에서 인용된 것과 같은 벌거벗은 진리들조차도 자기의식의 운동 없이 있는 것은 아니다. 그것들 가운데 하나를 알기 위해서는 많은 것이 비교되고, 또한 책들에서 참조되거나 어떠한 방식으로든 탐구되어야만 한다. 또한 직접적 직관에서도 그 직관에 대한 지식은, 비록 본래 문제로 되고 있는 것이 오로지 벌거벗은 결과일 뿐이어야 할지라도, 스스로의 근거들을 가지고서야 비로소 참된 가치를 지니는 것으로 여겨진다.

42. **수학적** 진리들에 관해 이야기하자면,[78] 유클리드의 정리들을 **암기하여** 즉 **외향적으로** 알고 있으나 그들에 대한 증명을 알지 못하는, 즉 대립되게 표현될 수 있는 것처럼 그것을 **내향적으로** 알지 못하는 사람은 더욱 더 기하학자로 여겨지지 않을 것이다. 그와 마찬가지로 어떤 사람이 여러 직각삼각형을 측정함으로써 그것들의 변들이 상호간에 이미 잘 알려져 있는 관계를 지닌다는 것을 얻어낸다 하더라도 그 지식은 불만족스러운 것으로 여겨질 것이다. 하지만 증명의 **본질성**은 수학적 인식에서도 여전히 결과 자체의 계기라고 하는 의미와 본성을 지니지 못하고 오히려 이 결과 속에서 증명은 지나가 버린 채 사라진다. 물론 결과로서의 정리는 **참된 것으로서 통찰된 것**이다. 그러나 이러한 덧붙여진 상황은 그것의 내용이 아니라 다만 주관에 대한 관계에만 관련된다. 수학적 증명의 운동은 대상인 바의 것에 속하는 것이 아니라 사태에 **외면적인** 행위이다. 따라서 직각삼각형의 본성 자체는 그것의 관계를 표현하는 명제의 증명을 위해 필요한 작도에서 나타내지는 식으로 그렇게 분해되지 않는다. 결과의 산출 전체는 인식의 발걸음이자 수단인 것이다.──철학적 인식에서도 **현존재**로서의 **현존재**의 생성은 사태의 **본질**이나 내적 본성의 생성과는 상이하다. 그러나 첫째로 철학적 인식은 양자를 포함하는 데 반해, 수학적 인식은 다만 **현존재의**, 다시 말하면 **인식** 그 자체 내에서 사태의 본성의 **존재**의 생성만을 서술한다. 다른 한편으로 전자는 [3/43]이 두 가지 특수한 운동을 통합한다. 실체의 내적 발생 또는

생성은 분리되지 않은 채로 외적인 것으로의 또는 현존재 즉 대타존재로의 이행이며, 역으로 현존재의 생성은 스스로를 본질 속으로 환수함이다. 운동은 전체의 이중적인 과정이자 생성인 까닭에, 동시에 각자는 다른 것을 정립하며 그런 까닭에 각자는 또한 양자를 자신에서의 두 국면으로 지닌다. 그것들은 자기 자신을 해소시켜 전체의 계기들로 만듦으로써 함께 전체를 형성하는 것이다.

43. 수학적 인식에서 통찰은 사태에 대해 외면적인 행위이다. 그로부터 참된 사태가 그에 의해 변화된다는 것이 따라 나온다. 따라서 수단, 즉 작도와 증명은 물론 참된 명제들을 포함하겠지만, 그와 마찬가지로 말해져야만 하는 것은 그 내용이 거짓이라는 점이다. 위의 예에서 삼각형은 갈가리 쪼개지며, 그 부분들은 작도를 통해 삼각형에서 발생할 수 있는 다른 도형들로 바뀐다. 끝에 가서야 비로소, 본래 문제가 되는 것이지만 진행과정에서 눈앞에서 사라져 다만 다른 전체에 속하는 조각들로만 나타났던 삼각형이 다시 회복된다.—그러므로 여기서도 우리는 개념의 운동에서 고정된 것으로 생각된 사상들이 사라지는 것과 마찬가지로 내용의 허위성이라고 불려야만 할 내용의 부정성이 등장하는 것을 본다.

44. 그러나 이러한 인식의 본래적인 결함은 인식 그 자체뿐만 아니라 그것의 소재 일반과도 관련된다.—인식과 관련해 이야기하자면, 첫째로 작도의 필연성이 통찰되지 않는다. 작도는 정리의 개념으로부터 출현하는 것이 아니라 제안되며, 사람들은 무한히 다른 선들이 그어질 수 있음에도 불구하고 바로 이 선들을 그어야 한다는 것이 증명의 수행을 위해 합목적적일 거라는 것을 성실히 믿는 것 이외에 다른 것을 알지 못한 채 [3/44]그 지시에 맹목적으로 순종해야 한다. 그래서 또한 이 합목적성도 나중에 드러나는데, 이 합목적성은 그것이 증명에 있어 나중에야 비로소 드러나는 까닭에 한갓 외면적인 것일 뿐이다.—그와 마찬가지로 이 증명도 어디에선가 시작되는 길을 걸어가지만, 그 길이 드러나야 할 결과와 어떤 관계에 있는지는 여전히 알려져 있지 않다. 증명의 진행은 **이** 규정들과 관계들을 받아들이

고 다른 것들은 내버려두지만, 그것이 어떠한 필연성에 따른 것인지는 직접적으로 통찰되지 않는다. 외적인 목적이 이 운동을 지배하는 것이다.

45. 이러한 결함 있는 인식의 **명증성**, 즉 수학이 자랑스러워하고 또 수학이 그것을 가지고 철학에 대해 뽐내기도 하는 **명증성**은 오로지 수학의 **목적**의 빈곤함과 그 **소재**의 결함에 기인하거니와, 그런 까닭에 철학이 경멸해야만 하는 종류의 것이다.──수학의 **목적** 또는 개념은 **크기**이다. 이러한 것은 바로 비본질적이고 몰개념적인 관계이다. 그런 까닭에 앎의 운동은 표면에서 일어나며, 사태 자체, 즉 본질이나 개념에 접촉하지 못하고, 그 때문에 어떠한 개념적 파악도 아니다.──수학이 그에 관해 진리들의 즐거운 보물을 제공하는 **소재**는 **공간**과 **하나 · 일**이다. 공간은 개념이 공허하고 죽은 터전으로서의 그 속에 자기의 구별들을 기입하는 현존재인바, 그 속에서는 구별들도 마찬가지로 비운동적이고 생명 없이 존재한다. **현실적인** 것은 수학에서 고찰되는 바의 공간적인 것이 아니다. 수학의 사물들이 존재하는 것과 같은 그러한 비현실성과는 구체적인 감성적 직관도 철학도 관계하지 않는다. 그래서 그러한 비현실적인 터전 속에는 또한 단지 비현실적인 참된 것, 다시 말하면 고정되고 죽은 명제들만이 존재한다. 그 명제들 가운데 어느 것에서든 중단될 수 있으며, 뒤따르는 명제는 앞의 것이 자기 스스로 다른 것에로 전진 운동하거나 이런 방식으로 사태 자체의 본성을 통한 필연적 연관이 발생함이 없이 그 자체로 새롭게 시작된다.──또한 저 원리와 터전으로 인해──이 점에 수학적 명증성의 형식적인 것이 존립하는데──앎은 [3/45]**동등성**이라는 선을 따라 나아간다. 왜냐하면 죽은 것은 자기 스스로 운동하지 않는 까닭에 본질의 구별들과 본질적인 대립이나 부등성에 이르지 못하며, 따라서 대립된 것의 대립된 것으로의 이행, 즉 질적이고 내재적인 운동, 자기운동에 이르지 못하기 때문이다. 왜냐하면 수학이 유일하게 고찰하는 것은 크기, 즉 비본질적인 구별이기 때문이다. 공간을 그의 차원들로 갈라놓고 그 차원들의 결합 및 그 차원들 내에서의 결합을 규정하는 것이 개념이라는 사실을 수학은 도외시한다. 예를 들면 수학은 평면에

대한 선의 관계를 고찰하지 않는다. 그리고 원의 직경을 원주와 비교하는 곳에서 수학은 그것들의 통약불가능성, 다시 말하면 개념의 관계, 즉 수학의 규정을 벗어나는 무한자에 부딪힌다.

46. 내재적인 이른바 순수수학은 또한 시간으로서의 **시간**을 그의 고찰의 두 번째 소재로서 공간에 대립시키지 않는다. 응용수학은 확실히 운동과 또한 그 밖에 다른 현실적인 사물들과 마찬가지로 시간도 다룬다. 그러나 응용수학은 종합명제들, 다시 말하면 그것들의 개념에 의해 규정되어 있는 그것들의 관계에 대한 명제들을 경험으로부터 받아들이거니와, 다만 이러한 전제들에 자기의 공식들을 적용할 뿐이다. 지렛대의 평형, 낙하 운동에서의 공간과 시간의 관계 등등과 같은 명제들에 대해 수학이 자주 제공하는 이른바 증명들이 증명들로 주어지고 가정된다는 것은 그 자체가 다만 인식을 위한 증명의 욕구가 얼마나 커다란지에 대한 증명일 뿐인데, 왜냐하면 인식은 더 이상 증명을 갖고 있지 않는 곳에서도 증명의 공허한 가상을 존중하고 그에 의해 만족을 획득하기 때문이다. 저 증명들에 대한 비판[79]은 한편으로 수학을 이러한 거짓된 장식으로부터 순화시키고, 다른 한편으로 수학의 한계를 보임으로써 그로부터 다른 앎의 필연성을 제시하기 위해 교훈적인 만큼이나 주목할 만할 것이다.——공간에 대한 맞짝으로서 순수수학의 다른 부분의 소재를 이루게 될 것으로 생각되어야 할 **시간**에 관해 이야기하자면, [3/46]시간은 현존재하는 개념 자체이다.[80] **크기**, 즉 몰개념적인 구별의 원리와 **동등성**, 즉 추상적인 생명 없는 통일의 원리는 생명의 저 순수한 불안과 절대적 구별화를 파악할 수 없다. 따라서 이러한 부정성은 한갓 마비된 것으로서만, 요컨대 **하나 · 일**로서만 이러한 인식의 두 번째 소재로 되거니와, 이러한 인식은 이제 자기에게서 무관심하고 외면적이며 생명 없는 내용을 지니기 위해 자기운동하는 것을 소재로 격하시키는 외면적 행위이다.

{철학적 진리와 그 방법의 본성}

47. [81]그에 반해 철학은 **비본질적인** 규정이 아니라 본질적인 한에서의

규정을 고찰한다. 추상적이거나 비현실적인 것이 아니라 **현실적인** 것, 자기 자신을 정립하고 자기 내에서 살아 있는 것, 자기의 개념 속에 있는 현존재가 철학의 터전이자 내용이다. 그것은 자기의 계기들을 산출하고 두루 거쳐 가는 과정이며, 이러한 전체적 운동이 긍정적인 것과 그의 진리를 이룬다. 그러므로 이 진리는 그와 마찬가지로 부정적인 것을, 즉 사상될 수 있는 그러한 것으로 고찰될 수 있다면 거짓된 것이라 불리게 될 그러한 것을 자기 내에 포함한다. 사라지는 것은 오히려 그 자체가 본질적인 것으로서 고찰되어야 하지, 참된 것으로부터 단절되고 참된 것 밖에 어디인지 모를 곳에 놓여 있어야 하는 고정된 것의 규정 속에서 고찰되어서는 안 되며, 마찬가지로 또한 참된 것도 다른 한편에 정지해 있는 죽은 긍정적인 것으로서 고찰되어서는 안 된다.[82] 현상은 발생과 소멸인바, 이 발생과 소멸 자체는 발생되거나 소멸되는 것이 아니라 그 자체에서an sich 존재하며, 진리의 생명의 현실성과 운동을 이룬다. 그리하여 참된 것은 거기에 참여하는 어떠한 성원도 취하지 않은 자가 없는 디오뉘소스적인 도취이거니와, 각자가 따로 분리될 때에는 마찬가지로 직접적으로 해소되는 까닭에, 그 도취는 마찬가지로 투명하고 단순한 평온이다. 물론 저 운동의 법정에서는 정신의 개별적 형태들 및 규정된 사상들은 존립하지 않지만, 그것들은 부정적이고 사라지는 만큼이나 또한 긍정적인 필연적 계기들이다.—평온으로서 파악된 운동의 **전체**에 있어 [3/47]그 운동에서 스스로를 구별하여 스스로에게 특수한 현존재를 부여하는 바의 그것은 스스로를 **상기 · 내면화하는** 그러한 것으로서 보존되거니와, 그것의 현존재는 자기 자신에 대한 앎이며, 마찬가지로 이러한 자기 자신에 대한 앎도 직접적으로 현존재이다.

48. 이 운동의 또는 학문의 **방법**[83]에 관해 미리 몇 가지 점을 제시하는 것이 필요해 보일 수 있을 것이다. 그러나 방법의 개념은 이미 앞에서 이야기된 것에 놓여 있는데, 방법에 대한 본래적인 서술은 논리학에 속하거나 오히려 논리학 자체이다. 왜냐하면 방법은 그의 순수한 본질성에서 세워진 전체의 구조 이외에 다른 것이 아니기 때문이다. 그러나 이에 관해 지금까지

통용되어 온 것에 대해 우리는 철학적 방법이라는 것에 관계되는 표상들의 체계 역시 오래전에 실종된 교양에 속한다는 의식을 가져야만 한다.—이러한 것이 가령 호언장담이나 혁명적인 것으로 들릴지도 모르지만—그러한 어조로부터 나는 멀리 떨어져 있음을 알고 있다—, 수학이 빌려준 학문적 국가—즉 설명들, 구분들, 공리들, 일련의 정리들, 정리들의 증명들, 근본명제들 그리고 그것들로부터의 추론들과 결론들의 학문적 국가—는 이미 의견 자체에서도 최소한 **낡아졌다**고 하는 점이 고려되어야 한다. 비록 그것의 무용성이 명확히 통찰되지는 않는다 할지라도, 그것은 더 이상 전혀 또는 거의 사용되지 않으며, 비록 그것이 그 자체에서 비난받는 것은 아닐지라도 사랑받는 것도 아니다. 그리고 우리는 탁월한 것에 대해 그러한 것은 스스로를 사용되게 하고 사랑받게 한다는 선입견을 가져야만 한다. 그러나 하나의 명제를 내세우고 그에 대한 근거들을 제시하며 마찬가지로 대립되는 명제를 근거들을 통해 반박하는 수법은 진리가 그 속에서 등장할 수 있는 형식이 아니라는 점을 통찰하기는 어렵지 않다. 진리는 그 자신에서의 그것의 운동이지만, 저 방법은 소재에 외면적인 인식이다. 그런 까닭에 그 방법은 앞서 언급했듯이 크기라는 몰개념적인 관계를 자기의 원리로 삼고 죽은 공간 및 마찬가지로 죽은 하나를 자기의 소재로 지니는 수학에 특유한 것이어서 수학에 맡겨져야만 한다. 또한 좀 더 자유로운 수법의, 다시 말하면 차라리 자의 및 우연성과 [3/48]뒤섞인 방법은 일상적 삶 속에, 즉 대략 서문도 그러하듯이 인식보다는 오히려 호기심의 대화나 역사학적 교훈 속에 머물 수 있을 것이다. 일상적 삶 속에서 의식은 지식들, 경험들, 감각적 구체화들, 그리고 또한 사상들, 근본명제들, 즉 일반적으로 현전하는 것으로서나 고정되고 정지해 있는 존재나 본질로서 여겨지는 것을 자기의 내용으로 갖는다. 의식은 한편으로 그러한 것들에서 앞으로 나아가며, 다른 한편으로 그러한 내용에 대한 자유로운 자의에 의해 연관을 단절시키고, 내용에 대한 외면적 규정작용과 조작으로서 태도를 취한다. 의식은 그 내용을 비록 한갓 순간의 감각이라 할지라도 모종의 어떤 확실한 것으로 환원시키고, 확신은 그에게 잘 알려져 있는 하나의 정지된 점에 도달할 때 만족된다.

49. 그러나 개념의 필연성이 이치추론하는 대화의 좀 더 느슨한 발걸음 및 학문적 허식의 좀 더 빳빳한 발걸음을 추방할 때, 그 개념의 자리가 저 학문성만이 아니라 학문성 일반을 경멸하는 예감과 영감의 비-방법 Unmethode이나 예언자적 언설의 자의에 의해 대체되어서는 안 된다는 점은 이미 위에서 상기된 바 있다.[84]

{도식화하는 형식주의에 반대하여}

50. 그와 마찬가지로—본능에 의해 비로소 재발견되었으나 여전히 죽어 있고 여전히 개념 파악되어 있지 않은 칸트적 **3원성**[85]이 그것의 절대적 의미로 고양되고, 그럼으로써 참다운 형식이 동시에 그의 참다운 내용 속에 세워져 학문의 개념이 출현한 이후—이 형식의 다음과 같은 사용, 즉 우리가 그러한 사용에 의해 이 형식이 생명 없는 도식, 즉 본래적인 도식으로, 그리고 학문적 조직이 일람표로 격하되었음을 보는 그러한 사용이 무언가 학문적인 것으로 간주되어서는 안 된다.—위에서 이미 일반적으로 언급되었고 우리가 여기서 그 수법을 좀 더 상세하게 제시하고자 하는 이러한 형식주의는 [3/49]하나의 형태에 대해 도식의 하나의 규정—그 규정은 주관성이나 객관성 또는 자기나 전기 등등이자 수축이나 팽창, 동이나 서 및 그와 같은 것들로서, 그것은 무한히 다양화될 수 있다—을 술어로서 진술할 때, 그 형태의 본성과 생명을 파악하고 언표한다고 생각하는데, 왜냐하면 이 방식에 따르면 각각의 규정이나 형태는 다른 규정이나 형태에서 다시금 도식의 형식이나 계기로서 사용될 수 있고, 각각은 고마움을 느끼면서 다른 것들에게 동일한 봉사를 수행할 수 있기 때문이거니와,—이것은 그에 의해서는 사람들이 사태 자체가 무엇인지, 이 사태든 저 사태든 그것이 무엇인지를 경험하지 못하는 상호성의 순환이다. 여기서는 한편으로 감각적 규정들이 일상적 직관으로부터 받아들여지되, 물론 그 규정들은 그것들이 말하는 것과는 다른 어떤 것을 **의미**해야 하고, 다른 한편으로

그 자체에서 의미 있는 것, 즉 주체, 객체, 실체, 원인, 보편 등등과 같은 사상의 순수한 규정들이 일상생활에서처럼 그리고 강함과 약함, 팽창과 수축처럼 바로 그렇게 음미되지 않은 채 무비판적으로 사용되는바, 그리하여 저 형이상학은 이러한 감각적 표상들만큼이나 비학문적이다.

51. 내적 생명과 그의 현존재의 자기운동 대신에 이제 직관, 다시 말하면 여기서는 감각적인 앎에 대해 그러한 단순한 규정성이 피상적인 유비에 따라 언표되며, 공식의 이러한 외면적이고 공허한 적용이 **구성***Konstruction*이라고 불린다.—그러한 형식주의에서는 모든 형식주의에서와 사정이 동일하다. 질병에 무력증, 강력증 그리고 간접 무력증이 있고, 그와 마찬가지로 여러 치료법이 있다는 이론을 15분 안에 알아듣지 못하고, 그러한 교육이 최근까지만 해도 그것을 위해 충분했던 까닭에, 이러한 짧은 시간 안에 경험 있는 숙련자로부터 이론적 의사로 전환될 수 없는 두뇌는 얼마나 아둔한 것임에 틀림없겠는가?[85a] 자연철학적 형식주의가 가령 지성은 전기라거나 [3/50]동물은 질소라고, 또는 그것은 또한 남이나 북 등등과 **같다**거나 그것을 표현한다고 가르칠 때, 여기서 표현되고 있듯이 그것이 아무리 노골적이거나 또한 여러 용어들을 가지고서 양조되어 있을지라도, 멀리 떨어져 있어 보이는 것을 끌어 모으는 그러한 힘에 대해서는, 그리고 정지해 있는 감각적인 것이 이러한 결합을 통해 겪게 되고, 그럼으로써 그 감각적인 것에게 개념의 가상을 나눠주는 강제력에 대해서는, 개념 자체 또는 감각적 표상의 의미를 언표해야 한다는 중요한 사태가 빠져 있다고 할 수 있을 것이다.—물론 이에 대해 경험이 없는 사람은 경탄해마지 않는 놀라움에 빠져들어 그 속에서 심오한 천재성을 경모할 수도 있을 것이며, 또한 그러한 규정들이 추상적 개념을 직관적인 것으로 대체하여 좀 더 즐거운 것으로 만들어주는 까닭에 그러한 규정들의 유쾌함을 한껏 흥겨워하고, 그러한 멋들어진 행위와 자기 자신의 영혼이 전부터 예감되어 왔듯이 친숙하게 된 것을 축하할 수도 있을 것이다. 그러한 지혜의 술책은 그것을 행사하는 것이 쉬운 만큼이나 곧바로 습득된다. 하지만 그것의 반복은, 그것이 일단

잘 알려져 있으면, 이미 파악된 마술을 반복하는 것만큼이나 견디기 어렵다. 이러한 단조로운 형식주의의 도구는 가령 역사화가 요구되면 빨강색으로, 풍경화가 요구되면 초록색으로 화판을 칠하기 위해 오로지 그 두 가지 색깔만이 놓여 있는 화가의 팔레트보다도 다루기가 더 어렵지 않다.—하늘과 땅 그리고 땅 밑에 있는 모든 것을 그러한 물감으로 칠해 버리는 편안함이나 이러한 만병통치약의 탁월성에 대한 자부심에서 무엇이 더 커다란 것인지를 결정하기는 어려울 것이다. 하나가 다른 하나를 뒷받침하는 것이다. 천상과 지상의 모든 것들과 자연적이고 정신적인 모든 형태들에 보편적 도식의 맞짝 규정들을 갖다 붙이고 이러한 방식으로 모든 것을 정돈하는 이 방법이 산출하는 것은 우주만물의 유기체에 관한 명명백백한 보고, 요컨대 작은 꼬리표가 붙어 있는 해골이나 양념가게에서 상표를 붙인 채 밀봉되어 있는 일련의 통조림과도 같은 일람표 이외에 다른 것이 아니거니와, [3/51]그 방법도 전자나 후자만큼이나 명백해서, 해골의 경우에는 뼈에서 살과 피가 제거되어 있지만 통조림의 경우에도 마찬가지로 생명 없는 물건이 통 속에 숨겨져 있듯이, 사태의 살아 있는 본질을 제거하거나 은폐시켜 버린 것이다.—이러한 수법이 또한 도식의 구별을 부끄러워하면서 반성에 속하는 것으로서의 그것을, 순수한 동일성, 즉 몰형식적인 백색이 산출되도록 절대자의 공허함 속으로 침잠시킴으로써 동시에 단색의 절대적인 그림으로 완성된다고 하는 것에 대해서는 이미 위에서 언급한 바 있다. 전자의 도식 및 그것의 생명 없는 규정들의 동일한 색깔과 후자의 절대적 동일성, 그리고 하나가 다른 하나로 이행하는 것은 다른 것과 마찬가지로 죽은 지성이며, 똑같이 외면적인 인식이다.

52. 그러나 탁월한 것이 그렇듯 생명을 빼앗기고 정신을 탈취 당하며, 그렇듯 가죽이 벗겨져 그 피부가 생명 없는 앎과 그것의 허영심에 둘러싸이는 것을 보게 될 운명에서 벗어날 수 없는 것만은 아니다.[86] 오히려 이러한 운명 자체 속에서도 그 탁월한 것이 비록 정신들에 대해서는 아닐지라도 마음들에 대해서 행사하는 강제력 및 그 탁월한 것의 완성이 그에 존립하고

오로지 그것만이 보편성이 피상성을 위해 사용되는 것을 가능하게 하는 형식의 보편성과 규정성에로의 형성 · 발양이 인식될 수 있다.

53. 학문은 오로지 개념의 고유한 생명을 통해서만 유기적으로 조직될 수 있다.[87] 도식으로부터는 외면적으로 현존재에 부착되는 규정성이 학문에서는 충족된 내용의 자기 스스로 운동하는 영혼이다. 존재자의 운동[88]은 한편으로는 스스로 타자가 됨으로써 자기의 내재적 내용이 되는 것이다. 다른 한편으로 존재자는 이러한 전개 내지 이러한 자기의 현존재를 자기 내로 환수하는바, 다시 말하면 자기 자신을 **계기**로 만들어 스스로를 규정성으로 단순화한다. 전자의 운동에서 **부정성**은 구별작용이자 **현존재**의 정립이다. 후자의 자기 내 복귀에서 그것은 **규정된 단순성**의 생성이다. [3/52]이러한 방식으로 내용은 자기의 규정성을 타자로부터 수용하여 덧붙여진 것으로 드러내는 것이 아니라, 스스로 규정성을 자기 자신에게 부여하며 스스로로부터 자기를 계기와 전체의 한 자리로 정돈하는 것이다. 일람표를 만드는 지성은 대자적으로는 내용의 필연성과 개념, 즉 구체적인 것과 현실성 및 그가 정돈하는 사태의 살아 있는 운동을 이루는 바의 것을 보유하거나, 아니면 오히려 이러한 것을 대자적으로 보유하는 것이 아니라 그것을 알지 못한다. 왜냐하면 만약 지성이 이러한 통찰을 지닌다면, 그는 아마도 그러한 통찰을 보여줄 것이기 때문이다. 지성은 바로 그와 같은 통찰에 대한 욕구조차 알지 못한다. 만약 그렇지 않다면 지성은 자기의 도식화를 방기하거나 최소한 내용목록과 같은 그러한 것을 더 이상 자랑하지 않을 것이다. 지성은 한갓 내용목록만을 제공할 뿐, 내용 자체를 제시하지 못한다.[89]——비록 규정성이 예를 들면 자기磁氣와 같은 것, 즉 그 자체에서 구체적이거나 현실적인 것이라 할지라도, 그것은 어떤 죽은 것으로 전락해 있는데, 왜냐하면 규정성은 다른 현존재에 대해 단지 술어화될 뿐 이러한 현존재의 내재적 생명으로서 인식되어 있지 않거나, 또는 이 현존재 속에서 그것이 자기의 고유하고도 특유한 자기산출과 서술을 어떻게 지니는지가 인식되어 있지 않기 때문이다. 이러한 중요한 사태를 덧붙이는 일을 형식적 지성은 다른 것들에게

넘겨버린다.—형식적 지성은 사태의 내재적 내용 속으로 들어가는 대신 언제나 전체를 조망하며übersieht 자기가 그에 대해 말하는 개별적 현존재 위에 서는바, 다시 말하면 그는 그것을 전혀 보지 못한다. 그러나 학문적 인식은 오히려 스스로를 대상의 생명에 내어주거나 또는 같은 말이지만 대상의 내적 필연성을 자기 앞에 가지고서 그것을 언표할 것을 요구한다. 그렇듯 학문적 인식은 자기의 대상에 몰두하는 가운데 한갓 내용으로부터 벗어난 앎의 자기 자신 내에서의 반성일 뿐인 저 조망을 잊는다. 그러나 질료 속으로 침잠하여 그 질료의 운동 속에서 전진하는 가운데 학문적 인식은 자기 자신에게로 복귀하는데, 그러나 이 복귀는 충족 내지 내용이 스스로를 자기 내로 환수하여 규정성으로 단순화하고, 자기 자신을 현존재의 **하나의** 측면으로 격하시켜 그의 [3/53]좀 더 고차적인 진리로 이행한다는 점에서 이루어질 뿐이다. 이를 통해 스스로를 조망하는 단순한 전체 자체가 그 속에서 그의 반성[90]이 상실되었던 것처럼 보였던 풍부함으로부터 떠오른다.[91]

54. 위에서 표현되었듯이 실체가 그 자신에서 주체라는 것에 의해 일반적으로 모든 내용은 자기의 고유한 자기 내 반성이다.[92] 현존재의 존립 또는 실체는 자기 자신과의 동등성이다. 왜냐하면 그의 자기와의 부등성은 그의 해소일 것이기 때문이다. 그러나 자기 자신과의 동등성은 순수한 추상이다. 그러나 이 순수한 추상은 **사유**이다. 내가 **질***Qualität*이라고 말할 때 나는 단순한 규정성을 말한다. 질을 통해 현존재는 다른 현존재로부터 구별되거나 하나의 현존재이다. 현존재는 자기 자신에 대해 존재하거나 이러한 자기와의 단순성을 통해 존립한다. 그러나 그에 의해 현존재는 본질적으로 **사상**이다.—여기에서 존재가 사유라는 것이 파악되어 있다. 여기에 사유와 존재의 동일성에 관한 일상적이고 몰개념적인 이야기에는 결여되곤 하는 통찰이 속하는 것이다.[92a]—이제 현존재의 존립이 자기 자신과의 동등성 또는 순수한 추상이라는 것에 의해 현존재는 그의 자기 자신으로부터의 추상이거나 그 자체로 그의 자기와의 부등성이자 그의 해소이고,—그의

고유한 내면성이자 자기 내 환수이며,—그의 생성이다.—존재자의 이러한 본성에 의해, 그리고 존재자가 이러한 본성을 앎에 대해 가지는 한에서, 앎은 내용을 낯선 것으로서 취급하는 활동이 아니며, 또한 내용으로부터 벗어난 자기 내 반성이 아니다. 학문은 **주장하는** 교조주의를 대신하여 **단언하는 교조주의 또는 자기 자신의 확신의 교조주의**로서 등장한 저 관념론이 아닌 것이다. 오히려 앎이 내용이 자기의 고유한 내면성으로 복귀하는 것을 봄으로써, 앎의 활동은 오히려 그 활동이 내용의 내재적인 자기Selbst인 까닭에 그 내용 속으로 침잠해 있을 뿐만 아니라 동시에 자기 내로 귀환해 있는 것이기도 한바, 왜냐하면 앎의 활동은 타자존재 속에서의 순수한 자기 자신과의 동등성이기 때문이다. 따라서 앎의 활동은 활동을 하지 않는 것으로 보이면서도 어떻게 해서 규정성과 그것의 구체적인 생명이, 바로 그 생명이 그의 자기보존과 특수한 [3/54]관심을 추구하는 것처럼 생각하는 가운데, 전도된 것, 즉 자기 자신을 해소하여 전체의 계기로 만드는 행위인지를 주시하는 간지List이다.[93]

55. 위에서[94] **지성**의 의미가 실체의 자기의식이라는 측면에 따라 제시되었다면, 여기서 말해진 것으로부터는 그의 의미가 존재하는 것으로서의 실체의 규정에 따라 밝혀진다.—현존재는 질이며, 자기 자신과 동등한 규정성이거나 규정된 단순성, 규정된 사상이다. 이러한 것이 현존재의 지성이다.[95] 이에 의해 현존재는 **아낙사고라스**가 처음으로 본질을 그것으로 인식했던 **누스**νοῦς이다.[96] 그 이후의 사람들은 좀 더 규정적으로 현존재의 본성을 **에이도스**εἶδος 또는 **이데아**ἰδέα로, 다시 말하면 **규정된 보편성, 종***Art*으로 파악했다.[97] **종**이라는 표현은 가령 이 시대에 널리 퍼져 있는 이념들, 즉 아름다움과 성스러움 그리고 영원함에 대해서는 너무나 비속하고 너무나 미흡하게 보인다. 그러나 사실상 이념은 종 이상도 이하도 표현하지 않는다. 하지만 우리는 오늘날 종종 하나의 개념을 규정적으로 나타내는 표현이 경멸되고, 다른 것이 단지 외국어에 속하고 개념을 안개에 휩싸이게 함으로써 좀 더 교화적으로 들린다는 바로 그 까닭뿐임에도 불구하고 그것이

선호되는 것을 본다.—바로 현존재가 종으로 규정되어 있다는 점에서 그것은 단순한 사상이다. **누스**, 즉 단순성은 실체이다. 실체는 그것의 단순성 또는 자기 자신과의 동등성으로 인해 고정적이고 머무는 것으로서 현상한다. 그러나 이러한 자기 자신과의 동등성은 마찬가지로 부정성이며, 이에 의해 저 고정된 현존재는 자기의 해소로 이행한다. 규정성은 처음에는 오로지 그것이 **타자**에 관계함으로써만 그것인 것으로 보이거니와, 그의 운동은 낯선 강제력에 의해 그에게 가해지는 것으로 보인다.[98] 그러나 규정성이 자기의 타자존재 자체를 자기에게서 지니며 자기운동이라는 것, 이것은 바로 사유 자체의 저 **단순성** 속에 포함되어 있다. 왜냐하면 이 단순성은 자기 스스로 운동하고 구별하는 사상이자 고유한 내면성, 즉 순수한 **개념**이기 때문이다. 그러므로 **지성성***Verständigkeit*은 생성이며, 이러한 생성으로서의 그것은 **이성성***Vernünftigkeit*이다.[99]

56. 존재하는 것의 이러한 본성, 즉 그것의 존재 속에 그것의 개념이 [3/55]존재한다고 하는 본성에 일반적으로 **논리적 필연성**이 존립한다. 오로지 이 논리적 필연성만이 이성적인 것이고 유기적 전체의 리듬이거니와, 그것은 내용이 개념이자 본질인 것과 마찬가지로 내용에 대한 **앎**이며,—또는 오로지 그것만이 **사변적인** 것이다.[100]—구체적 형태는 자기 스스로 운동하면서 자기를 단순한 규정성으로 만든다. 그리하여 구체적 형태는 스스로를 논리적 형식으로 고양시켜 자기의 본질성 속에 존재한다. 구체적 형태의 구체적 현존재는 오로지 이러한 운동일 뿐이며 직접적으로 논리적 현존재이다. 그런 까닭에 구체적 내용에 형식주의를 외면적으로 부가하는 것은 불필요하다. 구체적 내용은 그 자신에서 형식주의로의 이행이지만, 이 형식주의는 이러한 외면적 형식주의이기를 그치는데, 왜냐하면 형식은 구체적 내용 자체의 고유한 생성이기 때문이다.

57. 한편으로 내용으로부터 분리되어 있지 않고, 다른 한편으로 자기 자신을 통해 스스로 자기의 리듬을 규정하는 학문적 방법의 이러한 본성은, 이미 상기되었듯이, 사변철학에서 자기의 본래적인 서술을 지닌다.—물론

여기서 말해진 것은 개념을 표현하지만, 그것은 선취된 단언 이상으로 여겨질 수 없다. 그것의 진리는 이렇듯 부분적으로 설명하는 해명 속에 놓여 있지 않으며, 그런 까닭에 그에 반해 사정이 그렇지 않다고 단언된다고 해서 그것이 반박되는 것도 아니다. 다시 말하면 익숙한 표상들이 다 마무리되고 잘 알려진 진리들로서 기억 속으로 불려와 지루하도록 이야기되거나, 내적인 신적 직관의 성궤로부터 새로운 것을 끄집어 내 단언하는 방식으로 상황이 이러저러하다고 단언한다고 해서 그것이 반박되는 것은 아닌 것이다.[101]——그러한 수용은 어떤 것을 잘 알고 있지 못한 앎이 그 잘 알고 있지 못한 것에 반대하는 최초의 반응이곤 하는데, 그러한 반응의 이유는, 사람들이 낯선 것(왜냐하면 지금 처음으로 받아들여지는 것은 이러한 형태로 나타나기 때문이다)에 맞서 자유와 고유한 통찰 그리고 자기의 권위를 보존하기 위해서,—또한 어떤 것을 배웠다고 하는 것에 놓여 있지 않을 수 없는 일종의 치욕의 가상을 제거해 버리기 위해서이다. 그와 마찬가지로 잘 알려져 있지 않은 것에 동조하는 가정에서와 동일한 종류의 반응이 다른 영역에서 극단적으로 혁명적인 언사와 행동이었던 것에 존립한다.

{철학 연구에서의 요건}

58. [3/56]그러한 까닭에 **학문 연구**에 있어 관건이 되는 것은 개념의 노력 Anstrengung des Begriffs을 스스로 받아들이는 것이다. 그것은 개념 그 자체, 즉 예를 들면 **즉자존재, 대자존재, 자기 자신과의 동등성** 등등과 같은 단순한 규정들에 대한 주목을 요구한다. 왜냐하면 이 규정들은 그들의 개념이 영혼보다 좀 더 고차적인 어떤 것[102]을 표시하는 것이 아니라면 우리가 영혼이라 부를 수 있을 그러한 순수한 자기운동들이기 때문이다. 표상들에서 앞으로 나아가는 습관[103]에게는 개념에 의한 그러한 습관의 단절이 비현실적 사상들에서 이리저리 이치를 따지는 형식적 사유에게서와 마찬가지로 부담스럽다. 저 습관은 질료적 사유, 즉 다만 소재 속에 침잠해 있을 뿐이고, 따라서 질료로부터 동시에 자신의 자기Selbst를 순수하게 끄집어내 자기 곁에bei sich 존재하는 것이 쓰라린 것으로 다가오는 우연적 의식이라고 불릴 수

있다. 그에 반해 또 다른 사유, 즉 이치추론[104]은 내용으로부터의 자유이며 내용에 대한 허영심이다. 그에 대해서는 이러한 자유를 포기하고, 내용의 자의적으로 운동하는 원리인 대신에 이 자유를 내용 속에 침잠시키고 내용을 그의 고유한 본성을 통해, 다시 말하면 그의 것으로서의 자기를 통해 스스로 운동하게끔 하고 이 운동을 고찰하는 노력이 기대된다. 개념의 내재적 리듬에 대한 자기의 고유한 착상을 포기하고, 자의나 그 밖에 달리 획득된 지혜를 통해 그 리듬에 관여하지 않는 이러한 절제는 그 자체가 개념에 대한 주목의 본질적 계기이다.

{이치추론하는 사유의 부정적 태도}

59. [105]이치추론하는 태도에서는 개념 파악하는 사유가 그에 따라 이치추론하는 사유에 대립해 있는 두 가지 측면들이 좀 더 분명히 지적되어야 한다.——한편으로 이치추론하는 태도는 파악된 내용에 대해 부정적 태도를 취하여 그 내용을 반박하거나 무화시킬 수 있다. 사정이 그렇지 않다는 이러한 통찰은 한갓 **부정적일** 뿐인 것이다. 그것은 스스로 자신을 넘어서서 새로운 내용으로 가지 못하는 최종적인 것이다. 오히려 다시 내용을 지니기 위해서는 어떤 **다른** 것이 그 어딘가에서 취해져야만 한다. 그것은 공허한 자아 내로의 반성, 즉 그의 앎의 허영심이다.——그러나 이러한 허영심은 이 내용이 공허하다는 것뿐만 아니라 또한 이 [3/57]통찰 자체가 그러하다는 것도 표현한다. 왜냐하면 허영심은 긍정적인 것을 자기 내에서 간취하지 못하는 부정적인 것이기 때문이다. 이러한 반성이 자기의 부정성 자체를 내용으로 획득하지 못함으로써 그것은 일반적으로 사태 속에 존재하는 것이 아니라 언제나 사태를 넘어선다. 그러한 까닭에 그것은 공허한 주장을 가지고서 내용이 풍부한 통찰보다도 훨씬 더 멀리 나아가 있다고 상상하는 것이다. 그에 반해 앞에서 보였듯이 개념 파악하는 사유에서 부정적인 것은 내용 자체에 속하며, 내용의 **내재적** 운동과 규정으로서만이 아니라 또한 그것들의 **전체**로서도 **긍정적인** 것이다. 결과로서 파악된 부정적인 것은 이러한 운동으로부터 유래하는 것, 즉 **규정된** 부정적인 것이며, 이로써 그와

마찬가지로 긍정적 내용이다.[106]

{이치추론하는 사유의 긍정적 태도. 이치추론하는 사유의 주체}

60. 그러나 그러한 사유가 표상의 것이건 사상의 것이건 아니면 이 양자가 혼합된 것이건 간에 내용을 지닌다는 것과 관련하여, 그 사유는 그로 하여금 개념 파악을 어렵게 하는 또 다른 측면을 갖고 있다.[107] 그 측면의 주목할 만한 본성은 위에서 제시된 이념 자체의 본질과 밀접하게 연관되거나 아니면 그것은 오히려 어떻게 이념이 사유하는 파악인 바의 운동으로서 현상하는지를 표현한다.——요컨대 방금 그에 대해 말했던 그것의 부정적 태도에서 이치추론하는 사유 자체가 내용이 그곳으로 복귀하는 자기인 것과 마찬가지로, 그 반면에 그것의 긍정적 인식에서 자기는 우유성과 술어로서의 내용이 그에 관계하는 표상된 **주어・주체**이다. 이러한 주어・주체는 내용이 그에 연계되고 그 위에서 운동이 이리저리로 진행되는 토대를 이룬다. 개념적 사유에서는 사정이 다르다. 개념이 스스로를 **자신의 생성**으로 나타내는 대상의 고유한 자기인 까닭에, 주체는 운동하지 않은 채 우유성들을 짊어지는 정지해 있는 주어・주체가 아니라 스스로 운동하면서 자기의 규정들을 자기 내로 환수하는 개념이다. 이 운동 속에서 저 정지해 있는 주체 자체가 몰락한다. 주체는 구별과 내용에 몰입하며, 저 운동에 대립하여 머무르는 대신에 오히려 규정성, 다시 말하면 구별된 내용 및 그 내용의 운동을 이루는 것이다.[108] 그러므로 이치추론이 정지해 있는 주어・주체에서 가지는 고정된 지반은 [3/58]동요하며, 오로지 이러한 운동 자체만이 대상이 된다. 자기의 내용을 충족시키는 주체는 이 내용을 넘어서기를 그치며, 또 다른 술어들이나 우유성들을 가질 수 없다.[109] 역으로 그 운동을 통해 내용의 분산성은 자기 아래로 묶여져 있다. 내용은 주어・주체로부터 자유롭게 다수의 주어・주체들에 속하는 보편자가 아닌 것이다. 그리하여 내용은 사실상 더 이상 주어의 술어가 아니라 실체이며, 지금 그에 대해 말하고 있는 그것의 본질이자 개념이다. 표상하는 사유는, 그의 본성이 우유성들이나 술어들에서 진행하는 것이기 때문에, 그리고 그것들이 더 이상 술어들과 우유성들로

서 존재하지 않는 까닭에 당연히 그러한 것들을 넘어서는 것이기 때문에, 명제에서 술어의 형식을 지니는 바의 것이 실체 자체임으로 해서 그의 진행에 있어 저지된다. 표상하는 사유는 반격을 당한다는 식으로도 표상할 수 있을 것이다.[110] 마치 주어가 계속해서 근저에 놓여 있다는 듯이 이 주어로부터 출발하는 가운데 표상하는 사유는, 오히려 술어가 실체인 까닭에, 주어가 술어로 이행됨으로써 지양되어 있음을 발견한다. 그리고 그렇듯 술어인 것으로 보이는 것이 전체적이고 자립적인 질량이 됨으로써, 사유는 자유로이 이리저리 헤맬 수 있는 것이 아니라 이러한 중력에 의해 저지되어 있다.—보통 처음에는 주어가 **대상적인** 고정된 자기로서 근저에 놓여 있다. 이로부터 규정들이나 술어들의 다양성을 향한 필연적인 운동이 진행되며, 여기서 저 주어 대신에 아는 자아 자체가 들어서는바, 그 아는 자아는 술어들의 결합이자 그것들을 견지하는 주어 · 주체이다. 그러나 저 첫 번째 주어가 규정들 자체에 몰입하여 그것들의 영혼인 까닭에, 두 번째 주어, 요컨대 아는 주어는 스스로가 이미 마무리했고 또한 그것을 넘어서서 자기 내로 복귀하고자 하는 저 첫 번째 주어를 여전히 술어들 속에서 발견하거니와, 두 번째 주어는 술어의 운동 속에서—저 운동에 이 술어가 부가될 수 있는지 아니면 저 술어가 부가될 수 있는지에 대한 이치추론으로서의—행위하는 자일 수 있는 것이 아니라, 오히려 [3/59]내용의 자기와 관계해야 하며, 따로 혼자서가 아니라 이 내용과 더불어 존재해야 한다.[111]

61. 형식적으로 하자면 지금까지 말한 것은, 주어와 술어의 구별을 자기 내에 담고 있는 판단이나 명제 일반의 본성이 사변적 명제를 통해 파괴되며, 앞의 명제가 그것으로 되는 동일적 명제der identische Satz는 저 관계에 대한 반격을 포함한다는 식으로 표현될 수 있다.[112]—명제 일반의 형식과 그것을 파괴하는 개념의 통일의 이러한 갈등은 리듬에서 박자와 악센트 사이에서 일어나는 것과 유사하다. 리듬은 양자의 떠도는 중심과 통합에서 생겨나는 결과이다. 그리하여 철학적 명제에서도 주어와 술어의 동일성은 명제의 형식이 표현하는 그 양자의 구별을 무화시키는 것이 아니라 오히려 조화

Harmonie로서의 그들의 통일을 출현시켜야 한다. 명제의 형식은 규정된 의미의 현상 또는 그 의미의 충족을 구별하는 악센트이다. 그러나 술어가 실체를 표현하고 주어 자체가 보편자에 속한다는 것은 저 악센트가 그 속에서 울려나는 **통일**이다.[113]

62. 지금까지 말해진 것을 예들을 통해 설명하자면, **신은 존재다**라는 명제에서 술어는 **바로 그** 존재이다. 그것은 주어가 그 속에서 융해되는 실체적 의미를 지닌다. **존재**는 여기서 술어가 아니라 본질이어야 한다. 그에 의해 신은 명제의 위치에 의해 그것인 바의 것, 요컨대 고정된 주어이기를 그치는 것으로 보인다.[114]——사유는 주어로부터 술어로의 이행에서 계속 나아가는 대신, 주어가 상실되어 가는 까닭에 오히려 저지되었다고 느끼며, 스스로 주어의 상실을 안타깝게 여기기 때문에 주어의 사상에로 되돌려진다고 느낀다. 또는 사유는, 술어 자체가 주어로서, **바로 그** 존재로서, 즉 주어의 본성을 남김없이 드러내는 **본질**로서 언표되어 있는 까닭에, 주어를 직접적으로 또한 술어에서도 발견한다. 그리고 이제 사유가 술어에서 자기 내로 돌아와 이치추론의 자유로운 입장을 유지하는 대신 사유가 내용 속으로 침잠해 있거나, 아니면 최소한 그 속에 침잠해 있어야 한다는 요구가 현전한다.——그리하여 [3/60]**현실적인** 것은 **보편자**다라고 말해질 때에도 주어로서의 현실적인 것은 자기의 술어 속에서 소멸한다. 보편자는 명제가 현실적인 것은 보편적이라는 것을 진술하도록 단지 술어의 의미만을 지녀서는 안 된다. 오히려 보편자는 현실적인 것의 본질을 표현해야 한다.——따라서 사유는 그것이 주어에서 가졌던 스스로의 고정된 대상적 지반을 상실하는 것과 마찬가지로 또한 술어에서도 다시금 주어·주체에게로 되돌려지거니와, 술어에서 자기 내로가 아니라 내용의 주어·주체 속으로 복귀한다.

63. 철학 저술들이 이해 불가능하다는 불평은, 만약 개인에게 철학 저술들을 이해할 수 있는 교양의 그 밖의 조건들이 존재한다고 한다면, 그 대부분이 이와 같은 익숙하지 않은 장애[115]에 기인한다. 우리는 지금까지 말해진 것에서 철학 저술들에게 종종 가해지는 전적으로 명백한 비난, 즉 많은 것이

먼저 되풀이해서 읽혀져야만 비로소 이해될 수 있다고 하는 비난의 근거를 보고 있거니와,—무언가 부당하고도 최종적인 것을 포함해야 할 그 비난은, 따라서 만약 그것이 근거지어진다면 더 이상 어떠한 반론도 허용하지 않을 것이다.—위에서 말한 것으로부터 그러한 비난에 얽힌 사정이 어떤 것인지가 밝혀진다. 철학적 명제는, 그것이 명제이기 때문에, 주어와 술어의 일상적 관계 및 앎의 익숙한 태도에 대한 의견을 일깨운다. 이러한 태도와 그 태도에 대한 의견을 그 명제의 철학적 내용이 파괴한다. 의견은 스스로가 생각했던 것과는 다르게 생각되고 있음을 경험하며, 철학적 명제에 대한 의견의 이러한 수정은 앎으로 하여금 그 명제로 되돌아와 그것을 이제 다르게 파악할 것을 강요하는 것이다.

64. 회피되어야 할 어려움은 사변적 방식과 이치추론하는 방식이 뒤섞여 있는 데서 비롯되는데, 다시 말하면 한편으로는 주어에 대해 말해진 것이 그 주어의 개념의 의미를 지니지만, 다른 한편으로는 또한 한갓 주어의 술어나 우유성의 의미만을 지니는 것이다.—하나의 방식이 다른 방식을 교란하거니와, 명제의 부분들의 일상적 관계 양식을 엄격히 배제하는 그러한 철학적 해명이야말로 비로소 조형적plastisch이라고[115a] 하는 것을 달성하게 될 것이다.

65. [3/61]사실 사변적이지 않은 사유도 그 나름의 권리를 지니는데, 그 권리는 정당하긴 하지만 사변적 명제의 방식에서 고려되어 있지는 않다. 명제의 형식이 지양되는 것은 한갓 **직접적인** 방식으로만, 즉 명제의 단적인 내용을 통해서만 이루어져서는 안 된다. 오히려 이러한 대립된 운동이 언표되어야만 한다. 그 운동은 단지 저 내면적인 장애일 뿐이어서는 안 되며, 오히려 이러한 개념의 자기 내 복귀가 **서술**되어 있어야만 하는 것이다.[116] 이전에 증명이 수행해야 했던 것을 이루는 이 운동은 명제 자체의 변증법적 운동이다. 오로지 그것만이 **현실적인** 사변적인 것이며, 오직 그에 대한 언표만이 사변적 서술이다. 명제로서의 사변적인 것은 다만 **내면적인** 장애이자 본질의 **현존재하는** 것이 아닌 자기 내 귀환일 뿐이다. 따라서 우리는 종종

철학적 해명들에 대해 이러한 **내적** 직관이 지시됨으로써 우리가 바랐던 명제의 변증법적 운동에 대한 서술이 이루어지지 않는 것을 보게 된다.—**명제**는 참된 것이 **무엇**인지를 표현해야 하지만, 참된 것은 본질적으로 주체이다. 주체로서의 참된 것은 오로지 변증법적 운동, 즉 자기 자신을 산출하고 이끌어 나가며 자기 내로 복귀하는 발걸음일 뿐이다.—그 밖의 인식에서 증명은 언표된 내면성의 이러한 측면을 이룬다.[117] 그러나 변증법이 증명으로부터 분리되어 버린 후, 사실상 철학적 증명의 개념은 상실되었다.

66. 이에 관해 상기될 수 있는 것은 변증법적 운동도 마찬가지로 명제들을 자기의 부분들이나 요소들로 지닌다는 점이다. 따라서 위에서 제시된 어려움은 언제나 되돌아오는, 사태 자체의 어려움인 것으로 보인다.[118]—이러한 것은 일상적 증명에서 나타나는 것, 즉 증명이 사용하는 근거들 자체가 다시 근거짓기를 필요로 하는 것이 무한히 계속되는 것과 유사하다. 그러나 근거짓기와 제약하기의 이러한 형식은 변증법적 운동과는 상이한 저 증명에 속하며, 따라서 외면적 인식에 속한다. 변증법적 운동 자체에 관한 한, 그의 터전은 순수한 개념이다. [3/62]이리하여 변증법적 운동은 철두철미 그 자신에서의 주체인 내용을 지닌다. 그러므로 근저에 놓여 있는 주어로서 처신하며 그것의 의미가 술어로서 그에 속하는 그러한 내용은 나타나지 않는다. 명제는 직접적으로 단지 공허할 뿐인 형식이다.[119]—감각적으로 직관되거나 표상된 자기 이외에 순수한 주어, 즉 공허한 몰개념적 일자를 표시하는 것은 무엇보다도 이름으로서의 이름이다. 이러한 근거에서 예를 들어 **신**이라는 이름을 회피하는 것이 유용할 수 있는데, 왜냐하면 이 낱말은 직접적으로 동시에 개념인 것이 아니라, 본래적인 이름, 즉 근저에 놓여 있는 주어의 고정된 정지점이기 때문이다. 그에 반해 예를 들어 존재나 일자, 개별성, 주체 등등은 그 자체가 또한 직접적으로도 개념을 시사한다.[120]—비록 저 주어에 대해 사변적 진리들이 말해진다 하더라도, 그 진리들의 내용은 내재적 개념을 결여하는데, 왜냐하면 그 내용은 한갓 정지해 있는 주어로서만 현전하고 있고, 이러한 상황에 의해 그 사변적 진리들은 쉽사리

단적인 경건함의 형식을 얻기 때문이다.—그러므로 이러한 측면에서 또한 사변적 술어를 명제의 형식에 따라 개념과 본질로서 파악하지 못하는 습관에 놓여 있는 방해도 철학적 진술 자체의 책임에 의해 증가될 수도 있고 감소될 수도 있을 것이다. 사변적인 것의 본성에 대한 통찰에 충실한 서술은 변증법적 형식을 견지해야만 하며, 개념 파악되고 개념인 한에서의 것 이외에 아무것도 받아들여서는 안 된다.

67. 이치추론하는 태도만큼이나 철학 연구에 방해가 되는 것은, 이미 마무리된 진리들에 대해 그 진리들의 소유자가 그 진리들로 되돌아올 필요가 없다고 생각하여 그것들을 근저에 놓고서는 그것들을 언표할 수 있을 뿐만 아니라 또한 그것들을 통해 옳다고 하거나 부인하기도 할 수 있다고 믿는 식으로 이치추론도 하지 않은 채 상상하는 것이다.[121] 이러한 측면에서 다시 철학함으로부터 진지한 과업이 이루어져야 할 특별한 필요가 생겨난다. 모든 학문들, 예술들, 숙련된 기능들, 수공예들에 대해서는 [3/63]그것들을 소유하기 위해 그것들을 배우고 익히는 다면적인 노력이 필요하다는 확신이 타당하다. 그에 반해 철학과 관련해서는 지금 다음과 같은 선입견이 지배하는 것으로 보인다. 즉 물론 누구든지 눈과 손가락을 갖고 있고 또 가죽과 도구를 장만했다고 해서 구두를 만들 수 있는 것은 아님에도 불구하고,—마치 누구나 자기의 발에서 구두의 척도를 마찬가지로 소유하고 있다는 듯이—누구나 자기의 자연적 이성에서 철학함을 위한 척도를 소유하고 있기 때문에, 그 누구든지 직접적으로 철학할 수 있고 또 철학에 대해 판정할 수 있다고 생각하는 것이다.—마치 철학의 소유가 바로 지식들과 연구가 결여된 곳에서 정립되며, 그 지식들과 연구가 시작되는 곳에서 철학이 중단되는 것으로 보인다. 철학은 흔히 형식적이고 내용이 없는 앎으로 간주되거니와, 어떤 하나의 지식과 학문에서 비록 내용에 따라서는 진리인 것이라 할지라도 그것이 오로지 철학에 의해 산출되었을 때에만 이 진리라는 이름에 어울릴 수 있다는 것,[122] 그리고 다른 학문들이 철학 없이 이치추론을 가지고서 스스로 원하는 대로 이런저런 시도를 할 수 있을지라도, 철학이

없으면 자기들 속에 생명과 정신, 진리를 가질 수 없다는 것에 대한 통찰이 전혀 존재하지 않는다.

{상식과 천재성으로서의 자연적 철학함}

68. 본래적인 철학과 관련하여 우리는 신적인 것의 직접적 계시와 상식, 즉 다른 지식에 대해서도 본래적인 철학함에 대해서도 노력하지 않고 또 그것들을 가지고서 도야되지도 않은 상식이 교양·도야의 장구한 길과 정신이 앎에 도달하기 위해 거쳐 가는 풍부할 뿐만 아니라 심오하기도 한 운동과 직접적으로 완전히 대등한 것으로서, 그리고 가령 치커리가 커피의 대용물이라고 치켜세워지는 것만큼이나 훌륭한 대용물로서 간주되고 있음을 본다.[123] 자기의 사유를 추상적 명제에서, 더더군다나 여러 명제들의 연관에서 견지하지 못하는 무지와 몰형식적이고 상스러운 조야함조차 때로는 사유의 자유와 관용이라고, 그러나 때로는 천재성이라고 단언하고 있음을 보게 되는 것은 즐겁지 않은 일이다. 후자의 천재성은, 오늘날 철학에서 그러하듯이, 잘 알려져 있다시피 예전에는 시문학에서 마찬가지로 유행했었다. 그러나 [3/64]이러한 천재성의 창작활동이 의미를 지녔을 때에도 그것은 시문이 아니라 진부한 산문을 산출했거나 또는 이러한 진부한 산문을 넘어섰을 때에는 미친 듯한 언설을 낳았을 뿐이다. 그리하여 오늘날 스스로를 너무도 손쉽게 개념으로, 그리고 개념의 결여에 의해서는 직관적이고 시적인 사유로 간주하는 자연적 철학함은 사상에 의해 그저 와해될 뿐인 상상력의 자의적 조합들을 시장에 내놓고 있는데,—그것들은 생선도 식육도 아니고, 시문학도 철학도 아닌 형성물들이다.

69. [124]그에 반해 상식이라고 하는 좀 더 평온한 하상河床을 따라 흐르는 자연적 철학함은 기껏해야 진부한 진리들의 수사학을 늘어놓을 뿐이다. 만약 자연적 철학함에 대해 진부한 진리들의 무의미함을 질책하게 되면, 그것은 그러한 질책에 반대해 의미와 충족이 자기의 심정 속에 현전하며, 또한 마찬가지로 다른 이들에게서도 현전해야만 한다고 단언하는데, 왜냐하면 자연적 철학함은 일반적으로 심정의 순결함과 양심의 순수함 등등을

가지고서 궁극적인 것들을 말했으며, 그것들에 대해서는 어떠한 반론도 성립할 수 없고 또한 그 밖의 어떤 것도 요구될 수 없다고 생각하기 때문이다. 그러나 문제가 되는 것은 최선의 것이 내적인 것에 머무는 것이 아니라 이러한 수직 갱도에서 벗어나 채굴되는 것이었다. 위와 같은 종류의 궁극적 진리들을 내놓고자 하는 이러한 수고는 오래전부터 면제될 수 있었는데, 왜냐하면 그러한 진리들은 오래전부터 가령 교리문답서나 민중의 격언들 등에서 발견될 수 있기 때문이다.—그러한 진리들의 무규정성이나 왜곡된 점을 파악하고, 종종 그러한 진리의 의식에 정면으로 대립되는 것을 그 의식 자신 속에서 드러내는 것은 어려운 일이 아니다. 그러한 의식은 자기 안에 야기된 혼란에서 벗어나려고 애쓰는 가운데 새로운 혼란에 빠져들고, 아마도 돌발적으로 사정은 **이러저러하게** 다 확정되었으며 그 밖에 다른 것은 **궤변**일 뿐이라고 주장하게 될 것인데,—이 궤변이란 도야된 이성에 반대하여 상식이 사용하는 슬로건으로서, 이는 철학에 무지한 자들이 **몽상**이라는 표현을 철학의 단적인 표징으로 삼았던 것과 마찬가지다.—상식은 감정이나 자기의 내향적 신탁에 의존하는 까닭에 자기와 일치하지 않는 것과는 관계를 끊는다. 상식은 똑같은 것을 자기 내에서 발견하거나 [3/65]느끼지 않는 자에 대해서는 더 이상 아무것도 말할 필요가 없다고 천명할 수밖에 없거니와,—다시 말하면 그러한 상식은 인간성의 뿌리를 짓밟는 것이다. 왜냐하면 인간성의 본성은 타인과의 합의에 이르는 것이며, 인간성의 실존은 오로지 이미 성취된 의식들의 공동성에만 있기 때문이다. 반인간적인 것, 즉 동물적인 것은 감정에 머물러 오직 감정을 통해서만 자신을 전달할 수 있는 것에 존립한다.

70. 만약 누군가가 학문에 이르는 왕도를 묻는다면, 스스로를 상식에 내맡기는 것, 그리고 어쨌든 시대 및 철학과 더불어 나아가기 위해서는 철학 저술들에 대한 논평들을, 심지어 가령 그 저술들의 서문들과 처음 몇 구절들을 읽는 것보다 더 편리한 길은 제시될 수 없다. 왜냐하면 후자는 관건이 되는 보편적 근본명제들을 제공하고, 전자는 역사학적 정보 이외에

도 또한 그것이 판정인 까닭에 심지어 판정되는 것을 넘어서는 판정을 제공하기 때문이다. 이러한 공통의 길은 일상복 차림으로 내디뎌진다. 그러나 영원한 것, 성스러운 것, 무한한 것의 고조된 감정은 대사제의 법복을 걸친 채 걸어 나가는바,—그 길은 차라리 이미 그 자체로 중심 속에 있는 직접적 존재이자 심오한 독창적 이념들과 고매한 사상의 섬광을 자아내는 천재성이다. 하지만 그러한 심오함이 아직은 본질의 원천을 계시하지 않는 것처럼, 이 꽃불들도 아직은 최고천Empyreum이 아니다.[125] 참된 사상들과 학문적 통찰은 오직 개념의 노동에서만 획득될 수 있다. 오로지 개념만이 앎의 보편성을 산출할 수 있거니와, 이 보편성은 상식의 공통적인 무규정성이나 빈곤함이 아니라 도야되고 완성된 인식이며, 또한 천재의 나태함과 자만으로 인해 부패하는 이성의 소질이 빚어낸 비상한 보편성이 아니라 이성의 고유한 형식으로 성장한 진리,—즉 모든 자기의식적 이성의 소유물일 수 있는 진리이다.

{맺음말. 대중에 대한 저술가의 관계}

71. 학문이 실존할 수 있게 해주는 것을 내가 개념의 자기운동[126] 속에 정립하는 까닭에, [3/66]진리의 본성과 형태에 관한 우리 시대의 표상들이 보여주는 앞에서 제시된 측면들이나 또 다른 외적인 측면들이 이것과 다르고 심지어 전적으로 대립하기까지 한다는 고찰은 학문의 체계를 저 규정에서 서술하려는 시도에 대해 어떠한 호의적인 수용도 약속하지 않는 것으로 보인다. 그럼에도 불구하고 내가 생각해 볼 수 있는 것은, 예를 들어 때때로 **플라톤** 철학의 탁월한 것이 학문적으로 무가치한 그의 신화들에 정립된다 할지라도, 또한 심지어 열광Schwärmerei의 시대라고까지 불렸음에도 불구하고 아리스토텔레스 철학이 그의 사변적 깊이로 인해 존경받고, 아마도 고대 **변증법**의 가장 위대한 예술작품이라 할 플라톤의 『파르메니데스』가 **신적 생명의** 참된 드러냄이자 **긍정적 표현**으로 간주되며, 심지어 **황홀경***Ekstase*이 산출한 것이 아무리 흐릿한 것일지라도 이렇듯 오해된 황홀경이 사실상 **순수한 개념** 이외에 다른 것이 아니어야 했던 시대들도 존재했다는 점이다.

—더 나아가 우리 시대 철학의 탁월한 것이 자기의 가치를 스스로 학문성 속에 정립하고, 비록 다른 사람들은 그것을 다르게 받아들인다 하더라도, 오로지 학문성을 통해서만 실제로 타당화되고 있다는 점도 생각해 볼 수 있다. 따라서 나 또한 학문을 개념에 되돌려주고 학문을 그 학문에 특유한 이러한 터전에서 서술하고자 하는 이 시도가 내적 진리를 통해 사태에 이르는 입구를 만들어낼 수 있게 되기를 바랄 수 있다. 우리는 참된 것이 자기의 시대가 다가왔을 때 관철되는 본성을 지니며,[127] 오로지 이 시대가 다가왔을 때에만 현상하고, 바로 그러한 까닭에 결코 너무 일찍 현상하지 않으며 또한 미성숙한 대중을 발견하지도 않는다는 것을 확신해야만 한다. 또한 우리는 개인이 아직은 그의 고독한 사태인 것을 대중에게서 확증하고, 단지 겨우 특수성에 속할 뿐인 확신을 무언가 보편적인 것으로 경험하기 위해서는 이러한 결과를 필요로 한다는 것도 확신해야만 한다. 그러나 여기서 자주 대중은 그들의 대표자나 대변인으로 행동하는 사람들로부터 구별되어야 한다. 전자는 많은 측면에서 후자와 다를 뿐만 아니라 심지어 대립하기까지 하는 태도를 취한다. 전자가 선량하게도 어떤 철학 저술이 자기의 마음에 들지 않는 책임을 차라리 [3/67]스스로 떠안는다면, 그에 반해 후자는 자기의 권능을 확신하여 모든 책임을 저술가에게 미룬다. 그 영향은 전자에서 후자의 죽은 자들이 저희 죽은 자들을 장사 지낼 때의 그들의 행위보다 더 조용하다.[128] 오늘날 보편적 통찰이 일반적으로 좀 더 도야되고, 그들의 호기심이 더욱 주의 깊으며, 또 그들의 판단이 한층 더 기민해져 있어 그대를 메고 나갈 자들의 발이 이미 문 앞에 서 있다고 한다면,[129] 이와는 구별되어야 할 종종 좀 더 더딘 영향은 위압적인 단언들에 의해 강요된 주목 및 모멸적인 비난을 바로잡아 한 부분에게 일정한 시간이 지나고서야 비로소 동시대의 사람들을 마련해 주지만, 다른 부분은 이 시간이 흐른 후 어떠한 후대인들도 더 이상 갖지 못하는 것이다.[130]

72. 어쨌든 정신의 보편성이 대단히 강화되고, 마땅히 그래야 하듯이 개별성은 그만큼 더 무관심하게 되어버렸으며, 또한 정신의 보편성이 자기

의 전 범위와 도야된 부를 견지하고 또 그것을 요구하고 있는 시대에, 정신의 작업 전체에서 개인의 활동에 속하는 몫은 극히 미미할 수밖에 없기 때문에, 개인은 학문의 본성상 당연히 이미 그럴 수밖에 없듯이 더욱 더 자기를 망각해야만 하며, 더 나아가 개인은 자기가 될 수 있는 것이 되고 또 할 수 있는 것을 해야만 하겠지만, 개인 자신이 자기에 대해 더 적은 것을 기대하고 자기를 위해 요구할 수 있는 것과 마찬가지로 개인에 대해서는 더 적은 것이 요구되어야만 한다.

2. 『논리의 학』 서문들

제1판 서문 (1812)[1]

1. [5/13]철학적 사유방식들이 약 25년 전부터 우리들 사이에서 겪은 완전한 변혁, 곧 이 시기에 정신의 자기의식이 스스로에 대해 도달한 좀 더 고차적인 입장은[2] 지금까지도 여전히 **논리학**의 형태에 거의 아무런 영향도 미치지 못했다.[3]

2. 이 시기 이전에 형이상학이라 일컬어졌던 것은 말하자면 뿌리째 뽑혀 학문의 반열로부터 사라졌다.[4] 이전의 존재론이나 합리적 심리학, 우주론 또는 심지어 이전의 자연신학의 목소리가 어디서 아직도 울려날 수 있겠으며 또는 감히 그리하려고 하겠는가?[5] 예를 들어 영혼의 비물질성이나 역학적 원인들과 목적인들에 대한 탐구들이 어디서 아직도 관심을 발견해야 한단 말인가? 또한 신의 현존재에 관한 예전의 증명도 한갓 역사학적으로나 신앙심을 불러일으키고 마음을 북돋우기 위해서만 인용된다.[5a] 이처럼 이전의 형이상학의 한편으로 내용에 대한, 다른 한편으로 형식에 대한, 또 다른 한편으로 동시에 이 양자 모두에 대한 관심이 상실되어 버린 것이 사실이다.[6] 한 민족에게 예를 들어 그의 국법에 관한 학문이나 신조들, 인륜적 관습들과

덕들이 불필요하게 된다면 기이한 일인 것과 마찬가지로, 최소한 한 민족이 형이상학을 상실하고 자기의 순수한 본질에 몰두하는 정신이 그 민족 속에서 더 이상 현실적인 현존재를 가지지 못한다면 그것 역시 기이한 일이다.[7]

3. 칸트 철학의 공교적인[8] 학설—즉 **지성은 경험을 넘어서서는 안 되거니와**, 그렇지 않으면 인식능력이 그 자체로 다름 아닌 **환영**만을 낳을 뿐인 **이론 이성**이 된다는 학설[9]—은 사변적 사유의 포기를 학문적 측면에서 정당화했다. 이러한 대중적 학설을 근대 교육학의 외침이, 곧 [5/14]직접적 욕구에 눈길을 돌리는 시대의 궁핍함이 받아들였거니와, 그것은 인식에 대해 경험이 일차적인 것이듯이, 공적 생활이나 사생활에서의 능란함을 위해서는 이론적 통찰이 심지어 해롭기조차 하며, 일반적으로 연습과 실천적 교양이 본질적인 것이자 유일하게 쓸모 있는 것이라는 것이다.—그렇듯 학문과 상식이 서로 손잡고 형이상학의 몰락을 초래함으로써—마치 성체는 없이 그 밖에 다양하게 장식된 사원처럼—**형이상학 없는 도야된 민족**이라는 기이한 광경이 야기된 것으로 보였다.—이전 시대에 사변적 신비들과 비록 종속적이었다고는 하나 형이상학[10]의 수호자였던 신학을 이 학문은 감정과 실천적-대중적인 것 그리고 박학다식한 역사학적인 것에 내맡겨 버렸다.[11] 이러한 변화에 상응하여 다른 방면으로는—이익 때문에가 아니라 축복을 위해—영원자에 대한 명상과 오로지 그것에만 이바지하는 삶이 있어야 한다는 목적을 위해, 자신의 민족에 의해 희생으로 바쳐지고 세상으로부터 단절되었던 저 **고독자들**이 사라졌다.[12] 이들이 사라진 것은 다른 연관에서이긴 하지만 본질에 따라서는 조금 전에 언급한 것과 똑같은 현상으로 간주될 수 있다.—그리하여 이러한 어둠, 즉 자기 내로 향한 정신의 자기 자신에 대한 무미건조한 몰두가 추방되고 난 뒤, 현존재는 꽃들의 명랑한 세계로 전환된 것으로 보였는데, 잘 알다시피 꽃들 가운데는 **검은** 꽃이란 없는 것이다.[13]

4. **논리학**의 경우에는 형이상학의 경우처럼 전적으로 그렇게 나쁜 일이 일어나진 않았다. 이를테면 마치 사람들이 해부학과 생리학의 연구를 통해

비로소 소화하기와 움직이기를 배워야만 하기라도 한다는 듯이—사람들이 논리학을 통해 **생각하기를 배운다**는 것은 예전에 논리학의 유용성으로, 따라서 논리학의 목적으로 여겨져 왔지만, 이러한 편견은 이미 오래전에 사라졌고, 실천적인 것의 정신은 확실히 논리학에게 그것의 자매에 대해서 보다 더 나은 운명을 나눠주려고 하지 않았다.[14] 그럼에도 불구하고 아마도 몇 가지 형식적인 유용성 때문에 논리학에 대해서는 여전히 [5/15]학문상의 지위가 허락되었고, 심지어 그것은 공적 교육의 대상으로까지 유지되었다. 하지만 이러한 더 나은 형편은 오로지 외적 운명에만 관련된다. 왜냐하면 논리학의 형태와 내용은, 그것이 오랜 전통을 통해 계승된 그대로 남아 있음에도 불구하고 이렇게 전승되는 가운데 점점 더 얄팍해지고 여위어 갔기 때문이다. 현실에 못지않게 학문에서도 떠오른 새로운 정신은 논리학에서는 여전히 감지될 수 없다.[15] 그러나 정신의 실체적 형식이 변형되었을 때 이전의 교양 형식들을 보존하고자 하는 것은 단연코 헛된 일이다. 그 형식들은 뿌리에서 이미 움튼 새로운 싹에 의해 밀려나는 시든 잎사귀들이다.[16]

5. 일반적 변화에 대한 **무시**는 점차로 학문적인 것에서도 없어지기 시작한다. 부지불식중에 다른 표상들이 그 적대자들에게조차 익숙해지고 자기 것이 되었으며, 만약 그들이 그 표상들의 근원과 원리들에 대해 계속해서 냉담한 체하고 그에 모순되게 행동한다 할지라도, 그들은 그 표상들의 결과들을 받아들여야 했으며 그 영향을 막아낼 수도 없었다. 점점 더 무의미하게 되어 가는 그들의 부정적 태도에 대해 그들은 새로운 표상방식들 속에서 함께 이야기하는 이외에 다른 어떤 방식으로도 긍정적인 중요성과 내용을 부여할 수 없는 것이다.[17]

6. 다른 측면에서 보면 새로운 창조가 그와 더불어 시작되는 들끓는 시대는 지나간 것으로 보인다. 그러한 새로운 창조는 그것이 처음 나타날 적에는 이전 원리의 확장된 체계화에 대해 광적인 적대성을 보이곤 하는데, 그것은 한편으로 특수자의 확대 속에서 스스로를 상실하지 않을까 두려워하기

때문이지만, 다른 한편으로는 학문적 형성 · 발양을 위해 요구되는 작업을 꺼려하고 그러한 일이 필요해지면 우선 공허한 형식주의에 매달리기 때문이다. 이제 그 소재를 다듬어 형성 · 발양시키라는 요구는 그럴수록 더욱 더 절실해진다. 개인의 도야에서와 마찬가지로 시대의 도야에서의 한 시기에 있어서는 [5/16]비록 원리가 채 알차게 발전되지 않은 상태에서나마 주로 그 원리를 획득하고 주장하는 것이 문제가 된다.[18] 그러나 좀 더 고차적인 요구는 그 원리가 학문으로 되어야 한다는 데로 귀결된다.[19]

7. 그런데 또한 학문의 사태와 형식을 위해 이미 그 밖의 측면에서 어떤 일이 이루어졌든 간에,—본래적인 형이상학 내지 순수한 사변철학을 이루는 논리적 학문은 지금까지 여전히 너무나도 소홀히 여겨져 왔다.[20] 내가 이 학문과 그 입장에 관해 좀 더 상세하게 이해하고 있는 것을 나는 **서론**에서 잠정적으로 제시했다. 공정한 평가자라면, 비록 여러 해에 걸친 작업에도 불구하고 이 시도가 좀 더 커다란 완전성에 도달할 수 없었다 할지라도, 이 학문을 다시 한 번 처음부터 시작해야 할 필연성과 대상 자체의 본성 그리고 이루고자 하는 개혁을 위해 이용될 수 있었던 예비 작업의 결여를 참작할 수 있을 것이다.—본질적 관점은 일반적으로 학문적 논의의 새로운 개념이 문제라는 것이다. 내가 다른 곳에서 상기시켰듯이 철학은, 그것이 마땅히 학문이어야 하는 까닭에, 이를 위해 자기의 방법을 수학과 같은 하위의 학문으로부터 빌려올 수도 없고,[21] 그렇다고 내적 직관[22]의 정언적 단언들로 끝내거나 외적 반성의 근거들로부터 따지는 이치추론을 사용할 수도 없다. 오히려 학문적 인식 속에서 스스로 **운동하는** 것은 오로지 **내용의 본성**일 수 있을 뿐이거니와, 그 까닭은 동시에 내용의 이러한 **고유한 반성**이야말로 **자기의 규정** 자체를 비로소 정립하고 **산출하는** 바로 그것이기 때문이다.[23]

8. **지성은 규정하고** 그 규정들을 견지한다. **이성**은 부정적이고 **변증법적**인데, 왜냐하면 이성은 지성의 규정들을 무로 해소하기 때문이다. 그러나 이성은 **긍정적**이기도 한데, 왜냐하면 그것은 **보편자**를 산출하여 그 속에서

특수자를 개념 파악하기 때문이다.[24] [5/17]지성이 이성 일반으로부터 분리된 어떤 것으로 받아들여지듯이, 또한 변증법적 이성도 긍정적 이성으로부터 분리된 어떤 것으로 받아들여지곤 한다. 그러나 그 진리에 있어 이성은 그 양자보다 더 고차적인, 즉 지성적 이성 또는 이성적 지성인 **정신**[25]이다. 정신은 부정적인 것인바, 곧 변증법적 이성뿐만 아니라 또한 지성의 질을 이루는 바로 그것이다.—정신은 단순한 것을 부정하며, 그리하여 지성의 규정된 구별을 정립한다. 그와 마찬가지로 정신은 지성의 구별을 해소하며, 그리하여 그것은 변증법적이다. 그러나 정신은 이러한 결과의 무에 스스로를 붙들어 두는 것이 아니라 그 속에서도 마찬가지로 긍정적이거니와, 그리하여 정신은 최초의 단순한 것을 회복했지만, 자기 내에서 구체적인 보편자로서 회복했다. 그런데 주어진 특수자가 이 보편자 밑에 포섭되는 것이 아니라, 오히려 저 규정작용 및 그것의 해소에서 특수자는 이미 스스로를 함께 규정해 왔다.[26] 자기의 단순성에서 자기의 규정성을 그리고 이 규정성에서 자기의 자기 자신과의 동등성을 마련하고, 그럼으로써 개념의 내재적 발전인 이러한 정신적 운동은 인식의 절대적 방법인 동시에 내용 자체의 내재적 영혼이다.—자기 자신을 구성하는 이러한 도정[27] 위에서만 철학은 객관적이고 논증적인 학문일 수 있다고 나는 주장한다.—이러한 방식으로 나는 **정신현상학**에서 **의식**을 서술하고자 시도했다. 의식은 구체적인, 더군다나 외면성에 사로잡힌 앎으로서의 정신이다. 그러나 이 대상의 전진운동은 모든 자연적이고 정신적인 생명의 발전과 마찬가지로 오로지 논리학의 내용을 이루는 **순수한 본질성들**의 본성에만 기반한다. 의식은, 자신의 도정에서 자기의 직접성과 외면적인 구체화로부터 해방되는 현상하는 정신으로서, 마침내 즉자대자적으로 존재하는 바의 저 순수한 본질성들 자체를 대상으로 마련하는 순수지가 된다. 순수한 본질성들은 순수한 사상들, 즉 자기의 본질을 사유하는 정신이다. 그들의 자기운동은 그들의 정신적 생명이며, 그에 의해 학문이 구성되고 그에 대한 서술이 학문인 바의 바로 그것이다.[28]

9. [5/18]이것으로 내가 **정신현상학**이라고 부르는 학문의 논리학에 대한 관계

가 제시된 셈이다.——외면적 관계에 관해 말하자면, 현상학을 포함하는 **학문의 체계**의 제1부를 논리학과 철학의 두 실재적 학문, 곧 자연철학과 정신철학을 포함함으로써 학문의 체계를 완결하게 될 제2부가 뒤따르기로 규정되어 있었다. 그러나 논리학이 그 자체로 받아들여야만 했던 필연적 확장으로 인해 나는 이것을 따로 출간하기로 했다. 그러므로 논리학은 확대된 계획에서는 정신현상학에 뒤이은 첫 번째 속편을 이룬다.[28a] 나중에 나는 앞에서 언급된 철학의 두 실재적 학문들에 대한 논구를 뒤따르게 할 것이다.——그러나 논리학의 이 제1권은 첫 번째 책으로서 **존재에 관한 학설**을 포함한다. 두 번째 책은 제1권의 두 번째 부분으로서의 **본질에 관한 학설**이다. 그러나 제2권은 **주관적 논리학** 또는 **개념에 관한 학설**을 포함할 것이다.[29]

뉘른베르크, 1812년 3월 22일

제2판 서문 (1831)[1]

1. [5/19]이것으로 그 제1권이 출간되는 논리의 학의 이 새로운 개정에 임하면서[2] 나는 확실히 대상 그 자체의, 더 나아가 그에 대한 서술의 어려움뿐만 아니라 제1판에서의 그에 대한 논구가 그 자체에서 짊어지고 있는 불완전함도 전적으로 의식하고 있었다. 비록 내가 그 이후 여러 해 동안 이 학문에 몰두하면서 이 불완전함을 제거하려고 노력해 왔다 할지라도, 나는 여전히 독자의 관대함을 요구할 이유들을 충분히 갖고 있다고 느낀다. 그러나 그러한 요구의 권리는 아마도 우선 내용을 위해 이전의 형이상학과 논리학에서 주로 한갓 외면적인 자료만이 발견되었다는 상황에 근거지어질 수 있을 것이다. 이들이, 그리고 논리학은 여전히 우리 시대에 이르기까지 계속해서, 아무리 일반적으로 거듭해서 추구되어 왔을지라도, 그러한 논구는 사변적[3] 측면과는 전혀 관계가 없었다. 오히려 전체적으로는 똑같은 자료가 반복되

었으며, 주기적으로 때로는 진부한 피상성에 이르기까지 얄팍해졌고 때로는 낡은 쓸모없는 것들이 좀 더 폭넓게 새로이 끌어내어져 지루하게 논의되었거니와, 그리하여 흔히 전적으로 한갓 기계적일 뿐인 그러한 노력에 의해서는 철학적 내실에 아무런 획득물도 주어질 수 없었다. 그러한 까닭에 사상의 나라를 철학적으로, 다시 말해 사상의 고유한 내재적 활동 속에서, 또는 같은 말이지만, 그것의 필연적 발전에서 서술하는 것은 새로운 시도일 수밖에 없었고, 그리하여 처음부터 다시 시작될 수밖에 없었다. 그러나 저 획득된 자료들, 즉 잘 알려진 사유형식들은, 비록 그것이 여기저기서 한갓 바짝 말라붙은 실마리나 해골의 생명 없는 뼈마디만을, 심지어 상호간에 무질서 속에 던져진 채로 제시한다 할지라도, 지극히 중요한 본보기이자 바로 필연적 조건이고 고마운 것으로 인정되어야 하는 전제로서 간주될 수 있다.[4]

2. [5/20]사유형식들은 우선은 인간의 **언어**에서 드러나 있거나 그 밑에 놓여 있다.[5] 인간을 동물과 구별시켜 주는 것이 사유라는 점을 오늘날 우리는 종종 충분히 상기하지 못하고 있다. 인간에게 내면적인 것, 즉 표상 일반이 되고, 그가 자신의 것으로 삼는 모든 것에 언어는 침투해 있으며, 그가 언어로 만들어 그 속에서 표명하는 것은 감추어지고 뒤섞여 있거나 뚜렷이 드러나 있거나 간에 범주를 포함한다. 그러한 만큼 인간에게 논리적인 것은 자연스러우며,[6] 또는 오히려 논리적인 것은 그의 특유한 **자연 · 본성** 자체이다. 그러나 만일 우리가 자연 일반을 물리적인 것으로서 정신적인 것에 대립시킨다면, 우리는 논리적인 것이야말로 오히려 인간의 모든 자연적 태도, 즉 그의 감각, 직관, 욕망, 욕구, 충동에 침투함으로써 그것을 일반적으로 인간적인 것으로, 그리고 비록 한갓 형식적일지라도 표상들과 목적들로 만드는 초자연적인 것이라고 말해야만 할 것이다.[7] 하나의 언어가 풍부한 논리적 표현들, 요컨대 특유하고도 분리된 표현들을 사유규정들 자체를 위해 소유하고 있다면, 그것은 그 언어의 장점이다. 전치사들과 관사들 가운데 여럿은 이미 사유에 기반하는 그러한 관계들에 속한다. 중국어는

그것의 형성에 있어 전혀 거기에 도달하지 못했거나 아니면 아주 옹색하게만 그랬다 할 것이다. 그러나 이러한 불변화사들은 아주 유익한 것으로 나타나긴 하지만, 다만 접두모음 증가나 굴절 표식 등등과 같은 것보다 조금 더 분리된 어떤 것으로서만 그러하다. 훨씬 더 중요한 것은 하나의 언어에서 사유규정들이 명사나 동사로 뚜렷이 드러남으로써 대상적 형식으로 각인되어 있는 것이다. 그 점에서 독일어는 다른 근대어들에 비해 많은 장점을 지닌다. 심지어 좀 더 폭넓은 고유성을 지니는 독일어의 많은 단어들은 상이한 의미들뿐만 아니라 대립된 의미들도 가질 수 있으며, 따라서 독일어에서는 언어의 사변적 정신마저도 부인될 수 없다.[8] 그러한 단어들에 부딪쳐, 사변의 결과지만 지성에 대해서는 불합리한 대립된 것들의 합일을[9] [5/21]소박한 방식으로 이미 사전에서 대립된 의미들을 지닌 **하나의** 단어로서 발견하는 것은 사유에 즐거움을 줄 수 있다. 따라서 철학은 일반적으로 어떤 특수한 전문용어를 필요로 하지 않는다. 그렇지만 확실히 사용을 통해 이미 철학에서의 시민권을 얻은 몇 가지 단어들을 외국어로부터 받아들일 수는 있을 것인바,—짐짓 순수주의인 체하는 것은 가장 결정적으로 사태가 관건이 되는 곳에서 그야말로 전혀 자리를 잡지 못할 것이다.[10]—교양 일반 내지 특별히 경험적이고 감각적인 학문들에 이르기까지 학문들의 진보는, 그것들이 일반적으로 (예를 들어 전체와 부분, 사물과 그것의 특성들 등과 같은) 대단히 일상적인 범주들에서 움직이는 가운데, 점차로 좀 더 고차적인 사유관계들마저도 드러내거나 최소한 그것들을 좀 더 커다란 보편성으로 두드러지게 함으로써 좀 더 상세한 주목을 받게끔 한다.[11] 예를 들어 물리학에서 **힘**이라는 사유규정이 지배적으로 되었다면, 최근에는 어쨌든 너무나 **함부로** 모든 것에, 심지어 빛에까지 침투한 **양극성***Polarität*의 범주가 가장 중요한 역할을 담당하고 있는데,[12]—그것은 구별된 것들이 **분리될 수 없게** 결합되어 있는 구별에 관한 규정이다. 그러한 방식으로 예를 들어 힘과 같은 하나의 규정성이 그에 의해 자립성을 획득하는 추상, 즉 동일성의 형식으로부터 전진하여, 이제 규정작용, 즉 동시에 분리될 수 없는 것으로서 동일성 속에 머무르는 구별의 형식이 두드러지게 되고 또 잘 알려진 표상이 된 것은 무한한 중요성을 지닌다.[13] 자연고찰은 그의 대상들이 그 속에서 확고히 견지되는 실재성에 의해, 비록 **마찬가지로** 타당한 것으로 용인되는 다른 범주들에 대해서는 대단히 비일관적으로이긴 할지라도, 이제 그 실재성에서 더 이상 무시될 수 없는 범주들을 확정하게 하고, 나아가 정신적인 것에서 좀 더 쉽사리 그러하듯이 대립으로부터의 추상들과 보편성들로 이행하는 것을 허락하지 않는 그러한 강제적인 것을 지닌다.[14]

3. [5/22]그러나 그렇듯 논리적 대상들 및 그 표현들이 가령 교양에서 아주 잘 알려진 것이라 할지라도, 내가 다른 곳에서 말했듯이, **잘 알려져** 있는 것이 그렇다고 해서 **인식된** 것은 아니다. 그리고 잘 알려진 것은 그 자체가 또한 바로 그 잘 알려진 것에 몰두해야 한다는 조급증을 불러일으킬 수 있거니와,—우리가 도처에서 사용하고 있고, 우리가 말하는 모든 명제에서 우리의 입으로 발설되는 바로 그 사유규정들보다 무엇이 더 잘 알려져 있겠는가?[15] 이 머리말은 마땅히 이 잘 알려진 것으로부터의 인식의 발걸음에 관해, 그리고 이 자연적 사유에 대한 학문적 사유의 관계에 관해 일반적 계기들을 제시하는 것을 목표로 삼아야 할 것이다. 그리하여 그것을 이전의 **서론**이 포함하는 것과 더불어 총괄하면, 사람들이 한 학문에 대해 미리 사태 자체인 것에 앞서 포함하도록 요구하는 것과 같은 그러한 일반적 표상을 논리적 인식의 의미에 대해 제공하기에 충분할 것이다.

4. 우선 사유의 형식들이 자기의식적 직관작용, 표상작용 및 우리의 욕망과 의욕 또는 오히려 표상하는 욕망과 의욕에서(그리고 표상작용이 없다면 인간적 욕망이나 의욕이 아니다) 그 속에 침잠되어 있는 소재로부터 해방되고, 이 보편성들이 그 자체로 끄집어내어져, **플라톤**이, 그러나 그 후 **아리스토텔레스**가 주로 그리했듯이, 그 자체로 고찰의 대상들이 된 것은 무한한 진보로 간주될 수 있다. 이러한 것이 사유의 형식들에 대한 인식의 시원을 제공한다.[16] 아리스토텔레스는 "거의 모든 필요한 것과 생활의 편리와 교류

에 속하는 것이 앞에 현전하게 된 이후에야 비로소 사람들은 철학적 인식을 위해 노력하기 시작했다"고 말한다. 그보다 앞서 그는 다음과 같이 언급한 바 있다. "이집트에서 수학적 학문들이 일찍이 [5/23]형성되었는데, 왜냐하면 그 곳에서는 일찍이 사제계급이 한가함을 누릴 형편에 놓였기 때문이다." ―실제로 순수한 사상들에 몰두하고자 하는 욕구는 인간 정신이 거쳐 가야만 했던 장구한 발걸음을 전제한다. 우리는 그 욕구가 인간 정신이 도달해야만 했던, 이미 충족된 필요성의 욕구에 대한 욕구, 곧 욕구 없음에 대한 욕구, 직관작용, 상상작용 등등의 소재로부터의 추상에 대한 욕구, 그리고 사유규정들이 그 소재 속에 감추어져 있는 욕망, 충동, 의지의 구체적 관심사로부터의 추상에 대한 욕구라고 말할 수 있다. 자기 자신에 도달하고 오직 자기 내에서만 존재하는 사유의 고요한 공간들 속에서 민족들과 개인들의 삶을 움직이는 관심사들은 침묵한다. 동일한 연관에서 아리스토텔레스는 "그토록 여러 측면에 따라 인간의 본성은 의존적이다. 그러나 사용을 위해 추구되지 않는 이 학문은 유일하게 즉자대자적으로 자유로운 학문이며, 그런 까닭에 인간의 소유가 아닌 것으로 보인다"고 말한다.[17]

5. 철학 일반은 여전히 구체적 대상들과, 즉 신, 자연, 정신과 그것들의 사상들에서 관계하지만, 논리학은 전적으로 오직 이 사상들 그 자체에만 그것들의 완전한 추상 속에서 몰두한다.[18] 그런 까닭에 이 논리학은 우선은, 아직 구체적 삶의 관심사들에 들어서 있지 않고 그와 관련하여 한가함을 누리며 이제 비로소 그들의 주관적 목적을 위해서만 저 관심사들의 대상들 속에서 활동할 수 있는 수단과 가능성의 획득에 몰두해야 하고,―이 대상들 자체를 아직 이론적으로 다루어야 하는―청년기의 연구에 맡겨지곤 한다. 앞에서 인용된 아리스토텔레스의 표상과는 반대로 논리적 학문은 이러한 **수단**으로 셈해진다. 논리학을 둘러싼 노력은 [5/24]예비적 작업이며, 그 장소는 삶의 진지함과 참다운 목적을 위한 활동이 비로소 그 뒤를 따라야 하는 학교라는 것이다. 삶에서 범주들의 **사용**이 다가온다. 범주들은 그 자체로 고찰된다는 명예로부터 살아 있는 내용을 정신적으로 다룸에 있어 그에

관련된 표상들의 창조와 교환에 **봉사**한다는 데로 격하되거니와—한편으로 그것들은 그것들의 보편성에 의한 **축약들**[19]로서 봉사한다. 왜냐하면 외면적 현존재와 활동의 그 무한한 양의 개별성들을 전투, 전쟁, 민족 또는 바다, 동물 등등과 같은 표상이 자기 내에 총괄하기 때문이다. 그것은 신 또는 사랑 등등의 표상에서 그러한 표상작용의 **단순성** 속으로 무한한 양의 표상들과 활동, 상태들 등등이 발췌되는 것과 마찬가지이다!—다른 한편으로 그것들은 **대상적 관계들**의 좀 더 상세한 규정과 발견에 봉사하는데, 그러나 그 경우 그에 끼어드는 사유의 내실과 목적, 올바름과 진리는 전적으로 앞에 놓여 있는 것 자체에 의존하게 되며 사유규정들에게는 그 자체로 내용을 규정하는 어떠한 작용도 부여되지 않는다. 조금 전에 자연적 논리학이라 불렸던 그러한 범주들의 사용은 무의식적이다. 그리고 학문적 반성에서 그 범주들에게 정신 속에서 수단으로 봉사하라는 관계가 지정된다면, 사유 일반은 다른 정신적 규정들에 종속된 어떤 것으로 만들어진다.[20] 우리는 확실히 우리의 감각들, 충동들, 관심들에 대해 그것들이 우리에게 봉사하는 것이 아니라 오히려 그것들이 자립적인 힘들과 위력들로서 여겨지며, 따라서 우리는 이러저러하게 감각하고 이러저러한 것을 욕망하고 의욕하며 이러저러한 것 속에 우리의 관심들을 놓는 것 그 자체라고 말한다. 그러나 오히려 더 나아가 우리가 우리의 감정들, 충동들, 정열들, 관심들을 소유하는 것이 아닐 뿐만 아니라 또한 우리가 그것들과 내밀하게 통일된 가운데 그것들이 우리에게 수단으로 봉사하기보다는 본디 습관적으로 우리가 그것들에 봉사한다는 것이 우리의 의식이 될 수 있다. 마음과 정신의 그와 같은 규정들은 곧바로, 우리가 우리를 그것으로 의식하게 되고 [5/25]그 속에서 우리가 우리의 자유를 가지는 바의 **보편성**에 대립하는 **특수자들**로서 드러나거니와, 우리는 오히려 이러한 특수성들 속에서 사로잡혀 있고 또 그것들에 의해 지배된다고 여긴다. 그에 따르면 우리는 더더군다나 우리의 모든 표상들—이 표상들은 단순히 이론적일 뿐이거나 감각, 충동, 의지에 속하는 소재를 포함하거나 할 것이다—을 관통하는 사유형식들이 우리에게 봉사한다거나, 우리가 그것들을 소유하지 그것들이 오히려 우리를 소유하는 것은 아니라고 여길 수는 없다. 그렇다면 그것들에 반하여 **우리에게** 무엇이 남아 있을 것이며, 어떻게 **우리**, 즉 **내**가 나를 그 스스로가 보편자 그 자체인 그것들 **너머에** 좀 더 보편적인 것으로서 세워놓아야 할 것인가? 우리가 우리를 감각, 목적, 관심 속에 놓고 그 속에서 우리를 제한되고 부자유한 것으로 느낄 때, 우리가 우리를 그로부터 끄집어내 자유 속으로 되돌릴 수 있는 장소는 이러한 자기 자신의 확신의 장소, 즉 순수한 추상 내지 사유의 장소이다. 또는 마찬가지로 우리가 **사물들**에 대해 말하고자 할 때, 우리는 그것들의 **본성** 또는 **본질**을 그것들의 **개념**이라 부르는바, 이 개념은 오직 사유에 대해서만 존재한다. 그러나 사물들의 개념들에 대해 우리는 더더군다나 우리가 그것들을 지배한다거나 그 개념들이 그것들의 복합물인 바의 사유규정들이 우리에게 봉사한다고는 말하지 않을 것이다. 반대로 우리의 사유가 그것들에 따라 제한되어야만 하며, 우리의 자의나 자유가 그것들을 자기에 따라 맞추도록 해서는 안 된다. 그러므로 주관적 사유가 우리의 가장 고유하고도 가장 내면적인 행위이고 사물들의 객관적 개념이 사태 자체를 이루는 한에서, 우리는 저 행위로부터 벗어날 수도 그 행위 위에 설 수도 없으며, 마찬가지로 우리가 사물들의 본성을 넘어설 수도 없다.[21] 하지만 우리는 사물들의 객관적 개념이라는 후자의 규정을 도외시할 수 있다. 그 규정이 사태에 대한 우리의 사상의 관계를 밝혀주긴 하겠지만, 그와 더불어 사태가 우리의 개념들을 위한 규준으로 세워지긴 하면서도 바로 그 사태가 우리에 대해서는 그에 대한 우리의 개념 이외에 다른 것일 수 없기 때문에 다만 무언가 공허한 것만을 낳는 한에서, 그 규정은 주관적 사유라는 전자의 규정과 일치하는 것이다.[22] 만약 비판철학이 다음의 세 **용어들**의 관계를 우리가 **사상**을 [5/26]**우리**와 **사태들** 사이에 중심으로, 즉 이 중심이 우리를 사태들과 결합시키는 대신에 **우리**를 그 **사태들**로부터 오히려 떼어놓는다는 의미에서 중심으로 놓는다는 식으로 이해한다면, 이 견해에는 다음의 단순한 언명, 즉 우리의 저편에, 그리고 이 사태들에 관계되는 사상들의 저편 다른 극단에 서 있어야 하는 바로 그 사태들 자체가 사유물들이자, 전적으로 규정되지 않은 것으로서 다만 하나의 사유물—즉 공허한 추상 자체의 이른바 사물-자체일 뿐이라는 언명이 대립될 수 있다.[23]

6. 하지만 이것은 사유규정들을 다만 사용을 위한 것이자 수단으로서만 받아들이게끔 하는 관계가 그로부터는 사라지는 관점을 위해 충분할 수 있을 것이다. 그러나 더 중요한 것은 그것과 연관된 또 다른 것, 즉 그에 따르면 사유규정들이 외적 형식들로 파악되곤 하는 것이다.[24]—우리의 모든 표상들, 목적들, 관심들 및 행동들에 빈틈없이 작용하는 사유의 활동은, 이미 말했듯이, 무의식적으로 일하고 있다(자연적 논리학). 우리의 의식이 자기 앞에 가지는 것은 내용, 즉 표상들의 대상들이자 그것으로 관심이 채워져 있는 바의 것이다. 이러한 관계에 따르면 사유규정들은 내용 자체가 아니라 한갓 **내실의 표면에** 존재하는 **형식들**로서 간주된다. 그러나 조금 전에 제시된 것과 그 밖에 일반적으로 승인되는 것, 즉 각각의 모든 인간적 개체가 비록 무한히 특유한 것이라 할지라도 **인간**이라는 점에서 그의 모든 특유성에 선행하는 것을 자기 속에 가지는 것처럼, 그리고 각각의 모든 개별 동물이 **동물**이라는 선행하는 것을 가지는 것처럼, 이제 **본성**, 특유한 **본질**, 즉 참으로 **지속적인** 것과 **실체적인** 것이 현상작용과 일시적 발현의 다양성과 우연성에서 사태의 **개념**이자 **자기 자신 내에 존재하는 보편자**라는 것이 사실이라고 한다면,[25] 이러한 기초가 그토록 다양한 그 밖의 술어들을 갖추고 있는 것으로부터 제거된다면, 비록 그것이 다른 것들처럼 술어라고 불릴 수 있을지라도,—그러한 하나의 개체가 여전히 무엇이어야 하는지 말할 수 없을 것이다.[26] 필수 불가결한 기초, 개념, 즉 우리가 '사상'이라는 말에서 [5/27]다만 표상만을 도외시할 수 있는 한에서 사상 자체인 보편자는 내용의 **표면에** 존재하는 **한갓** 무관심한 형식으로서만 간주될 수는 없다. 그러나 모든 자연적이고 정신적인 사물들의 이러한 사상들, 즉 실체적 **내용** 자체는 여전히 다양한 규정성들을 포함하며 나아가 영혼과 육체의, 개념과 상대적 실재성의 구별을 그 자신에서 지니는 그러한 것이다. 좀 더 심오한

기초는 대자적 영혼, 즉 대상들의 가장 내적인 것이자 그것들의 단순한 생명의 맥박이며 나아가 그 자체가 대상들에 대한 주관적 사유의 가장 내적인 것인 순수한 개념이다. 정신에게 영혼을 불어넣고, 정신 속에서 추동하고 작용하는 이러한 **논리적** 본성을 의식화하는 것, 이것이 과제이다.[27] 본능적 양식의 행위가 지적이고 자유로운 행위와 구별되는 것은 일반적으로 이 후자가 의식과 더불어 이루어진다는 점을 통해서이다. 추동하는 것의 내용이 주관과의 직접적 통일로부터 벗어나 이 주관 앞의 대상성으로 데려와짐으로써[28] 정신의 자유가 시작되거니와, 그 정신은 사유가 본능적 방식으로 작용하는 데서는 사유 범주들의 속박에 사로잡혀 무한히 잡다한 소재 속으로 산산이 흩어져 있는 것이다. 이러한 잡다한 소재의 그물에서는 정신의 생명과 의식의 지지점들이자 표적점들인 좀 더 확고한 매듭들이 때때로 뒤엉켜지거니와, 그 매듭들은 자신들의 확고함과 위력을 바로, 의식 앞으로 데려와진 그것들이 정신의 본질성의 즉자대자적으로 존재하는 개념들이라고 하는 것에 빚지고 있다. 정신의 본성을 위해 가장 중요한 점은 단지 **그 자체에서***an sich* 정신인 것이 **현실적으로** 정신인 것에 대해 맺는 관계가 아니라, 정신이 **스스로를** 그것으로 **알고 있는** 그것이 현실적으로 정신인 것에 대해 맺는 관계이다. 정신은 본질적으로 의식인 까닭에 이러한 자기-앎이야말로 정신의 **현실성**의 근본규정이다.[28a] 그러므로 한갓 본능적으로만 충동으로서 작용하고 우선은 뿔뿔이 흩어져 있으며, 따라서 가변적이고 서로 뒤섞여 정신의 의식 속으로 데려와지고, 그래서 정신에게 뿔뿔이 흩어져 있는 불확실한 현실성을 제공할 뿐인 이러한 범주들을 순화함으로써 정신을 그 범주들 속에서 자유와 진리로 고양시키는 것, 바로 이것이야말로 좀 더 고차적인 논리적 과업이다.

7. [5/28]그것의 고차적 가치가 그 자체로 그리고 동시에 참다운 인식의 조건으로서 조금 전에 인정되었던 학문의 시원으로서 우리가 제시했던 것, 즉 개념들과 개념 일반의 계기들, 곧 사유규정들을 우선 소재와 상이하고 한갓 그 소재의 표면에만 있을 뿐인 형식들로서 취급하는 것은 그 자체에서

곧바로 논리학의 대상과 목적으로 제시되는 진리에 부적합한 태도로서 밝혀진다.[29] 왜냐하면 그렇듯 단적인 형식들이자 내용과 상이한 것으로서의 사유규정들은 그것들을 유한한 것으로 낙인찍고 자기 내에서 무한한 진리를 파악할 수 없게 만드는 규정 속에 서 있는 것으로 받아들여지기 때문이다. 그 밖에 비록 참된 것이 어떤 측면에서이든 다시금 제한 및 유한성과 공존할 수 있을지라도,—이러한 것은 참된 것의 부정, 즉 참된 것의 비진리 및 비현실성의 측면, 바로 참된 것의 종말의 측면이지 참된 것이 참된 것으로서 그것인 바의 긍정의 측면이 아니다. 한갓 형식적일 뿐인 범주들의 불모성에 반대하여 건강한 이성의 본능은 결국 그 범주들에 대한 앎을 경멸과 더불어 학교논리학과 학교형이상학 분야에게 넘겨주어야 한다고 아주 강하게 느낌과 동시에 이 실마리들에 대한 의식이 이미 그 자체로 지니는 가치를 무시했으며,[30] 자연적 논리학의 본능적 양식의 행위에서, 더 나아가 사유규정들 자체에 대한 지식과 인식을 반성적으로 거부할 때에도, 순화되지 않고 따라서 부자유한 사유에 대한 봉사에 사로잡혀 있다는 점을 전혀 의식하지 못했다.[31] 그러한 형식들의 집합의 단순한 근본규정 또는 공동의 형식규정은 이러한 집합의 논리학에서 법칙으로서, 즉 A=A로서, 모순율로서 주장되는 **동일성**이다. 건강한 이성은 진리의 그러한 법칙들을 소유하고 있고 그것들이 그 속에서 여전히 계속해서 그렇게 계승되고 있는 학교에 대한 존경을 상실했는데, 그것은 이 건강한 이성이 더 나아가 그러한 법칙들을 조소하고, 그 법칙들에 따라 참되게 다음과 같이, 즉 "식물은—식물이다", "학문은—학문이다" **등등으로** [5/29]**무한히 계속해서** 말할 줄 아는 사람을 참을 수 없는 존재로 여길 정도이다.[32] 사실상 지성의 주요한 사용인 추리의 규칙들을 제시하는 정식들에 관해서도—그것들이 자기들의 영역을 그것들이 그 속에서 타당해야만 하는 인식에서 가짐과 동시에, 그것들이 이성의 사유를 위한 본질적인 자료라는 점을 부인하는 것이 아무리 부당하다 할지라도—마찬가지로 정당한 의식, 즉 그것들은 최소한 마찬가지로 오류와 궤변의 무관심한 수단일 뿐이며, 비록 사람들이 진리를 어떻게든 다르게 규정할 수 있다 할지라도, 좀 더 고차적인, 예를 들면 종교적인 진리에 대해서는 사용될 수 없는 것들이고,—그것들은 일반적으로 단지 인식의 올바름에 관계할 뿐이지 진리에 관계하는 것은 아니라는 의식도 확립되었다.[33]

8. 진리를 방기해 버리는 이러한 사유 고찰 방식의 불완전성은 오로지 사유하는 고찰 속으로 한갓 외적 형식으로 셈해지곤 하는 것뿐만 아니라 내용을 함께 끌어들임으로써만 보완될 수 있다.[34] 아주 비근한 대단히 일상적인 반성에서 내용으로서 형식과 분리되는 것이 사실상 자기 내에 형식이 없거나 규정이 없는 것이 아니어야 한다는 것[35]—형식이 없는 내용이라는 것은 다만 공허한 것, 가령 사물-자체의 추상일 뿐이다—, 내용은 오히려 그 자신 내에 형식을 지니며 바로 형식을 통해서만 영혼의 생기와 내실을 갖는다는 것, 그리고 형식 자체가 내용의 가상으로 그리고 그와 더불어 또한 이러한 가상에 있는 외면적인 것의 가상으로 전환될 뿐이라는 것은 곧바로 자명하게 드러난다. 이렇게 내용을 논리적 고찰에 도입함으로써 대상이 되는 것은 **사물**이 아니라 **사태**, 즉 사물의 **개념**이다.[36] 그러나 여기서는 또한 수많은 개념들, 수많은 사태들이 **존재한다**는 점이 상기될 수 있다. 그러나 이 수많은 것들이 무엇에 의해 제한되는가 하는 것에 대해서는 한편으로 조금 전에 사상 일반 내지 보편자로서의 개념은 무규정적인 직관작용과 표상작용 앞에 어른거리는 바의 수많은 사물들의 개별성에 대한 헤아릴 수 없는 축약이라는 것이 말해진 바 있다. 그러나 다른 한편으로 **하나의** 개념은 곧바로 첫째, 그 자신에서의 **바로 그** 개념이거니와, 이 개념은 오로지 **하나**일 뿐이자 [5/30]실체적 기초이다. 그러나 둘째, 그것은 확실히 **규정된** 개념인바, 개념에서의 그 규정성은 내용으로서 현상하는 바로 그것이다. 그러나 개념의 규정성은 이러한 실체적 통일의 형식규정이자 총체성으로서의 형식의 계기이고, 규정된 개념들의 기초인 **개념 자체의** 계기이다. 이러한 개념 자체는 감각적으로 직관되거나 표상되지 않는다. 그것은 오로지 **사유의** 대상이자 산물이고 내용일 뿐이며, 즉자대자적으로 존재하는 사태, 로고스, 존재하는 것의 이성, 사물이라는 이름을 달고 있는 것의 진리

일 뿐이다.[37] 로고스, 그것은 논리적 학문의 외부로 방기되어야 할 그러한 것이 전혀 아니다. 그런 까닭에 그것을 학문 속으로 끌어들이거나 밖에 두는 것이 임의적인 것이어서는 안 된다. 한갓 외면적 형식일 뿐인 사유규정들이 참되게 그들 자신에서 고찰된다면, 오로지 그들의 유한성과 그들의 그 자체로・대자적으로-존재해야-함Für-sich-sein-Sollen의 비진리가, 그리고 그들의 진리로서 개념이 출현할 수 있을 뿐이다. 따라서 논리적 학문은, 그것이 일반적으로 우리의 정신을 본능적이고 무의식적으로 관통하고 있는 사유규정들을 이제 그것들이 언어 속에 들어서게 되면서도 비대상적이고 주목되지 않은 채로 남아 있을 때에도 다루게 됨으로써, 또한 사유규정의 재구성, 즉 반성에 의해 끄집어내어져 그에 의해 소재와 내실에 외적인 주관적 형식들로서 고정되어 있는 사유규정들의 재구성이기도 할 것이다.[38]

9. [39]어떠한 대상의 서술도 즉자대자적으로, 사유의 발전을 그 사유의 필연성에서 서술하는 것만큼 그토록 엄밀하게 전적으로 내재적으로 조형적일[40] 수는 없을 것이다. 어떠한 대상도 그 정도로 이러한 요구를 지니지는 않는다. 이 점에서 사유의 학문은 또한 수학도 능가함에 틀림없는데, 왜냐하면 어떠한 대상도 그 자신 속에 이러한 자유와 독립성을 지니지 않기 때문이다. 그러한 논술이 요구하는 것은, 이러한 것이 그 나름의 양식으로 수학적인 일관성에 놓여 있듯이, [5/31]발전의 어떤 단계에서도 이 단계에서 직접적으로 출현하고 선행하는 단계로부터 이 단계에로 넘어 온 것이 아닌 사유규정과 반성이 나타나지 않아야 한다는 것이다. 그러나 서술의 그러한 추상적 완전성은 물론 일반적으로 포기될 수밖에 없다. 이미 학문은 순수하게 단순한 것, 따라서 가장 보편적이고 가장 공허한 것과 더불어 시작해야만 하는 까닭에, 논술은 오로지 그 밖의 어떠한 한마디도 덧붙이지 않고서 단순한 것에 대한 바로 이러한 그 자체로 전적으로 단순한 표현들만을 허락할 것이거니와,[40a]—사태에 따라 발생해도 좋을 것은 그 밖에 표상이나 규제되지 않은 사유가 뒤섞을 수 있는 것을 떼어놓고 멀리하고자 노력하는 부정하는 반성들일 것이다. 하지만 발전의 단순한 내재적 발걸음에 끼어드는 그러

한 착상들은 그 자체로 우연적이며, 따라서 그것들을 막아내려는 노력 그 자체가 이러한 우연성에 붙들리게 된다. 그러한 **모든** 착상들에 대응하고자 하는 것은 어차피 바로 그것들이 사태 바깥에 놓여 있기 때문에 헛된 일이거니와, 어쨌든 여기서 체계적 충족에 대해 바랄 수 있는 것은 불완전함뿐일 것이다. 그러나 우리의 근대적 의식에 특유한 불안정과 산란함은 마찬가지로 다소간에 가까이 놓여 있는 반성들과 착상들을 고려하는 것 이외에 다른 것을 허락하지 않는다. 그렇다면 조형적인 논술은 또한 수용과 이해의 조형적인 감각을 요구한다. 그러나 **스스로** 생각함을 입증하기에 안달하여 내세우는 **자기 고유의** 반성들과 착상들을 침착하게 자기 부정하는 그러한 조형적인 젊은이들과 성인들, 즉 플라톤이 그려 보이듯이 오로지 사태만을 뒤따르는 청자들은 근대적 대화에서는 내세워질 수 없을 것이며,[41] 더더군다나 독자들이 그러한 이들로 여겨질 수는 없을 것이다. 반대로 내게는 자신들의 착상들과 반론들이, 전제들이자 그 자체가 사용되기 전에 먼저 비판을 필요로 하는 범주들을 포함한다는 단순한 반성을 수행할 수 없는 그러한 반대자들이 너무나 자주 그리고 너무나 격렬하게 모습을 드러냈다.[42] 이 점에 관한 무의식성은 [5/32]믿을 수 없을 정도로 널리 퍼져 있다. 그것은 근본오해, 즉 고찰되는 범주에서 이 범주 자체가 아니라 **무언가 다른 것**을 생각하는 나쁜, 다시 말하면 도야되지 않은 태도를 만들어낸다. 이러한 무의식성은 그러한 **다른 것**이 다른 사유규정들과 개념들이지만, 바로 이 다른 범주들도 마찬가지로 논리학의 체계에서 자기들의 자리를 발견하여 그곳에서 그 자체로 고찰되어야만 했던 만큼 전혀 정당화될 수 없다. 이 점은 논리학의 최초의 개념들이나 명제들, 즉 **존재**와 **무**, 그리고 그 자체 단순한 규정으로서 아마도 논란의 여지없이—아주 간단한 분석이 이를 보여준다—저 두 규정들을 계기들로서 포함하는 **생성**에 대한 압도적으로 많은 반론들과 공격들에서 너무도 명백히 드러난다.[43] 철저함은 모든 것이 그 위에서 세워지는 근거로서의 시원을[44] 모든 것에 앞서 탐구하고, 심지어 그 근거가 확고하게 입증되기까지는 더 나아가서는 안 되며, 오히려 그와 반대로 이 입증이 이루어지지 않았다면 그에 뒤따르는 모든 것을 포기할 것을 요구하는 것으로 보인다. 이러한 철저함은 동시에 사유의 과업에 대해 가장 커다란 경감을 제공하는 장점을 지닌다. 그것은 발전 전체를 이 맹아 속에 포함된 것으로 자기 앞에 지니며, 이 맹아를 철저히 다 마무리할 때, 즉 가장 단순한 것이자 단순한 것 그 자체인 까닭에 처리하기에 가장 손쉬운 것인 이 맹아를 다 마무리할 때 모든 것을 다 마무리한 것으로 여기는 것이다. 하지만 단순한 것으로의 이러한 제한은, 그 자체로 단순하게 머무르려 하지 아니하고 그에 관한 자기의 반성들을 제시하는 사유의 자의에게 자유로운 활동의 여지를 허락한다. 처음에는 **오로지** 원리에만 몰두함으로써 **그 이상의 것**에는 관여하지 않는 훌륭한 정당성을 가지는 이러한 철저함이 자기의 과업 자체에서 이의 정반대, 즉 오히려 **그 이상의** 것, 다시 말하면 [5/33]오로지 원리인 것과는 다른 범주들, 다른 전제들과 선입견을 가져오는 정반대의 일을 행한다. 그러한 전제들, 즉 무한성은 유한성과 상이하다, 내용은 형식과는 무언가 다른 것이다, 내적인 것은 외적인 것과는 다른 것이다, 매개는 마찬가지로 직접성이 아니다와 같은 전제들이, 마치 사람들이 그와 같은 것들을 모르기라도 하다는 듯이, 교훈적인 방식으로 제시되는 동시에 또한 증명되는 것이 아니라 그저 이야기되고 단언된다. 하나의 행동거지로서의 그러한 교훈에는—우리는 그것을 달리 부를 수 없다—어리석음이 놓여 있다. 그러나 사태에 따르자면 한편으로 그와 같은 것들을 단지 전제하여 곧바로 가정할 뿐인 부당함이지만, 다른 한편으로는 더 나아가 도대체 그렇듯 무한성 없는 유한자가 무언가 참된 것인지, 그리고 그와 마찬가지로 그러한 추상적 무한성이나 더 나아가 형식 없는 내용과 내용 없는 형식이, 따라서 어떠한 발현도 지니지 않는 내적인 것 그 자체나 내면성 없는 외면성 등등이 **참된 어떤 것**이자 그와 마찬가지로 **현실적인 어떤 것**인지를 탐구하는 것이 논리적 사유의 욕구이자 과업이라는 것에 대한 무지이기도 하다.—그러나 사유의 조형적인 태도를 실현시켜 이런 저런 착상을 내놓는 반성의 조급함을 극복하게 해주는 사유의 이러한 도야와 훈련은 발전 전체의 앞으로 나아감과 연구 그리고 생산에 의하여 마련된다.

10. [45]철학적 학문의 자립적 구조물을 근대에 새롭게 제시하기 위해 애쓰는 자는, 플라톤의 서술을 언급하자면, 그가 국가에 관한 자신의 책을 일곱 번 고쳐 썼다는 이야기를 상기할 수 있다. 이에 대한 상기나 그 상기가 일종의 비교를 자기 내에 담고 있는 것으로 보이는 한에서 그 비교는 더 나아가, 근대 세계에 속하는 것으로서 더 심오한 원리와 더 어려운 대상 그리고 더 풍부한 범위의 자료를 가공을 위해 자기 앞에 지니는 저작에 대해 그것을 일흔일곱 번이라도 철저히 다듬을 수 있는 자유로운 한가함이 주어졌으면 하는 소원으로까지 치달을 수 있을 것이다. 그러나 저자는 과제의 크기를 눈앞에 두고 그 저작을 고려하는 까닭에, [5/34]외면적 필연성의 상황 하에서, 그리고 시대적 관심사들의 크기와 다면성에 의해 불가피한 산란함이 지배하는 상황 하에서, 심지어 하루하루의 떠들썩한 소음과 시대적 관심사들에 스스로를 제한한다고 우쭐대는 상상의 마비시킬 듯한 수다스러움이 과연 아직도 오로지 사유할 뿐인 인식의 정열 없는 고요함에 참여하기 위한 공간을 열어두고 있는지 의심스러운 상황 하에서, 그 저작이 될 수 있었던 것에 만족하지 않을 수 없을 것이다.

베를린, 1831년 11월 7일

3. 『철학적 학문들의 엔치클로페디 강요』 서문들

제1판 서문 (1817)[1]

1. [8/11]나의 철학 강의들에 대한 길잡이를 청강자들에게 제공해야 할 필요가 동기가 되어 나는 내 생각보다 더 일찍 철학의 전 범위에 대한 이 개관을 세상에 내놓게 되었다.

2. 강요의 본성은 이념들을 그 **내용**에 따라 남김없이 상세히 논의하는 것을 배제할 뿐만 아니라 특히 사람들이 이전에 **증명**이라는 것에서 이해했고[2] 학문적 철학에게 필요 불가결한 바로 그것이 포함해야만 하는 이념들의 체계적 도출에 대한 상세한 논의마저도 제약한다. 본서의 제목은 한편으로 전체의 범위를, 다른 한편으로 개별적인 것은 구두 강의에 미루어 놓겠다는 의도를 드러내 보여주어야 했다.

3. 그러나 더 나아가 강요에서는 의도적으로 짧게 강술되어야 할 것이 이미 전제되고 잘 알려진 내용일 때에는 배열과 정돈이라는 한갓 **외면적인 합목적성**만이 고려된다. 현재의 서술은 이러한 경우가 아니라 내가 바라기로는 유일하게 참다운, 내용과 일치하는 것으로 인정될 방법Methode에 따라 철학을 새롭게 다듬어내는 것이다. 그런 까닭에 내게, 전체의 제1부인 **논리학**

에 대해 독자들에게 그와 같은 것을 넘겨준 바 있듯이, 철학의 다른 부분들에 대해서도 좀 더 상세한 작품을 먼저 출간할 수 있는 상황이 허락되었더라면, 나는 그것을 독자들에 대해 좀 더 유리한 것으로 간주할 수 있었을 것이다. 어쨌든 나는 비록 현재의 서술에서 내용이 **표상**이나 경험적으로 잘 알고 있는 것에 가까이 놓여 있는 측면이 제한되어야만 했을지라도, 오로지 **개념**[3]을 통해서만 발생해야 하는 매개일 수 있는 이행들과 관련해서는 [8/12]진행의 방법적인 것이 다른 학문들이 추구하는 단지 **외면적인 순서**뿐만 아니라 또한 철학적 대상들에서 일상화된 **수법***Manier*, 곧 **도식을 전제하고** 따라서 첫 번째 방식이 행하는 것과 마찬가지로 외면적으로나 좀 더 자의적으로 자료들을 배치하고, 너무나도 기이한 오해로 인해 개념의 필연성을 우연적이고 자의적인 결합들을 가지고서 만족시키고자 하는 **수법**과도 충분히 구별된다는 것을 충분히 분명히 했다고 믿는다.

4. 우리는 그와 같은 자의가 철학의 내용을 장악하고 사상의 모험에 나서 진지하고 성실하게 노력하는 자들에게 한동안 찬탄을 받기도 했지만, 또한 이제까지 그 자체로 정신착란에까지 치달은 어리석음으로도 여겨져 왔음을 보았다. 하지만 찬탄할 만한 것이거나 정신착란적인 것이 아니라 그 내실은 좀 더 본래적이고 좀 더 자주 잘 알려진 진부한 것들을, 그리고 그 형식은 의도적이고 방법적이며 또 쉽사리 가질 수 있는 재치로 기묘하게 결합하고 억지로 뒤엉키게 만드는 한갓된 수법을, 나아가 일반적으로 진지한 표정 뒤에서 스스로와 대중에 대한 기만을 알아보게 한다. 다른 한편으로 우리는 그와는 반대로 천박함이 **사상의 결여**를 자기 스스로 영리한 회의주의와 이성적으로 겸손한 비판주의라고 각인을 찍고 이념들에서의 공허함을 가지고서 그와 같은 정도로 자신들의 망상과 허영심을 증대시켰음을 보았다.[4] ―정신의 이 두 노선은 상당한 시간 동안 독일적인 진지함을 조롱해 왔고, 그것의 심오한 철학적 욕구를 지치게 했으며, 철학이라는 학문에 대한 무관심과 심지어는 그에 대한 경멸을, 요컨대 이제 스스로 겸손하다고 자처하는 자들까지도 철학의 가장 심오한 것에 대해 이러쿵저러쿵 함부로 말하고

그 심오한 것에게서 사람들이 이전에 그 형식을 **증명**이라는 것으로 파악했던 이성적 인식을 감히 부인해도 좋다고 생각하는 그러한 경멸을 결과로 낳았다.

5. 위에서 언급한 현상들 가운데 첫 번째 것은 부분적으로 학문의 영역에서나 정치적 영역에서 떠오른 새로운 시대의 젊음의 환희로 간주될 수 있다. [8/13]이러한 환희가 젊어진 정신의 여명을 도취한 채 맞아들이고 더 깊은 연구 없이 곧바로 이념의 향유에로 나아가며 이 이념이 제시하는 희망들과 전망들에 한동안 탐닉했다 할지라도 그것은 자기의 방탕과 좀 더 쉽게 화해하는데, 왜냐하면 그것의 근저에는 하나의 핵심이 놓여 있고[5] 그것이 그와 같은 핵심 주위에 뿜어 놓은 표면적인 안개는 스스로 걷힐 수밖에 없기 때문이다. 그러나 다른 현상은 더 불쾌한데, 왜냐하면 그것은 분명히 피로와 무기력함을 보이면서도 그러한 모습을 모든 세기의 철학적 정신들을 극복하겠다는, 하지만 그 정신들과 대부분의 경우 자기 자신을 오해하는 망상을 가지고서 은폐하려 애쓰기 때문이다.

6. 그러나 더욱 더 기쁜 일은 이 두 경향에 맞서 어떻게 **좀 더 고차적인 인식**에 대한 철학적 관심과 진지한 사랑이 공평무사하고도 허영심에 빠지지 않은 채 유지되어 왔는지를 깨달을 수 있고 또 언급할 수 있다는 점이다. 이 관심이 때때로 오히려 **직접지**와 **감정**의 형식을 취했을지라도[6] 그것은 그에 맞서 인간에게 존엄을 부여하는 유일한 것인 이성적 통찰의 내적이고 지속적인 충동을 입증하는데, 이 점을 가장 잘 보여주는 것은 인간 자신에게는 저 입장이 오직 철학적 앎의 **결과**로서만 생성되며, 따라서 거부해야 할 것처럼 보이는 그와 같은 철학적 앎이 인간에 대해서는 최소한 **조건**으로서 인정되어 있다는 점이다.—**진리의 인식**에 대한 이러한 관심에 나는 그것의 충족을 위한 입문 내지 기여를 제공하고자 하는 이 시도를 바친다. 아무쪼록 그와 같은 목적에서 이 시도가 호의적으로 받아들여졌으면 한다.

하이델베르크, 1817년 5월.

제2판 서문 (1827)[1]

1. [8/13]친애하는 독자 여러분께서는 이 새로운 판에서 다소 많은 부분들이 고쳐 쓰이고 좀 더 상세한 규정들로 전개되었음을 발견하게 될 것이다. 그렇게 함에 있어 나는 강술의 형식적인 것을 완화, 감소시키고, 또한 좀 더 자세한 [8/14]대중적인 주해들을 통해 추상적 개념들이 그것들에 대한 일상적 이해와 좀 더 구체적인 표상들에 좀 더 가까이 다가갈 수 있도록 하고자 노력했다. 그러나 그렇지 않아도 난해한 자료들을 어쩔 수 없이 짧게 다루지 않을 수 없는 강요의 필요로 인해 이 제2판도 제1판과 마찬가지로 필요한 상세한 해명은 구두 강의를 통해 얻어야 하는 강의교재로 사용되는 것으로 규정될 수밖에 없었다. 물론 **엔치클로페디***Enzyklopädie*라는 제목이 보여주듯이 나는 처음부터 학문적 방법의 엄밀성에 그리 얽매이지 않은 채 외면적 편성에 여지를 남겨두어야 했다. 하지만 사태의 본성은 스스로 논리적 연관이 계속해서 기초를 이루지 않을 수 없게 만든다.

2. 나로 하여금 정신적이거나 몰정신적인 시대형성의 움직임들에 대해 나의 철학함이 지니는 외적인 입장에 관해 설명할 것을 요구하는 것으로 보이는 아주 많은 동기들과 자극들이 존재하겠지만, 그러한 설명은 서문에서와 같이 오로지 공교적인 방식으로만 이루어질 수 있다. 왜냐하면 이 움직임들은 비록 그것들이 철학과 관계가 있다 할지라도 학문적으로 관여하는 것은 아니고, 따라서 결코 철학에 관여하는 것이 아니라 철학 바깥으로부터 그리고 그 바깥에서 이런저런 소리를 늘어놓기 때문이다. 학문에 낯선 그러한 지반에 발을 들여놓는 것은 꺼림칙하고 불쾌하기조차 한 일인데, 왜냐하면 그러한 설명과 해명은 참다운 인식을 위해 유일하게 문제가 될 수 있는 것인 이해를 촉진하지 않기 때문이다. 그러나 몇 가지 현상에 대해

언급하는 것은 유용하거나 필요할 수 있을 것이다.

3. 내가 일반적으로 나의 철학적 노력들에서 경주해 왔고 또 경주하고 있는 것은 진리의 학문적 인식이다.[2] 그것은 가장 어려운 길이지만, 그 길은 정신이 일단 사상의 길에 들어서서 거기서 허영에 빠지지 않고 진리에 대한 의지와 용기를 보존해 왔다면 정신에 대해 유일하게 관심과 가치를 지닐 수 있는 길이다. 정신은 곧바로 방법만이 사상을 제어하여 그것을 사태로 이끌고 그 속에서 유지할 수 있다는 것을 발견한다. 그러한 이끌어나감은 그 자체로 [8/15]사상이 우선은 넘어서고자 노력했고 스스로를 그 너머에 정립했던 절대적 내실의 회복에 다름 아닌 것, 그러나 정신의 가장 고유하고도 가장 자유로운 터전에서의 회복에 다름 아닌 것으로 입증된다.

4. 철학이 학문들 및 교양과 손에 손을 잡고 나아가고, 온건한 지성계몽이 통찰의 욕구 및 종교와 동시에 만족되며,[3] 마찬가지로 자연법이 국가 및 정치와 조화를 이루고, 경험적 물리학이 자연철학이라는 이름을 지녔던 순진무구하고도 겉보기에 따라서는 행복한 상태가 그리 오래되지 않은 과거에 지나갔다. 그러나 평화는 충분히 표면적이었거니와, 특별히 앞의 통찰은 종교와, 그리고 뒤의 자연법은 국가와 사실상 내적인 모순에 처해 있었다. 그 후 분열이 뒤따르게 되고 모순이 전개되었다.[4] 그러나 철학에서는 정신이 자기와 자기 자신과의 화해를 누렸으며, 따라서 이 학문은 오로지 저 모순 자체 및 그 모순의 겉모습과만 모순 속에 있다.[5] 철학이 신중한 경험지식과 법의 이성적 현실성 그리고 순진무구한 종교와 경건함에 마치 대립하는 것처럼 생각하는 것은 나쁜 선입견들에 속한다. 이러한 형태들은 철학에 의해 인정되고 심지어는 그 자체로 정당화된다. 사유하는 감수성은 오히려 그것들의 내실에서 심화되며, 자연과 역사 그리고 예술의 위대한 직관들에게서처럼 그것들에게서 배우고 힘을 얻는다. 왜냐하면 이 옹골찬 내용은 그것이 사유되는 한에서 사변적 이념 자체이기 때문이다.[6] 철학에 대한 충돌은 오로지 이 지반이 자기의 고유한 성격으로부터 벗어나 그의 내용이 범주들로 파악되고 그러한 범주들에 의존하게 되어야 하되, 이와

같은 범주들을 개념으로까지 끌고 가 이념으로 완성하지 못하는 한에서만 나타난다.

5. 일반적인 학문적 교양을 지닌 지성이 처해 있는 중요한 부정적인 결론,[7] 즉 유한한 개념의 도정에서는 [8/16]진리와의 어떠한 매개도 가능하지 않다는 결론은 이를테면 직접적으로 그 속에 놓여 있는 것과는 대립된 결과를 가지곤 한다. 요컨대 저 확신은 인식으로부터 유한한 관계들을 제거하는 대신 오히려 범주들의 탐구에 대한 관심과 그 범주들의 적용에서의 주의와 신중함을 없애 버렸던 것이다. 범주들의 사용은 마치 절망 상태에서처럼 다만 더욱 더 노골적이고 무의식적이며 무비판적으로 되었을 뿐이다. 진리에 대한 유한한 범주들의 불충분함이 객관적 인식의 불가능성을 초래한다는 오해에서 감정과 주관적 의견으로부터 왈가왈부하는 것이 정당화되기에 이르고, 더 무비판적이면 무비판적일수록 그만큼 더 순수한 것으로 여겨지는 의식 속에서 사실들로 발견되는 것에 대한 단언들과 이야기들이 증명을 대신하기에 이른다. 정신의 최고의 욕구들이 **직접성**과 같은 그토록 메마른 범주 위에[8] 그 범주를 더 자세히 탐구하지 않고서 세워지고 그것을 통해 결정되어 있어야 한다는 것이다. 특히 종교적 대상들이 다루어지는 곳에서 우리가 발견할 수 있는 것은, 거기서 마치 철학함을 버림으로써 모든 악이 추방되고 오류와 기만에 대한 안전장치가 달성되기나 할 것처럼 분명히 철학함이 제거된다는 점과, 그러고 나서는 진리에 대한 탐구가 어딘가에서 만들어진 전제들로부터 이치추론Räsonnement에 의해 실행되거니와, 다시 말하면 본질과 현상, 근거와 귀결, 원인과 결과 등과 같은 일상적 사유규정들을 사용하는 가운데 이런저런 유한성의 관계들에 따른 관례적인 추론에서 시도된다는 점이다. "그들은 악한 것들에서 벗어났으나 악은 남아 있다." 그리고 그 악은 이전 것보다 훨씬 더 나쁜데, 왜냐하면 그것은 아무런 의혹이나 비판도 받지 않은 채 신뢰받기 때문이다. 그리고 제거된 것으로 여겨지는 저 악, [8/17]즉 철학이 마치 모든 내용을 결합하고 규정하는 사유관계들의 본성과 가치에 대한 의식을 가지고서 이루어지는 진리에 대한 탐구와는

다른 어떤 것이라는 듯이 여겨진다.[9]

6. 그에 더하여 철학 자체는 그런 입장을 취하는 자들이 철학에 관계하여 철학을 한편으로 파악하고 다른 한편으로 판정할 때 최악의 운명을 경험하지 않을 수 없다.[10] 자연적이거나 정신적인, 특히 또한 종교적인 생동성의 **사실**, 바로 그것이 그것을 파악할 능력이 없는 저 반성에 의해 손상된다. 그렇지만 이 파악은 그 자체로는 사실을 비로소 알려진 것에로 고양시킨다고 하는 의미를 지니는데, 어려움은 사태로부터 인식에로의 이 이행, 즉 숙고·추사유Nachdenken에 의해 야기되는 이행에 놓여 있다. 이 어려움은 학문 자체에서는 더 이상 존재하지 않는다. 왜냐하면 철학의 사실은 이미 마련된 인식이며, 따라서 파악은 다만 **뒤따르는** 사유라는 의미에서의 **추사유·숙고**일 뿐이기 때문이다. 판정에 이르러서야 비로소 일상적 의미에서의 숙고가 요구된다. 하지만 저 무비판적인 지성은 규정적으로 언표된 이념을 있는 그대로 파악하는 데서도 마찬가지로 충실하지 못한 것으로 증명되거니와, 그것은 자기가 포함하고 있는 고정된 전제들에 대해 아무런 혐의나 의심도 품지 않음으로써 심지어는 철학적 이념의 명백한 사실을 그대로 되풀이할 능력조차 없다. 이러한 지성은 기이한 방식으로 다음과 같은 이중적인 것을 자기 내에 통합한다. 즉 지성은 이념에 자기의 범주 사용과는 전적으로 다르고 심지어는 명백히 모순되는 것마저도 있다는 것에 주목하면서도, 동시에 자신의 것과는 다른 사유방식이 존재하여 행사되고 있고 따라서 여기서는 지금까지와는 다르게 사유해야만 한다는 것에 관해 아무런 의혹도 나타내지 않는 것이다. 그러한 방식으로 곧바로 사변철학의 이념이 그에 대한 추상적인 정의 속에 고정되는 일이 벌어지는데, 그 까닭은 정의란 그 자체로 명확하고 확정된 것으로 나타나야만 하고 오로지 전제된 표상들에서만 자기의 조정자와 시금석을 지닌다고 생각하기 때문이거니와, 최소한 [8/18]정의의 의미와 그에 대한 필연적 증명은 오로지 그것의 전개 속에서만 그리고 그 정의가 이러한 전개로부터 결과로서 출현한다는 데에만 놓여 있다는 것을 알지 못하기 때문이다. 그런데 좀 더 상세히 말하자면

이념 일반은 **구체적이고 정신적인** 통일이지만, 지성은 개념규정들을 오로지 그들의 **추상**과 따라서 그들의 일면성 및 유한성에서 파악하는 데 존립하는 까닭에 저 통일이 추상적인 몰정신적 동일성으로 만들어지는데, 그리하여 그러한 동일성에서는 구별은 존재하지 않고 **모든 것은 하나**이며 특히 또한 선과 악도 동일하다. 따라서 사변철학에 대해서는 **동일성체계***Identitätssystem*, **동일성철학***Identitätsphilosophie*이라는 이름이 이미 수용된 이름이 되었다.[11] 만약 누군가가 "나는 하늘과 땅의 창조주이신 하나님 아버지를 믿는다"고 신앙고백을 한다고 할 때 다른 사람이 이미 이 말의 첫 부분에서 고백자가 하늘의 창조주 하나님을 믿으며 **그러므로** 땅을 창조되지 않은 것으로, 물질을 영원한 것으로 여기고 있다고 추측한다면, 우리는 이상하게 여기지 않을 수 없을 것이다. 고백자가 자신의 고백에서 하늘의 창조주 하나님을 믿는다고 언표한 사실은 옳지만 다른 사람에 의해 파악된 사실은 완전히 거짓이다. 그러한 만큼 이 예는 터무니없고 진부한 것으로 간주되어야만 한다. 하지만 철학적 이념을 파악하는 경우에는 이러한 억지스러운 양분화가 벌어지는데, 그래서 단언에 따르자면 사변철학의 원리인 동일성이 어떠한 성질의 것인지를 오해하지 않기 위해 가령 주관은 객관과 **상이**하며 마찬가지로 유한자는 무한자와 **상이**하다는 등등의 분명한 가르침과 각각의 사정을 고려한 반박이 뒤따른다. 그것은 마치 구체적인 정신적 통일이 자기 내에서 몰규정적이며 그 자체로 구별을 **자기 내에 포함**하지 않는다는 듯이 생각하는 것이며, 또한 어떤 한 사람도 주관이 객관과, 무한자가 유한자와 상이하다는 것을 알지 못한다는 듯이, 또는 자신의 학교지혜에 침잠해 있는 철학은 저 상이성을 아주 잘 알고 있는 지혜가 학교 바깥에 존재한다는 점을 상기해야 한다는 듯이 생각하는 것이다.

7. [8/19][12]철학에게 당연히 잘 알려져 있지 않은 상이성과 관련하여 좀 더 규정적으로 말하자면, 그것에서는 따라서 또한 선과 악의 구별도 없어진다는 식으로 철학이 중상모략을 받게 됨으로써, 종종 "철학자들은 그들의 서술들에서 그들의 명제와 **결합**되어 있는 썩어빠진 결론들을 언제나 전개하

는 것은 아니다(—그렇지만 아마도 이 결론들이 그들에게 속하지 않기 때문은 아닐 것이다—)"라고 승인하는 공정함과 관대함이 행사되곤 한다.[1]

• • •

1. 『동양 신비학 명구집*Blütensammlung aus der morgenländischen Mystik*』, [Berlin 1825], 13쪽에서의 **톨룩**Thouck 씨의 말. 심오한 감정을 지닌 톨룩도 거기서 철학을 파악하는 일상적인 대로를 따라가야 한다는 유혹을 받고 있다.[13] 그는 지성이 오로지 다음과 같은 두 가지 양식으로만 추론할 수 있을 거라고 말한다. 즉, 모든 것을 제약하는 근원근거가 존재한다면 또한 나 자신의 궁극적 근거도 그 속에 놓여 있을 것이고 따라서 나의 존재와 자유로운 행위는 그저 기만일 뿐이거나, 아니면 내가 현실적으로 근원근거와는 상이한 본질로서 나의 행위가 근원근거에 의해 제약되거나 야기되는 것이 아니라면 근원근거는 절대적이고 모든 것을 제약하는 본질이 아닐 것이고 따라서 하나의 무한한 신이 아니라 다수의 신들이 존재할 것이다, 등등. 좀 더 심오하고 좀 더 날카롭게 사유하는 모든 철학자들은 첫 번째 명제에 대해 고백해야 한다(나로서는 왜 첫 번째 일면성이 두 번째 것보다 더 심오하고 더 날카로운 것이어야 하는지 모르겠다). 그렇지만 그들이 위에서 말한 방식으로 언제나 전개하지는 않는 귀결은 "인간의 인륜적 척도도 절대적으로 참된 것이 아니라 **본래**(저자 자신의 강조) 선과 악은 같으며 오로지 겉보기에 따라서만 상이하다"는 것이다. 아무리 심오한 감정을 지닐지라도 여전히 지성의 일면성에 사로잡혀 있는 한 우리는 개인적 존재와 그의 자유가 그 속에서는 그저 기만일 뿐인 근원근거와 개인의 절대적 자립성의 **이것이냐-저것이냐***Entweder-Oder*에 대해 알기 위해서는, 그리고 톨룩 씨가 말하듯이 위험한 딜레마의 이러한 두 가지 일면성들의 **이것도-저것도 아님***Weder-Noch*으로부터 아무것도 경험에로 가져오지 않기 위해서는 철학에 관해 전혀 언급하지 않는 것이 훨씬 더 훌륭하게 행위하는 것일 터이다. 물론 그는 14쪽에서 그러한 정신의 소유자들에 대해 언급하는데, 이들은 두 번째 명제(하지만 이것은 아마도 앞에서 첫 번째 명제가 의미했던 것과 동일한 것일 것이다)를 가정하고 **무제약적** 존재와 제약된 존재의 대립을 각각의 모든 대립들이 그 속에서 서로 삼투되는 **무차별적 근원존재**를 통해 지양하는 본래적인 철학자들이다. 그러나 그렇게 말할 때 도대체 톨룩 씨는 과연 대립이 그 속에서 삼투되어야 할 무차별적 근원존재가 그 일면성이 지양되어야 할 저 무제약적 존재와 전적으로 동일한 것이며, 그가 그렇듯 단숨에 저 일면적인 것을 정확하게 똑같이 일면적인 것인 그러한 것에서 지양한다고 말할 때 결국 일면성의 지양이 아니라 존속을 언표하고 있다는 것을 알아차리지 못했을까? **정신의 소유자들**이 행하는 것을 말하고자 할 때 우리는 정신을 가지고 사실을 파악할 수 있어야만 한다. 그렇지 않으면 [8/20]그렇게 다루어지는 가운데 사실은 거짓이 되어버린다.—어쨌든 내가 여기서나 앞으로 계속해서 철학에 대한 톨룩 씨의 표상에 관해 말하는 것이 이를테면 그에 관한 **개인적인** 것일 수 없고 또 그래서도 안 된다는 것은 말할 필요조차 없을 것이다. 우리는 그와 동일한 것을 수백 권의 책들에서, 그 중에서도 특히 신학자들의 서문들에서 읽게 된다. 내가 톨룩 씨의 서술을 인용한 것은 한편으로 그것이 우연히 내게 아주 가까이 놓여 있었기 때문이고, 다른 한편으로 그의 저술들을 지성-신학Verstandes-Theologie과는 전혀 다른 쪽에 놓는 것처럼 보이는 심오한 감정이 깊은 통찰에 아주 가까이 서 있는 것이기 때문이다. 왜냐하면 그것의 근본규정인 **화해***Versöhnung*는 무제약적인 근원존재나 그와 같은 추상물이 아닌 것으로서 사변적 이념이자 사변적 이념이 사유적으로 표현하는 내실 자체이기 때문인바,—그 내실은 저 심오한 통찰이 이념 속에서 알아보지 못할 것은 전혀 아닌 것이다.
  그러나 톨룩 씨는 그의 저술들의 다른 모든 곳에서와 마찬가지로 바로 거기서도 **범신론**에

[8/20]철학은 사람들이 자기에게 베풀어주고자 하는 이러한 자비를 거절해야만 하는데, 왜냐하면 철학은 자기의 원리들의 현실적 결과들에 대한 통찰을 결여할 수 없는 것과 마찬가지로 도덕적 정당화를 위해서도 그와 같은 자비를 필요로 하지 않기 때문이며, 또한 철학은 분명한 결론들을 결여하지도 않기 때문이다. 나는 선과 악의 상이성을 한갓된 가상으로 만들어 버리는 저 이른바 결론을 짧게 조명하고자 하는데, 그것은 철학에 대한 그러한 파악의 공허함을 정당화하기 위해서가 아니라 오히려 그 공허함의 예를 제공하기 위해서다.[13a] 이를 위해 우리는 다만 스피노자주의를, 즉 그 속에서는 신이 다만 **실체**로서 규정될 뿐 주체와 정신으로서는 규정되지 않는 철학을 다루고자 한다. 이 [8/21]구별은 통일의 **규정**에 관계된다. 이 규정이야말로 관건이 되는 것이지만, 이 철학을 동일성체계라고 부르곤 한다든지 심지어 이 철학에 따르면 **모든 것이 하나이자 동일**하며 또한 선과 악도 **똑같다**는 표현까지 사용하는 사람들은 비록 통일이 사실이라 할지라도 이 **규정**에 대해서 아무것도 알지 못하거니와,—이 모든 것은 사변철학에서는 그에 대해 전혀 이야기할 수 없고 오히려 오직 이념들에 있어 여전히 야만적인 사유만이 사용할 수 있는 통일의 가장 나쁜 방식들이다. 그런데 저 철학에서는 **그 자체에서**나 **본래적으로** 선과 악의 상이성이 타당하지 않다는 진술과 관련해서는 도대체 이 '본래적으로'라는 것이 무엇을 뜻하는지 물어볼 수

• • •

대한 널리 퍼져 있는 이야기에 빠져들고 마는데, 그에 관해 나는 『엔치클로페디』의 [§ 573에 대한] 마지막 주해들 가운데 하나에서 좀 더 자세하게 언급한 바 있다. 나는 여기서는 다만 톨룩 씨가 빠져 있는 특유한 미숙함과 전도顚倒에 대해서만 말하고자 한다. 그는 그의 이른바 철학적 딜레마의 한편에 근원근거를 놓고 이것을 나중의 33, 38쪽에서 범신론적이라 부르며, 다른 편을 소치누스주의자, 펠라기우스주의자 그리고 대중철학자의 편이라 특징짓고는, 이 후자 편에는 "하나의 무한한 신이 아니라 **아주 많은 수**의 신들, 요컨대 이른바 근원근거와는 상이하고 고유한 **존재**와 행위를 지니는 **모든** 수의 본질이 저 이른바 근원근거와 더불어 존재한다"고 하고 있다. 따라서 사실상 이 후자 편에는 단지 아주 많은 수의 신들이 있는 것이 아니라 **모든 것**(여기서는 모든 유한한 것이 고유한 **존재**를 지니는 것으로 여겨진다)**이 신들이다**. 그러므로 톨룩 씨는 이 후자 편에서 사실상 그의 **만신론**, 즉 그의 **범신론**을 지니는 것이지, 그가 분명히 **하나의** 근원근거를 신으로 삼고 그리하여 다만 **일신론**일 뿐인 첫 번째 편에서 범신론을 지니는 것이 아니다.

있다. 하지만 그것이 신의 본성을 뜻한다면 이 신의 본성 속으로 악이 옮겨 놓이게 될 것은 기대되지 않을 것이다. 저 실체적 통일은 선 자체다. 악은 다만 분열일 뿐이다. 그리하여 저 통일 속에는 선과 악의 하나임은 결코 존재하지 않으며 악은 오히려 배제된다. 따라서 신 그 자체 속에는 마찬가지로 선과 악의 구별이 존재하지 않는다. 왜냐하면 이 구별은 오직 분열된 것, 즉 그 속에 악 자체가 존재하는 그러한 것 속에만 있기 때문이다. 그런데 더 나아가 스피노자주의에서는 또한 **인간과 신이 상이하다**는 구별도 나타난다. 그 체계는 이 측면에 따라서는 이론적으로 만족스러울 수 없다. 왜냐하면 인간과 유한자 일반은 나중에 양태로 격하될지라도 고찰에서는 다만 실체와 **나란히 나타나기** 때문이다. 그런데 구별이 또한 본질적으로 선과 악의 구별로서 실존하는 것은 여기, 즉 구별이 실존하는 인간에서인바, 구별이 **본래적으로** 존재하는 곳은 오직 여기일 뿐인데, 왜냐하면 오직 여기서만 구별의 특유한 규정이 존재하기 때문이다. 만약 우리가 스피노자주의에서 오로지 실체만 염두에 둔다면 실체 속에는 물론 선과 악의 구별이 존재하지 않지만, 그 까닭은 바로 유한자나 **세계** 일반(§ 50 주해를 참조)과 마찬가지로 악도 이 입장에서는 **전혀 존재하지 않기** 때문이다. 그러나 만약 이 체계에서 또한 인간과 실체에 대한 인간의 관계가 [8/22]등장하고 오로지 거기서만 선과 구별된 악이 자기의 자리를 차지할 수 있는 입장을 염두에 둔다면, 체계의 도덕적 결론들에 대해 이야기할 수 있기 위해 우리는 그와 같은 입장, 즉 정서들 및 인간의 예속과 인간의 자유를 다루는 『에티카』의 부분들을 찾아보았어야만 한다. 의심할 여지없이 우리는 신의 티 없는 사랑을 원리로 하는 이 도덕의 숭고한 순수성을, 그리고 그와 마찬가지로 도덕의 이 순수성이야말로 체계의 결론이라는 것을 확신하게 될 것이다. **레싱**은 자기 시대에 사람들이 스피노자를 죽은 개처럼 취급한다고 말했지만, 최근에도 스피노자주의와 더 나아가 사변철학 일반에 대해 논평하고 판단하는 사람들이 사실들을 올바르게 파악하고 그것들을 올바르게 제시하며 설명하고자 결코 노력하지 않는 것을 볼 때 그것들이 더 좋게 취급된다고는 말할 수 없다. 하지만 이러한 올바른 파악과 제시 및 설명은 최소한의 정의Gerechtigkeit일 것인바, 사변철학도 어쨌든 그러한 것을 요구할 수 있을 것이다.

8. 철학의 역사는 철학의 대상인 절대자에 관한 **사상들**의 발견의 역사이다.[14] 그래서 예를 들어 소크라테스는 **목적**의 규정을 발견했고, 이 규정은 플라톤과 특히 아리스토텔레스에 의해 형성 · 발양되어 규정적으로 인식되었다고 말할 수 있다. **브루커***Brucker*의 철학사는 역사적인 것의 외면적인 것에 따라서뿐만 아니라 사상들의 제시에 따라서도 아주 무비판적인바, 우리는 고대 그리스 철학자들에 대해 20~30개 이상의 명제들이 그들의 철학설로서 제시되는 것을 보게 되지만 그것들 가운데 단 하나도 그들에게 속하지 않는다. 그것은 브루커가 자기 시대의 열악한 형이상학에 따라 이끌어내 저 철학자들에게 그들의 주장들로서 덮어씌운 추론들이다. 추론들은 두 종류인데, 한편으로는 원리를 그저 아주 상세하게 논의한 것일 뿐이고, [8/23]다른 한편으로는 좀 더 심오한 원리들로 되돌아가는 것이다. 역사적인 것은 바로 그와 같은 사상의 한층 더 나아간 심화와 그 원리들의 드러냄이 어떤 개인들에 속하는지를 제시하는 데 존립한다. 그러나 저 방도Verfahren가 부적절한 것은 단지 저 철학자들이 그들의 원리 속에 놓여 있어야 할 결론들을 스스로 끌어내지 않았고 따라서 다만 분명히 언표하지 않았기 때문이 아니라, 오히려 그러한 추론에서 사변적 정신을 지닌 철학자들의 감수성에는 단적으로 어긋나고 철학적 이념을 오히려 다만 불순화하고 변조시킬 뿐인 유한성의 사상-관계들에 대한 타당화와 사용이 그들에게 부당하게 요구되기 때문이다. 우리에게 단지 소수의 명제들만이 보고되어 있는 오랜 철학들에서 그러한 변조는 자칭 올바른 추론이라고 변명할 수 있다. 하지만 자기의 이념 자체를 한편으로 규정된 사상들에서 파악하고 다른 한편으로 범주들의 가치를 분명히 탐구하여 규정한 철학에서는, 그럼에도 불구하고 만약 그 이념이 단절적으로 파악되고 서술로부터 오로지 **하나의** 계기만이 끄집어내어져 (동일성과 마찬가지로) 총체성으로 불린다

면, 그리고 만약 범주들이 전적으로 순진무구하게 일상적 의식을 관통하고 있는 바의 가장 가까이 놓여 있는 최상의 방식에 따라 그들의 일면성과 비진리에 놓이게 된다면 그러한 변명은 통하지 않는다. 사상관계들에 대한 도야된 인식은 철학적 사실을 올바르게 파악하는 첫 번째 조건이다. 그러나 사상의 조야함이 분명히 직접지의 원리를 통해 정당화될 뿐만 아니라 법칙으로 만들어진다. 하지만 사상의 인식과 따라서 주관적 사유의 도야는 어떤 하나의 학문이나 예술 그리고 숙련된 기량과 마찬가지로 직접지가 아니다.

9. [15]종교는 진리가 어떤 교양을 지닌 인간이든지 간에 모든 인간을 위해 존재하는 바의 의식의 양식과 방식이다. 그러나 진리의 학문적 인식은 그 노동을 [8/24]모두가 아니라 오히려 오직 소수만이 수행하는 진리 의식의 특수한 양식이다. **내실은 동일하다**. 그러나 호메로스가 몇 가지 사물들에 대해 그것들은 두 개의 이름을 가지는데, 그 중 하나는 신들의 말이고 다른 하나는 하루살이와 같은 인간들의 말이라고 말하고 있듯이, 저 내실에 대해서도 두 개의 말이 존재하는데, 그 중 하나는 감정과 표상 그리고 유한한 범주들과 일면적 추상들에 둥지를 트는 지성적 사유의 말이고 다른 하나는 구체적 개념의 말이다. 만약 우리가 종교로부터 또한 철학을 논하고 판정하고자 한다면 단지 하루살이와 같은 의식의 언어 습관만을 지니는 것 이상이 요구된다. 학문적 인식의 토대는 내적 내실이자 내재적 이념이요 정신 속에서 약동하는 그 이념의 생동성인바, 그에 못지않게 종교도 철저히 다듬어진 마음이자 자각에로 일깨워진 정신이요 형성・발양된 내실이다. 최근에 종교는 점점 더 자기 내용의 형성・도야된 외연을 수축시켜 경건함 내지 감정의, 더 나아가 종종 아주 보잘것없고 빈약한 내실을 드러내는 그러한 감정의 강렬한 내포로 물러났다. 신조와 교설 그리고 교의학을 가지는 한에서 종교는 철학이 몰두할 수 있고 또 그 속에서 철학이 그 자체로서 종교와 통합될 수 있는 그러한 것을 갖는다. 그렇지만 이것이 또다시 현대의 종교심이 그에 사로잡혀 있고 또 그에 따라 철학과 종교 양자를 하나가 다른 하나를 배제한다든지 또는 그 둘이 일반적으로 분리될 수 있어 분리된

연후에 오직 밖으로부터만 결합된다는 식으로 표상하는 분리시키는 나쁜 지성에 따라 받아들여져서는 안 된다. 오히려 지금까지 말한 것에는 또한 종교는 아마도 철학 없이 있을 수 있지만 철학은 종교 없이 있을 수 없고 오히려 종교를 자기 내에 포함한다는 것이 놓여 있다. 참다운 종교, 즉 정신의 종교는 그러한 신조, 즉 내용을 지녀야만 한다. 정신은 본질적으로 의식이며, 따라서 대상화된 내용에 대한 의식이다. 하지만 감정으로서의 정신은 비대상적인 내용 자체이며(J. 뵈메의 표현을 빌리자면 오로지 **고뇌할** *qualiert* 뿐이며[16]) [8/25]심지어 동물과 공유하는 영혼 형식 속에 있는 다만 의식의 가장 낮은 단계일 뿐이다. **사유**가 동물도 갖추고 있는 영혼을 비로소 정신으로 만드는바, 철학은 다만 저 내용, 즉 정신과 그의 진리에 관한 의식일 뿐이되, 또한 정신으로 하여금 동물로부터 구별되게 하고 또 종교를 가질 수 있게 하는 저 정신의 본질성의 형태와 방식에서의 의식이다. 심정의 한 점으로 집중하는 수축된 종교심은 심정의 참회와 고뇌를 그 심정의 재탄생의 본질적 계기로 삼아야만 한다. 그러나 그 종교심은 동시에 스스로가 정신의 심정에 관계하며, 정신이 심정의 위력으로 임명되어 있고, 오직 정신 자신이 재탄생되는 한에서만 이러한 위력일 수 있다는 것을 상기해야만 할 것이다. 자연적 무지 및 자연적 오류로부터의 정신의 이 재탄생은 가르침을 통해, 그리고 정신의 증언에 의해 이루어지는 **객관적 진리**에 대한 믿음을 통해 생겨난다. 정신의 이 재탄생은 특히 직접적으로는 또한 유한자가 무한자와 상이하다든지 철학은 다신론이거나 아니면 날카롭게 사유하는 사상가들에게서는 범신론일 수밖에 없다는 것 등등과 같은 것들을 안다고 큰소리치는 일면적 지성의 허영심으로부터 심정이 재탄생하는 것이기도 하거니와,―다시 말하면 그것은 경건한 겸손이 철학 및 신학적 인식에 반대해 자부심을 지니는 그러한 가련한 통찰들로부터의 재탄생이다. 종교심이 만약 확장되지 못하고 따라서 몰정신적인 자기의 강렬함을 고집한다면 물론 그것은 다만 자기의 이러한 고루하고 편협한 형식이 종교적 교설 그 자체 및 철학적 교설의 정신적 확장과 대립된다는 것을 알게 될 뿐이다.[2]

그러나 사유하는 정신이 단지 [8/26]좀 더 순수하고 순진무구한 종교심에서의 만족에 제한되지 않을 뿐만 아니라 오히려 저 입장이야말로 그 자신에 있어 반성과 이치추론으로부터 산출된 결과이다. 저 입장이 거의 모든 교설

• • •

2. 다시 한 번 경건주의적인 노선의 열광적인 대표자로서 간주될 수 있는 톨룩 씨에게로 되돌아온다면 (지금 막 내 눈에 들어온) 그의 저술 『죄론*Die Lehre von der Sünde*』 제2판[Hamburg 1825]에서의 **교설** 상의 결함이 두드러진다.[17] 그가 자신의 저술 『후기 오리엔트의 사변적 삼위일체론*Die spekulative Trinitätslehre des späteren Orients*』—이 저술에서 부지런히 끄집어낸 역사학적 증거들에 대해 나는 그에게 진심으로 감사드린다—에서 삼위일체론을 취급한 것은 나의 눈길을 끌었다. [8/26]그는 이 교설을 **스콜라적** 교설이라고 부른다. 그러나 어느 경우이든 그것은 우리가 스콜라적이라고 말하는 것보다 훨씬 더 오래되었다. 그는 그 교설을 오로지 성서 구절들에 대한 사변으로부터의 그리고 플라톤과 아리스토텔레스 철학의 영향 하에서의 이른바 한갓 역사학적일 뿐인 발생의 외면적 측면에 따라서만 고찰한다(S. 41.). 그러나 죄에 관한 저술에서 그는 이를테면 무례하게 이 교의를 다룬다고 할 수 있는데, 왜냐하면 그는 그것만이 거기서 신앙론(어떤?)이 정돈될 수 있는(S. 220.) **골조***Fachwerk*일 수 있다고 천명하는 것이고, 심지어 이 교의에 대해서는 그것이 물가에(가령 정신의 강가에?) 서 있는 자들에게는 신기루로 현상한다고(S. 219.) 표현해야만 한다고 하는 것이다. 그러나 삼위일체론은 "더 이상 결코 그 위에 **신앙이 근거지어질 수 있는** 토대(그리하여 톨룩 씨는 바로 그곳 S. 221에서 삼각대에 대해 말한다)가 아니다." 가장 성스러운 것으로서의 이 교설은 옛날부터—또는 최소한 오래전부터?—신조로서 신앙 자체의 주된 내용이고 이 신조는 주관적 신앙의 토대가 아니었던가? 이 교의가 없다면 톨룩 씨가 앞서 인용한 저술에서 그토록 정력적으로 감정에로 이끌어가고자 하는 속죄론이 어떻게 도덕적이거나 또는 그렇게 말하고자 한다면 이교적인 의미 이상을 가질 수 있겠으며, 어떻게 그것이 기독교적인 의미를 가질 수 있겠는가? 또한 다른 좀 더 특수한 교의들 가운데 아무것도 이 저술에서 발견되지 않는다. 톨룩 씨는 자신의 독자들을 예를 들면 언제나 다만 그리스도의 수난과 죽음에로 이끌긴 하지만, 그의 부활과 아버지 우편에로의 오르심 그리고 성령의 부어주심에로 이끌지는 않는다. 속죄론에서의 주된 규정은 **죄에 대한 벌**이다. 이 죄에 대한 벌은 톨룩 씨의 119쪽 이하에서는 고통스러운 자기의식이자 그와 결합된 불행인바, 행복과 신성함의 유일한 원천인 신을 **떠나** 살고 있는 모든 이들은 이 불행 속에 있다. 그리하여 죄와 죄의식 그리고 불행은 서로가 없이는 **사유**될 수 없다(그러므로 여기서는 또한 120쪽에서 어떻게 규정들이 신의 **본성**으로부터 흘러나오는 것으로서 제시되는지 사유된다). 죄에 대한 벌이라는 이 규정은 죄에 대한 **자연적** 형벌이라고 불렸던 것이자 (삼위일체론에 대한 무관심과 마찬가지로) 톨룩 씨에 의해 이전부터 무척이나 야유 받은 이성과 계몽의 결과이자 교설인 바의 것이다.—얼마 전 영국 의회의 상원에서는 **유니테리언** 종파에 관계된 법안이 부결되었다. 이 기회에 한 영국 신문은 유럽과 아메리카에서의 유니테리언교도의 엄청난 수에 관한 증거를 제시하고서는 다음과 같이 덧붙이고 있다. "유럽 대륙에서 프로테스탄티즘과 유니테리어니즘은 현재 거의 동의어다." 신학자들은 톨룩 씨의 교의학이 하나보다 더 많은 점들에서 혹은 기껏해야 두 가지 점에서 계몽의 일상적 이론과 구별되는지의 여부를, 그리고 그것들이 좀 더 상세하게 고찰된다면 과연 이 점들에서도 결국 그 이론과 구별되지 않는지의 여부를 결정할 수 있을 것이다.[18]

로부터의 이러한 고상한 해방을 이루어낸 것은 피상적 지성의 도움을 받아서이며, [8/27]자기가 감염되어 있는 사유를 철학에 대항하는 열망을 위해 사용함으로써 저 입장은 추상적 감정상태의 메마르고 내용 없는 정점을 억지로 유지하는 것이다.—나는 『인식의 누룩*Fermenta Cognitionis*』 5권 [1823], 서문 IX쪽 이하에서 **프란츠 폰 바더***Franz von Baader* 씨의 그러한 경건함의 형태화에 대한 훈계를 인용하지 않을 수 없다.[19]

10. 그는 다음과 같이 말한다. "종교와 종교의 교의들에게 다시금 학문 측으로부터 자유로운 연구와 따라서 참다운 확신에 근거지어진 존경이 마련되지 않는 한, …… 그런 한에서 그대들은 경건한 자들이든 경건하지 않은 자들이든 그대들의 어떠한 명령과 금지령으로도 그리고 그대들의 어떠한 말과 행동으로도 …… 악을 제거할 수 없을 것이며, 그런 한에서 또한 존경받지 못하는 이 종교는 사랑받지도 못할 것이다. 왜냐하면 사람들은 진정으로 존경받는 것으로 여기고 존경할 만한 것으로 의심 없이 인식하는 것만을 진심으로 그리고 진정으로 사랑할 수 있기 때문이며, 그와 마찬가지로 또한 종교는 오로지 그러한 **고결한 사랑***amor generosus*에 의해서만 섬겨질 수 있기 때문이다. …… —달리 말하면 만약 그대들이 종교의 실천이 다시금 번성하기를 바란다면 우리가 다시금 종교의 이성적 이론에 다다르기 위해 애써야 할 것이며, 또한 그대들의 적대자들(무신론자들)에게서 그러한 종교이론은 불가능한 사태로서 전혀 생각될 수 없다느니, 종교는 순전한 심정의 사태이므로 여기서는 마땅히 머리를 포기할 수 있거나 심지어 포기해야만 한다는 저 **비이성적이고 신성모독적인** 주장을 지닌 영역을 깨끗이 치워버려야 하는 것이다."[3]

• • •

3. 톨룩 씨는 여러 차례 안셀무스의 논고 『왜 신은 인간이 되었는가?*Cur Deus homo*』의 구절들을 인용하며, [『죄론』] 127쪽에서 "이 위대한 사상가의 심오한 겸손"을 찬양한다. 그렇다면 왜 그는 같은 논고로부터 (엔치클로페디 § 77에서 인용된) 구절, 즉 "우리가 믿는 것을 **알려고** 하지 않는다면 …… 내게는 게으름으로 보인다Negligentiae mihi videtur si ... non studemus quod credimus, *intelligere*"[19a]를 숙고하거나 내세우지 않는 것인가?—물론 신조가 겨우 두서넛의 소수의 항목으로 수축되어 있다면, 인식될 소재는 거의 남아 있지 않으며 인식으로부터 거의

11. 내용상의 빈약함과 관련하여 또 하나 주의해 둘 수 있는 것은 [8/28]이 빈약함이라는 것이 다만 특수한 시대에 종교의 외면적 상태가 보여주는 현상일 뿐이라고 말할 수 있다는 점이다. 고상한 **야코비**[20]에게 아주 절실했던 것이지만 단지 신에 대한 순전한 신앙을 산출하고 더 나아가 단지 집중된 기독교적 감각을 일깨우는 것만이 그러한 긴급한 과제였다면, 그러한 시대는 유감스럽게 생각될 수 있을 것이다. 하지만 동시에 그 자체로 그 속에서 알려지는 좀 더 고차적인 원리들을 보지 못해서는 안 된다(**논리학**에 대한 서론 § 64의 주해를 참조). 그러나 학문 앞에는 수백, 수천 년에 걸쳐 인식 활동이 산출한 풍부한 내용이 놓여 있거니와, 그 내용은 학문 앞에 뭔가 역사학적인 것, 즉 다만 **다른 이들**이 소유했을 뿐이어서 우리에게는 지나가 버린 것이고 그저 기억의 앎이나 설화 비판의 명민함을 위한 일거리에 불과할 뿐 정신의 인식이나 진리의 관심을 위한 일거리는 아닌 그런 역사학적인 것으로서 놓여 있는 것이 아니다. 가장 숭고하고 가장 심오하며 가장 내적인 것은 종교들과 철학들 그리고 예술 작품들에서 좀 더 순수하게든지 불순하게든지, 좀 더 명확하게든지 흐릿하게든지 때때로 아주 전율할 만한 형태로 드러나 있다. **프란츠 폰 바더** 씨가 계속해서 그러한 형식들을 상기시킬 뿐만 아니라, 그 형식들로부터 철학적 이념을 드러내고 확증함으로써 심오하게 사변적인 정신을 가지고서 그 형식들의 내실에 분명히 학문적 영예를 안겨준 것은 특별한 공적으로 존중되어야 한다. **야콥 뵈메***Jakob Böhme*의 심오함은 특히 이를 위한 기회와 형식들을 제공한다.[21] 이 강력한 정신에게는 당연히 **튜턴의 철학자***philosophus teutonicus*라는 이름이 주어졌다. 그는 한편으로 물론 **삼위일체** 이외에 다른 것이 아닌 신의 형상에 따라 인간의 정신과 모든 사물이 창조되었고 오로지 자기들의 근원형상의 상실로부터 벗어나 그것에로 재통합되는 것만이 생명이라는 것을 기초로 삼음으로써 종교의 내실을 그 자체로 보편적 이념으로 확대시켰으며, 그 내실 속에서

• • •

아무것도 생성될 수 없다.

이성의 최고 문제를 파악했고 또 정신과 자연을 그들의 좀 더 특정한 영역들과 형태화들에서 파악하려고 시도했다. 다른 한편으로 그는 역으로 [8/29](유황, 초석 등등, 신 것, 쓴 것 등등과 같은) 자연적 사물 형식들을 무리하게 정신적 사상 형식들로 사용했다. 그와 같은 형태화들에 연결되는 바더 씨의 그노시스는 철학적 관심을 불붙이고 촉진시키는 특유한 방식이다. 그것은 타락한 계몽Aufklärerei의 내용 없는 불모성에 안주하거나 그저 내포적으로만 머무르고자 하는 경건함에 강력하게 대립한다. 그러함에 있어 바더 씨는 그의 모든 저술들에서 자신이 이 그노시스를 인식의 배타적 방식으로 받아들이는 것과는 거리가 멀다는 것을 증명해 보인다. 그노시스는 그 자체로 나름의 번거로운 것들을 지니며, 그 형이상학은 범주들 자체에 대한 고찰과 내용의 방법적 전개에까지는 나아가지 못한다. 그것은 그러한 거칠거나 재기발랄한 형식들과 형태화들에 개념이 걸맞지 않다는 어려움을 겪고 있다. 아울러 그것은 일반적으로 그것이 절대적 내용을 **전제**로서 지니고 그와 같은 것으로부터 설명하고 이치추론하고 반박하는 어려움을 겪기도 한다.[4]

• • •

4. 나로서는 **바더** 씨의 다수의 최근 저술들의 내용을 통해서나 이름을 들어 언급한 나의 여러 명제들에서 그가 나의 명제들에 동의한다는 것을 볼 수 있게 되기를 바라지 않을 수 없다. 그가 이의를 제기하는 것의 대부분이나 어쩌면 모든 것에 관해 나를 그에게 이해시키는 것, 다시 말하면 그것이 사실상 그의 견해들과 다르지 않다는 것을 보여주는 것은 어렵지 않을 것이다. 나는 다만 『우리 시대의 몇 가지 반종교적 철학설에 대한 논평*Bemerkungen über einige antireligiöse Philosopheme unserer Zeit*』, 1824, S. 5(S. 56 이하 참조)에 나오는 하나의 비난만을 거론하고자 한다. 거기서는 다음과 같은 철학설, 즉 자연철학의 학파로부터 출현했던바, "이 세계의 무상하고도 타락을 자기 내에 간직하고 있는 본질에 관해 그러한 것이 **직접적으로** 그리고 영원히 신으로부터 출현했고 또 출현하면서 신의 영원한 나감(외화)이 그의 영원한 (정신으로서) 다시-들어옴을 영원히 **제약한다**고 주장함으로써" 물질에 대한 잘못된 개념을 내세우는 철학설에 관해 언급한다.[22] 이 표상의 첫 번째 부분, 즉 신으로부터의 물질의 **출현** *Hervorgehen*(이것은 일반적으로 다만 구상적 표현일 뿐 범주가 아닌 까닭에 내가 사용하지 않는 범주다)에 관한 한, 나는 다름이 아니라 이 명제가 신이 세계의 창조주라는 규정 속에 포함되어 있다고 본다. 그러나 영원한 나감이 정신으로서 신의 다시-들어옴을 **제약한다**는 다른 부분에 관한 한, 바더 씨는 이 자리에 한편으로 즉자대자적으로 부적절하고 마찬가지로 이 연관에서 내가 사용하지 않는 범주인 **제약함**을 놓고 있다. 나는 내가 위에서 사상규정들의 무비판적 혼동에 대해 주의해 둔 것을 기억한다. [8/30]그러나 물질의 **직접적**이거나 또는 **매개된**

12. [8/30]우리는—종교들과 신화들, 고대와 근대의 그노시스주의적이고 신비화하는 철학들에서—좀 더 순수하든 흐릿하든 진리의 형태화들을 **충분히** 그리고 **넘쳐날 정도로** 가지고 있다고 말할 수 있다. 우리는 이 형태화들에서[23] 이념을 **발견**하고 철학적 진리가 무언가 그저 고독한 것이 아니라 오히려 그 형태화들에서 철학적 진리의 작용력이 최소한 발효제로서 현전해 왔다는 데서 만족을 얻는 나름의 기쁨을 누릴 수 있다. 그러나 바더 씨의 모방자가 그랬듯이 미숙한 자의 망상이 그러한 발효의 산물들을 다시 끄집어내는 데 빠져들 때, 그 주제넘음은 학문적 사유에 태만하고 무능한 가운데 쉽사리 그러한 그노시스를 인식의 배타적 방식으로 고양시킨다. 왜냐하면 그러한 형성물들을 늘어놓고 그것들에 단정적인assertorische[24] 철학설들을 연결시키는 것은 개념의 전개를 받아들여 자기의 사유 및 자기의 마음을 개념의 논리적 필연성에 종속시키는 것보다 더 손쉽기 때문이다. 또한 그러한 망상은 타인들에게서 얻어 배운 것을 자기의 발견으로 돌리기 쉬우며, 타인들을 공격하거나 깎아내릴 때는 더욱 더 쉽게 그렇게 믿는다. 또는 오히려 주제넘음은 그들에 대해 격분하는데, 그 까닭은 바로 스스로의 통찰들을 그들로부터 얻어냈기 때문이다.

13. 우리가 이 머리말에서 살펴본 시대현상들에서 [8/31]비록 손상되었을지라도 사유의 충동이 고지되듯이, 이전에 신비로서 계시되었지만 좀 더 순수한 계시 형태들에서나 더 나아가서는 좀 더 흐릿한 형태들에서 형식적

• • •

출현을 논하는 것은 다만 전적으로 형식적인 규정들로 이어졌을 뿐이다. 바더 씨 자신이 54쪽 이하에서 물질 개념에 대해 제시하는 것을 나는 이와 관련된 나의 규정들과 다르지 않다고 생각한다. 아울러 나는 세계의 창조를 개념으로서 파악하는 절대적 과제를 위한 어떤 대책이 바더 씨가 58쪽에서 제시하는 것, 즉 물질은 "통일의 직접적 산물이 아니라 **그것이** 이 목적을 위해 야기한 그것의 **원리들**(전능자들, 엘로힘)의 산물"이라는 것에 놓여 있는지 이해하지 못한다. 그 의미가 다음과 같은 것(왜냐하면 문법적인 배치에 따르면 그 의미가 완전히 명확하지는 않기 때문이다), 즉 물질이 원리들의 산물이라는 것이거나 아니면 다음과 같은 것, 즉 물질이 스스로 이 엘로힘을 야기하고 스스로가 그에 의해 산출되도록 한다는 것이라면, 저 엘로힘이나 이 원환 전체는 엘로힘의 삽입에 의해 밝혀지지 않는 신에 대한 관계 속으로 함께 정립될 수밖에 없다.

사상에게는 비밀스러운 것으로 남아있는 것이 사유 자신에 대해 계시되는 것은 즉자대자적으로 정신의 높이로 도야된 사상 자체와 그의 시대를 위한 욕구이며 따라서 우리의 학문에게 유일하게 어울리는 일이다. 그러한 사유는 오로지 옹골찬 내용이 동시에 자기 자신에게 가장 어울리는 형태인 개념의 형태, 즉 내용과 사상의 모든 것을 결합하고 바로 그렇게 하는 가운데 자유롭게 하는 필연성의 형태를[25] 스스로에게 부여할 수 있는 한에서만 자기 자유의 절대적 권리 속에서 이 옹골찬 내용과 화해하는 견고함을 주장한다. 낡은 것, 즉 낡은 형태가—왜냐하면 내실 자체는 영원히 젊기 때문이다—새로워져야 한다면, 가령 **플라톤**과 훨씬 더 심오하게는 **아리스토텔레스**가 부여한 것과 같은 이념의 형태화야말로 무한히 상기할 만한 가치를 지니는데, 그 까닭은 우리의 사상 형성에 전유함으로써 그 형태화를 밝히 드러내는 것은 직접적으로 그에 대한 이해일 뿐만 아니라 학문 자체의 진보이기 때문이기도 하다.[26] 그러나 그와 마찬가지로 이념의 그러한 형식들을 이해하는 것은 그노시스주의적이고 유대 신비주의적인 환상들을 파악하는 것처럼 피상적이지 않으며, 더군다나 이념의 형식들을 계속 도야해 나가는 것은 이념의 이러한 유사물들을 지시하거나 암시하는 것처럼 저절로 이루어지지 않는다.

14. 참된 것에 대해 그것이 **자기와 거짓의 지표**지만 거짓으로부터는 참된 것이 알려지지 않는다고 올바르게 말해졌듯이, 개념은 자기 자신과 몰개념적인 형태에 대한 이해지만 이 몰개념적인 형태는 자기의 내적 진리로부터 개념을 이해하지 못한다. 학문은 감정과 신앙을 이해하지만, 학문은 오직 스스로 그에 기반하는 것으로서의 개념으로부터만 판정되며, 학문은 개념의 자기전개인 까닭에 학문에 대한 개념으로부터의 판정은 학문에 대한 판단이라기보다는 함께 전진하는 것이다.[27] [8/32]내가 오로지 그러한 판단만을 존중하고 유념할 수 있듯이 나는 또한 이 시도에 대해서도 그러한 판단을 원하지 않을 수 없다.

베를린, 1827년 5월 25일.

제3판 머리말 (1830)[1]

1. [8/32]이 제3판에서는 여기저기서 여러 방면의 개선이 이루어졌으며 특히 해설의 명확성과 규정성을 보완하는 데 주의가 기울여졌다. 하지만 개요를 제시하는 교과서의 목적을 위해 문체는 어쩔 수 없이 계속해서 형식적이고 추상적일 수밖에 없었다. 본서는 필요한 해명들은 구두 강의를 통해 비로소 얻게 된다는 자기의 규정을 유지한다.

2. 제2판 이래로 나의 철학함에 대한 다양한 판정들이 나타났지만, 그 대부분은 그러한 과업에 대한 소명을 거의 보여주지 못했다. 여러 해 동안 고심하고 대상과 학문적 요구를 전적으로 진지하게 고려하여 가다듬은 저작에 대한 그러한 경솔한 반박들은 망상과 오만, 시기와 경멸 등 그로부터 나타나는 역겨운 열정들만 보여주어 즐거운 것은 전혀 주지 못하며, 더더군다나 뭔가 교훈적인 것은 조금도 제공하지 못한다. 키케로는 『투스쿨룸에서의 논쟁*Tusculanae disputationes*』 1. Ⅱ[4]에서 다음과 같이 말한다. "철학은 소수의 심판자들에 만족하여 스스로 일부러 **다수**를 피하나 그들 자신은 철학을 **싫어하고 의심한다**. 따라서 만약 누군가가 모든 철학을 비난하고자만 한다면 그는 **대중의 호의를 받으며 그렇게** 할 수 있을 것이다."[2] 철학에 대한 공격은 더 적은 통찰과 철저함으로 이루어질수록 더욱 더 대중적이다. 편협하고 불쾌한 열정이 그것이 다른 이들에게서 불러일으키는 반향에서 파악될 수 있는데, 무지는 [8/33]그와 똑같은 이해력과 그러한 열정을 위해 서로 한패가 된다. 다른 대상들은 감관에 속하거나 전체 직관들에서 표상 앞에 서 있다. 그 대상들에 대해 함께 이야기할 수 있기 위해서는 비록 적은 정도라 할지라도 대상들에 대한 지식이 필요하다고 느껴진다. 또한 그것들

은 상식에서 좀 더 쉽게 상기되는데, 왜냐하면 그것들은 잘 알려진 확고한 현재 속에 서 있기 때문이다. 그러나 이 모든 것을 결여하는 까닭에 철학에 대해, 아니 오히려 철학에 관해 무지한 자들이 상상하고 떠들어댄 어떤 하나의 환상적인 공허한 그림에 대해 거침없는 비난이 쏟아진다. 철학에 대해 무지한 자들은 스스로 방향을 잡을 수 있는 것을 아무것도 지니지 못하며, 그래서 전적으로 무규정적인 것과 공허한 것 속에서, 따라서 무의미한 것 속에서 떠돌아다닌다.──나는 다른 곳에서 열정들과 무지로 엮어진 그와 같은 현상들의 몇 가지에 대해 그 정체를 폭로하여 조명하는 불쾌하고 결실 없는 과업을 떠맡은 바 있다.[3]

3. 겉보기에는 최근 신학과 심지어 종교심의 지반으로부터 신과 신적 사물들 그리고 이성에 대한 좀 더 진지한 탐구가 좀 더 광범위한 영역에서 학문적으로 환기되어야 하는 것처럼 여겨질 수 있었던 듯하다.[4] 하지만 움직임이 시작되었다고 해서 곧바로 그러한 희망이 생겨날 수는 없었다. 왜냐하면 동기는 **인신공격**에서 출발했고, 비난하는 경건함의 요구도 공격받는 자유로운 이성의 요구도 모두 **사태**로 고양되지 못했으며, 더군다나 사태를 논구하기 위해서는 철학의 지반에 들어서야만 한다는 의식으로 고양되지 못했기 때문이다. 종교의 아주 특수한 외면성들에 근거한 개인적인 것에 대한 저 공격은 개인들의 기독교 신앙을 자기의 [8/34]완전한 권력으로부터 부인하고자 하고, 따라서 그들에게 현세적이고 영원한 단죄의 낙인을 찍으려는 엄청난 오만불손함으로 나타났다. **단테**는 신적인 시문의 영감의 힘으로 감히 베드로의 열쇠를 관장했으며, 그의──그렇지만 이미 고인이 된──여러 동시대인들, 특히 교황과 황제에게까지 지옥에 떨어지는 형벌을 선고했다. 근대 철학에 대해서는 그것에서는 인간 개인이 신으로 정립된다고 하는 불명예스러운 비난이 퍼부어졌다.[4a] 그러나 그릇된 결론을 지닌 그러한 비난에 비해 세계심판자로 행동하며 개인들의 기독교 신앙에 대해 유죄 판결을 내리고 그럼으로써 그들에 대해 가장 내적인 단죄를 선언하는 것은 전적으로 다른 현실적인 오만불손함이다. 이 완전한 권력의 증표는 **주 그리**

스도의 이름이요 주가 이 심판자의 마음속에 거하신다는 **단언**이다. 그리스도께서는(마태복음, 7장 20절) "따라서 너희는 그 열매들에서 그 사람들을 알아야 한다"고 말씀하시지만, 단죄하고 저주하는 엄청난 뻔뻔스러움은 좋은 열매가 아니다. 그리스도께서는 계속해서 말씀하신다. "나더러 **주여, 주여** 하는 사람이라고 해서 다 하늘나라에 들어가는 것이 아니다. 그날에 많은 사람이 나에게 말하기를 **주여, 주여**, 우리가 **당신의 이름으로** 예언을 하고, **당신의 이름으로** 귀신을 내쫓고, 또 **당신의 이름으로** 많은 기적을 행하지 않았습니까? 할 것이다. 그때에 내가 그들에게 밝히 말할 것이다. 나는 너희를 **도무지 알지 못한다. 너희 불법을 행하는 자들아 다 나에게서 물러가라!**" 기독교 신앙을 소유한 자는 자기들뿐이라고 단언하고 다른 사람들에게 자기들에 대한 이러한 믿음을 요구하는 자들은 귀신을 내쫓는 데까지 이르지 못했으며, 오히려 그들 대다수는 프레포르스트의 예언녀의 신도들처럼 망령들의 하인과 사이좋게 지내고 그에 대해 외경심을 갖는 것을 자랑으로 여길 뿐 반기독교적이고 노예적인 미신의 이러한 거짓말을 몰아대며 추방시키지는 못했다. 그와 마찬가지로 그들은 지혜를 말할 능력을 보여주지 못하며, 그들의 사명이자 의무인 인식과 학문의 위대한 행위를 행할 능력이 전혀 없는 것으로 나타난다. [8/35]박학다식은 아직 학문이 아니다. 그들은 신앙과 아무런 상관도 없는 여러 외적인 것들에 관해서는 광범위하게 몰두하면서도 그에 반해 신앙 자체의 내실 및 내용과 관련해서는 그만큼 더 메마르게 주 그리스도의 이름에 머무르며 의도적이고 모욕적으로 기독교회 신앙의 토대인 교설의 형성·발양을 경멸하는데, 왜냐하면 정신적이고 완전히 사유적이며 학문적인 확대는 그들이 기독교 신앙을 소유하고 있고 그것을 자기들만 가진다고 하는 단언, 즉 좋은 열매는 맺지 못하고 단지 악한 열매만 많이 맺을 뿐인 몰정신적 단언을 주관적으로 뽐내는 오만함을 방해하고 심지어 금지하며 근절시킬 것이기 때문이다.—이러한 정신적 확대는 성서에서 너무도 명확히 의식되고 있듯이 단순한 신앙과 구별되거니와, 후자는 전자에 의해 비로소 **진리**가 되는 것이다. 그리스도께서는 말씀하신다(요한복음, 7장 38절). "나를 **믿는** 사람은 그의 배에서 **살아 있는 물이 강처럼** 흘러나올 것이다." 그러나 이 말은 곧바로 39절에서 그리스도의 시간적이고 감성적이며 현재적인 인격에 대한 신앙 그 자체가 그러한 것을 야기하는 것이 아니거니와, 그것은 아직 진리 그 자체가 아니라고 해명되고 규정되어 있다. 그리고 뒤이어서(39절) 신앙은 그리스도께서 그를 **믿는** 사람이 **받아야 할 성령・정신**에 대한 신앙이라고 말씀하신 것으로 규정되어 있는데, 왜냐하면 예수께서 **아직 변용되시지 않은** 까닭에 성령이 **아직 계시지 않기** 때문이라는 것이다.—아직 변용되지 않은 그리스도의 형태란 그 당시 시간 속에서 감성적으로 현재하는 인격 또는 같은 내용이지만 나중에 그렇게 표상된 인격인바, 그것은 신앙의 직접적 대상이다. 이 현재 속에서 그리스도는 그의 제자들 자신에게 자기의 영원한 본성과, 신과 자기 자신을 화해시키고 인간들과 신을 화해시킬 자기의 사명, 그리고 구원의 길과 도덕률을 입으로 계시했으며, 제자들이 그에 대해 가졌던 신앙은 이 모든 것을 자기 내에 포함한다. 그럼에도 불구하고 너무도 강력한 확신으로 꽉 차 있었던 이 신앙은 다만 시작이자 [8/36]조건짓는 기초로, 즉 아직은 완성되지 않은 것으로 선언된다. 그렇게 믿었던 자들은 아직은 성령・정신을 가지고 있지 않으며 그것을 비로소 **받아야** 하거니와,—진리 자체인 그것은 저 신앙보다 나중에야 비로소 있는 것으로서 모든 진리로 이끌어 주는 것이다. 그러나 저들은 그러한 확신, 즉 조건에 머문다. 그러나 확신 자체는 단지 주관적일 뿐이며, 형식적으로 다만 **단언**의 주관적 열매만을, 그리고 바로 그 점에서 오만, 중상모략 그리고 저주의 열매만을 맺는다. 그들은 성서에 어긋나게 인식의 확대이자 비로소 진리가 되는 성령・정신에 반대해 단지 확신만을 견지한다.[5]

4. [6]이러한 경건함은 학문적이고 일반적으로 정신적인 내실을 결여한 이 불모성을 그것이 직접적으로 자기의 고발과 저주의 대상으로 삼는 것과 나누어 가진다. 지성계몽은 저 경건함이 신앙을 "주여, 주여"라는 증표로 환원시킴으로써 종교의 모든 내용을 비워버렸듯이 자기의 형식적이고 추상

적이며 내실 없는 사유를 통해 그렇게 했다. 그 점에서 양자는 서로 더하고 덜한 것이 없다. 그리고 그들이 서로 투쟁하면서 만나는 가운데 그들이 그 속에서 서로 접촉하여 함께 탐구하고 더 나아가 인식과 진리에 도달할 공통의 지반과 가능성을 획득할 수 있는 그런 소재는 존재하지 않는다. 계몽된 신학은 그 스스로 이를테면 양심의 **자유**, 사상의 **자유**, 교수의 **자유**, 심지어 이성과 학문에 호소하는 자신의 형식주의를 견지해 왔다. 그러한 자유는 물론 정신의 **무한한 권리**의 범주이자 진리의 저 첫 번째 조건, 즉 신앙과는 다른 진리의 **특수한 조건**이다. 하지만 그들은 참답고 자유로운 양심이 **어떤** 이성적인 규정들과 법칙들을 **포함**하는지 그리고 자유로운 신앙과 사유가 **어떤 내용**을 지니며 가르치는지와 같은 실질적인 문제를 거론하기를 꺼려했고 부정적인 것의 저 형식주의에 그리고 자유를 자의와 의견에 따라 채우는 그러한 자유에 머물러 왔던 까닭에, 일반적으로 내용 자체는 아무래도 상관없다. [8/37]이들이 내용에 접근할 수 없었던 까닭은 또한 기독교 공동체가 하나의 교의와 하나의 신앙고백의 유대를 통해 통합되어야만 하고 또 언제라도 그래야 하는 데 반해, 김빠지고 살아 있지 않은 합리주의적인 지성의 물Verstandeswasser의 보편성들과 추상들은 자기 내에서 규정되고 형성 · 발양된 기독교의 내용과 교의의 특수한 것을 허락하지 않기 때문이기도 하다. 그에 반해 다른 이들은 "주여! 주여!"라는 이름을 내세우면서 신앙을 정신과 내실 그리고 진리로 완성하는 것을 노골적이고도 거리낌 없이 경멸한다.

5. 그리하여 물론 오만, 증오 그리고 인신공격 및 공허한 보편성들의 먼지가 자욱하게 일어났지만, 그 먼지는 열매를 맺지 못한 채 잦아들었으며 사태를 포함할 수도 내실과 인식에로 나아갈 수도 없었다.—철학은 그 유희로부터 벗어나 있었던 것에 만족할 수 있었다. 철학은 저 오만불손함과 인신공격 및 추상적 보편성들의 영역 외부에 있거니와, 만약 그와 같은 지반에 끌려 들어갔더라면 다만 불쾌하고 유해한 것만을 기대할 수 있었을 것이다.

6. 인간 본성의 가장 위대하고 무제약적인 관심들로부터 심오하고도 풍부한 내실이 쇠퇴해가고 종교심은 경건한 것이든 반성적인 것이든 모두 다 내용 없는 최고의 만족을 발견하는 데 다다른 까닭에 철학은 우연적이고 주관적인 욕구가 되었다. 저 무제약적 관심들은 두 종류의 종교심에서, 더 나아가 다름 아닌 이치추론에 의해 저 관심들을 충족시키기 위해서는 더 이상 철학이 필요하지 않다는 식으로 정돈되었다. 아니 철학은 심지어 당연히 저 새롭게 창출된 충족과 좁은 곳으로 이끌린 그러한 만족을 방해하는 것으로 여겨진다. 그리하여 철학은 전적으로 주관의 자유로운 욕구에 맡겨졌다. 그와 같은 주관에 대해서는 철학에 대한 어떠한 종류의 강제도 제기되지 않거니와, 오히려 이러한 욕구는 그것이 현전하는 곳에서는 [8/38]온갖 중상모략과 포기의 압력에 단호히 맞서야 한다. 철학의 욕구는 오직 주관보다 더 강력한 내적 필연성으로서만 실존하며, 그때 주관의 정신은 그 내적 필연성에 의해 끊임없이 '정신이 극복하도록' 그리고 이성의 갈망에 대해 그에 걸맞은 향유를 마련하도록 추동된다. 따라서 종교적인 것도 포함하여 어떠한 종류의 권위의 후원도 받지 않는 이 학문에 대한 몰두는 오히려 불필요한 것, 위험스럽거나 최소한 의심스러운 사치로 선언되지만, 그만큼 더 자유롭게 오로지 사태와 진리의 관심에만 터 잡는다. 아리스토텔레스가 말하듯이 이론(관조)이 **최고의 행복**이고 선 중의 **최고선**이라면, 이 향유에 참여하는 자들은 그들이 거기서 가지는 것이 자신들의 정신적 본성의 필연성의 만족이라는 것을 안다. 그들은 그에 대해 타인들에게 요구하기를 단념할 수 있을 것이며, 타인들이 무엇을 욕구하고 또 이 욕구를 위해 어떠한 만족을 발견하든지 간에 그대로 둘 수 있을 것이다. 철학의 과업에 몰려드는 불청객들에 대해서는 위에서 생각해 본 바 있다. 그와 같은 자들은 거기에 참여할 자격이 없는 사람일수록 더욱 더 목소리를 높이는 반면, 좀 더 근본적이고 심오한 참여자는 스스로 홀로 있으며 밖을 향해서는 좀 더 고요하다. 허영심에 가득 차고 피상적인 자들만이 조급하게 일을 마무리하고 곧바로 말참견에 나서는 것이다. 그러나 자기 내에서 위대한 사태이자 오로지 오래

고 고된 노동을 통해서만 완전히 전개될 수 있는 사태에 진지하게 임하는 자는 이 사태에 대한 고요한 연구에 오랫동안 침잠한다.

7. 위에서 제시된 그 규정에 따라 철학 연구를 쉽지 않게 만드는 이 엔치클로페디적인 길잡이의 제2판이 곧바로 다 팔렸다는 사실은 내게 피상성과 허영심이 목소리를 높이는 것 바깥에서 좀 더 고요하고도 보람 있는 참여가 일어났음을 보는 만족을 주었거니와, 이제 나는 이 새로운 판에게도 그러한 참여가 있기를 바란다.

베를린, 1830년 9월 19일.

4. 베를린 대학 취임사 (1818)

—(1818년 10월 22일, 베를린 대학에서 개강할 때 행한 청강자들에 대한 연설)[1]

여러분!

1. 나는 오늘 처음으로 국왕 폐하의 은혜로 임명된 철학 교사의 직분으로 이곳 대학 강단에 서게 되었다. 그러므로 여러분은 내가 이에 관해 다음과 같은 머리말을 먼저 이야기하고자 하는 것을 허락해 주길 바란다. 그것은 내가 바로 이 시점에, 그것도 좀 더 확대된 학문적 영향력을 지닌 바로 이곳에 서게 된 것을 내게 특별히 바람직하고 기쁜 일로 여긴다는 것이다. 시점에 관한 한, 철학이 다시금 주목과 사랑을 기대할 수 있고, 거의 말문이 막혀버렸던 이 학문이 다시금 자기의 목소리를 높일 수 있는 그러한 상황이 시작된 것으로 보인다. 왜냐하면 얼마 전까지 한편으로는 시대의 궁핍함으로 말미암아 일상적 삶의 자질구레한 관심사들에게 너무도 커다란 중요성이 부여되었으며, 다른 한편으로는 현실의 절실한 관심사들과 우선은 다만 민중의 삶과 국가의 정치적 전체를 회복하고자 할 뿐인 관심과 투쟁들이 정신의 모든 능력과 모든 신분들의 힘 및 외면적 수단을 남김없이 요구함으로써 정신의 내적인 삶이 고요함을 획득할 수 없었기 때문이다. 현실에 그토록 몰두하여 외부로 향할 수밖에 없었던 세계정신[2]은 내부를 향해 자기 자신에게로 돌아와 자기의 특유한 고향에서 스스로를 향유할 수 없었다.

그런데 현실의 이러한 폭풍이 잦아들고 독일 민족 일반이 자기의 민족성, 즉 모든 살아 있는 삶의 근거를 구원한 후, 이제 국가 내에서 현실적 세계의 통치와 더불어 또한 사상의 자유로운 나라도 자립적으로 활짝 피어나는 시대가 시작되었다.[3] 그리고 일반적으로 정신의 위력은 오늘날 오로지 이념들과 이념에 따르는 것만이 유지될 수 있고, 타당화해야 할 것은 스스로를 통찰과 사상 앞에서 정당화해야만 할 만큼이나 유효하게 되었다. 그리고 특히 나를 이제 자기 내에 받아들인 이 국가는 정신적 우월함에 의해 현실과 정치적인 것에서 자기의 중요한 의미를 획득했으며, 외적 수단들에서 그보다 우세했을 다른 국가들과 위력 및 자립성에서 동렬에 서게 되었다. 여기서 교양과 학문들의 만발은 국가의 삶 자체에서 본질적인 계기들 가운데 하나이다. 이곳 대학에서, 즉 중심의 대학에서 또한 모든 정신 형성과 모든 학문의 중심인 철학도 자기의 자리와 탁월한 보호를 발견해야만 한다.

2. 그러나 이 국가의 실존에서 근본요소를 이루는 것이 정신적 삶 일반일 뿐만 아니라, 좀 더 상세하게는 독립과 외국의 무자비한 전제의 절멸, 그리고 마음에서의 자유를 위해 자기의 군주와 협동한 민중의 저 위대한 투쟁이 좀 더 고차적인 단계에서 시작되었다. 정신의 인륜적 위력, 그것이 그 활동력에서 감지되었고 자기의 깃발을 내걸었으며, 이러한 자기의 감정을 현실의 강제력과 위력으로서 관철시켰다. 우리는 우리 세대가 이러한 감정, 즉 모든 법적인 것과 도덕적인 것 및 종교적인 것이 집중된 감정 속에서 살고 행동하며 작용했던 것을 귀중한 것으로 생각해야만 한다. 그러한 심오하고도 모든 것을 포괄하는 작용 속에서 정신은 자기 내에서 자신의 존엄에로 고양된다. 삶의 아둔함과 무미건조한 관심들은 몰락하고, 통찰과 의견들의 피상성이 노골적으로 드러나 사라진다. 마음 일반 속으로 들어온 이러한 좀 더 심오한 진지함은 결국 또한 철학의 참다운 지반이기도 하다. 철학에 대립하는 것은 한편으로 궁핍함과 일상의 관심사들에 침잠해 있는 것이며, 다른 한편으로 의견들의 허영심이다. 허영심에 사로잡힌 마음은 자기 것을 추구하지 않는 것으로서의 이성에게 자기 내에 아무런 공간도 허락하지

않는다. 무에 존재하는 이러한 허영심은 실체적 내실을 위해 노력하는 것이 인간에게 필요해지고 그러한 내실이 타당화될 수 있을 정도로 일이 진척되어 있을 때에는 사라져야만 한다. 그러나 우리는 그러한 실체적 내실 속에서 그 시대를 보았고 또 그 핵심이 형성되고 있음을 보았거니와, 모든 측면, 즉 정치적, 인륜적, 종교적, 학문적 측면에 따라 그 핵심을 좀 더 발전시키는 것이 우리의 시대에 맡겨져 있는 것이다.

3. 우리의 사명과 과업은 새롭게 젊어지고 강화된 실체적 기초의 철학적 전개를 보호·육성하는 것이다. 자기의 가장 비근한 작용과 발현을 정치적 현실에서 보여준 실체적 기초의 젊어짐은 자기의 그 이상의 현상을 좀 더 커다란 인륜적이고 종교적인 진지함에서, 즉 삶의 모든 관계에 대해 제기된 철저함과 옹골참 일반에 대한 요구에서 지닌다. 가장 옹골찬 진지함은 즉자대자적으로 진리를 인식하고자 하는 진지함이다. 정신적 본성이 그에 의해 단순히 감각하고 향유하는 본성과 구별되는 이 욕구는 바로 그러한 까닭에 정신의 가장 심오한 욕구이거니와, 그것은 그 자체에서 보편적인 욕구이다. 시대들의 진지함은 한편으로 그 욕구를 좀 더 깊이 자극했으며, 다른 한편으로 그 욕구는 독일 정신의 좀 더 가까운 소유물이다. 철학 문화에서 독일적인 것의 특징에 관해 이야기하자면, 요컨대 다른 민족들에서 이 연구의 상태와 이 이름의 의미는 그 이름이 여전히 그들에게서 보존되고 있지만 그 의미가 변화되었으며, 사태는 쇠퇴하고 사라졌으며, 그리하여 더 나아가 그에 관한 기억과 예감도 거의 잔존해 있지 않다는 것을 보여준다. 이 학문은 독일인들에게로 도피했으며, 오로지 그들에게서만 여전히 살아남아 있다. 우리에게는 이 성스러운 빛의 보존이 맡겨져 있거니와, 그 빛을 보호하고 기르며, 인간이 소유할 수 있는 가장 고귀한 것, 즉 인간의 본질에 대한 자기의식이 꺼지지 않고 몰락하지 않도록 돌보는 것이야말로 우리의 사명이다.

4. 그러나 독일에서조차 그의 재탄생 이전 시대의 아둔함은 진리의 인식이란 존재하지 않으며, 신 즉 세계와 정신의 본질은 불가해하고 파악할

수 없는 것이고, 정신은 종교에 머물러야만 하며, 종교는 이성적 앎 없이 신앙과 감정 및 예감에 머물러야만 한다는 것을 발견하고 증명했다고 생각하며 단언할 정도로 멀리 나아가 있다.[4] 인식은 절대자와 신 그리고 자연과 정신에서 참되고 절대적인 것의 본성에 관계하는 것이 아니라 오히려 한편으로는 다만 부정적인 것에만 관계하는바, 어떠한 참된 것도 인식되지 않고 오로지 참되지 않은 것, 시간적인 것 그리고 무상한 것만이 이를테면 인식된다고 하는 장점을 향유할 뿐이고,—다른 한편으로는 본래적으로 거기에 속하는 것인 외면적인 것, 요컨대 역사학적인 것, 즉 이른바 인식도 그것들 가운데 현상해 있는 우연적 상황들에만 관계하거니와, 바로 그러한 인식은 단지 무언가 역사학적인 것으로서만 받아들여지고 저 외면적 측면들에 따라서만 비판적이고 박학다식하게 탐구될 수 있을 것인바, 그 내용으로부터는 어떠한 진지함도 이루어질 수 없을 것이다. 그들은 로마 총독 필라투스가 그리스도가 **진리**라는 말을 언급하는 것을 듣고서는 그러한 말과 인연을 끊고 진리의 인식이란 존재하지 않는다는 것을 안다고 하는 사람이 말하는 의미에서 진리란 무엇인가라는 물음으로 그에 대꾸한 것만큼이나 멀리 나아가 있다. 그리하여 예전부터 가장 치욕스럽고 가장 품위 없는 것으로 여겨졌던 것, 즉 진리의 인식을 포기하는 것이 우리의 시대에는 정신의 최고의 승리로 고양되었다.

5. 이성에 대한 절망은 그러한 절망에까지 도달해 있다시피 여전히 아픔과 슬픔과 연결되어 있었다. 그러나 곧바로 종교적이고 인륜적인 경솔함과 그러고 나서는 스스로를 계몽이라 부르는 앎의 피상성과 천박함이 솔직하고 자유롭게 자신의 무력함을 고백했고 좀 더 고차적인 관심들을 철저히 망각한 것을 자랑으로 삼았다.[5] 그리고 마침내 이른바 비판철학이 영원한 것과 신적인 것에 관해서는 아무것도 알려질 수 없다는 것을 **증명**했다고 단언함으로써 영원한 것과 신적인 것에 대한 이러한 무지를 정당화했다. 이러한 잘못 생각된 인식은 부당하게도 심지어 철학이라는 이름을 자기 것으로 삼았거니와, 이러한 무지의 학설, 즉 그에 의해 바로 이러한 천박함과

진부함이 탁월한 것, 즉 모든 지적 추구의 목표이자 결과로 치부된 학설만큼이나 앎뿐만 아니라 또한 성격의 천박함에게 환영받고 그에 의해 기꺼이 받아들여진 것은 아무것도 없었다.

6. 참된 것을 알지 못하고 오로지 시간적인 것과 우연적인 것의 현상들만을 안다고 하는,—즉 오로지 **공허한** 것만을 인식한다고 하는 이러한 **허영심**이 철학에서 확산되었고, 우리 시대에도 여전히 확산되며 큰 소리 치고 있다. 우리는 아마도 독일에서 철학이 모습을 드러내기 시작한 이래로 이 학문을 둘러싼 형편이 그러한 견해, 즉 이성적 인식에 대한 그러한 포기행위가 그러한 오만불손함과 그러한 확산을 획득할 만큼 나빠 보였던 적은 결코 없었다고 말할 수 있을 것이거니와,—선행하는 시기로부터 끌려 내려온 그 견해는 그러한 만큼 좀 더 옹골찬 감정, 즉 새로운 실체적 정신과 모순에 처해 있다. 나는 좀 더 옹골찬 정신의 여명을 환영하며, 철학은 내실을 가져야만 한다고 주장함으로써 그리고 내가 이 내실을 여러분 앞에 전개하게 됨으로써 오로지 그 정신과만 관계하기를 간구한다.

7. 그러나 일반적으로 나는 그 일에서 청년의 정신에게만 간구한다. 왜냐하면 청년은 아직 궁핍에서 비롯된 제한된 목적의 체계에 사로잡혀 있지 않고, 그 자체로 이해관계 없는 학문에 몰두할 만큼 자유로울 수 있는 삶의 아름다운 시기이기 때문이다. 그와 마찬가지로 청년은 또한 허영심의 부정적 정신에, 즉 한갓 비판적일 뿐인 노력의 내실 없는 것에 사로잡혀 있지도 않다. 여전히 건강한 심정은 여전히 진리를 요구할 용기를 지니거니와, 진리의 나라는 그곳에 철학이 거주하고 또 철학이 세워나가되 우리가 철학에 대한 연구를 통해 참여하게 될 바로 그것이다. 삶 속에서 참되고 위대하며 신적인 것은 이념을 통해 그러하다.[6] 철학의 목표는 이념을 그것의 참다운 형태와 보편성에서 파악하는 것이다. 자연은 이성을 오로지 필연성을 가지고서만 성취할 수 있도록 속박되어 있다. 그러나 정신의 나라는 자유의 나라이다. 인간적 삶을 결속시키고 가치를 지니고서 타당한 모든 것은 정신적 본성의 것이며, 이러한 정신의 나라는 오로지 진리와 법에 관한 의식을

통해서만, 즉 이념들에 대한 파악을 통해서만 실존한다.

8. 나는 우리가 들어서는 길에서 내가 여러분의 신뢰를 얻어내고 또 얻어낼 만하게 될 수 있기를 원하고 희망할 수 있을 것이다. 그러나 우선은 나는 여러분이 학문에 대한 신뢰, 이성에 대한 믿음, 자기 자신에 대한 신뢰와 믿음을 가지고 오는 것 말고는 다른 아무것도 요구하지 않고자 한다. 진리에 대한 용기, 정신의 위력에 대한 믿음은 철학 연구의 첫 번째 조건이다. 인간은 자기 자신을 존중해야 하며, 자신을 최고의 것에 걸맞은 존재로 여겨야 한다. 인간이 정신의 위대함과 위력을 아무리 높이 평가하더라도 충분할 수 없다. 우주만물의 닫혀 있는 본질은 자기 내에 인식의 용기에 저항할 수 있는 힘을 지니지 않는다. 우주만물의 본질은 인식의 용기 앞에 스스로를 드러내어 자기의 풍요로움과 자기의 깊이를 그 용기의 눈앞에 펼치고 또 향유될 수 있도록 할 수밖에 없는 것이다.

[보충: 하이델베르크 대학 취임 강의 (1816)][1]

[18/11]나는 철학의 역사를 이 강의의 대상으로 삼아 오늘 처음으로 이곳의 대학 강단에 서게 되었다. 그러므로 여러분은 내가 이에 관해 **다만 다음과 같은 머리말만을** 먼저 이야기하고자 하는 것을 허락해 주길 바란다. 그것은 요컨대 바로 이 시점에 학문의 전당에서 나의 철학적 생애를 다시 시작하게 된 것이 내게 특별히 기쁘고 즐거운 일이라는 것이다. 왜냐하면 철학이 다시금 주목과 사랑을 기대할 수 있고, 거의 말문이 막혀버렸던 이 학문이 다시금 자기의 목소리를 높임으로써 자기에 대해 귀머거리가 되어버린 세계가 다시 자기에게 귀 기울이기를 바랄 수 있는 시점에 우리가 이미

• • •

1. 베를린 대학 취임사의 핵심적 내용을 선취해 보이고 있는 이 하이델베르크 대학에서의 『철학사 강의』 개강 강의를 여기에 덧붙인다. 대본으로 삼은 것은 주어캄프사 전집 18권의 해당 부분이다. —옮긴이.

들어선 것으로 보이기 때문이다. 지금껏 시대의 궁핍함으로 말미암아 일상적 삶의 하찮은 자질구레한 관심사들에게 너무도 커다란 중요성이 부여되었으며, 현실의 절실한 관심사들과 이들을 둘러싼 투쟁이 정신의 모든 능력과 모든 힘 및 외면적인 수단을 남김없이 요구하였다. 그리하여 좀 더 고차적인 내적 삶과 좀 더 순수한 정신성을 위해 마음이 자유롭게 유지될 수 없었으며, 좀 더 훌륭한 본성을 지닌 사람들이 그에 사로잡혀 부분적으로는 그 속에서 희생되기도 했는데, 왜냐하면 세계정신은 자기 내면에로 전회하여 스스로를 자기 자신 속으로 결집할 수 없을 만큼 현실에 몰두했기 때문이다. 그런데 **현실의 이러한 흐름이 단절된 까닭에, 즉 독일 민족이 스스로를 그렇듯 조야한 것으로부터 구출해내어 모든 살아 있는 삶의 근거인 자신의 민족성을 구해낸** 까닭에, 우리는 모든 관심을 자기 속에 삼켜버린 **국가**와 더불어 또한 **교회**도 [18/12]높이 솟아나기를, 요컨대 지금까지 사상들과 노력들이 귀착되었던 **세상 나라와 더불어** 또한 **신의 나라**도 다시 사유되기를, 다시 말하면 **정치적이거나 그 밖의** 보통의 **현실**에 매인 관심들과 더불어 또한 **순수한 학문, 즉 정신의 자유로운 이성적 세계가 다시 활짝 피어나기를** 희망해도 좋을 것이다.[2]

우리는 **철학의 역사**에서 학문들과 지성Verstand의 교양이 열의와 경의를 다 바쳐 추구되어온 **다른 유럽 나라들에서는** 철학이 그 이름을 제외한다면 심지어 **기억과 예감에 이르기까지 사라져 몰락해 버렸으며**, 그것이 **독일 민족에서 고유성으로서 보존되어 왔다**는 것을 보게 될 것이다. 우리는 이 성스러운 불꽃의 보존자라는 **좀 더 고귀한 사명을** 본성으로부터 받아들였다.[3] [4] 이는

• • •

2. [난외에:] 좀 더 커다란 진지함
3. [난외에, 이는 베를린 시대에 덧붙여졌다: 우리는] 일반적으로 이제 오로지 이념들만이 타당하고, 이성[을 통해 모든 것]이 정당화되는 데까지 나아가 있다. 프로이센은 지성Intelligenz 위에 세워져 있다—좀 더 커다란 진지함과 좀 더 고차적인 욕구—. 이러한 진지함에 반해 맥 빠진 허깨비가 …….
4. 미슐레 판본에서의 각주: "우리는 일반적으로 이제 우리에게 오로지 이념들과 우리의 이성 앞에서 정당화되는 것만이 타당할 수 있는 그러한 좀 더 커다란 진지함과 좀 더 고차적인 욕구에 도달할 만큼 나아가 있다. — 그렇다면 프로이센 국가는 좀 더 상세하게는 지성 위에 세워져 있는 바의 것이다."

아테네에서 에우몰피다이 가문에게 엘레우시스 신비의식을 보존하는 일이, 그리고 사모트라케 섬의 주민들에게 좀 더 고상한 제사의식을 유지하고 가꾸어나가는 일이 맡겨졌던 것과 마찬가지며, 또한 이전에 세계정신이 유대 민족을 최고의 의식을 위해 아껴둠으로써 그 민족으로부터 새로운 정신으로서 출현했던 것과 마찬가지다. 그러나 내가 이미 언급한 시대의 궁핍함 및 커다란 세상사들에 대한 관심은 또한 우리들 사이에서도 철학에 대한 근본적이고도 진지한 몰두를 억누르고 그에 대한 좀 더 보편적인 주목을 위협하듯 내쫓아 버렸다. 그리하여 옹골찬 본성을 지닌 사람들이 실천적인 것에로 향하고, **아둔함과 천박함이 철학에서 큰소리치며 확산되는** 일이 벌어졌다. 우리는 [18/13]아마도 독일에서 철학이 모습을 드러내기 시작한 이래 이 학문을 둘러싼 형편이 바로 이 시대에서만큼 나빠 보였던 적은 결코 없었으며, **공허함과 망상이 그렇듯 표면에 떠올라** 학문에서 마치 자기가 지배권을 손에 쥔 듯이 그렇듯 **오만불손**하게 생각하고 행동했던 적도 결코 없었다고 말할 수 있을 것이다. 이러한 **천박함에 맞서고**, 독일적인 **진지함**과 성실함 및 **옹골참** 속에서 함께 일하며, 철학이 피해 들어간 고독으로부터 그것을 끌어내는 것, 우리는 바로 이런 일들에로 시대의 좀 더 심오한 정신으로부터 촉구되고 있다고 여길 수 있을 것이다. 자, 이제 우리 **다함께 좀 더 아름다운 시대의 여명을 맞이하자**. 이 시대에는 지금까지 밖을 향하여 마음을 빼앗겼던 정신이 자기 내로 되돌아와 자기 자신에게 다다를 수 있고, 또 자기의 고유한 나라를 위한 공간과 지반을 획득할 수 있을 것인바, 다시 말하면 사람들의 마음이 일상의 관심사들 너머로 고양되어 참된 것, 영원한 것 그리고 신적인 것에 대해 수용적인, 요컨대 최고의 것을 고찰하고 포착할 수 있을 만큼 수용적인 그러한 공간과 지반을 획득할 수 있게 될 것이다.

시대의 격랑 속에서 성인으로 자라난 우리 장년층은 전혀 위축됨이 없이 진리와 학문에 스스로를 바칠 수 있는 오늘날 젊음을 누리고 있는 여러분을 행복하다고 칭송할 수 있을 것이다. 나는 **나의 삶을 학문에 봉헌**해 왔던바, 이제부터 내가 좀 더 높은 정도로 그리고 좀 더 확대된 영향권 내에서 좀 더 고차적인 학문적 관심을 확산시키고 소생시키기 위해 함께 일하고, 우선은 여러분을 그 관심에로 이끌어 들이는 일에 이바지할 수 있는 위치에 서게 된 것을 기쁘게 생각한다. 나로서는 내가 **여러분의 신뢰를 얻어낼 만하고 또 얻어낼** 수 있게 되기를 바란다. **그러나 우선 나는 여러분이 무엇보다도 먼저 다만 학문에 대한 신뢰와 자기 자신에 대한 신뢰를 지녀야 한다는 것 말고는 다른 아무것도 요구하지 않고자 한다. 진리에 대한 용기, 정신의 위력에 대한 믿음은 철학의 첫 번째 조건이다.** 인간은 정신인 까닭에 **자기 자신을 최고의 것에 걸맞은 존재로 여길 수 있고 또 그래야 한다.** [18/14]인간이 자기의 정신이 지닌 위대함과 위력을 아무리 높이 평가하더라도 충분할 수 없다. 그리고 이러한 믿음에 있어 그것에게 자기의 문을 열지 않을 만큼 다루기 힘들고 까다로운 것은 아무것도 없을 것이다. 처음에는 은폐되고 닫혀 있던 우주만물의 본질은 인식의 용기에 저항할 수 있는 힘을 지니지 않는다. 우주만물의 본질은 인식의 용기 앞에 스스로를 드러내어 자기의 풍요로움과 자기의 깊이를 그 용기의 눈앞에 펼치고 또 향유될 수 있도록 할 수밖에 없는 것이다.

5. 『법철학 요강』 서문 (1820)[1]

[7/11]1. 이 강요를 출판하게 된 직접적인 동기는 내가 나의 직무에 따라 **법철학**에 관해 행하는 강의들에 대한 입문서를 청강자들에게 건네주어야 할 필요 때문이다. 이 교과서는 철학의 이 부분에 관해 내가 이전에 나의 강의들을 위해 마련한 **철학적 학문들의 엔치클로페디**(하이델베르크 1817)에 이미 포함되어 있는 것과 동일한 근본개념들에 대한 좀 더 자세하고 특히 좀 더 체계적인 상론이다.[2]

2. 그러나 이 강요가 인쇄, 출간됨과 더불어 또한 좀 더 광범위한 독자층 앞에 나오게 된 일은, 우선은 짧게 언급하는 가운데 유사하거나 상치하는 표상들 및 그에 이어지는 결론들 등을 제시하되 그에 대한 적절한 해명은 강의에서 얻게 될 **주해들**을 때때로 이미 여기서 좀 더 상세하게 논의함으로써 텍스트의 좀 더 추상적인 내용을 이따금씩 명확히 하고 오늘날 널리 퍼져 있는 비근한 표상들을 좀 더 폭넓게 고려하고자 하는 동기가 되었다. 그리하여 보통의 경우 편람의 목적과 양식이 수반하는 것보다 훨씬 더 자세한 다수의 주해가 생겨났다. 하지만 본래적인 편람은 하나의 학문의 다 마무리된 것으로 간주되는 영역을 대상으로 하거니와, 그에 특유한 것은, 아마도 여기저기의 사소한 보론을 제외하면, 그 형식이 이미 오래전에 형성

된 규칙들과 수법들을 지니는 것과 마찬가지로 이미 오래전에 승인되고 잘 알려져 있는 내용의 본질적 계기들을 종합하고 질서 있게 정돈하는 것이다. [7/12]철학적 강요에 대해서는 이러한 체재가 기대되지 않는데, 그 까닭은 가령 이미 우리가 철학이 성취하는 것이란 매일 처음부터 다시 시작되는 페넬로페의 직물과 같은 하룻밤의 작업이라고 생각하기 때문이다.[3]

3. 하지만 이 강요는 우선은 그 속에서 주도적인 것을 이루는 방법에 의해 일상적 편람과는 다르다. 그러나 여기서는 하나의 소재에서 다른 소재로 전진하고 학문적으로 증명하는 철학적 양식, 즉 이러한 사변적 인식방식 일반[4]이 본질적으로 다른 인식방식과 구별된다는 것이 전제된다. 그러한 상이성의 필연성에 대한 통찰이야말로 철학이 우리 시대에 빠져 있는 치욕적인 퇴락으로부터 그 철학을 끌어낼 수 있을 유일한 것일 수 있다. 사람들은 아마도 지성인식의 규칙들을 포함하는 이전 논리학의 형식들과 규칙들, 즉 정의, 구분, 추리의 그것들이 사변적 학문에 대해 불충분하다는 것을 인식했거나 아니면 인식했다기보다는 그저 느끼고서는 이 규칙들을 단지 족쇄일 뿐인 것으로서 내던져버렸는데, 그것은 심정과 환상, 우연한 직관으로부터 자의적으로 이야기하기 위해서였다. 하지만 결국 또한 반성과 사상관계들도 들어서야만 하는 까닭에, 사람들은 무의식적으로 전적으로 일상적인 추론과 이치추론의 경멸받은 방법으로 처리해 나간다.[5]――사변적 앎의 본성을 나는 **논리의 학**에서 상세하게 전개한 바 있다. 그런 까닭에 이 강요에서는 다만 여기저기서 전진과 방법에 대한 해명이 덧붙여졌을 뿐이다. 물론 대상의 구체적이고 자기 내에서 그토록 다양한 성질로 인해 각각의 모든 개별성들에서 논리적 진행을 증시하고 끄집어내는 것은 소홀히 되었다. 한편으로 이것은 학문적 방법에 대해 잘 알고 있다는 것이 전제되었기 때문에 불필요한 것으로 여겨질 수 있었지만, 다른 한편으로 전체 및 [7/13]그 지절들의 형성・발양이 논리적 정신에 기반한다는 것은 자명할 것이다. 나는 무엇보다도 또한 이러한 측면에서도 이 논구가 파악되고 판정되기를

바란다. 왜냐하면 이 논구에서 문제로 되는 것은 **학문**이며, 학문에서 내용은 본질적으로 형식에 매여 있기 때문이다.[6]

4. [7]물론 우리가 문제를 너무도 철저히 다루는 것처럼 보이는 사람들에게서 들을 수 있는 것은 형식이란 무언가 외적인 것이자 사태에 대해 무관심한 것이고 관건이 되는 것은 오로지 사태일 뿐이라는 것이다. 나아가 우리는 저술가, 특히 철학적 저술가의 과업을 **진리**를 발견하고 **진리**를 말하며 **진리**와 올바른 개념들을 널리 보급하는 것으로 정립할 수도 있다. 그런데 그러한 과업이 현실적으로 어떻게 추진되곤 하는지를 살펴보면 우리는 한편으로 동일한 낡은 이야기가 언제나 다시 되살아나 모든 측면으로 부풀어 오르는 것을 보게 되는데―그 과업은 아마도 사람들의 마음을 도야하고 각성시키는 데 나름의 공적을 가질 것이지만, 그럼에도 그것은 차라리 오지랖 넓은 쓸데없는 일로 간주될 수 있겠거니와,―우리는 "왜냐하면 그들에게는 모세와 예언자들이 있으니 이들에게 들을지니라"를 새겨보아야 할 것이다. 무엇보다도 우리는 거기서 알아볼 수 있는 어조와 자부심에 대해, 요컨대 마치 세계에는 아직 이러한 열성적인 진리의 보급자들이 없었으며 되살려진 진부한 이야기가 새롭고 들어본 적이 없는 진리를 가져다주고 특히 언제나 "지금 이 시대에" 주로 마음에 새겨져야 할 것이나 되는 듯한 그 어조와 자부심에 대해 놀라지 않을 수 없는 다양한 기회를 갖는다. 그러나 다른 한편으로 우리는 그러한 진리들 가운데 한편에서 내세워지는 것이 다른 한편에서 제시된 그와 똑같은 진리들에 의해 쫓겨나고 휩쓸려나가는 것을 본다. 그런데 진리들의 이러한 혼돈 속에서 무엇이 낡은 것도 새로운 것도 아닌 지속적인 것일 것이며, 또 이것이 어떻게 이러한 무정형의 우왕좌왕하는 고찰들로부터 드러나야 할 것이고―나아가 **학문**을 통해서말고 달리 어떻게 구별되고 확증되어야 할 것인가?

5. 어차피 **법**, **인륜**, **국가**에 관한 **진리**는 **공적인** [7/14]**법률들**, **공적인 도덕과 종교**에서 **공표되고 잘 알려져 있는 만큼이나 아주 오래된** 것이다.[8] 이러한 진리는 사유하는 정신이 그것을 이러한 비근한 방식으로 소유하는 데 만족하지

않는 한에서 그것을 또한 **개념 파악**하고 이미 그 자체에서 이성적인 내용에서 또한 이성적인 형식을 획득하는 것 이외에 더 무엇을 필요로 하겠는가? 왜냐하면 그것을 통해 이성적 내용은, 국가의 외적인 실정적 권위나 사람들의 합의 또는 내적 감정과 심정 그리고 정신의 직접적으로 동의하는 증거에 의해 뒷받침될 **주어진 것**에 머물지 않고 바로 자기로부터 출발함으로써 가장 내적인 것에서 진리와 하나가 될 수 있기를 요구하는 자유로운 사유에 대해 정당화된 것으로 나타날 것이기 때문이다.

6. 공평무사한 마음의 단순한 태도는 공적으로 잘 알려진 진리에 대한 신뢰로 가득 찬 확신을 견지하고 이러한 확고한 기초 위에 삶에서의 자신의 행동방식 및 확고한 입장을 세우는 것이다. 이러한 단순한 태도[9]에 대해서는 이미 무한히 **서로 다른 의견들**로부터 어떻게 그것들에서 보편적으로 인정된 것과 타당한 것이 구별되고 찾아내질 수 있는가 하는 짐작됨 직한 어려움이 제기된다. 그리고 사람들은 이러한 곤경을 쉽사리 사태에 대한 올바르고 참다운 진지함으로 받아들일 수 있다. 그러나 사실 이러한 곤경을 자부하는 사람들은 나무들 앞에서 숲을 보지 못하는 경우에 처해 있거니와, 다만 그들 자신이 만들어낸 곤경과 어려움이 현전할 뿐이다. 아니 이러한 그들의 곤경과 어려움은 오히려 그들이 보편적으로 인정된 것과 타당한 것, 법과 인륜적인 것의 실체와는 다른 어떤 것을 의욕한다는 증명이다. 왜냐하면 참으로 문제되는 것이 그러한 것이지 의견과 존재의 **허영심**과 **특수성**이 아니라고 한다면, 그들은 실체적인 법, 요컨대 인륜과 국가의 명령을 견지하여 자신들의 삶을 그에 따라 정돈할 것이기 때문이다.—그러나 인간이 **사유**하며 사유 속에서 자신의 자유와 [7/15]인륜의 근거를 추구한다는 측면에서 또 다른 어려움이 나타난다. 그러나 이러한 권리Recht가 아무리 높고 신적이라 할지라도, 오로지 이러한 것만이 사유로 여겨지고 사유는 오로지 **보편적으로 인정된 것과 타당한 것에서 벗어나** 무언가 **특수한** 것을 고안해낼 줄 아는 한에서만 스스로를 자유롭다고 안다면, 그것은 불법 · 비권리Unrecht로 전도된다.

7. 우리 시대에는 사유와 정신 일반의 자유가 오로지 공적으로 인정된 것으로부터의 벗어남과 심지어 그에 대한 적대성에 의해서만 증명된다고 하는 관념이 **국가와 관련하여** 너무도 확고하게 뿌리박힐 수 있었으며, 이에 따라 특히 국가에 관한 철학은 본질적으로 **또** 하나의 **이론**을 그리고 바로 새롭고 특수한 이론을 고안하여 제시하는 과제를 지니는 것으로 보일 수 있었다. 이러한 표상과 그에 따른 야단법석을 보게 되면, 우리는 지금까지 세계에는 어떠한 국가와 국헌도 존재하지 않았고 또 현재에도 현전하지 않거니와, **지금**—이 **지금**은 끊임없이 지속된다—전적으로 처음부터 시작되어야만 하고 인륜적 세계는 다만 그러한 **지금의** 발상과 근거해명 그리고 근거짓기를 기다려왔다는 듯이 생각하지 않을 수 없을 것이다.[10] **자연**에 대해 우리는 철학이 그것을 **그것이 존재하는 그대로** 인식해야 하며, 현자의 돌은 **어딘가에** 숨겨져 있되 물론 **자연 자체 속에** 숨겨져 있고, 자연은 **자기 내에서 이성적**이거니와, 앎은 자연 내의 이 현재적이고 **현실적인** 이성을, 즉 표면에서 나타나는 형태화들과 우연성들이 아니라 그것의 영원한 조화를 물론 그것의 **내재적** 법칙과 본질로서 탐구하고 개념적으로 파악해야 한다는 것을 승인한다. 그에 반해 **인륜적 세계**인 국가, 즉 자기의식의 터전에서 실현되는 바의 이성인 그 세계는 사실상 이 터전에서 힘과 강제력에 도달하고 그 속에서 주장하고 내재하는 것이 이성이라고 하는 행운을 누리지 않아야 한다.[1] 정신적 우주는 오히려 우연과 [7/16]자의에 내맡겨진 채

• • •

1. 두 가지 종류의 법칙들, 즉 자연의 법칙들과 법의 법칙들이 존재한다.[11] 자연의 법칙들은 단적으로 존재하며, 있는 그대로 타당하다. [7/16]그것들은 우리가 개별적인 경우들에서 그것들을 위반할 수 있다 할지라도 조금도 위축되지 않는다. 무엇이 자연의 법칙인지를 알기 위해 우리는 이것들을 배워 알아야만 하는데, 왜냐하면 이 법칙들은 올바르고 단지 그에 대한 우리의 관념들만이 잘못일 수 있기 때문이다. 이 법칙들의 척도는 우리 바깥에 있으며, 우리의 인식은 그것들에 아무것도 덧붙이지 않고 그것들을 촉진시키지도 않는다. 다만 그것들에 관한 우리의 인식이 확대될 수 있을 뿐이다. 법에 대한 지식은 한편으로 마찬가지지만, 다른 한편으로는 그렇지 않다. 우리는 법칙들을 마찬가지로 그것들이 단적으로 거기 있는 그대로 배워 안다. 그리하여 시민은 다소간에 그것들을 지니고, 실증 법학자도 그에 못지않게 주어져 있는 것에 머문다. 그러나 구별은 법의 법칙들에서는 고찰하는 정신이 나타나며, 이미 법칙들의 상이성이 그것들이 절대적이지 않다는 것에 주목하게 만든다는 점이다. 법의 법칙들Rechtgesetze은 **정립된 것**

신에게서 버림받은 것이어야 하는데, 그리하여 인륜적 세계의 이러한 무신론에 따르자면 **참된** 것은 그 세계 **바깥에** 놓여 있게 되는 동시에, 그럼에도 **또한** 이성이 그 속에 있어야 하기 때문에 참된 것은 다만 하나의 과제 Problema[12]일 뿐이다. 그러나 여기에 스스로 돌진하는 모든 사유에 대한 정당화, 아니 의무화가 놓여 있지만, 그러나 그것은 현자의 돌을 **찾기** 위해서는 아닌데, 왜냐하면 우리 시대의 철학함을 통해 탐구는 면제되어 있고 모두는 자기가 행하는 그대로 이 돌을 스스로 통제하고 있다고 확신하기 때문이다. 그런데 물론 국가의 이 현실에서 살고 자신의 앎과 의욕이 그

• • •

*Gesetztes*이며, 인간에게서 **유래한 것**이다. 이러한 것과는 필연적으로 내면의 목소리가 충돌하게 되거나 그에 동조할 수 있다. 인간은 현존재하는 것에 머무르는 것이 아니라 자기 내에 옳은 것에 관한 척도를 지닌다고 주장한다. 그는 외적 권위의 필연성과 강제력에 종속될 수 있지만, 결코 자연의 필연성에게 종속되는 식으로 그러한 것은 아닌데, 왜냐하면 그에게는 언제나 그의 내면이 사정이 마땅히 어떠해야 하는지를 말해주고, 또 그는 자기 자신 내에서 타당한 것의 확증과 비-확증을 발견하기 때문이다. 자연에서 최고의 진리는 법칙이 **일반적으로 존재한다**는 것이다. 법의 법칙들에서 사태는 그것이 있기 때문에 타당한 것이 아니거니와, 모두는 사태가 자기 자신의 기준에 일치할 것을 요구한다. 그러므로 여기서는 있는 것과 있어야 할 것의, 그리고 불변적으로 머무르는 즉자대자적으로 존재하는 법과 법으로서 타당해야 할 것의 규정이 지닌 자의성의 갈등이 존재한다. 그러한 분리와 그러한 투쟁은 오직 정신의 지반에서만 발견되며, [7/17]그리하여 정신의 장점은 불화와 불행으로 이어지는 것으로 보이는 까닭에 우리는 자주 삶의 자의로부터 벗어나 자연의 고찰로 되돌아갈 것을 지시 받으며 그것에서 모범을 발견해야 한다. 그러나 즉자대자적으로 존재하는 법과 자의가 법으로서 타당화하는 것의 바로 이러한 대립들에서야말로 법을 철저하게 인식해 배우고자 하는 욕구가 놓여 있다. 법의 이성은 인간에게 법에서 마주 다가와야만 한다. 그러므로 인간은 법의 이성성을 고찰해야만 하거니와, 바로 이것이야말로 종종 오로지 모순들과만 관계하는 실정법학에 대립하는 우리 학문의 사태이다. 현재의 세계는 그에 더하여 좀 더 긴박한 욕구를 지니는데, 왜냐하면 예전에는 여전히 기존의 법칙에 대한 존경과 외경이 현존했지만, 지금은 시대의 교양이 다른 방향을 취하여 사상이 스스로를 타당해야 할 모든 것의 정점에 놓았기 때문이다. 이론들은 스스로를 현존재하는 것에 대립시키며 즉자대자적으로 올바르고 필연적인 것으로서 나타나고자 한다. 이제부터는 법의 사상들을 인식하고 개념 파악하는 것이 좀 더 특수한 욕구로 된다. 사상이 본질적 형식으로 고양된 까닭에, 우리는 또한 법을 사상으로서 파악하고자 해야만 한다. 이러한 것은 만약 사상이 법보다 위에 와야 한다면 우연적인 의견들에 문을 여는 것으로 보인다. 그러나 참다운 사상은 사태에 관한 의견이 아니라 사태 자체의 개념이다. 사태의 개념은 우리에게 자연적으로 다가오지 않는다. 모든 사람은 손을 갖고 있고 붓과 물감을 가질 수 있지만, 그렇다고 해서 그가 화가인 것은 아니다. 사유의 경우도 사정은 마찬가지다. 법의 사상은 가령 모든 사람이 직접적으로 접해 얻는 것이 아니거니와, 오히려 올바른 사유는 사태에 대한 지식과 인식이며, 따라서 우리의 인식은 학문적이어야 한다.

속에서 만족되었다고 여기는 사람들—그들은 다수이고, 심지어 그렇게 생각되고 알려진 것보다 더 많은데, 왜냐하면 **근본적으로** 그들은 **모두**이기 때문이다—, 그러므로 최소한 **의식적으로** 국가에서 자신의 만족을 지니는 사람들은 저 돌진들과 확신들을 [7/17]비웃고, 그것들을 때로는 좀 더 우스꽝스럽거나 좀 더 진지한, 또는 때로는 유쾌하거나 위험한 공허한 유희로 받아들이는 일이 벌어진다. 그런데 저 불안하게 몰아쳐대는 반성과 허영심 및 그것이 경험하는 수용과 부딪침은 그 나름의 방식으로 자기 속에서 전개되는 사태 그 자체일 것이다. 그러나 저 몰아치는 듯한 움직임을 통해 다양한 경멸과 불신 속에 놓이게 된 것은 **철학** 일반이다. 경멸들 가운데 가장 고약한 것은 다음의 것, 즉 이미 말했듯이 모두가 그 스스로 행하는 그대로 철학 일반에 관해 잘 알 수 있고 또 부인할 수도 있다고 확신한다는 것이다. 어떤 다른 예술과 학문에 대해서도 사람들이 그것들을 곧바로 소유한다고 생각하는 이러한 최종적인 경멸은 표명되지 않는다.[13]

8. 사실 우리가 최근의 철학으로부터 국가에 관해 너무도 커다란 자부심을 가지고서 나오는 것으로 보는 바로 그것은 [7/18]확실히 이야기에 참여하고자 하는 욕망을 지닌 모든 사람들로 하여금 바로 그러한 것을 자기로부터 곧바로 행할 수 있으며 따라서 철학을 소유하고 있다는 증거를 제시한다고 확신할 수 있는 권리를 부여했다. 그렇지 않아도 그렇게 자처하는 철학은 **참된 것 자체는 인식될 수 없으며**, 모두가 인륜적 대상들, 특히 국가, 정부 그리고 헌법에 관해 **자신의 심정, 마음, 영감으로부터 솟아오르게** 하는 것이 참된 것이라고 명확히 언표했다.[14] 그에 관한 그 모든 것은 특별히 청년들을 향해 이야기되지 않았던가? 확실히 청년들도 결국 그렇게 말하지 않을 수 없었다. **그는 그의 사랑하는 자들에게 잠자는 동안에 그것을 주신다**는 것이 학문에 적용되었고, 따라서 모든 잠자는 자들은 **그의 사랑하는 자들**로 여겨졌다. 물론 그들이 그렇게 개념들의 잠 속에서 얻은 것은 결국 그에 따른 물품이었다.—스스로를 철학함이라고 부르는 이러한 천박성의 사령관인 **프리스** 씨[2,15]는 악명 높아진 공적인 축제의 기회에[16] 국가와 헌법의 대상에

관한 연설에서 뻔뻔스럽게도 다음과 같은 생각을 내놓았다. "진정한 공동정신이 지배하는 민중에게 있어 공적인 관심사들의 모든 과업에게 **생명은 밑으로부터 민중에게서** 나올 것이며, 민중교육과 민중적인 봉사의 모든 개별적인 일들에 대해 **우정이라는 성스러운 사슬을 통해** 깨트릴 수 없게 합일된 **살아 있는** 모임들이 바쳐지게 될 것이다" 등등.[17]—다음과 같은 것, 요컨대 학문을 사상과 개념의 발전 대신에 오히려 직접적 지각과 우연한 상상 위에 [7/19]세우는 것과, 그와 마찬가지로 국가라고 하는 인륜적인 것의 자기 내 풍부한 편성을, 즉 공적 생활의 영역들과 그것들에 대한 정당화의 규정된 구별을 통해 그리고 모든 기둥과 천장, 버팀목이 그 속에서 유지되는 척도의 엄밀함을 통해 전체의 강함을 그 지절들의 조화로부터 출현하게 만드는 국가의 이성성의 건축술,—곧 이러한 형성된 건축물을 '심정과 우정, 영감'의 죽으로 뒤엉키게 만드는 것이 천박성의 주요한 통찰이다. 에피쿠로스[17a]에 따른 세계 일반이 그렇듯이, 물론 인륜적 세계가 의견과 자의의 그러한 주관적 우연성의 표상에 내맡겨져 **있지는** 않지만, 그에 내맡겨져야 한다는 것이다. 이성과 그 이성의 지성의 그야말로 수천 년에 걸친 노동인 것을 **감정** 위에 세우는 단순한 자가 처방에 있어서는 물론 사유하는 개념에 의해 인도되는 이성 통찰과 인식의 온갖 노고가 면제되어 있다. 괴테—그는 훌륭한 권위일 터이다—의 **메피스토펠레스**는 내가 다른 곳에서도 인용했듯이 이에 대해 대략 다음과 같이 말하고 있다.[18]

"오직 지성과 학문이라는
인간 최고의 재능을 경멸하라—
그러면 그대는 악마에게 몸을 맡겨
몰락하지 않을 수 없다네."

그러한 견해가 또한 **경건성**의 형태를 취하기도 한다는 것은 직접적으로 명백하다. 왜냐하면 이러한 움직임은 그 모든 것을 가지고서 스스로를 권위

• • •

2. 그의 학문의 천박성에 관해 나는 예전에 증언한 바 있다. **논리의 학***Wissenschaft der Logik* (Nürnberg 1812), 서론 S. XVII을 보시오.

있게 하려고 했기 때문이다! 그러나 그 움직임은 신의 축복과 성서를 가지고서 인륜적 질서와 법률의 객관성을 경멸하는 것에 대한 최고의 정당화를 스스로에게 부여한다고 잘못 생각했다. 왜냐하면 확실히 경건성, 그것은 세계 내에서 하나의 유기적 왕국으로 분화된 진리를 감정의 좀 더 단순한 직관으로 전개하는 것이기도 하기 때문이다. 그러나 그것이 올바른 종류의 것인 한에서, 그것은 [7/20]내적인 것으로부터 벗어나 이념의 전개와 현현된 풍요로움의 대낮에 들어서고 자기의 내적인 예배로부터 감정의 주관적 형식 위로 고양된 즉자대자적으로 존재하는 진리와 법칙에 대한 존경을 가지고 오자마자 그러한 영역의 형식을 포기한다.[19]

9. 저 천박함이 뽐내는 웅변 양식에서 표현되는 사악한 양심의 특수한 형식이 여기서 인지될 수 있거니와, 무엇보다도 우선 그것은 스스로 **가장 몰정신적인** 곳에서 가장 많이 **정신**에 대해 이야기하며, 또 그것이 가장 죽어 있고 가장 무미건조한 곳에서 **삶**과 **삶으로 이끈다**는 말을 운운하고, 더 나아가 그것이 공허한 고만함의 최대의 이기심을 드러낼 때 가장 많이 민중이라는 말을 입에 올린다. 그러나 저 천박함이 이마에 달고 다니는 특유한 표징은 법칙에 대한 증오이다. 법과 인륜, 그리고 법과 인륜적인 것의 현실적 세계는 **사상**에 의해 포착되며, 사상에 의해 이성성의 형식, 요컨대 보편성과 규정성을 부여받는다고 하는 이것, 즉 **법칙**은 자기 마음 내키는 대로 할 여지를 지니는 저 감정이나 법적인 것을 주관적 확신 속에 세우는 저 양심이 스스로에게 가장 적대적인 것으로 간주하는 바로 그것이다. **의무**와 **법칙**으로서의 법적인 것의 형식은 저 감정과 양심에 의해 **죽은 차가운 문자**나 **속박**으로 간주된다. 왜냐하면 그것은 법칙 속에서는 자기 자신을 인식하지 못하고, 또한 그 속에서 스스로 자유롭다고 인식하지도 못하기 때문이거니와, 그 까닭은 법칙이란 사태의 이성이고 이 이성은 감정이 자기의 특수성을 부둥켜안는 것을 허용하지 않기 때문이다. 그런 까닭에 **법칙**은 이 교과서가 전개되는 과정에서 어디선가 언급되고 있듯이 무엇보다도 이른바 민중의 거짓 형제들과 친구들이 거기서 구별되는 암호Schiboleth이다.[20]

10. 그런데 법의 자의적인 곡해가 **철학**이라는 이름을 자기 것으로 삼고서 수많은 대중들로 하여금 마치 그와 같은 야단법석이 철학이라는 듯이 생각하게 만들 수 있었던 까닭에, [7/21]국가의 본성에 관해 여전히 철학적으로 논하는 것은 심지어 거의 불명예로 되었거니와,[21] 성실한 사람들이 철학적 국가학에 관해 말하는 것을 듣자마자 안절부절 못하게 된다고 해서 그들을 나쁘게 생각할 일이 아니다. 더더군다나 마침내 정부가 그러한 철학함에 주목하게 되었을 때 놀라서는 안 되는데, 왜냐하면 그렇지 않아도 우리의 경우 철학은 가령 그리스인들에게서처럼 사적인 기예로 수행되는 것이 아니라 주로 또는 오로지 공무에서 대중을 움직이는 공적인 실존을 지니기 때문이다.[22] 만약 정부가 이 분야에 바쳐진 학자들에게 철학의 교육과 내실을 그들에게 전적으로 내맡기는 신뢰를 보여주었다면—그것은 여기서든 저기서든 신뢰라기보다는 오히려 학문 자체에 대한 무관심일 것이며, 철학의 교직은 다만 전통에 따라서만 유지되었다(내가 아는 한 결국 프랑스에서는 최소한 형이상학 강좌들이 폐지되었다)—, 그 신뢰는 정부에 대해 여러모로 나쁜 결과로 갚아졌으며, 또는 다른 경우에 사람들이 무관심을 보고자 했던 곳에서는 철저한 인식의 황폐화라는 그 결과가 이러한 무관심의 대가로서 간주될 수 있을 것이다. 처음에는 확실히 천박성이 가령 적어도 외적 질서 및 평온과 가장 타협적인 것으로 보이는데, 왜냐하면 그것은 사태의 실체를 건드리거나 심지어 단지 예감만 하는 데에도 이르지 못하기 때문이다. 따라서 천박성은 국가가 여전히 좀 더 심오한 교양과 통찰에 대한 욕구를 자기 내에 지니지 않고 또 그 욕구의 충족을 학문에 대해 요구하지 않는다면 우선은 최소한 경찰에 의한 어떠한 제재도 받지 않을 것이다. 그러나 천박성은 그 스스로 인륜적인 것과 법 그리고 의무 일반과 관련하여 이 영역에서 천박한 것을 이루는 그와 같은 원칙들, 즉 우리가 **플라톤**으로부터 그토록 결정적으로 알게 되는 **소피스트들**의 원리들로 나아가거니와—그 원리들은 법·옳음인 바의 것을 **주관적 목적들과 의견들** 그리고 [7/22]**주관적 감정**과 **특수한 확신** 위에 세우는 것으로서,—그 원리들로부터는 내적 인륜성과 성실한

양심[22a], 그리고 사적 인격들 사이의 사랑과 법・옳음의 파괴뿐만 아니라 또한 공공질서와 국법의 파괴가 따라 나온다. 그와 같은 현상들이 정부에 대해 획득하지 않을 수 없는 의미는 가령 국가가 행위들의 실체적 원천과 보편적 원칙을 부패시키는 것과 심지어 그에 대한 저항을[23] 마치 그렇게 하는 것이 적절하다는 듯이 허용하고 존재하도록 해야 한다고 국가에 대해 요구할 수 있을 정도로까지 주어진 신뢰 자체와 직무의 권위에 의거하는 자격에 의해 물리쳐질 수 없을 것이다. **신은 직무를 부여하는 자에게 또한 지성도 주신다**는 것은 아마도 우리 시대에는 어느 누구도 전혀 진지하게 주장하고자 하지 않을 낡은 농담이다.

11. 정부에서의 상황들로 인해 되살려진 철학함의 양식과 방식의 중요성에 있어 철학의 연구가 여러 다른 측면들에 따라 필요로 하게 된 것으로 보이는 보호와 후원의 계기가 간과될 수 없다. 왜냐하면[24] 우리가 실증적 학문들의 전문분야들과 더불어 종교적 교화 및 여타의 그 규정이 모호한 문헌 분야에서 나오는 그 수많은 출판물들에서 읽게 되는 것은 그 속에서 조금 전에 언급된 철학에 대한 경멸, 즉 그들이 사상의 도야에서 완전히 뒤처져 있고 철학이 그들에게는 전적으로 낯선 어떤 것임에도 불구하고 철학을 스스로가 다 해치운 것으로 취급한다는 것을 동시에 증명하는 그러한 경멸이 표명되어 있을 뿐만 아니라,—또한 바로 거기서 철학에 대해 비방하고 철학의 내용, 즉 **신**과 물리적 자연 내지 정신적 자연・본성에 대한 **개념 파악하는 인식**[25], 곧 **진리의 인식**을 어리석고 심지어 죄 많은 오만불손함으로 천명하며, **이성**을 그리고 다시 **이성**을, 그것도 무한히 반복해서 **이성**을 고발하고 격하하며 저주한다는 것,—또는 최소한 학문적이어야 하는 활동의 대부분에서 [7/23]그럼에도 불구하고 개념의 불가피한 요구들이 얼마나 불편하게 여겨지는지를 인식할 수 있게 되는 것이거니와,—나로서는 그와 같은 현상들을 자기 앞에 지니는 사람이라면 누구나 **이런 측면에서** 전통은 더 이상 존경할 만하지도 않고 또 철학적 연구에 **관용**과 공적인 실존을 보장하기에 충분하지도 않다는 생각에 여지를 내어주게 될 것이라

고 말하고자 한다.[3]—우리 시대에 널리 퍼져 있는 철학에 반대하는 장광설과 오만불손함은 그들이 한편으로는 이 학문이 그리로 떨어져 있는 저 천박성을 통해 스스로의 권리를 가지면서 다른 한편으로는 그들이 배은망덕하게 반항하고 있는 이 터전에 스스로 뿌리박고 있는 기이한 광경을 펼쳐 보인다. 왜냐하면 자칭 저 철학함은 진리의 인식을 하나의 어리석은 시도로 천명함으로써 마치 **로마 황제들**의 전제주의가 귀족과 노예, 덕과 부덕, 명예와 불명예, 그리고 지식과 무지를 **동등하게 만들어** 버렸듯이 모든 사상들과 모든 소재들을 평준화시켰고,—그리하여 참된 것의 개념들과 인륜적인 것의 법칙들도 의견들과 주관적 확신들 이상이 아니고 또한 **확신들**로서의 가장 범죄적인 원칙도 저 법칙들과 동등한 지위에 놓이게 되고, 그와 마찬가지로 또한 그렇듯 앙상하고 특수한 모든 객체들과 그토록 메마른 모든 재료들이 모든 사유하는 인간의 관심과 인륜적 세계의 유대를 이루는 것과 동등한 지위에 놓이게 되었기 때문이다.

12. 그런 까닭에[7/24]—사실 이것은 이미 언급했듯이 **사태의 필연성**이다—**학교지혜**로서 자기 내에서 전개될 수 있을 저 철학함이 법들과 의무들의 원칙들이 진지하게 다루어지고 그 원칙들에 대한 의식의 대낮 속에서 살아가는 현실과 좀 더 밀접한 관계 속에 들어섬으로써[26] **공적인** 결렬에 이르게 된 것은 학문을 위해 행운으로 여겨져야 한다. 오해에 처해 있는 것은 바로 **이러한 현실에 대한 철학의 태도**이거니와, 이와 더불어 나는 조금 전에 언급했

• • •

3. 그와 같은 견해들이 내게 닥쳐 온 것은 요한네스 폰 뮐러Joh. v. Müller의 편지(Werke [Tübingen 1810-19], Teil VIII, S. 56)에서였는데, 거기서는 **로마**가 프랑스 지배하에 있을 때인 1803년의 이 도시의 상태에 대해 특히 다음과 같이 언급되어 있다. "공적인 교육기관들이 어떤 상태에 놓여 있는지를 질문 받은 한 교수는 **우리는 마치 매음굴처럼 그것들을 참고 견딥니다**라고 대답했다네."—우리는 이른바 **이성론***Vernunftlehre*, 즉 **논리학**을 심지어 **추천**하는 소리도 들을 수 있지만, 그 추천은 가령 사람들이 무미건조하고 열매를 맺지 못하는 학문인 논리학에 어차피 더 이상 몰두하지 않거나 또는 그런 일이 때때로 이루어질 때에도 논리학에서 다만 무내용적이고, 따라서 아무것도 주지 않고 또 아무것도 망치지도 않는 그러한 공식만을 얻을 뿐이므로 그 추천이 어느 경우에도 해를 끼치지도 또 아무런 도움도 되지 않을 거라는 확신을 가지고서 이루어진다.

던 것, 즉 철학이란 바로 **이성적인 것의 근거해명**인 까닭에 **현재적인 것과 현실적인 것의 파악**이지, 그것이 어디에 있어야 할지를 신이 알고 있는—또는 우리가 사실 그것이 어디에 있는지 확실하게 말할 수 있되, 요컨대 일면적이고 공허한 이치추론 속에 있다고 말할 수 있는 **피안적인 것**의 정립이 아니라는[27] 것으로 되돌아온다. 뒤따르는 논구 과정에서 언급했듯이 **공허한 이상**의 표어로서 여겨지는 **플라톤**의 국가조차도[28] 본질적으로는 그리스적 인륜의 본성 이외에 다른 아무것도 파악하지 않았으며, 더 나아가 그 그리스적 인륜에서 직접적으로는 다만 아직 충족되지 않은 동경이자 따라서 다만 퇴폐로서만 나타날 수 있었던, 그 인륜 속으로 뚫고 들어오는 좀 더 깊은 원리에 대한 의식에서 **플라톤**은 바로 그 동경으로부터 그에 반대하는 대책을 찾아야만 했거니와, 그러나 높은 곳에서 와야만 할 그 대책을 우선은 다만 그가 저 퇴폐를 제거하고자 고안해낸 저 그리스적 인륜의 **외적인** 특수한 형식 속에서 추구함으로써 그는 저 인륜의 좀 더 심오한 충동, 즉 자유로운 무한한 인격성을 바로 가장 깊이 침해하고 말았다. 그러나 그에 의해 플라톤은 자신이 위대한 정신임을, 즉 그의 이념을 구별해 주는 것이 중심으로 삼아 돌고 있는 바로 그 원리가 그 당시 임박해 있던 세계 변혁이 그 주위를 돌았던 중심축임을 증명했다.

13. 이성적인 것, 그것은 현실적이며,
현실적인 것, 그것은 이성적이다.[29]

[7/25]철학과 같은 모든 공평무사한 의식은 이러한 확신 속에 서 있거니와, 철학은 **자연적** 우주에 대해서와 마찬가지로 **정신적** 우주에 대한 고찰에서도 이로부터 출발한다. 만약 반성과 감정이, 또는 주관적 의식이 어떤 형태를 지니든 간에 그것이 **현재**를 **공허한 것**으로 간주하고 그 현재를 넘어서 있으며 또 좀 더 훌륭한 것을 안다면, 그 의식은 공허한 상태에 처해 있으며, 그것이 현실을 현재 속에서만 지니는 까닭에 그 의식 자체가 다만 허영심일 뿐이다. 역으로 **이념**이 단지 그렇듯 사념 속에서의 이념, 즉 표상인 것으로 여겨진다면, 그에 반해 철학은 이념 이외에 그 어떤 것도 현실적이지 않다는 통찰을

가져다준다. 그렇다면 관건이 되는 것은 시간적인 것과 일시적인 것의 가상 속에서 내재적인 실체와 현재적인 영원한 것을 인식하는 것이다. 왜냐하면 이념과 같은 뜻인[30] 이성적인 것은 자기의 현실성에서 동시에 외적인 실존에 들어서는 가운데 무한히 풍부한 형식들과 현상들 및 형태화들에서 출현하여 자기의 핵심을 다채로운 외피로써 에워싸거니와, 의식은 우선은 이 외피 속에 자리 잡지만 결국은 개념이 외피를 꿰뚫고 들어가 내적인 맥박을 발견하고 그것이 외적인 형태화들에서도 마찬가지로 고동치고 있음을 감지하기 때문이다. 그러나 이러한 외면성 속에서 본질이 외면성 속으로 가현함을 통해 형성되는 무한히 다양한 여러 관계들, 즉 이러한 무한한 재료와 그것의 정리는 철학의 대상이 아니다. 철학은 그것들에서 자기와 상관없는 것들에 끼어들었거니와, 철학은 그것들에 대한 훌륭한 조언을 하지 않을 수 있는 것이다. **플라톤**은 유모들에게 아이를 안고 있을 때는 결코 가만히 있지 않고 아이를 계속해서 팔 위에서 흔들어대야만 한다고 충고하기를 그만둘 수 있었으며, 마찬가지로 **피히테**도 **여권행정**의 완성을 용의자에 대해서는 단지 인상착의만을 여권에 기록하는 것이 아니라 초상화도 거기에 그려 넣어야 한다고, 사람들이 부르는 대로 하자면, **구성**하는 데까지 수행하기를 그만둘 수 있었다. 그와 같은 상세한 논의들에서는 철학의 어떠한 흔적도 더 이상 볼 수 없거니와, 철학은 이러한 무한히 많은 대상들에 관해 바로 가장 자유로운 모습으로 자신을 보여야 하는 만큼 더욱 더 그와 같은 초지혜를 방기할 수 있다. [7/26]그리함으로써 학문은 또한 더 훌륭한 것을 안다는 허영심이 수많은 상황들과 제도들에 던지는 증오—즉 좀스러움이 자기감정에 도달할 수 있도록 해주는 유일한 것인 까닭에 그 좀스러움이 가장 많이 과시하는 증오—로부터도 가장 멀리 떨어져 있는 자신의 모습을 보이게 될 것이다.

14. 따라서 결국 이 논구는 그것이 국가학을 포함하는 한에서 **국가를 자기 내에서 이성적인 것으로 개념 파악하고 또 서술**하려는 시도 이외의 다른 것이 아니어야 한다. 철학적 저술로서의 이 논구는 **국가를, 즉 그것이 어떻게**

존재해야만 하는지를 구성해야 하는 것으로부터는 가장 멀리 떨어져 있어야만 한다. 그 속에 놓여 있을 수 있는 가르침은 국가에게 그것이 어떻게 존재해야 하는지가 아니라 국가라고 하는 인륜적 우주가 어떻게 인식되어야 하는지를 가르치는 데 귀착될 수 있다.[31]

15. **여기가** 로도스다, **여기서** 뛰어라.(Ἰδοὺ Ῥόδος, ἰδοὺ καὶ τὸ πήδημα. *Hic* Rhodus, *hic* saltus.) **존재하는 것**, 그것을 개념 파악하는 것이야말로 철학의 과제인데,[32] 왜냐하면 **존재하는 것**, 그것은 이성이기 때문이다. 개인에 관한 한, 모든 개인은 본디 **자기 시대의 아들**이다. 그렇듯이 또한 철학도 **사상으로 포착된 그의 시대**이다.[33] 어떤 하나의 철학이 그것의 현재 세계를 넘어간다고 생각하는 것은 개인이 자기의 시대를 뛰어넘는다, 즉 로도스를 뛰어넘는다고 생각하는 것과 마찬가지로 어리석다. 개인의 이론이 실제로 그의 시대를 넘어가 **세계가 어떻게 존재해야 하는지** 하나의 세계를 건설한다면, 물론 그 세계가 실존하겠지만, 그러나 다만 그의 사념 속에서만—즉 그 어떤 임의적인 것도 상상될 수 있는 허약한 터전에서만 실존할 것이다.[34]

16. 약간 변화시키게 되면 저 어투는 다음과 같이 들릴 것이다.

여기에 장미가 있다,[35] **여기서** 춤춰라.

자기의식적 정신으로서의 이성과 현전하는 현실로서의 이성 사이에 놓여 있는 것, 즉 전자의 이성을 후자의 이성으로부터 갈라놓고 그 현실로서의 이성 속에서 만족을 발견할 수 없게 하는 것은 개념으로 해방되어 있지 못한 모종의 추상물의 속박이다.[36] 이성을 현재라는 십자가 속의 장미로 인식함으로써[37] 이 현재를 [7/27]기쁘게 향유하는 것, 이러한 이성적 통찰이야말로 **개념 파악**하고자 하고 실체적인 것에서 그와 마찬가지로 주관적 자유를 유지할 뿐 아니라 주관적 자유를 가지고서 특수적이고 우연적인 것이 아닌 즉자대자적인 것 속에 서고자 하는 내적 요구를 언제고 한번 제기한 자들에게 철학이 가져다주는 현실과의 **화해**이다.[38]

17. 이것은 또한 위에서 좀 더 추상적으로 **형식과 내용의 통일**이라고 표현되었던 것의 좀 더 구체적인 의미를 이루는 것이기도 한데, 왜냐하면 그

가장 구체적인 의미에서의 **형식**이란 개념 파악하는 인식으로서의 이성이고 **내용**은 인륜적 및 자연적 현실의 실체적 본질로서의 이성이기 때문이다. 양자 간의 의식적 동일성이 철학적 이념이다.—사상을 통해 정당화되지 않는 것은 아무것도 심정 속에서 인정하지 않고자 하는 것은 하나의 위대한 아집, 즉 인간에게 명예를 안겨주는 아집이거니와,—이 아집이야말로 근대의 특징적인 것이자 본디 프로테스탄티즘의 특유한 원리이다.[39] **루터**가 감정과 정신의 증거 속의 신앙으로서 시작했던 것, 그것은 더욱 더 성숙된 정신이 **개념** 속에서 파악함으로써 현재 속에서 자기를 해방시키고 이를 통해 현재 속에서 자기를 발견하고자 노력했던 바로 그것이다. 어중간한 철학은 신으로부터 벗어나게 하지만—인식을 진리에의 **접근**에 놓는 것은 이러한 어중간함이다—, 참된 철학은 신에게로 이끈다는 것이 유명한 말이 되었듯이,[40] 그것은 국가의 경우에도 마찬가지다. 이성이 차지도 않고 따뜻하지도 않은 까닭에 뱉어내지는 것으로서의 접근에 만족하지 않는 것과 마찬가지로[41] 또한 이성은 이 시간성 속에서는 아마도 나쁘거나 기껏해야 평범하게 일이 되어갈 뿐, 그 속에서는 더 좋은 것을 가질 수 없는 까닭에 다만 현실과의 평화만을 유지할 수 있을 거라고 승인하는 차가운 절망에 만족하는 것도 아니다. 인식이 마련해주는 것은 현실과의 좀 더 따뜻한 평화이다.[42]

18. 세계가 어떻게 존재해야 할 것인지에 대한 **가르침**과 관련해 한마디 하자면, [7/28]본디 철학은 이를 위해서는 언제나 너무 늦게 온다. 세계의 **사상**으로서의 철학은 현실이 자기의 형성과정을 완성하고 다 마무리한 후에야 비로소 시간 속에서 현상한다. 개념이 가르치는 다음과 같은 것을 필연적으로 역사도 마찬가지로 보여주는데, 요컨대 현실의 성숙 속에서 비로소 관념적인 것이 실재적인 것에 맞서[43] 현상하고, 전자는 후자의 세계를 그의 실체 속에서 파악하여 지적인 나라의 형태로 구축하게 되는 것이다. 철학이 자기의 회색을 회색으로 칠할 때에는 삶의 형태는 이미 늙어져 있거니와, 회색을 회색으로 칠함으로써 삶의 형태는 젊어지는 것이 아니라 다만 인식될 수 있을 뿐이다. 미네르바의 부엉이는 황혼이 깃들 무렵에야 비로소

날기 시작한다.[44]

19. 하지만 이 머리말을 끝내야 할 시간이다. 머리말로서의 그것에게는 본디 그것이 먼저 제시되는 그 저술의 입장에 관해 외면적이고 주관적으로 이야기하는 것만이 속해 있었다. 내용에 관해 철학적으로 이야기되어야 한다면, 그 내용은 다만 학문적이고 객관적인 취급만을 받아들이는바, 결국 저자에게도 사태 자체에 대한 학문적 논구와는 다른 양식의 반박은 단지 주관적인 후기와 임의적인 단언으로 여겨질 뿐이어서 그것은 저자에게 무관심한 것이지 않을 수 없다.

베를린, 1820년 6월 25일.

Ⅱ. 헤겔의 서문들에 대한 주해

주해의 이용에 대하여:

텍스트에서 작은 숫자로 표시된 지시번호는 그것이 놓여 있는 개별 개념에 관계될 뿐만 아니라 또한 종종 그것이 단락의 처음에 놓여 있을 때에는 이 단락 전체에 관계되기도 한다. 그러므로 주해에서의 해당 해명들로 향하기 전에 먼저 텍스트 단락 전체를 읽기를 권고한다. 주의해야 할 것은 또한 헤겔 철학의 양식으로 인해 자주 해당 구절의 개별적 주해를 참조하는 것뿐 아니라 연속되는 가운데 부분적으로 상호 연관시켜 읽을 수 있는 선행하는 주해들과 뒤따르는 주해들을 함께 끌어들일 필요가 있다는 점이다. 더 나아가 「서론을 위한 예비적 언급」에서의 주해에 관한 원칙적인 논의도 참조할 수 있을 것이다. (옮긴이는 몇몇 주해에서 필요에 따라 핵심적인 관련 구절을 다시 옮겨 놓았다. 번거로운 반복일 수도 있지만, 독자들에게 도움이 될 수 있기를 바란다. 한편 편주자 메츠케는 주해를 위한 헤겔 저작들로부터의 인용을 "전집"과 글로크너에 의한 "기념판" 전집의 권과 쪽에 따라 제시하고 있는데, 옮긴이는 거기에 주어캄프 판 전집의 권과 쪽을 덧붙였다.── 옮긴이)

전기적이고 서지적인 예비적 언급

게오르크 빌헬름 프리드리히 헤겔은 1770년 8월 27일, 횔덜린과 같은 해에 슈투트가르트에서 관리의 아들로 태어났다. 1788년 가을에 그는 튀빙겐 신학교(슈티프트)에 입학하여 1788년부터 1793년까지 대학에서 철학과 신학을 공부했다. 그의 학업 동료 가운데는 횔덜린과 셸링이 있는데, 그들과 그는 우정으로 그리고 국가적 · 인륜적 · 종교적 · 학문적 삶의 정신적 갱신을 향한 공동의 노력으로 묶여 있었다. 그들을 고무한 것은 새로운 시대의 시작에 대한 믿음이었다.—이어서 베른(1793-1796)과 프랑크푸르트/마인(1797-1801)에서의 길고도 체념으로 가득 찬 가정교사 시절이 뒤따른다. 학문적인 철저함을 가지고서 헤겔은 역사학적이고 신학적이며 정치학적인 연구들에 몰두하는데, 그것은 그의 철학함에 견고한 경험적 토대를 제공한다. 고독한 작업의 이 시기에 그의 사상의 자기관철은 선구적이었다고 빌헬름 딜타이Wilhelm Dilthey는 헤겔의 청년기 역사에 관한 논고에서 서술했는데, 이 논고로써 그는 범논리주의자이자 합리주의자로서의 헤겔에 관한 오랫동안 영향력 있었던 도그마를 분쇄하고 그의 형이상학의 종교적 근거를 분명히 했다. 1907년 헤르만 놀Hermann Nohl에 의해 수고들에 따라 출간된 『헤겔의 신학적인 청년기 저술들』(이들은 물론 단지 신학적인 내용의 것만도 아니고 또한 본래적으로 "저술들"이 아니라 단편들과 초안들이다. 가장 성숙한 것들은 1797/1800년에 유래한다)은 헤겔이 삶의 신비를 둘러싸고 얼마나 깊이 알고 고투했는지를 인상적으로 보여준다("무한한 다양성, 무한한 대립들, 무한한 관계를 지닌 무한한 삶"[1800년 체계단편]).

1801년 그는 그 당시 새로운 철학적 삶의 중심지인 예나에서 교수자격을 취득했다. 거기서는 피히테가 1794년 이래로 그의 "학문론Wissenschaftslehre"의 철학적 힘에서 나오는 교수 활동을 통해 정신과 삶을 개혁하고자 시도했었는데, 물론 그는 세기가 전환되기 직전에 무신론의 혐의를 받고 교수직을 상실했다. 거기서는 또한 1798년 이래로 셸링이 가르치고 있었다. 피히테의 주관적 관념론과의 대결에서 헤겔은 「피히테와 셸링의 철학체계의 차이」에 관한 저술에서 셸링의 편에 섰지만, 곧바로 셸링에 대해서도 맞서는 그 자신의 입장을 내놓게 된다. 그의 체계적 사유가 철학적 문제들을 포괄적으로 소화하는 가운데 성숙해 가고, 그 체계적 사유가 최초의 체계기획들[1]에서 입증되고 있는(이는 테오도르 해링Theodor Haering에 의해 두 권짜리 헤겔 저작, Ⅰ 1929, Ⅱ 1938에서 상세하게 서술된다) 예나 사강사 시절의 열매는 1807년에 출간되는 『정신현상학』이다. 그의 최초의 주저이자 압도적인 사상들로 가득 차 있는 그 저작은 그의 온전하고 생산적인 자립성을 증명하며 그의 가장 천재적인 성취로 남아 있다. 경제적 불안으로 인해 그는 예나를 떠나 밤베르크 신문의 편집자 자리를 받아들인다. 하지만 곧바로(1808년) 그는 뉘른베르크의 에기디우스 김나지움의 교장직을 얻는다. 거기서 그는 또한 마리 폰 투허와 결혼하기도 했다. 뉘른베르크 시절에 그의 가장 위대하고 가장 중대한 저작, 즉 1812년과 1816년에 출간된 두 권으로 이루어진 『논리의 학』이 성립한다.

• • •

1. 라손의 비판판 Bd. XVIII(오로지 거기만)을 참조. 「예나 논리학, 형이상학, 자연철학Jenenser Logik, Metaphysik und Naturphilosophie」(1801/02년 강의)과 「인륜의 체계System der Sittlichkeit」는 Bd. XIII에서 발견할 수 있다. 나아가 호프마이스터가 편집한 『예나 실재철학』 1931/32도 참조.

1816년 헤겔은 오랜 기다림 끝에 하이델베르크 대학에서 철학 교수직을 얻는다. 최초의 추종자들이 그의 주위에 모여드는데, 그들 가운데 한 사람이 빅토르 쿠쟁Victor Cousin이다. 1817년에 출간되는 『철학적 학문들의 엔치클로페디 강요』는 처음으로 헤겔 철학 체계의 포괄적인 전체상을 제공한다. 1818년 그는 베를린 대학으로 초빙되어, 거기서 철학의 모든 분야에 걸쳐 결실 있는 교수 활동을 전개한다. 교수 활동에 그의 모든 힘이 쏟아 부어짐으로써 그의 철학은 시대의 형성력이 되지만, 그렇다고 해서 그의 사상적 의도들이 그 순수성과 자유 그리고 위대함을 상실하는 것은 아니었다. 1821년 베를린 시대에 유일하게 인쇄되어 출판된 위대한 저작인 그의 『법철학 강요』가 ("강의들에 대한 입문서"로서) 출간된다. 1829/30년 그는 베를린 대학의 총장이 된다. 1831년 11월 14일 그는 콜레라로 쓰러진다. 미학, 종교철학, 철학사 그리고 무엇보다도 우선 세계사의 철학에 관한 그의 일련의 위대한 강의들이 그의 죽음 이후 곧바로 제자들과 추종자들에 의해 편집된 그의 저작 전집의 틀을 갖추어 인쇄, 출간된다.

판본들: 방금 언급된 1832/45년 판본(여기에는 헤겔이 주고받은 편지들이—1887년에—덧붙여졌다) 이외에 이 판본을 따라 (그러나 새로운 순서로) 인쇄된, 글로크너에 의해 편집된 20권짜리 기념판Jubiläumsausgabe 전집, 1927 ff.가 존재한다(여기에는 글로크너의 두 권짜리 단행본 『헤겔』, 1929/40과 『헤겔 렉시콘』, 1935/39가 덧붙여져 있다). 현재 마이너 출판사는 방대하고 이미 많이 진행된 비판적 전집을 철학총서로 출간하고 있다(이는 1905년 A. 라손에 의해 창설되었다. 이 전집은 무엇보다도 헤겔 강의 청강자들의 입수 가능한 모든 필기본을 비판적으로 이용하고 예나 시대 수고본들을 출판함으로써 커다란 공적과 근본적 의의를 지닌다). 전집들에 빠져 있는 신학적인 청년기 저술들의 헤르만 놀에 의한 판본에 대해서는 이미 언급한 바 있다. J. 호프마이스터에 의해 편집, 출간된 『헤겔 발전의 기록들 *Dokumente zu Hegels Entwicklung*』, 1936은 위의 판본들을 일정하게 보완해

준다.[2]

좀 더 오랜 문헌들 가운데 언급할 것이 남아 있다. 로젠크란츠K. Rosenkranz, 『헤겔의 생애*Hegels Leben*』, 1844와 하임R. Haym, 『헤겔과 그의 시대*Hegel und seine Zeit*』, 1857(로젠베르크H. Rosenberg, 1927에 의해 새롭게 편집되고 알려지지 않은 기록들이 증보되었다). 스털링J. Hutchison Stirling, 『헤겔의 비밀*The Secret of Hegel*』, London 1867(영국에서의 헤겔주의에 대해 선구적이다). 쿠노 피셔Kuno Fischer, 『헤겔의 생애, 학설과 저작*Hegels Leben, Lehre und Werke*』, 2 Bde. 1901(팔켄하임H. Falkenheim과 라손에 의해 보완된 신판, 1909). 딜타이의 이미 언급된 위대하고 획기적인 헤겔의 청년기 역사, Abh. d. Berl. Akad. 1905(지금은 Ges. Schr. Bd. Ⅳ). 그와 마찬가지로 베네데토 크로체Benedetto Croce, 『헤겔 철학에서 살아 있는 것과 죽은 것*Lebendiges und Totes in Hegels Philosophie*』(이탈리아어판 1907, 독일어판 1909)은 새로운 연구로 이어지고 있다.—가장 중요한 최근의 전체 서술들을 들면 다음과 같다. 로젠츠바이크F. Rosenzweig, 『헤겔과 국가*Hegel und der Staat*』, 1920(역사적-전기적인 저작). 크로너R. Kroner, 『칸트에서 헤겔까지*Von Kant bis Hegel*』, 2 Bde. 1921/24(그 당시 선구적인 저작). 브룬스비크A. Brunswig, 『헤겔*Hegel*』, 1922. 하르트만N. Hartmann, 『헤겔*Hegel*』, 1929(문제사적으로 근본적인 저작). 무크W. Moog, 『헤겔과 헤겔학파*Hegel und Hegelsche Schule*』, 1930. 슈타인뷔헬Th. Steinbüchel, 『헤겔 철학의 근본문제*Das Grundproblem der*

• • •

2. 호프마이스터가 S. 391-476의 주해들에서 제시하는 평가는 물론 비판적으로 제한될 필요가 있다. 거기서 문제가 되는 것은 원칙적인 것이다. 호프마이스터는 18세기 계몽의 사상세계가 헤겔 철학의 "재료"뿐만 아니라 "정신적 실체"도 나타낸다는 것을 보여주고자 한다(머리말 Ⅷ). 물론 확실히 헤겔은 계몽의 사상들을 철저하게 소화했다. 그러나 그의 사유의 현실적인 역사적 뿌리들은 그것을 훨씬 넘어선다. 또한 그의 시대의 직접적 자극들도 계몽의 몇몇 학교철학자들뿐만 아니라 당시의 교양세계의 범위 전체에서 찾아질 수 있을 것이다. 한 사상가의 사상세계의 복합적 성격을 인식하고 관점을 좁히지 않는 것은 어떤 사상가에서보다도 헤겔에게서 더 필요하다. 마지막으로 헤겔 철학이 비록 정신의 위대하고 비할 데 없는 성취를 나타낸다고 할지라도 그것의 본질과 뿌리에 대한 물음에서 헤겔 자신의 창조적인 힘이 너무 적게 평가되어서는 안 된다. 그 힘은 본래적으로 철학적인 것에 대해 결정적이다.

Hegelschen Philosophie』, 1933(1권만이 출간됨). 슈바르츠J. Schwarz, 『헤겔의 철학적 발전*Hegels philosophische Entwicklung*』, 1937. 해링Th. Haering, 『헤겔, 그의 의욕과 업적*Hegel, sein Wollen und sein Werk*』 Ⅰ, 1928, Ⅱ, 1938(『정신현상학』에 이르기까지의 헤겔의 사상세계와 언어에 대해 개별적으로 접근하는 통시적 발전사). 글로크너, 『헤겔*Hegel*』 Ⅰ, 1929, Ⅱ, 1940. 헤겔의 형이상학에 대한 간결한 서술은 하임죄트Heimsoeth, 『근대의 형이상학*Metaphysik der Neuzeit*』, 1929, 149 이하에서 발견된다. 또한 비게르스마Wigersma에 의해 편집, 출간된 『헤겔 회의의 논의들』, Ⅰ, 1931, Ⅱ, 1932, Ⅲ, 1933/34도 본질적이다.──그 밖의 문헌들에 대해서는 텍스트에서의 해당 구절들에서 참조할 수 있을 것이다.

1. 『정신현상학』 서문

1806년에 믿을 수 없을 정도로 짧은 시간에 성립한 『정신현상학』은 헤겔의 가장 대담하고 가장 천재적이며 가장 심오한 저작이다. 그것은 처음에는 전체 체계로서, 그 다음에는 체계에 대한 서론과 "체계의 제1부"로서 생각되었지만, 써내려가는 동안 자립적인 전체로, 즉 헤겔의 전체 체계의 하나의 특수한 형태로, 다시 말하면 직접적인 감각적 확신으로부터 의식의 여러 상이한 구체적 현상방식들의 연속적 단계들(기본 단계들: 의식, 자기의식, 이성, 정신, 종교)을 거쳐 절대적 의식, 좀 더 정확하게는 절대자에 대한 철학적 앎의 지점에까지 나아가고자 하는 목표를 지닌 정신의 현상학(현상론Erscheinungslehre)[1]과 철학으로 확대된다. 그리하여 『정신현상학』은 우선은 주관적 인간 정신의 의식단계들에 대한 단순한 현상학적 기술이라는 인상을 줄 수 있겠지만 처음부터 그 이상인데, 왜냐하면 그 현상들과 형태들이 기술되고 분석되는 정신은, 비록 그것이 오로지 현상하는 정신으로서만

1. "현상학" 개념의 전사에 대해서는 호프마이스터가 새롭게 펴낸 『정신현상학』에 붙인 그의 머리말, Philos. Bibl. 1937, VII ff.를 참조—저작의 발생사에 대해서는 제3차 헤겔 회의, 1933에서의 해링의 획기적인 연설, 『회의록*Kongreßverhandlungen*』, 1934, 118 ff.와 글로크너, 『헤겔』 II, 특히 392 ff. 「체계의 현상학적 위기」를 참조.

현상들을 "지양"할 수 있다 할지라도, 헤겔에게 있어 그 존재에서 자기의 현상들 그 이상이기 때문이다. 바로 그 점이 철학의 관례적인 분과 체계 내로의 정돈을 불가능하게 만드는 특징을 헤겔의 현상학에 부여한다.

헤겔 자신은 현상학을 절대지, 즉 오직 그 자신의 생성과 생성되어 있음을 관통해서만 바로 그것일 수 있는 그러한 절대지의 생성에 대한 서술로서 뿐만 아니라 또한 의식의 **경험**의 학문이라고도 부를 수 있었다. 왜냐하면 경험의 구체적인 도정이 비로소 정신에게 그의 내실과 현실성을 부여하기 때문이다. 여기서 경험은 전혀 감각경험이나 귀납적 인식으로 생각되는 것이 아니라 자기 내에 인간에게 경험으로서 마주치는 모든 것, 즉 학문의 경험 및 삶과 심정 그리고 양심의 경험을 포함한다(이 점에 대해서는 「자기의식의 자립성과 비자립성」, 「지배와 예속」, 「불행한 의식」, 「심정의 법칙과 자만의 광기」, 「덕과 세계행로」, 「책임과 운명」, 「절대적 자유와 공포」, 「양심. 아름다운 영혼, 악과 그에 대한 용서」와 같은 몇몇 절들의 표제를 생각해 보는 것으로 충분할 것이다). 종교적 실존과 철학적 인식의 최고의 행위들에 이르기까지의 체험과 알게 됨 및 의식화의 어떠한 방식도 배제되지 않으며, 그래서 헤겔은 "경험 속에 있지 않은 어떠한 것도, 또는 동일한 것이 그렇게 표현되기도 하듯이 느껴진 진리, 내면적으로 계시된 영원자, 믿어진 성스러운 것 또는 그 밖에 어떠한 표현이 사용되든지 간에 그러한 것으로서 현전하지 않는 어떠한 것도 알려지지 않는다"(3/585)고 말할 수 있다. 이 모든 상이한 경험방식들은 의식이 언제나 거듭해서 스스로가 가정했던 것과는 다른 것으로서 입증되는 대상에 점점 더 깊이 몰두하는 가운데 동시에 자기 자신과 대상에 대한 포괄적인 앎으로서의 자기 자신에 도달하기 위해 두루 거쳐나가는, 즉 "편력해 나가는" 계기들로서 입증된다. 그리하여 현상학은 사실상—전통적인 이성주의적이고 경험주의적인 인식론을 훨씬 넘어서서—포괄적인 철학적 의미에서 경험의 보편적 이론이다.

헤겔의 경험 개념의 깊이 전체를 비로소 드러내 주는 두 번째의 결정적인 것으로 추가되는 것은 경험의 본질적 조건으로서의 **역사적** 도정이 함께 고려된다는 점이다. 추상적인 주체와 그와 마찬가지로 추상적인 객체라는 전통적 출발점은 극복되고 인간적 경험수행의 구체적 공간이 비로소 현실적으로 획득된다. 그것이 바로 역사에 대한 고려라는 결정적인 발걸음이다. 주체 자신은 자기가 객체와 함께 만들어 가는 경험들에서 스스로가 변화한다는 것을 경험한다. 주체는 동시에 자기와 함께 비로소 경험이 시작되는 것이 아니라 인류가 전체적인 역사적 발전 도정에서 수행했고 또한 언제나 이미 특정한 역사적 상황들과 연관들 속에서 태어나 그 속에서 성장하는 개인이 경험한 것도 담지하는 경험들이 선행한다는 것을 경험한다. 물론 그로부터 생겨나는 의식분석과 역사적 반성, 인식이론과 역사철학의 결합이 혼란스러울 수 있으며 또 많은 사람들을 당황스럽게 만들었다는 점은 이해할 수 있는 일이다. 그러나 그것은 서술의 불명확함이나 역사에 의한 심리학의 혼란 또는 (루돌프 하임이 생각했듯이) 그 역이 아니다. 오히려 바로 이러한 결합이야말로 헤겔이 정신적 삶과 자신의 것인 동시에 역사적으로 담지되어 온 그 정신적 삶의 경험들과 인식들을 얼마나 깊이 파악했는지를 보여준다. 이성과 경험, 정신과 앎은 그 자체가 근원적인 방식으로 역사적이다(주해 56 이하를 참조). 그러나 역으로 역사는 시간 속의 임의적인 생기사건이 아니라 정신의 생기사건이며, 그러므로 자기를 또한 바로 그 자신인 바의 것으로 앎으로써 바로 역사 자체를 통해 자기를 역사의 존재근거로서 드러내는 그러한 정신의 생기사건이거니와, 이러한 존재근거는 헤겔의 논리학에서 절대적 존재로고스로서 전개된다. 그런 까닭에 리하르트 크로너가 25년 전에 그의 책 『칸트에서 헤겔까지』(II, 1924, 396)에서 말하고 있는 것, 즉 그 당시 헤겔의 변증법적 정신형이상학의 이해를 위해 선구적이었지만 이미 암시된 저 정신과 역사 그리고 존재라는 헤겔의 문제틀이 오늘날 우리에게 점점 더 우리 자신의 것이자 아직 해결되지 않은 문제로 의식되어 왔다는 것을 완전히 파악할 수는 없는 채로 말하고 있는 다음의 말이 오늘날에도 여전히 타당하며 아마도 우리에 의해 훨씬 더 강하게 감지될 수 있을 것이다. "헤겔이 현상학에서 수행하고자 했던 것은 그때까지 한 번도 수행된 적이 없었으며 그 이후로도 더 이상 수행된 적이 없다."

현상학에 대해 주해하는 문헌 중에서 나는 다음의 것들을 언급해 두고자 한다. 푸르푸스W. Purpus, 『헤겔에 따른 의식의 변증법에 대하여*Zur Dialektik des Bewußtseins nach Hegel*』, 1908. 발J. Wahl, 『헤겔 철학에서 의식의 불행Le malheur de la conscience dans la philosophie de Hegel』, 1929. 닝크C. Nink, 『정신 장의 근본적 절들에 대한 주해*Kommentar zu den grundl. Abschn. d. Geistes*』, 1931. 부세M. Busse, 『헤겔의 정신현상학과 국가*Hegels Phänomenologie des Geistes und der Staat*』, 1931. 융E. Jung, 『헤겔 정신현상학에서 분열과 화해 *Entzweiung und Versöhnung in Hegels Phän. d. Geistes*』, 1940. (언급된 책들은 특별히 서문에 대한 해석을 담고 있지 않으며, 글로크너[II, 417 ff.]가 그러한 해석을 제공한다. 물론 그것은 주로 단지 발췌와 석의만을 제공하지만, 몇 가지 주요한 지점들에서는 헤겔의 "범논리주의"에 대한 비판과 결합된 좀 더 상세한 논의를 전개한다.)

마지막으로 씌어진 유명한 **서문** 자체는 본원적으로는 체계 전체로 이끌어 들이는 서론의 역할을 하는 것이어야 했다. 그것은 함축적으로 헤겔이 계획한 서론이 왜 특수한 형식을 지닌 전체 체계의 서술로 전환되었는지에 대한 그의 정당화를 담고 있다. 즉 철학에서는 외부로부터의 본래적인 서론은 가능하지 않으며 언제나 다만 특정한 지점으로부터의 전체의 체계적 발전만이 가능하다는 것이다. 따라서 서문 자체도 외면적으로 앞서 정립된 반성이 아니라 헤겔 철학의 핵심의 간결한 전개이다.

헤겔이 서문을 집필할 때 처음으로 자기 철학의 전체를 명확히 깨닫게 되었다고 말할 수 있는 상황은 이 서문의 특수한 의미를 이룬다. "이제 막 그는 『정신현상학』을 끝냈고 형태 변화는 더 이상 그를 압박하지 않았지만, 지나온 도정에 대한 기억은 여전히 직접적으로 그 속에 살아 있었다.

처음으로 그는 목표에 도달해 있었다.—거기서 그는 자기가 하고자 했던 것을 총괄적으로 언표하기 위해 뒤돌아보았다. 그리하여 저 서문이 성립했다. 헤겔의 생애 전반에서 언젠가 그가 끝맺음하면서도 계속해서 앞을 내다보는 가운데 자기의 철학적 완성태를 완전히 소유하고 있다고 말할 수 있었던 순간이 있다면, 그것은 그가 『정신현상학』의 서문을 쓰고 있던 바로 그 주간이었다. 그는 그 당시 그의 철학함의 정점에 서 있었다."(글로크너, 『헤겔』 II, S. 419)

서문은 동시에 독자들을 헤겔의 사상들이 그 속에서 펼쳐진 그 시대의 철학적이고 정신적인 전체 문제틀의 한가운데로 해명하는 방식으로 이끌어 간다. 중심에는 그 실질적 관심사가 현재의 과제들에 깊이 관련되는 특정한 주관주의와의 대결이 놓여 있다. 그 대결은 헤겔이 철학에게 제기되어 있는 것으로 보고 또 여기서 이루어지는 것보다 더 높게나 더 의미 있게는 거의 제기될 수 없는 과제의 윤곽을 적극적으로 그리기 위한 살아 있는 배경을 형성한다. 헤겔 자신의 광고문(이는 호프마이스터 판 『정신현상학』에 붙인 그의 서론에 실려 있다)은 가르쳐 주는 바가 풍부하다. "서문에서 저자는 철학의 오늘날의 입장에서 스스로에게 철학의 욕구인 것으로 보이는 것에 대해 설명한다. 더 나아가 서문에서는 현재 철학의 명예를 더럽히는 철학적 공식들의 오만불손함과 허튼소리에 관해 그리고 일반적으로 철학과 철학 연구에서 관건이 되는 것에 관해 설명하고 있다." 또한 앞의 「서론을 위한 예비적 언급」에서 인용된 N. 하르트만의 중요한 판단도 참조할 수 있을 것이다.

1. 서문으로 들어가는 길을 쉽게 찾기 위해 **처음 단락들**의 방향과 목표가 다음과 같이 간결하게 제시될 수 있을 것이다. 사태를 선취하기 위함이 아니라 사태에 대한 눈을 열기 위함.

헤겔은 철학적 저작의 목적과 다른 저작들에 대한 그것의 관계를 "일반적으로im Allgemeinen" 제시하고자 하는 서문의 의심스러움으로부터 출발한다. 그러한 서문은 거기서 이미 그 본질이 문제로 되는 철학적 진리를 놓치고 있다. 철학은 사실상 본질적으로 **보편자***Das Allgemeine*를 목표로 하기 때문에,[2] 틀림없이 철학의 과제와 본질적 내용은—특수자를 포착하고자 하는 노력이 자명한 것으로 여겨지는 해부학과 같은 개별과학에서와는 달리—또한 먼저 추상적 보편성에서 규정될 수 있다고 하는 오해가 쉽게 발생한다. 그러나 그렇게 되면 철학에서 문제가 되는 보편자의 본질이 잘못 생각된다. 왜냐하면 보편자는 공허하고 추상적인 것이 아니라 그것이 그 원리를 이루는 자기의 특수화들 속에서만 파악될 수 있기 때문이다. 우리는 여기서 이미 헤겔의 근본확신에 접하고 있다(이 확신은 Th. 슈타인뷔헬에 의해 그의 책 『헤겔 철학의 근본문제』 I, 1933의 실마리로 받아들여졌다). 그것은 단지 논리적으로만이 아니라 존재론적으로 근거지어져 있다. 보편자는 오로지 자기 본질의 계기들인 동시에 자기 생성의 계기들인 구체적인 특수화들 속에서만 **존재한다**(단지 개념적으로만이 아니라 존재적으로). 그런 까닭에 그것은 또한 단순한 결과나 원리의 방식으로 존재할 수 없거나 목적 제시를 통해 파악될 수 없다. 여기에는 보완적으로 단락 3에서의 명제가 덧붙여져야만 한다. "왜냐하면 사태는 그것의 **목적**에서가 아니라 그에 대한 **상론** 속에서 남김없이 드러나며, 또한 **결과**가 아니라 자기의 생성과 함께 있는 결과가 **현실적** 전체이기 때문이다. 그 자체로 홀로 있는 목적은

• • •

2. 원문의 표현에 대하여: 우리는 "또한 철학은 본질적으로 특수자를 자기 내에 포함하는 보편성의 터전에서 존재하기 때문에"라는 문장의 초두에서 "그러나 철학은 ……"을 기대한다. 왜냐하면 그 앞에서 일반적으로 미리 이루어지는 목적 제시는 철학적 저작에서는 "부적절하다"고 지적되고 있기 때문이다. **그러나** 철학은 보편자를 향하고 있기 때문에, 사람들은 다른 학문들에서보다 더 많이 단지 일반적으로만 말할 필요가 있다고 생각할 수 있는 것이다. 딱딱하고 곤란한 이 "또한"은 그 사이에 놓인, 그러나 언표되지 않은 사상을 생각해야만 한다는 식으로 설명될 수 있을 것이다. 즉 a) 일반적으로 목적을 제시하는 이 경향은 물론 널리 행해지고 있고 또 설명될 수 있으며, "또한" 이미 철학은 보편자로 귀착되기 " 때문에"라는 식으로나, 아니면 b) 일반적 목적 제시의 부적절함에 대한 이 지적은 "또한" "…… 때문에" 필요하다는 식으로 생각될 수 있는 것이다.

경향이 자기의 현실성을 여전히 결여하고 있는 한갓된 충동이듯이 생명 없는 보편자이며, 벌거벗은 결과는 경향을 자기 뒤에 남긴 시체이다." 목적과 원리, 결과의 그러한 추상적 제시들에서 놓치게 되는 것은 철학적 "사태 Sache" 자체이다. 사태는 오히려 스스로 전개되고 서술될 것이다. 처음에 제시되는 모든 규정들은 사태의 본질에 도달하기 위한 "인식의 시원" 이상일 수 없다. 전진과 전개 없는 "시원"은 시원으로서 자기 스스로 소멸될 것이다. 네 번째 단락("도야·교양의 시원과 ……")은 스스로에게 유일하게 적합한 학문적 체계의 형식을 지닌 진리에 도달하기 위한 발전의, 따라서 "실체적 삶의 직접성으로부터 벗어나는 일의" 단계들을 제시한다. 1단계: 무엇보다 우선 스스로를 "사태 **일반**에 대한 **사상**에로 끌어올리며, …… 구체적이고 풍부한 충만함을 규정성들에 따라 파악"하기 위한 지식들의 구체적 획득, 2단계: "사태 자체의 경험에로 들어가는 충족된 삶의 진지함", 3단계: "사태의 깊이로 내려가는" "개념의 진지함". ("진리가 실존하는 참된 형태는 ……"으로 시작하는) 다섯 번째 단락은 "진리의 학문적 체계로의 고양"의 내적·외적 필연성을 지시하고 있다. 여기서 내적 필연성은 앎이 자기의 본질을 오로지 "학문"에서만 충족하는 한에서의 필연성이며(주해 7 참조), 외적 필연성은 시간에서의 사유의 발전이 "철학의 학문에로의 고양이 시간에서 이루어진다"는 것이 제시될 수밖에 없는 지점까지 나아간 한에서의 필연성이다. 그와 더불어 (여섯 번째와 그에 이어지는 단락에서) 헤겔이 단순히 끝내 버리는 것이 아니라—그것들을 관통해 온 그 자신의 경험으로부터—철학의 과제에 대한 그 자신의 규정에 이르는 길을 열기 위한 철학적 진리 인식의 역사적 발전 연관 내의 계기들로서 파악하는 철학에 대한 동시대의 파악들과 대결하는 그의 싸움이 시작된다.

2. "지식들의 집합": 개별적 지식들의 단순히 외면적인 축적, 그러한 집합은 엄밀한 의미에서 "학문"으로 불릴 수 없는데, 그것에는 헤겔에게 있어 학문에 대해 말하기 위한 전제인 내적인 체계적 연관이 결여되어 있기

때문이다. 헤겔은 이러한 의미에서 또한 논의의 "역사학적이고 몰개념적인 방식", 다시 말하면 단지 이야기하고 나열할 뿐 사상적으로 근거짓지 않는 그러한 방식에 대해 말한다. 그러나 그런 까닭에 바로 철학적 서문에서 그러한 몰개념적이고 외면적인 방식으로 "보편성들"을 내놓고자 하는 것은 적합하지 않은데, 왜냐하면 바로 철학이야말로 그러한 방식이 "진리를 파악할 수 없는" 것임을 제시하고자 하기 때문이다.

3. (서문들에서 즐겨 제시되는) 하나의 철학적 저작이 다른 체계들에 대해 맺는 관계의 규정[3]과 관련하여 "의견", 다시 말하면 참과 거짓의 "고정된" 표상을 지닌 일반적으로 널리 받아들여지는 의견이 나타나곤 하며, 그로부터 철학적 체계들과 사상들에 대해 참이냐 아니면 거짓이냐 하는 판정이 내려지곤 한다. 그런데 헤겔은 그러한 참과 거짓의 결정에 동기를 부여하는 철학 체계들의 상이성과 모순들을 반박하지 않는다. 그는 또한 그것들을 조화시키려고 하지도 않는다. 오히려 이 단락에서는 서문의 서두에서 곧바로 헤겔의 유명하고도 악명 높은 **변증법**이 어떤 것인지가 개념적으로 규정됨이 없이 아주 구체적이고 직접적으로 제시된다. 바로 그러한 것이 헤겔에게 있어 특징적이다. 왜냐하면 그에게는 그가 일반적으로 거의 반성하지 않는 방법 그 자체가 아니라 바로 그것으로 인해 그가 자기의 변증법에 도달한 특정한 사태들에 대한 해명이 문제로 되기 때문이다. 그는 변증법을 외부로부터 문제들에 적용하기 위해 생각해낸 것이 아니다. 오히려 변증법은 그에게 본원적으로 사태로부터 강요된 것이다. 따라서 변증법은 그것이 형식적 도식으로서, 즉 정립Thesis, 반정립Anti-Thesis 그리고 (대립을 높이는 방식으로 결합하는) 종합Synthesis의 삼단계로서 규정될 때에도 그 참된 본질에서 파악되지 않는다. 변증법은 오히려 오로지 그것이 뿌리박고 있는 경험들로부터만 해명될 수 있다. 앞에서 언급된 철학적 학설들과

3. 여기서 어느 정도로 "낯선 종류의 관심"(이 단락의 첫 번째 문장)이 문제로 되는지는 단락 3이 전개되는 과정에서 제시된다. 이에 대해서는 주해 5를 참조.

의견들의 **모순**이라는 사실은 변증법적 사유에 대한 그러한 경험충격을 형성한다. (헤겔은 바로 그 당시 1805/06년 학기에 처음으로 철학사에 관한 강의를 행했다.) "고정된" 의견의 교조주의Dogmatismus는 이러한 모순(예를 들면 관념론과 유물론, 이성주의와 경험주의 등등의 모순)에 직면하여 "이것이냐-저것이냐"를 넘어서지 못한다. 그러나 그렇게 되면 계속적인 생각과 의사소통은 중단된다. 그에 대립하여 헤겔은 바로 모순이야말로 그저 부정적인 것이 아니라 사유로 하여금 개별적 의견의 일면적이고 경직된 것을 넘어서서 다른 의견의 보완하는 대립에로 나아감으로써 바로 고립된 개별 진리의 지양을 통해 한걸음 한걸음씩 현실적인 전체적 진리에 도달하게끔 한다는 것을 보여주고자 한다.[4] 그러므로 중요한 것은 대립된 의견들을 전체적 진리의 계속적인 발전에서의 상호적으로 밀어내고 계속해서 밀어붙이는 필연적 계기들로서 인식하는 것이다. 왜냐하면 헤겔의 비교에 따르면 이와 비슷하게 꽃과 열매도 "서로 양립할 수 없는" 것으로서 서로를 밀어내지만, 이러한 모순 속에서도 살아 있고 유기적인 발전의 "상호적으로 필연적"이고 공속하는 "계기들"이기 때문이다. 우리는 헤겔에게 있어 문제로 되는 것이 형식적인 개념변증법이 아니라 현상들에서 증시될 수 있는 실재변증법이라는 것을 쉽게 알아볼 수 있다. 그렇다면 이러한 변증법은 주관적 사유의 외적인 행위가 아니라, 헤겔이 『법철학』 § 31에서 또다시 유기체적 생명에게서 빌려온 이미지를 가지고서 말하듯이, "유기적으로 자기의 가지들과 열매들을 산출하는 내용의 고유한 내용"이다.—그럼에도 불구하고 헤겔이 서문의 지금 이 단락에서 "형식들"의 "유동적 본성"에 대해 이야기할 때, 그것으로 형식들의 규정성이 해소되어서는 안 되며, 다만 그것들의 고립화만이 저지되어야 한다. 형식들은 그것들이 "계기들"로서 속하고 전체의 형성에 있어 하나가 다른 것으로 이행하는 연관으로부터 분리되어서는 안 되는 것이다.—헤겔 자신에게서 변증법의 본질에 관한 본질적인 구절

---

4. 이러한 테마는 이미 1802년의 『철학비판지』에 실린 논고 「철학적 비판의 본질에 대하여Über das Wesen der philosophischen Kritik」에서 떠오른다.

들로는 이미 언급된 『법철학』의 § 31 이외에 특히 『논리의 학』의 「절대적 이념」에 관한 마지막 장(V, 336 ff)과 『엔치클로페디』 § 81 f.를 들 수 있다. 『엔치클로페디』의 그 구절에서 변증법은 "내실이 결여되어 있고 그 불모함이 그러한 이치추론을 산출하는 명민함에 의해 덮여 있는, 이리저리 왔다 갔다 하는 이치추론의 주관적인 변덕의 체계" 그 이상이 아닌 변증법과 구분된다. 더 나아가 『논리의 학』 서론(III, 40 ff.; 5/35 ff.)도 들 수 있다. 이러한 연관에서 두 개의 교훈적인 논고를 참조할 수 있을 것이다. N. 하르트만, 「헤겔과 실재변증법의 문제Hegel und das Problem der Realdialektik」, Blätter für Deutsche Philosophie. 1935, 1-27. 제제만W. Sesemann, 「변증법의 문제에 대하여Zum Problem der Dialektik」, 같은 잡지, 28-61.

또한 이 서문에 대한 주해 24와 50을, 특히 "참과 거짓"의 문제에 대해서는 주해 73을 참조할 수 있을 것이다.

4. "그와 같은 설명들에 대한 요구 ……": 다시 말하면 철학적 저작의 목적과 다른 노력들에 대해 맺는 그것의 관계에 관한 설명의 요구(단락 1과 단락 2의 서두의 주제가 다시 받아들여진다). 뒤이어지는 문장들에 대해서는 또한 주해 1도 참조—단락이 진행됨에 따라 "목적"과 "상론", "결과"와 "생성"이라는 맞짝 개념의 중심적 의미와, 그것들의 생명을 파괴하고 "현실적 전체"를 조각내는 개별 지절들의 고립화에 맞서는 그것들의 교호적인 연계가 이를테면 부수적으로 인상 깊게 출현한다. 헤겔 목적 개념의 좀 더 상세한 것에 대해서는 주해 48을 참조.

5. "상이성", 즉 다른 철학적 노력들과의 구별의 제시는 외면적으로 머무는데, 왜냐하면 그것은 사태 자체가 아니라 "사태가 끝나는 곳"인 한계만을 쳐다보기 때문이다.

6. 이 단락은 헤겔이 추상적 보편자와 지식의 단순한 집합에 대한 비판에

있어 가령 지식들 일반의 모음과 보편적 관점의 획득을 거부하지 않는다는 것을 보여준다. 그러나 그것들은 다만 "도야 · 교양의 시원"일 뿐이다. 언젠가는 사태 자체의 경험과 그 다음으로는 사태의 "깊이"로 들어가는 개념적-사상적 노동의 진지함이 뒤따라야만 하며, 그 노동은 학문적 체계로 나아가야만 하는 것이다. 어쨌든 여기서는 헤겔의 비판자들을 위해 추상적-보편자가 헤겔 철학의 궁극목표도 최고의 대상도 아니며 단지 최하위의 단계를 나타낼 뿐이라는 것이 충분히 명확하게 말해지고 있다. 또한 단락 32에 대한 주해 64도 참조.

7. 이 문장("진리가 실존하는 참된 형태는 오로지 진리의 학문적 체계일 수 있을 뿐이다")은 서문의 최초의 핵심 테제를 담고 있다.——학문Wissenschaft은 여기에서나 뒤에서 철학에 대립하는 개별과학Einzelwissenschaft의 의미에서가 아니라 앎의 참된 체계적 형식으로서 이해되어야 한다. 이와 마찬가지로 피히테도 모든 앎Wissen의 정초로서의 자신의 철학을 학문론Wissenschaftslehre이라고 부른 바 있다. 아니 엄밀한 의미에서의 학문은 독일 관념론의 철학자들에게 오로지 그들의 철학만을 가리킨다. 셸링도 1802년의 『대학의 연구에 관한 강의들』에서 주제적으로 「학문의 절대적 개념에 관하여」(제1강의) 이야기하고 있다. 물론 그는 동시에 예술을 철학의 참된 기관으로 높임으로써 헤겔의 비판을 불러일으킨 길로 들어섰다.——헤겔에게 있어 앎 자체의 본성에는 학문적 체계로의 경향이 놓여 있는데, 왜냐하면 앎은 개별자, 즉 부분으로서는 항상 자기 너머를 지시하는 고립된 것으로서의 개별자에 머물 수 없기 때문이다. 모든 개별 인식은 앎의 포괄적인 연관에서야 비로소 자기의 의미와 자기의 확증을 획득하며, 고립화에서는 자의적이고 주관적인 데 머문다. 그리하여 "철학의 학문에로의 고양"에 대한 요구도 이해될 수 있게 된다. 특히 헤겔의 테제는 뒤에서 좀 더 분명하게 제시되듯이 절대자를 체계에서의 그의 전개로부터 분리시키는 셸링에 반대한다. 그러므로 헤겔이 「피히테와 셸링의 철학체계의 차이」에 관한 저술에서

셸링과 생각이 일치한다고 알았던 "총체성"에 대한 요구는 충분한 것이 아니다.

주의해야 할 것은 데카르트로부터 헤겔에까지 추적될 수 있는 학문으로서의 철학을 둘러싼 계속 이어지는 공통된 노력에서 학문의 개념과 이념 자체가 어떻게 변화하는가 하는 것이다(하이스R. Heiß, 「보편학으로서의 철학Philosophie als Universalwissenschaft」, Blätter für deutsche Philosophie 1942, 68 ff. 참조). 이미 칸트는 데카르트에게서 학문적으로 유일하게 전형적이었던 수학적-자연과학적 인식과 철학적 인식 사이에 차이가 존재한다는 것을 알고 있었다. 그러나 피히테와 셸링 그리고 헤겔이 인식과 앎의 개념을 수학적 정밀함의 이념에 대한 정향으로부터 분리한 것은 결정적이다. 이에 대해서는 더 나아가 주해 72와 78을 참조.

8. "앎에 대한 사랑": 그것은 그리스어 필로소피아Philosiphia의 번역이다(좀 더 정확하게는 "지혜에 대한 사랑"일 것이다). 헤겔 철학의 높은 요구는 그 무엇에 의해서도 단지 오랜 이름이 약속한 것과 같은 앎에 대한 사랑이 아니라 현실적 앎이라고 하는 이러한 목적정립에 의해서보다 더 분명히 그리고 더 강하게 표현될 수 없다.

9. "철학의 학문에로의 고양"의 "외적 필연성"은 그것의 **시간적** 출현의 필연성 이외에 다른 것이 아니다. 그러나 외적 필연성 그 자체는 다만 출현의 내적 필연성의 표현일 뿐이다. 왜냐하면 **시간**에서의 생성은 학문으로서의 철학의 생성에 속하기 때문이다. 철학에 대해서도 "시간에서의 존재"가 존재한다. "…… 학문은 정신이 자기에 대한 이러한 의식에 도달하기 이전에는 시간과 현실에서 현상하지 않는다. 자기가 무엇인지를 아는 정신으로서의 정신은 …… 노동의 완성 이전에는 결코 실존하지 않는다."(Ⅱ, 603; Jub. Ⅱ, 611; 3/583). 시간은 그 속에서 정신이 자기 자신에 이르는 도정에 존재하고 또 그 속에서 자기 자신에 도달하는 형식이다. 더 나아가 『정신현

상학』 서문의 다음과 같은 결론을 참조. "우리는 참된 것이 자기의 시대가 다가왔을 때 관철되는 본성을 지닌다는 것을 …… 확신해야만 한다." 또한 주해 58을 참조할 수 있을 것이다.

10. 단락 6 이하는 "시대의 확신" 및 철학의 학문성이라는 자신의 원리에 대립하는 요구, 즉 절대자는 개념적으로 파악되는 것이 아니라 느껴지고 직관되어야 한다는 요구에 대한 헤겔의 대결을 포함한다. 그 요구는 철학적으로는 특히 야코비Jacobi와 셸링Schelling에 의해, 그러나 또한 슐라이어마허Schleiermacher, 슐레겔Schlegel, 노발리스Novalis에 의해서도 주창되었다. 일반적으로 그것은 "낭만주의"에서 그 표현을 발견했다. 헤겔은 아무 이름도 언급하지 않거니와, 그에게 문제되는 것은 일반적 현상, 즉 원리적인 것이다. 여기서 그의 대결의 특징을 이루는 것은 그가 자기에게 대립되는 그 시대의 확신을 정신의 역사적 발전 연관 내의 계기로서 파악한다는 점이다(단락 7 이하). 중세가 스스로가 신적인 질서에 의해 담지되어 있다고 하는 확실성에서 소유했던 신앙의 확신으로서의 직접성은 상실되었다(이에 대해서는 보완적으로 주해 15를 참조). 그 결과는 정신의 자기 자신 내에서의 비실체적 반성이었고 결국 현실과의 연관을 더 이상 지니지 못하는 공허한 합리성이었다. 그러나 이제 사람들은 그것을 넘어서기 위해—이는 물론 필연적이다—다소간에 "보잘것없는 감정"의 주관적이고 무규정적인 것에 대한 단순한 호소에 만족한다. 그들은 "개념"을 "억누르며", 구별하는 반성을 비판적으로 계속해서 사유하는 가운데 "실체의 폐쇄성을 열어젖혀 이 실체를 자기의식으로 고양"시키기 위해 생산적으로 사용하는 대신에 그러한 반성 일반을 퇴행시키고자 시도한다. 철학적 "황홀함"의 단지 주관적일 뿐인 고양, 사람들을 유한자로부터 "끌어내긴" 하지만 한갓 추상적일 뿐인 초월자로 "끌어올리고자" 하는 "열광적인" 노력, 그리고 "**통찰**이 아니라 **신앙심의 고양**을 가져다주고자" 하는 경향 및 학문과 학문의 개념들의 규정성을 "경멸"하게 만드는 "예언적 언설"에 대한 헤겔의 대립은 날카롭

고 결정적이다. 그는 자신을 "뽐내는" 주관성에서 실재의 현실적 풍부함을 상실하게 하고 현존재와 사상의 "다양성"을 "안개로 덮어버리며" 마침내 단지 "피상성"과 "자의"로 나아가는 "공허한 깊이"와 "내실 없는 내포적 응집"을 본다.[5] 글로크너(『헤겔』 II, 422, 426)는 단락 6 이하에서는 "내적 필연성"에 대한 논증이 이루어지며, 헤겔은 단락 11에서야 비로소 "외적 필연성"으로 향한다고 생각한다. 그러나 그것들이 이 단락들에서 이렇듯 날카롭게 대립될 수 있겠는가? 나로서는 헤겔이 이미 단락 5(끝)에서도 그렇게 고지하듯이 단락 6에서부터 양자를 내적인 연관에서 서술하고 있다고 생각한다. 단락 6은 곧바로 "앎이 학문이라는 내적 필연성"을 "시대의 확신"에 대한 그것의 관계에서 규정하는 데서 시작하는데,—이는 "철학의 학문에로의 고양이 시간에서 이루어진다"는 것을 보여주는 것 이외의 다른 목적을 지닌 것이 아니다. 바로 실질적-체계적 성찰과 역사적 성찰의 밀접한 연관이야말로 헤겔에게서 특징적이다. 단락 7에서는 문제가 좀 더 상세하

• • •

5. 주관주의와의 주제적인 대결은 이미 1802년에 『철학비판지』에 실린 커다란 논문, 즉 「신앙과 지식 또는 칸트, 야코비, 피히테 철학으로서의 그 형식들의 완전성에서 본 주관성의 반성철학 Glauben und Wissen oder die Reflexionsphilosophie der Subjektivität in der Vollständigkeit ihrer Formen als Kantische, Jacobische und Fichtesche Philosophie」에서 발견된다. 특히 개념적-학문적 철학함 및 사유에 대립되는 **철학적 신앙의 비판**에 대해서는 『엔치클로페디』 § 63에서의 논평을 참조. "그렇지만 **신앙**이라는 표현은 **기독교적-종교적** 신앙을 상기시키고 이 신앙을 포함하거나 심지어 쉽사리 동일한 것으로 보이는 특별한 장점을 지니며, 그리하여 독실한 신앙심의 이 철학함은 본질적으로 경건하고 더구나 기독교적으로 경건한 것처럼 보이며, 또 이러한 경건함을 근거로 하여 더욱 더 자부심과 권위를 가지고서 자기의 임의적인 단언들을 행할 자유를 스스로에게 부여한다. 그러나 우리는 외견상 말들의 한갓된 같음으로 인해 슬며시 끼어들 수 있는 것에 속지 말고 구별을 확실히 견지해야만 한다. 기독교적 신앙은 자기 내에 교회의 권위를 포함한다. 그러나 저 철학적 입장의 신앙은 오히려 다만 자기의 주관적 계시의 권위일 뿐이다. 더 나아가 기독교적 신앙은 객관적이고 자기 내에서 풍부한 내용, 즉 교설과 인식의 체계이다. 그러나 저 신앙의 내용은 자기 내에서 무규정적인 까닭에, 그것은 저 내용도 물론 허용하긴 하지만 그와 마찬가지로 또한 달라이라마, 황소, 원숭이 등등이 신이라는 신앙도 자기 내에 포함하며, 그 자체로 **신 일반**, **최고의 본질**에 한정된다. 저 철학적이어야 하는 의미에서의 신앙 자체는 직접지라는 말라빠진 **추상물**, 전적으로 형식적인 규정 이외에 아무것도 아니거니와, 그러한 규정이 신앙심이 독실한 심정과 그것에 내재하는 성령·성스러운 정신의 측면에 따라서나 내용이 풍부한 교설의 측면에 따라서나 기독교적 신앙의 정신적 충만함과 혼동되거나 그러한 충만함으로 받아들여져서는 안 된다."

게 "**자기의식적 정신이 현재** 서 있는 단계에서 살펴진다." 그러고 나서 단락 11에서는 다음과 같은 결론이 내려진다. 즉 현재에서는 명백히 "탄생"과 "이행"의 시대가 문제로 되기 때문에, 중요한 것은 "직접성"의 단계를 넘어가는 것이며, 그렇지 않으면 시원에 고착되어 있을 거라는 것이다.

11. "진리"의 터전으로서의 "개념": "개념"은 여기서나 일반적으로 헤겔에게서 특수자를 도외시하는 추상의 산물인 추상적 개념이 아니라 특수자로의 전개를 자기 내에 파악하고 특수자 자체의 체계적인 개념 파악인 구체적 개념(자기 자신과 타자의 통일)을 가리킨다. 이러한 의미에서 개념은 모든 공허하고 단지 형식적일 뿐인 원리들뿐만 아니라 "시대의 확신"에 따르면 더 우월한 것인 직관의 한갓 비규정적이고 분화되지 않은 충만함에 대립한다. 주해 9와 10을 참조.

12. "시대의 확신"에 대해서는 주해 10을 참조.

13. 삽입구는 다음과 같이 해석될 수 있을 것이다. 즉, 헤겔은 신적 사랑의 현실성에 맞서 그 존재의 직접적 느낌이 존재한다는 것을 논박하고자 하는 것이 아니거니와, 오히려 그의 숙고는 철학적으로 절대자 자체의("그 중심 자체의") "존재"에 대한 개념 파악이 문제로 되는 한에서 감정과 단적인 직관의 요구들로 향한다는 것이다.

14. "감정과 직관": "감정"에서는 철학적으로 무엇보다도 우선 야코비와 슐라이어마허가, "직관"에서는 특히 셸링의 "지적 직관"이 생각될 수 있는데, 셸링은 지적 직관에 의해 직접적으로 절대자가 파악될 수 있다고 믿었다. 1802년 『철학비판지』에서의 주관성 철학에 관한 커다란 논문에서 주안점이 야코비에 대한 차이에 놓여 있었던 데 반해, 『정신현상학』 서문에서는 셸링에 대한 차이에 놓여 있었다. 서문은 셸링으로부터 헤겔의 풀려남이다.

셸링에 대한 관계와 관련하여 좀 더 상세한 것에 대해서는 주해 31을 참조.

15. "정신" = 현재의 정신. 텍스트 연관에 대해서는 주해 10을 참조. 특히 단락의 첫 부분에 대해서는 보완적으로 또 한 가지 점이 좀 더 상세하게 해명되어야 한다. 그것은 **기독교**에 대한 헤겔의 관계인데, 그것은 문제되고 있는 구절이 인식하게 해주는 것보다 더 복잡하다. 지금 이 단락에서는 현재의 비판적인 정신적 상황이 기독교적 시대라는 이미 지나간 시대를 "화해", "신앙의 직접성", "확신의 만족과 확실성"의 시기, 그러므로 그 사이에 상실된 상태의 시기로서 나타나게 한다. 그럼에도 불구하고 여기서 상기해야 할 것은, 기독교는 이미 그 자체가 정신의 도정에서의 하나의 단계를 나타내거니와, 그것에는 이미 분리와 분열이 그리고 훨씬 뒤로는 고전고대에서 실체적 삶이라는 세계 내에서 안전한 통일의 근원적 형식이 선행하며, 그에 비하자면 기독교 자체는 이미 헤겔이 단락 8에서 차안에 대한 피안의 대립을 가지고서 지적하는 (물론 자기의 대자존재를 가능하게 한) 세계와의 균열을 의미한다는 점이다. 게다가 기독교 자체에서는 중세에, 헤겔이 『정신현상학』에서 새로워진 화해와 매개를 필요로 하는 "불행한 의식"의 상태라고 부르는 저 분열의 상태가 형성되었다. 헤겔은 이제 이러한 화해의 작업을 철학적으로 수행해야만 하고 또 수행할 수 있다고 믿는다. 이 구절에서는 헤겔이 자기의 철학에 대해 기대하고 있는 것의 크기와 한계가 드러난다. 주해 47과 62를 참조.

16. "비실체적 반성이라는 다른 극단": 헤겔은 비실체적 반성이 (또다시 이름을 언급하지 않고서) 중세적 정신의 대립으로서의 계몽의 사유에서, 그러나 또한 이미 언급한 『철학비판지』의 논문이 보여주듯이 칸트와 피히테의 철학에서 표현된다고 보았다. 헤겔은 칸트와 피히테의 철학에 대해서는 무엇보다도 우선 예나 시기의 논문들에서 이미 자기와 선을 긋고 있다. 그러나 바로 야코비와 셸링, 즉 직접성과 감정의 철학에서 그가 명료하게

깨달은 것은 반성에 대한 단순한 반정립을 가지고서는 전자와 마찬가지로 후자도 그 대립에 추상적으로 머무는 것이 끝나지 않는다는 점이다. 그러므로 반성의 (조금 후에 그렇게 일컬어지듯이) "찌꺼기들"을 "비방하면서" 그것들로부터 단지 방향을 돌릴 뿐이고 "사상의 분별들"을 다시 "뒤섞어버리는" 것으로는 충분하지 않거니와, 중요한 것은 반성의 구별을 비판적으로 열매 맺을 수 있게 하는 것이다. 바로 반정립이 극복되어야 하는 것이다. 그리하여 헤겔은 단지 이치추론할 뿐인 비실체적 반성이라는 나쁜 개념뿐만 아니라 또한 통찰을 포기하는 신앙심의 고양에 맞서 실체를 열어 보이는 반성이라는 좀 더 고차적인 개념에 도달한다. 주해 38을 참조.

17. "이러한 요구에는, 마치 사람들이 신적인 것을 전적으로 망각하고 벌레처럼 먼지와 물로 만족하려는 시점에 서 있기나 하다는 듯이, 사람들을 감각적인 것, 비루한 것 그리고 개별적인 것에 침잠되어 있는 데로부터 끌어내어 그들의 눈길을 별들로 향하게 하려는 대단히 긴장된 그리고 거의 열광적이고 흥분한 것으로 보이는 노력이 상응한다.": 이것은 신앙심 고양의 철학이 의문스럽게도 신적인 것과 유한한 것 사이의 대립을 연출함으로써 생겨난 구체적으로 주어진 것에 대한 가치절하에 반대한다. 단락 9에서 헤겔은 "자신의 현존재와 사상의 지상적 다양성을 안개로 덮어버리는" 경향에 대한 비판을 개시한다.

18. "예전에": 다시 말하면 아직 균열되지 않은 신앙이 지배하고 눈길이 피안으로 향해 있던 저 시대들에. 그 이후에 사람들의 눈길은 우선은 노력을 통해서만 피안을 외면하고, 초지상적인 것의 명확성에 비해 불분명하고 혼란스럽게 나타난 차안에 익숙해질 수 있었다. 이 "예전에"에 몇 문장 뒤에서의 "지금"이 대립한다. 그러므로 여기서 헤겔이 반대하는 것은 오랜 신앙론과 신론들에 비해 분명히 드러나는 이른바 감정철학과 신앙철학의 내용적인 보잘것없음이다. 어쨌든 그러한 철학은 학문적 철학보다 더 고차

적인 것이라는 주장을 전혀 제기할 수 없다는 것이다.

19. "**호로스***Horos*"(그리스어) = 한계. 특히 개념에 의해 주어진 한정. 조금 뒤에서 헤겔은 "척도Maß"와 "규정Bestimmung"에 대해 이야기한다.

20. 여기서 헤겔의 비판은 절대자 자체로부터 이야기한다고 주장하는 "예언적 언설"이 어떻게 계몽의 "공허한 넓이"와 대립하는 "공허한 깊이"라고 하는 또 다른 일면적 극단에 빠지는지를 보여준다. 거기에는 동시에, 마지막 문장이 보여주듯이, 모든 순전한 내면성의 철학에 대한 비판이 놓여 있다. "정신의 힘은 오로지 그 힘의 발현만큼만 크며, 정신의 깊이도 오로지 그것이 스스로를 펼쳐 보이는 가운데 자기를 확장시키고 기꺼이 자신을 상실하고자 하는 만큼만 깊다." 텍스트의 **전진**에 따라 그 비판은 "자기의 아집을 본질 속에 침잠시켰으며", 그리하여 절대적 자기로부터 말하는 가운데 "참되고 거룩하게 철학"한다는 (겉보기에는 주관성을 극복하는) "직접자"의 주장을 헤겔이 뒤쫓아 감으로써 심화된다. 이러한 주장에 대해 헤겔은 바로 여기에는 어떠한 비판적 척도도 결여되어 있으며, 사람들이 온갖 "내용의 우연성"을 자기 안에서 허락하는 데서 더 나아가 "내용 안에서" "자기의 자의"가 지배하도록 한다는(그러므로 자기의 주장을 완전히 전도시키고 있다는) 사실이 은폐되어 있다는 점을 대립시킨다.

21. **단락 11 이하**에서 헤겔은 "직접성"의 주관주의가 "탄생"과 "재형성"의 시대로서의 이 시대에 단연코 자기에게 속하는 고유한 의미와 과제를 잘못 알고 있다는 것을 보여준다. 요컨대 그것은 스스로를 한층 더 전개함으로써 자기 자신을 극복해야만 하는 시원인 것이다. 왜냐하면 물론 시원에는 단지 "직접적인 것", "단순한 것", "뻗어나가지 않은 것"만이 놓여 있을 수 있지만, 문제가 되는 것은 참나무가 되는 것이 참나무 열매의 의미이듯이 그 전체 의미가 다름 아닌 전개되는 것에 놓여 있는 직접성이기 때문이다. 게다가

시원의 직접적인 것은—새로운 "시원"의 근원성에도 불구하고—결코 전적으로 비합리적으로 무로부터 생겨나는 것이 아니라 그 자체가 이미 발전의 "산물", "다면적으로 뒤엉켜 있는 도정과 그와 마찬가지로 다면적인 고투와 노력의 대가"이기 때문이다. 그것은 "계기적 연속 및 자기의 확대로부터 자기 내로 복귀한 전체"이거니와, 그것은 이제 새로운 현존재 단계에서 새롭게 전개되어야 하고, 다시 말하면 개념의 터전에서 펼쳐져야 한다. 그런 까닭에 그것은 일군의 재료를 공급함으로써 시원 원리를 외적으로 보완하는 것이나 언제나 동일한 것의 공허하고 무구별적인 반복을 넘어서지 못하는 직접성에 머무르는 것으로는 이루어지지 않는다. 모든 직접성은 오히려—이러한 특정한 역사적 순간에서 그것이 지니는 고유한 의미와는 상관없이—포괄적 연관에서의 하나의 계기이다.

22. 정신은 결코 고요히 머물지 않고 언제나 운동한다. 그러나 이 운동과 변화는 단순히 기계적으로나 한결같이 이루어지는 것이 아니라 이를테면 갑작스럽게 일어난다. 헤겔은 단지 양적으로만 변화하는, 즉 증대되거나 감소하고 그리하여 "단절"되는 전진과 대립하는 "**질적 비약**"에 대해 이야기한다. 이 단락의 끝부분을 참조. 아직 "전체의 면모를 변화시키지는 않는 이러한 점진적 와해작용은 마치 번개와도 같이 한순간에 새로운 세계의 형상을 세워놓는 해돋이에 의해 중단된다."[6] 창조적 출현이라는 불가해한 것을 여전히 개념 파악 자체에서 확고히 거머쥐는 그러한 사상은 이미 헤겔의 일면적인 범논리주의나 평준화하는 진화주의에 대해 말하는 것이 얼마나 의심스러운 것인지를 보여주지만, 또한 그것은 헤겔이 연역적 이성주의로부터 얼마나 멀리 떨어져 있는지도 보여준다. 물론 호프마이스터는

6. 이에 대해서는 칼 로젠크란츠의 『헤겔의 생애』, 1844, 214 ff.에서 전해지는 같은 시기의(1806년 9월 18일의) 사변철학에 관한 헤겔 강의의 결말 부분에 나오는 문장들을 참조할 수 있다. "우리는 중요한 시기, 즉 정신이 충격을 가하고 자기의 이전의 형태를 넘어서서 새로운 형태를 획득하는 들끓는 시기에 서 있다. 지금까지의 표상들과 개념들의 전체, 세계의 유대가 해소되고 환상처럼 자기 내에서 붕괴한다. 정신의 새로운 출현이 준비된다."

때때로 (그가 편집, 출간한 『헤겔 발전의 기록들』에 대한 425쪽에서의 주해에서) 계몽주의에서는(이르빙Irving, 『인간에 대한 경험들과 탐구들*Erfahrungen und Untersuchungen über den Menschen*』, 3 Band, 1779) 일상적인 "문화의 추동력들"과 더불어 또한 "인류나 일정한 민족의 복지를 일거에 이를테면 비약을 통해 …… 촉진하는" "비범한 종류의 추동력들"도 확인된다는 점을 지적한다. 그러나 그것은 확인일 뿐이다. 그것을 철학적으로 열매 맺을 수 있게 하는 것은 전혀 다른 문제이다. 그리고 바로 그것이 헤겔에게서 이루어진다. 이러한 사상이 전혀 우연이 아니고 오히려 근본적이라는 것(또한 결코 가령 역사적 현실에만 제한되지 않는다는 것)은 이미 유기체적인 것의 영역에서 유래하는 탄생의 비유에서 드러나지만, 무엇보다도 우선 그 사상이 또한 **논리학**에서도, 예를 들면 "도량"을 다루는 제1책의 제3편과 특히 「도량비례들의 결절선」에 관한 절에서 자기의 확고한 자리를 차지한다는 데서 드러난다. 헤겔은 거기서 다음과 같이 확언한다. 즉 "점진적 변화"가 존재하지만, 그것은 "비약"을 통한 다른 상태로의 진입이 이루어지는 "질적" 변화에 대립하는 "무관심한 변화"에 머문다는 것이다. "모든 **탄생**과 **죽음**은 계속된 점진성이기보다는 오히려 그것의 단절이며 양적 변화의 질적 변화로의 비약이다. **자연에는 비약이 없다**고 말해진다. 그리고 일상적 관념이 **발생**이나 **소멸**을 파악해야 할 때 그것은 발생이나 소멸을 **점진적** 출현이나 사라짐으로 표상함으로써 그것을 파악했다고 생각하고 상기한다. 그러나 위에서 제시되었듯이 존재의 변화들은 일반적으로 단지 하나의 크기의 다른 크기로의 이행이 아니라 오히려 질적인 것으로부터 양적인 것으로의 이행과 그 반대, 즉 점진적인 것의 단절이자 선행하는 현존재에 대해 질적으로 다른 것인 타자화이다. 물은 냉각에 의해 점차로 딱딱해짐으로써 죽처럼 걸쭉해지고 점진적으로 얼음의 견고함에 이르기까지 단단해지는 것이 아니라 갑자기 딱딱해진다. 이미 빙점의 완전한 온도에 다다른 경우에도 물이 정지해 있을 때는 여전히 그것의 완전한 유동성을 가지거니와, 약간의 흔들림이 그것을 딱딱함의 상태로 가져온다."(Ⅲ, 450; 5/440)

(강조는 헤겔. 그것들은 여기서 그에 의해 착수된 테제를 강조하고 있다.)
역사적 생성이라는 전혀 합리적이지 않고 지하에 숨어 있는 것에 대한 헤겔의 언제나 거듭해서 우리를 놀라게 하는 눈길은 단락 11에서 세계의 "동요"를 알리는 "징후"에 대한 그의 지적에서도 드러난다. "기존의 것 속에 만연하는 경솔함이나 권태감, 알려지지 않은 것에 대한 막연한 예감은 무언가 다른 것이 다가오고 있다는 전조들이다."

23. "그의 직접성이나 그의 개념": 개념은 여기서 대상이 개념화되어 지양되어 있음을 뜻하며(『정신현상학』의 마지막 절에서도 마찬가지로 "지양된 대상 또는 개념"이라고 말해진다), 따라서 직접성이다. 그러나 직접성 그 자체는, "방금 태어난 어린아이"의 예가 직관적으로 보여주듯이, 또다시 그 이상의 새로운 전개의 출발점일 뿐이다. 주해 21과 24가 그러한 연관을 보여준다.

24. "그것은 계기적 연속 및 자기의 확대로부터 자기 내로 복귀한 전체이자 전체의 이미 생성된 **단순한 개념**이다.": 여기서도 또다시 헤겔이 변증법에 대해 말하는 것 없이 **헤겔의 변증법**이 지닌 구체적 깊이를 향한 눈이 열린다(주해 3 참조). 모든 직접적인 것은 이미 "매개된" 전체이거니와, 그것 자체는 또다시 그 속에서 통찰로 합쳐진 계기들의 전개로 나아감으로써 새로운 단계에서 새로운 운동이 시작된다. 그러나 그 모든 것은 이미 형식적으로 정식화되어 있는데, 헤겔은 우리가 헤겔적인 의미에서의 변증법을 인식하기 위해 이러한 관점 자체에서 읽어야만 하는 텍스트에서 훨씬 더 구체적으로 이야기하고 있다.

24a. 단락 13의 처음은 특별한 주목을 필요로 한다. 그것은 변증법의 이중적 수준을 보여준다. 첫째로 운동은 (식물이 발전되듯이) 즉자존재의 수준에서 수행되지만, 둘째로 의식에서의 발전은 "기억 속에서 현재적"이

고, 따라서 운동은 단순한 즉자존재에서 대자존재로 바뀌어 새로운 전개의 필연성이 의식됨으로써 동시에 새로운 수준에서 전개된다. 그것은 다음 문장이 말해주듯이 "구별들이 확실히 규정되어 그것들의 확고한 관계들 속에 정돈될 수 있게끔 해주는 형식의 형성 · 발양"이다.

25. "비교적esoterisches": 그리스어에서 유래하는 "비교적"은 내부를 향해, 따라서 "오직 정통한 사람을 위해서만"을 뜻하며, "공교적exoterisch", 즉 외부를 향해, 모두에게 다가갈 수 있는, 모두에 대해 이해 가능한을 뜻하는 것에 대립한다(가령 아리스토텔레스의 저술들은 비교적인 것과 공교적인 것으로 구분되었다). 그 개념이 헤겔에게서 지니는 특수한 의미는 텍스트에서 드러난다. "보편적 **이해 가능성***Verständlichkeit*"과 "지성성Verständigkeit"에 대한 헤겔의 강조는 중요하다. 신비스러운 어떤 것이 아니라 잘 알려진 것이 문제가 된다. 중요한 것은 그것을 체계적으로 전개함으로써 (헤겔의 이후의 정식화가 말하듯이) 이미 **잘 알려진** 것으로서 의식적으로 **인식**하는 것이다. 그것은 잘못되게도 특수한 영감들을 "내세우는" 좀 더 고차적인 이성적 앎을 위해 필요한 길이기도 하다.

26. "저 형성 · 발양": 여기서 문제가 되는 것은 앞 단락에서 언급된 학문의 "이해 가능성 · 지성성"을 위해 필요한 체계적인 형성 · 발양, 즉 "구별들이 확실히 규정되어 그것들의 확고한 관계들 속에 정돈될 수 있게끔 해주는 형식의 형성 · 발양"이다.

27. "다음과 같은 대립": 즉 "직접성"의 철학에 대한 비판이 올바르게도 그것으로 향하고 있는 자료의 학문적 전개의 불충분함을 한편으로 하고, 부당하게도 사람들이 직접적인 신적 영감을 "내세우며" 그에 반대하고 있는 학문의 이러한 전개에 대한 요구와 필연성을 다른 한편으로는 하는 대립.

28. "한쪽은 자료의 풍부함과 지성성을 내세우며, 다른 쪽은 최소한 이 지성성을 경멸하고 직접적 이성성과 신성을 내세운다.": 다시 한 번 주해 27에서 언급된 대립, 즉 헤겔에게 있어 그 극복이 문제가 되는 동시에 계몽주의와 낭만주의의 대립이 그 배후에 놓여 있는 대립이 제시된다. 텍스트의 진행은 "전자"(계몽, 즉 지성의 반성)가 물리쳐졌지만, 그것으로 그것의 요구들이 해결되어 있지는 않다는 점을 지적한다. 단락 14의 끝 부분에서 볼 수 있는 "지속적으로 자극된 기대와 약속들의 뒤따르지 않는 충족"에 관한 언급에 대해 글로크너(II, 429)는 그것이 "오로지 프리드리히 슐레겔과만 관계"되거니와, "그의 허풍떠는 등장과 가련한 좌절을 헤겔이 예나에서 함께 체험"했으며—이는 헤겔과 낭만주의자들에 대한 그의 관계에 대해 사실상 해명해주는 바가 많은 경험이라고 생각한다. 다만 나로서는 그것이 "오로지" 슐레겔과만 관계될 수 있다고 말하고자 하지 않는다. 왜냐하면 이 단락의 그 구절에서 문제가 되는 것은 개별적인 한 사람의 낭만주의자에 대한 헤겔의 모종의 개인적인 비판이 아니라, 한편으로 계몽 및 지성사유와 다른 한편으로 낭만주의적 정신상태 사이의 특유하고도 보편적이며 원칙적인 관계 내지 잘못된 관계에 대한 해명이기 때문이다.

29. (단락 15에 대해) 헤겔은 또한 "다른 쪽", 다시 말하면 "직접성"의 주창자들(셸링과 그의 추종자들)도 물론 그들의 철학에서 내용들을 확장한다는 것을 알고 있다. 그러나 그들은 다만 외면적으로 "일군의 자료들"을 끌어와서는 거기에 동일한 "공식"을 "몰형태적인 반복"의 방식으로 적용했을 뿐이다. 내용은 결코 자기 자신으로부터, 즉 "자기 자신을 규정하는 형태들의 구별"로부터 전개되어 있지 않다. 헤겔은 호프마이스터의 『헤겔 발전의 기록들』, 355쪽 이하에 실려 있는 예나 시대의 한 아포리즘에서 낭만주의적 자연철학의 주요 주창자들이었던 괴레스Görres와 바그너(1775년 태어나 1841년에 죽은 요한 야콥 바그너Johann Jacob Wagner로 생각된다)의 이름을 언급하는 가운데 "가장 조야한 경험지식"과 "소재들과 극들의

형식주의"(양극성 사변에 대한 암시)에 대해 말한다. 단락 15의 마지막 문장은 생각되고 있는 것을 다시 한 번 강조한다. 그것은 "단색의 형식주의"가 단지 외면적으로만 소재의 구별의 확인에 도달하며, 그것도 자기의 연구를 통해서가 아니라 오로지 이 구별이 이미 잘 알려져 있다는 것을 통해서 그러하다는 것을 말하고 있다.

30. "그러한 형식주의": 무엇보다도 우선 셸링이 대변하는 것과 같은 "절대적" 입장의 형식주의(주해 31 참조). 그 전반부의 의미가 내게 완전히 명확해질 수 없었던 "예전에 어떤 것을 다른 방식으로도 표상할 수 있는 공허한 가능성이 ……"이라는 긴 문장의 전체 의미는 아마도 다음과 같을 것이다. 즉, 예전에 언젠가 단순한 표상 가능성이 "현실적 인식"으로 주장되듯이, "여기서도 마찬가지로" 비현실적 이념에 "모든 가치가 돌려지고", 모든 규정성을 추상적-절대적인 것의 공허한 심연으로 해소하는 것이 사변적 철학으로 여겨진다는 것이다.

31. "절대자, 즉 A=A", 그것은 분명히 셸링의 동일성철학과 사유와 존재의 궁극적으로 공허한 절대적 동일성이라는 그것의 원리에 반대하는데, 그러한 절대적 동일성의 "밤"에서는 모든 구별과 따라서 모든 규정성이 몰락한다(A=A는 동일성 공식이다). 헤겔에게 있어 절대자는 단적으로 술어가 없는 것, 즉 그 자체로서 추상일 뿐인 단순한 일자가 아니라 구체적 총체성, 즉 자기 발전으로서 자기 구별화 내에서, 자기 타자화를 꿰뚫어 나감 내에서, 자기 특수화와 구별들 및 대립들로부터의 통일의 회복 내에서 (추상적으로나 분리적으로가 아니라) 참답고 구체적으로 절대적인 것인 구체적 총체성이다. 그리하여 셸링에 대한 대립을 이루는 것이 더욱 더 분명히 드러난다. 헤겔이 셸링으로부터 거리를 두는 바로 그 날카로움을 파악하기 위해서는 이 연관에서 **셸링에 대한 헤겔의 관계**가 중요한 한에서 그것이 좀 더 상세하게 해명되어야만 한다. 중요한 것은 무엇보다도 우선 헤겔이 "반성철학", 즉

그것의 가장 중요한 대변자가 그에게 있어서는 칸트와 피히테였고, 자신의 철학을 가지고서 바로 이성과 자연, 주관과 객관, 자아와 비아 같은 그 철학의 분리들을 넘어섰던 셸링이 바로 그것의 주관과 객관의 이원론에 연결되어 있었던 그러한 "반성철학"과의 대결 속에서 셸링을 칸트와 피히테에 대해 맞서게 할 수 있었다는 점을 아는 것이다(근본적으로는 1801년의 「피히테와 셸링의 철학체계의 차이」에 관한 저술을 참조). 여기서는 사실상 헤겔이 추구했던 것, 즉 지성에 의해 분리된 것을 주관과 객관의 동일성으로서의 총체성에서 화해시켜 통합하는 것의 충족을 약속하는 새로운 철학적 길이 열리는 것으로 보였다. 그러나 분리도 마찬가지로 필연적이었는데, 왜냐하면 헤겔은 셸링의 "동일성"이 특수한 것과 상이한 것을 외부에 내버려 두고 또한 그것의 개념 파악을 불가능하게 만들었다는 것, 그리고 그 셸링의 동일성은 오히려 주관의 편에서 지적 직관이 그에 상응하고 또한 갑자기 비매개적으로 절대자 속에 옮겨진 몰구별적인 동일성이라는 것을 명확히 깨달았던 반면, 헤겔은 바로 보편자나 특수자를 제거함이 없이 그것들을 그 구체적 통합에서 파악하기 위해 특수자를 보편자 **속에서** 개념 파악하고자 했기 때문이다. 헤겔에게 문제되는 것은 "그 속에서는 모든 소가 까만" 무차별적인 동일성이 아니라 바로 차별화 속에서 전체로 융합되는 "동일성과 비동일성의 동일성"이다. 그러나 이제 셸링과 대립하는 이러한 사상은 생명에 대해 "결합과 비결합의 결합"이라고 말하는 프랑크푸르트 시기 헤겔의 신학적인 청년기 저술들에서 이미 발견되는, 철저히 근원적으로 헤겔적인 사상이다(놀, 『헤겔의 신학적인 청년기 저술들』, 348). 셸링에 대한 대립은 바로 공동작업 속에서 심화되지 않을 수 없었는데, 왜냐하면 헤겔은 협력을 통해 동시에 그 자신의 관심사가 위험에 처한다고 보았고, 이제 그 관심사는 오로지 냉혹한 저버림을 통해서만 구제될 수 있다고 믿었기 때문이다.[7] 1803년 뷔르츠부르크로 떠난—외적 분리는 내적 분리

• • •

7. 물론 지적되어야 하는 것은 셸링이 (확실히 예나에서의 헤겔과의 협력의 영향으로 인해) 1802년의 『대학의 연구에 관한 강의들』에서 "속이 비고 공허한 이치추론"과 "한갓 반성할

를 용이하게 했다—셸링이 헤겔에 대해 지녔던 의미는, 또한 신앙철학(특히 하만Hamann과 야코비의 신앙철학)이 지성계몽의 극복을 위해 저평가되어서는 안 되는 것과 마찬가지로, 그렇다고 해서 더 적어지지 않는다. 헤겔 자신은 이 문제에 대해 나중에, 즉 1828년의 그의 중요한 하만 비평에서 아주 인상적으로 언급한 바 있다(Jub. Ausg., 203 ff.; 11/275 ff.). 그러나 헤겔의 사유는 반성철학과 신앙철학의 대립들을 넘어서서 "절대적 현실성의 인식"으로서의 철학 자체에 대한 심화된 명확한 이해로 나아갔다. 지성이 그의 추상적인 구별들을 가지고서 참다운 전체로서의 절대자를 결코 파악할 수 없었다면, 다른 한편으로 지적 직관은 결코 개념 파악에로 나아가지 못하는 비규정적 주장들을 넘어서지 못한다. 바로 이 지점에서 헤겔은 "지적 직관" 대신에 구체적으로 개념 파악하는 사변적 사유를 정립하기 위해 노력한다. 오로지 이러한 사유만이 절대자를 그의 추상성과 비규정성으로부터 구해냄으로써 절대자가 보편적 개념 파악의 현실적 원리가 된다는 것을 파악할 수 있다는 것이다.

32. "절대적 현실에 대한 인식이 스스로의 본성에 대해 완전히 명확하게 되기까지는": 이로써 헤겔에게 있어 결정적인 주제가 제시되었다. 왜냐하면 의문의 여지없이 철학에서 문제되는 것은—셸링에게서와 마찬가지로—헤겔에게 있어서도 절대자의 인식이기 때문이다. 그러나 바로 그 절대자의 인식의 가능성이야말로 문제이다. 여기서 중요한 것은 처음부터 절대자의 인식이라는 의미에서의 철학적 인식을 방해하는 특정한 사유습관들을 돌파하는 것이다. 왜냐하면 철학적 인식은 현전하는 사물들에 대한 인식과는 다른 것이기 때문이다. 절대자는 하나의 사물과 같은 객체가 아니다. 이

• • •

뿐인" "보통의" 지성의 위험과 "이념 공허성"뿐만 아니라(제5강의) 또한 "절대자와 관련하여 정신의 최고의 상태"가 "동일성으로부터의 벗어남"이 결여되어 있는 "무의식적 숙고"라고 생각하는 입장의 불충분성을 인식했다는 점이다. 그는 동시에 바로 철학이야말로 "한갓 주관적일 뿐인 저 천재성과는 아주 상이한 과제"를 지닌다고 강조한다(제7강의). 그럼에도 불구하고 그에게 있어서는 헤겔의 비판이 향하는 "지적 직관"이 계속해서 중심개념이다.

문제는 운동케 하는 계기로서 이하에서 분명히 감지될 수 있다.

33. "모든 것의 관건이 되는 것은 **참된 것이 실체로서가 아니라** 그와 마찬가지로 **주체**로서도 파악되고 표현되는 것이다.": 이는 이 서문뿐만 아니라 헤겔 철학 전체의 핵심테제이다. "그와 마찬가지로"는 그 테제의 부정적인 전반부가, 참된 것은 단지 그리고 일면적으로 실체로서만이 아니라 그와 마찬가지로……를 뜻하지 않을 수 없다는 것을 보여준다. 우선은 낯설게 보이지 않을 수 없는 이 테제를 이해하기 위해 우리는 조금 전에 설명한 셸링으로부터의 벗어남에서 출발할 수 있을 것이다. 셸링에 의해 수행된 피히테의 주관주의로부터 스피노자(그의 중심 개념이 바로 "실체"였다)로의 전회는 이제 반대운동(즉 스피노자로부터 라이프니츠로의 운동에 따른 실체로부터 주체로의 운동)에서 다시 역행하게 되는데, 물론 그 역행은 실체철학의 입장이 가로질러지고 피히테의 "자아"뿐만 아니라 셸링의 "절대자"도 헤겔의 "주체" 속에 포함되어 있는 한에서 좀 더 높은 수준에서 이루어진다. 그러나 어째서 실체로부터 주체로의 이러한 전회가 필요한 것인가? 왜냐하면 절대자의 인식의 가능성이라고 하는 것은 바로 철학의 가능성이 절대자, 즉 참된 것이 비구별적인 경직성 속에 있는 부동의 실체가 아니라 자기 자신을 구별들 속에서 전개하고 이 구별들 속에서 스스로를 반성하는 것으로서 자기의 직접적인 단순성에서 벗어나 자기 자신을 정립하며, 그런 한에서 헤겔의 용어법으로는 주체(또한 단락 18의 첫 문장을 참조)라고 하는 것에 의존한다는 것을 뜻하기 때문이다. (나중의 단락 54에서는 다음과 같이 되어 있다. "일반적으로 …… 실체가 그 자신에서 주체라는 것에 의해 모든 내용은 자기의 고유한 자기 내 반성이다." 이에 대해서는 더 나아가 주해 38을 참조.) 그것은 물론 처음에는 단지 하나의 테제일 뿐이다. 그것은 "오로지 체계 자체의 서술을 통해서만 정당화"될 수 있다. 뒤따르는 문장들은 헤겔의 의도를 좀 더 정확히 드러내 준다. 이미 두 번째 문장이 참된 것은 결코 추상적 직접성에서의 한갓된 보편자—그것은 이제

앎 자체의 보편자(예를 들면 보편적 원리들)일 수도 있고 앎에 대한 보편적 존재일 수도 있다—로서 말해질 수 없다는 것을 보여준다. 참된 것은 철학이 스피노자에게서처럼 실체, 즉 존재 그 자체이든, 헤겔이 보기에 칸트주의와 피히테에게서처럼 "사유로서의 사유"이든, 아니면 셸링과 그의 "지적 직관"에서처럼(주해 36 참조) 마찬가지로 다시 철저히 "게으른 단순성"으로 퇴락할 수 있는 사유와 존재의 통일로서 가정되는 것이든, 비구별적이고 운동하지 않는 "보편성"과 "직접성" 속에 있는 원리에 머무는 곳에서는 어디서나 놓쳐지게 된다. 다음 단락들은 이를 좀 더 확인하고 있다. 그 단락들은 언제나 거듭해서 중요한 것은 원리가 자기로부터 벗어나 자기를 자기로부터 구별함으로써 바로 이러한 자기운동 속에서 자기를 원리로서 확증하도록 그 원리를 전개하는 점이라는 것에로 되돌아온다. 헤겔은 단락 18에서 "주체"라는 개념을 가지고서 정확히 바로 이러한 "자기의 타자화와 자기 자신을 매개하는" "자기 자신을 정립하는 운동"을 지시한다. 단락 17에서도, 그러나 또한 단락 7에서 이미 "실체의 폐쇄성"에 대한 맞짝개념으로서 나타나는 "자기의식" 개념은 헤겔 사유 내에 계기로서 수용되어 있는 스피노자로부터 라이프니츠에로의 발걸음에 대한 한갓 역사학적인 상기로서뿐만 아니라 또한 순수하게 사태적으로도 좀 더 나아간 명료화를 가능하게 해 준다. 왜냐하면 자기의식으로서의 주체의 본질은 (순전한 실체존재의 그것과는 구별되게) 자기 자신을 앎, 다시 말하면 자기를 자기로부터 구별함과 자기의 타자화로부터 복구되는 자기 자신과의 동등함에 의해 특징지어질 수 있기 때문이다(나는 나를 안다! 나는 나를 나로 의식하고 있다). 그러나 완전한 이해를 위해서는 다음과 같은 또 다른 관점들과 연관들에 주목해야 한다.

1. 독일 관념론이라는 철학 운동의 처음에 서 있는 칸트의 코페르니쿠스적 전회. 즉 대상인식뿐만 아니라 또한 그와 하나로 인식의 대상들로서의 대상들의, 주관 속에 놓여 있는 조건들로 되돌아감. 피히테의 자아와 비아의 변증법은 그에 토대하고 있는데, 거기서는 자아, 즉 주관이 포괄적인 것이다.

2. (좀 더 넓은 지평에서) 적어도 데카르트 이래로 의식적으로 수행된, 즉 회의와 좀 더 날카로운 구별로부터 생겨난, 존재로부터 의식과 자기의식에로의 전회. 사람들은 이 전회로부터 존재이해를 비로소 충분하게 근거지을 수 있다고 생각했다.

3. (가장 넓은 지평에서) 우리는 주체로서의 실체라는 정식 배후에서 또한 고대의 존재사유 및 실체사유와 주관적인 것의 기독교적 발견의 종합도 함께 볼 수 있어야만 할 것이다. 그리하여 그리스적인 형상관념론이 기독교적 주관성의 깊이 안으로 받아들여진다. 헤겔 자신은 조금 나중에 정신 개념이 "근대와 그 종교에 속하는" 자기 철학의 최고의 개념이 되어야 한다고 지적하고 있다.

그러나 동시에 우리는 헤겔에게 있어 문제되는 것이 존재의 주관화가 아니거니와, 또한 의식관념론적인 주관화도 아니라는 것을 분명히 파악해야만 할 것이다. 그것은 오히려 "즉자대자존재"(나중에 등장하고 좀 더 상세하게 해명되어야 할 개념을 선취하자면, 주해 40을 참조)이다. 즉자존재·그 자체에서 있음은 계속해서 대자존재·그 자체로 있음의 전제로 머문다. 고대의 존재로 향함이 낯설지 않은 헤겔에게 있어 즉자존재는 바로 "실체"로서의 존재 자체인바, 그 존재 자체는 철학적 성찰 과정에서 정신의 "타자"로서, 그러나 그러한 것으로서 동시에 **정신의** 타자로서 밝혀진다. 따라서 폐쇄된 채 머무는 것이 아니라 스스로 열리고 발전된다는 것, 그리하여 발전 속에서 자기 자신에 도달하고, 단지 즉자적으로 실존하는 실체가 아니라 또한 대자적으로 실존하는 주체가 된다는 것이 존재의 본질에 속함은 물론이다. 『정신현상학』의 마지막 몇 쪽에서 헤겔은 좀 더 상세하게 "즉자의 대자로의, 실체의 주체로의, 의식의 대상의 자기의식의 대상으로의" 이러한 "전환"에 대해 말하고 있는데, 여기서 대자존재는 즉자존재의 "완성"을 나타낸다. (나중에 단락 20에서는 곧바로 "주체 또는 자기 자신으로 됨"이라고 말해진다.) 전래된 실체 개념의 불변성과는 대립되게 타자들로부터 자기를 구별하는 가운데 대자적으로 됨으로써 자기 자신에 도달하는 이러한 존재의 생성에 대해 헤겔은 주목하게 된다. 그와 동시에 모든 반성에 대립하는 셸링의 학설, 즉 우리가 오로지 직접적으로 지적 직관을 통해서만 그 속으로 옮겨질 수 있는 자기 내에 정지해 있는 절대자에 관한 학설에 대립하여 전적으로 자기 구별화와 더불어 (조금 뒤에서 이야기하듯이) "자기의 타자화와 자기 자신을 매개하는 것" 및 부정적인 것을 관통하는 절대자의 자기운동과 자기전개에 중요한 의미가 두어지는데,—이는 동시에 절대자에 대한 구별하는 인식과 같은 것이 일반적으로 어떻게 가능한지를 설명해 준다. 그러나 바로 그런 까닭에 주체로서의 실체에 관한 테제는 학문적 체계의 형태로 된 진리의 실존에 관한 명제와 직접적으로 짝을 이룬다. 텍스트의 전진은 "자기의 전개를 통해 스스로를 완성하는 본질"인 전체로서의 참된 것에 관한 명제를 해명하는 가운데 그 두 테제를 좀 더 전개하기 위해 그 둘을 결합한다(특히 주해 42와 50을 참조). 그러므로 헤겔의 주체 개념은 (낭만주의의 의미에서) 개별적인 인격과 그의 주관적이고 사적인 체험과는 전혀 관계가 없다. 아니 『정신현상학』 서문은 바로 그러한 단순한 주관성의 철학적 요구들에 반대한다.

34. "신을 하나의 실체로 파악하는 것이 이러한 규정이 언표된 시대를 격분시켰을 때": 직접적으로 신을 언급하고 있는 것은 여기서 문제되는 것이 단지 형식적인 논의가 아니라 신 자신의 절대적 실재성임을 분명히 보여준다. "실체", 그것은 신에 대한 스피노자의 규정이었다(『에티카』 제1부의 정의 3, 6 등등). 이미 라이프니츠는 스피노자의 실체형이상학에 대해 그것에서는 인격적인 자아가 몰락해 있다고 이의를 제기한 바 있었다. 스피노자와의 내적 대결은 시대의 근본 관심사였다. 이미 스피노자의 범신론에 대한 하만과 야코비의 격렬한 공격이 있었지만("도대체 그토록 두려운 체계를 지닌 사람이 기독교의 주기도문을 기도드릴 수 있겠는가?"라고 하만은 야코비에게 보낸 편지에서 묻고 있다. E. Metzke, 「18세기 철학에서 하만의 위치J. G. Hamanns Stellung in der Philosophie des 18. Jahrhunderts」, Schriften

der Königsberger Gelehrtengesellschaft 1934를 참조), 또한 그의 『자연신학 *Theologia naturalis*』, 1731(제Ⅱ부, § 671-716)에서 스피노자에 대한 비판이 발견되는 크리스티안 볼프로부터도 이미 공격이 이루어진 바 있었다(이 복합적인 문제들 전체에 대해서는 『범신론 논쟁의 주요 저술들*Die Hauptschriften zum Pantheismusstreit*』, herausgegeben mit Einl. von H. Scholz, 1916을 참조). 여기서 실체 범주 그 자체와 그것을 심지어 존재가 아니라 순수한 행동인 신에게 적용하는 것과 투쟁한 것은 누구보다도 우선 피히테였다. 헤겔에게서 스피노자에게 반대되었던 것은 동시에 스피노자의 갱신자인 셸링에게도 향하고 있는데, 셸링은 특히 1801년의 동일성체계 서술에서 의식적으로 스피노자의 방법을 본받으려고 노력할 때 그러한 스피노자의 갱신자로서 등장했다.

35. "지적 직관": 셸링의 핵심 개념. 그는 이 개념을 가지고서 스스로를 자기의 창조적 생산성 내로 옮겨놓는 절대자에 대한 직접적 파악을 표현하고 있다. 또한 칸트도 이미 지적 직관의 개념을 알고 있지만, 그는 그 개념에서 자기 자신에게 객체를 부여하되 감관을 통한 수용을 지시받고 있지 않고 따라서 오로지 신에게만 속하는 창조적 능력을 보았다. 그 다음으로 이미 피히테가 지적 직관의 개념을 가지고서 정신이 행위 수행 속에서 자기 자신을 파악하는 것을 표현한 바 있었다(이 경우에는 그것이 인간적인지 아니면 신적인지의 문제가 여전히 남는다).

36. 이미 헤겔 이전에 셸링을 그가 자신의 절대적 무차별의 원리를 가지고서 다시 칸트 이전의 스피노자주의로 퇴락했다고 비판한 것은 피히테였다. 물론 헤겔은 **뒤따르는 것**, 즉 실체로서의 존재에 단순히 사유로서의 사유를 원리로서의 그 보편성에서 대립시키는 것이 충분하지 않다는 점을 보여준다는 것을 알았는데, 여기서 그가 생각하는 것은 칸트와 피히테였다. 그러나 그와 마찬가지로 또한 셸링이 그의 "지적 직관"을 가지고서 요구했듯이

사유와 존재를 직접적으로 통합하는 것도 충분하지 않다. 그리하여 헤겔은 변증법적 도식에서 정립(스피노자: 실체, 존재)과 반정립(칸트-피히테: 주체, 사유) **그리고** 종합(셸링: 존재와 사유의 통일)을 넘어서고자 노력하는데, 왜냐하면 종합은 자신에 대해 "다시금 게으른 단순성에로 퇴락하는 …… 것이 아닌가" 하는 물음을 제기하기 때문이다.

37. "살아 있는 실체……": 이 밀도 높은 단락에 대해서는 다시 한 번 주해 31과 33에서 말해진 것이 참조되어야 한다. 다만 몇 가지 개념들이 보완적으로 해명될 수 있을 것이다. "실체"를 "주체"로 만드는 것은 자신의 것으로서의 타자 속에서 자기를 발견하는 운동이다. 따라서 타자는 자신의 것의 부정으로서, 즉 부정성과 "양분화"로서 표현될 수 있다. 그 경우 그것이 자신의 것으로서 입증되고 다시 발견되는 한에서 타자는 "대립된 이중화"였지만, 그러나 그러한 이중화에 의해 동시에 "무관심한 상이성"이 부정되고 극복된다. 왜냐하면 타자는 바로 자신의 것이기 때문이다! 통일을 회복하는 이러한 "원환"이야말로 "참된" 것이다. "**살아 있는 실체**"에 관해 이야기하자면, 살아 있다는 것은 여기서 물론 유기체적으로 이해되어서는 안 되며, 오히려 그것은 (단락 17의 마지막 문장에서의) "운동하지 않는 실체성"과 "게으른 단순성"에 대립하여 자기 내에서 운동하지 않고 무차별적으로 정지해 있는 것이 아닌 것을 표현한다. 헤겔은 그의 초기 철학의 근본 개념인 삶·생명에서 일반적으로 본래 정신적 삶을 생각하고 있다. 다음 단락의 시작, 즉 "신의 삶과 신적 인식이란 ……"을 참조.

38. "타자존재 속에서의 자기 내 **반성**……": 여기서 반성Reflexion은 어떤 것에 대한 기계적 반영Spiegelung이나 반성을 의미하지 않는다. 반성은 오히려 어떤 것이 자기에게 대립해 있는 것이자 또 그 속에 자기가 반영되어 있는 것을 거쳐 가는 우회로에서 다시 자기에게로 되돌아간다는 것에 존립한다. 형식적으로 그것은, 마지막 문장이 표현하듯이, "자기의 끝을 자신의

목적으로 전제하여 그것을 시원으로 삼고 오로지 완수와 자기의 끝을 통해서만 현실적인 원환"을 제공한다(주해 38a를 참조). 그러나 우리는 여기서 그 직접성이 타자를 통해 분쇄되고 그의 본질 속에서 내부를 향해 심화된 전회를 경험하는 현존재의 현상과 같은 그러한 현상을 함께 보아야만 할 것이다. 이러한 의미에서 반성은 살아 있는 정신의 특수한 본질형식이자 생성형식이다. 다음 번 주해를 참조. 바로 반성철학의 단지 외적이고 이치추론할 뿐인 지성반성의 극복이야말로(주해 16을 참조) 헤겔로 하여금 (셸링이 자신의 지적 직관의 직접성을 반성에 대립시키는 데 맞서) 반성사상에서의 결실 있는 것을 받아들일 수 있도록 한다. 두 단락 뒤에서는 다음과 같이 말하고 있다. "따라서 만약 반성이 참된 것으로부터 배제되어 절대자의 긍정적 계기로 파악되지 않는다면 그것은 이성에 대해 잘못 아는 것이다. ……"——이러한 의미에서의(그러므로 사유 과정의 명칭이 아니라 존재의 방식, 즉 절대자 자신의 계기의 명칭으로서의) 반성 개념은 이미 신학적인 청년기 저술들에서, 따라서 "신과 로고스"와 관련된 상황에 대한 논구에서 발견된다(Nohl, 306 f.).

38a. "참된 것은 자기 자신의 생성, 즉 자기의 끝을 자신의 목적으로 전제하여 그것을 시원으로 삼고 오로지 완수와 자기의 끝을 통해서만 현실적인 원환이다.": 나는 이 문장을 다음과 같이 명료화하고자 한다. 정신의 자기에게 도달함은 과정의 "목적", 즉 "끝"으로서 존재하지만, 바로 목적은 동시에 그 과정을 운동 속에 정립하는 것, 그러므로 그 과정의 "시원"이기도 하다. 그러나 저 자기에게 도달함과 "자기 자신의 생성"은 오직 그 속에서 시원과 끝이 결합되는 "완수하는" 운동의 전체를 통해서만 (한갓된 가능성과는 대립되게) "현실적"이다. 목적 개념과 아리스토텔레스 형이상학과의 연관과 관련하여 상세한 것에 대해서는 주해 48을 참조.

39. "그러므로 신의 삶과 신적 인식이란 아마도 자기 자신과의 사랑의

유희라고 언표될 수 있을 것이다. 이 이념은 그 속에 부정적인 것의 진지함과 고통, 인내와 노동이 결여된다면 경건함과 심지어 진부함으로 전락한다. ……": 부정적인 것의 문제를 분명히 형이상학적인 것의 차원에서 추적하는 이 단락은 헤겔의 값싼 낙관주의와 삶에 낯선 합리주의라는 상투어들이 얼마나 부적절한지를 드러낸다. 헤겔은 삶의 냉혹함과 분열성 그리고 대립들을 알고 있는 것만이 아니다. 그의 인식은 좀 더 깊이 나아간다. 그는 이러한 경험들이 절대자, 다시 말하면 신 자체에 대한 이해를 위해 무관심하지 않다는 것을 보고 있다. "자기 자신과의 사랑의 유희"라고 표현되는 "신적 인식"에 대한 정식화는 신을 자기의 사유에서 자기 자신에 몰두하고 그 스스로는 영향 받지 않고 움직이지 않은 채 "사랑받는 자의 방식으로" 세계를 움직이는 것으로 파악하는 아리스토텔레스의 견해에 반할 것이다. 바로 신의 "현실성"에는 더 많은 것, 즉 실재성, 그것도 대립과 부정적인 것의 실재성에 대한 관여가 속한다. 헤겔에게 그것은 "타자존재……에 대한 진지함"이다. 그것은 단지 변증법적일 뿐인 유희와는 전혀 다른 것이거니와, 부정은 단지 논리적일 뿐인 부정이 아니다. 그것은 형이상학적이고 실재적인 무게를 지닌다. 대립을 꿰뚫고 나가는 것은 절대자에게 그의 현실성 성격을, 즉 실재성에 대한 진지함을 부여한다. 이와 관련해서는 1802/03년의 「자연법의 학문적 취급 방식」에 대한 헤겔 논문의 다음 구절을 참조(Gesammelte Werke Ⅰ, 386 f.; 2/495). 거기서 헤겔은 "인륜적인 것에서의 비극Tragödie im Sittlichen"에 대해 말하고 있다. "이것은 절대자가 영원히 자기 자신과 유희하는 인륜적인 것에서의 비극의 상연,—즉 절대자가 영원히 자기를 객관성 속으로 분만하고, 이와 더불어 이러한 자기의 형태 속에서 스스로를 고통과 죽음에 넘겨주고서는 그 재로부터 찬란함 속에서 솟아오르는 것 이외에 다른 것이 아니다."(이는 "진지함이 없고 어떠한 내적 진리도 지니지 못하는 대립", 즉 한갓된 "대립들의 그림자들"에 대립한다.) 더 나아가 「신앙과 지식」에 관한 논문의 중요한 구절(Ⅰ, 157; 2/433)도 참조. "그러나 순수한 개념 또는 모든 존재가 그 속으로 가라앉는 무의 심연으로서의 무한성은 이전에는 다만 교양에서 역사적일 뿐이었고 또 근대의 종교가 그에 토대한 감정—즉 신 자신이 죽었다는 감정(이를테면 '자연은 인간 내부에서든 외부에서든 어디에서나 **상실된 신을 지시하는** 그러한 특성을 지닌다la nature est telle qu'elle *marque* partout un *Dieu perdu* et dans l'homme et hors de l'homme'고 하는 파스칼의 표현에서 단지 경험적으로만 언표되었던 것)—으로서만 존재했던 무한한 고통을 순수하게 계기로서, 그러나 또한 최고의 이념의 계기로서만 표현해야만 하고, 따라서 가령 또한 경험적 본질의 희생이라는 도덕적 명령이나 형식적 추상의 개념이었던 것에 철학적 실존을 부여함으로써 철학에 절대적 자유의 이념과 더불어 이전에는 역사학적이었던 절대적 고난이나 사변적 성 금요일 및 바로 그 성 금요일 자체를 그 신 없음의 전체적인 진리와 냉혹함에서 회복해야만 하거니와, 오로지 그러한 냉혹함으로부터만—왜냐하면 교조주의 철학들 및 자연종교들의 더 가볍고 더 무근거하며 더 개별적인 것은 사라져야만 하기 때문에—최고의 총체성이 그 전체적 진지함에서와 그 가장 심오한 근거로부터 그리고 동시에 모든 것을 포괄하면서 그 형태의 가장 명랑한 자유 속에서 부활할 수 있고 또 부활할 수 있어야만 한다."—"사변적 성 금요일"에 대해서는 또한 발J. Wahl, 『헤겔 철학에서 의식의 불행*Le malheur de la conscience dans la philosophie de Hegel*』, 1929을 참조. 헤겔 사유의 기독교적 근거가 살아 있는 자로서의 신 자신과 십자가에 달린 그리스도에서 감지될 수 있다. 우리는 이러한 기초적 토대를 함께 파악해야만 한다. 헤겔 철학이 전체적으로 기독교적 철학인가 하는 것은 또 다른 좀 더 나아간 물음이다. 왜냐하면 기독교의 근대적 현실화처럼 나타났던 기독교 계시의 사변적 정신화는 그 기초의 파괴적인 전복으로 입증되었기 때문이다. 이 주제가 다시 한 번 떠오르는 단락 32에 대한 주해 62를 참조.

40. "그러나 이러한 **그 자체 · 즉자**는 **대자적으로 존재한다**는 그의 본성과 따라서 일반적으로 형식의 자기운동이 도외시되는 추상적 보편성이다.":

이로써 분명히 두드러지는 즉자존재와 대자존재의 관계(주해 32를 참조)를 헤겔은 다음다음 단락에서 비교를 통해 해명한다. "태아는 아마도 **즉자적으로** 인간이겠지만 **대자적으로는** 아니다. 대자적으로 태아는 오직 **즉자적으로** 이성인 바의 것으로 스스로를 **다듬어낸** 형성된 이성으로서만 인간이다." 여기서 관건이 되는 것은 바로 인간 자신이 즉자적으로 자기인 것으로 되는 것, 따라서 인간이 동시에 대자적으로 인간인 바의 것으로 되는 것이다. 그 속에서 본질의 "발전"에 도달하는 "자기운동"은 이 본질 자신에 대해 "본질적"이다.—이러한 연관에서 본질의 즉자에 대립되는 "형식 · 형상 Form"의 개념은 아리스토텔레스적인 전통에서 유래한다. 그것은 근저에 놓여 있는 질료를 그 질료의 고유한 본질목표로 각인시키며 발전시키는 것을 가리킨다. 따라서 헤겔은 또한 "발전된 형식"에 대해서도 이야기할 수 있는 것이다. 여기서는 또한 철학적 내용들이 그 속에서 발전되어야 하는 형식으로서의 체계의 사상도(동시에 "추상적 직관"과 "직접적 실체"에 대립하여) 작용하고 있다.

41. "참된 것은 **전체**이다.": 다시 말하면 참된 것은 피히테와 셸링이 원했던 것처럼 근본원리를 통해 파악되거나 정리나 근본명제를 통해 언표될 수 있는 것이 아니라 오로지 통과되어야만 하는 인식 전체의 전개를 통해서만 그리될 수 있다. 이러한 의미에서 헤겔은 또한 (우선은 너무나도 놀랍고 겉보기에 분명히 자기 자신에 모순되게도[8]) 절대자가 요컨대 전체의 발전을 자기 내에서 완성된 것으로서 포함하는 한에서 "**결과**"라고 말할 수 있었다. 그에 덧붙여지는 것은 헤겔에게 있어서는 그의 특유한 원환사상(주해 38a와 48)에 일치되게 앞으로 감이 언제나 동시에 존재근거로의 되돌아감이며, 그러므로 결과에서 비로소 발전 전체를 존재에 따라 근거짓는 참으로 최초

• • •

8. 단락 3에서는 분명히 다음과 같이 말하고 있었다. "결과가 아니라 자기의 생성과 함께 있는 결과가 **현실적** 전체이다." 그러나 이러한 보충은 다만 결과가 바로 고립되어서는 안 된다는 것을 보여준다.

의 것이 제시된다는 것이다. 물론 그것은 분리되거나 고립되어서는 안 된다(주해 1, 그리고 주해 42와 50 참조). 그렇지 않으면 그것은 추상적 시원과 마찬가지로 추상적이다.

42. "시원, 원리 또는 처음에 직접적으로 언표된 대로의 절대자는 다만 보편자일 뿐이다." 그러한 것은 추상적이고 불완전한 것에 머물며, 다시 말하면 그러한 것은 헤겔에게 있어 참되지 않다. 그것은 자기의 전개로부터 분리되어서는 안 된다. 그것은 오로지 자기의 전개와 더불어서만 참으로 원리이다. 다시 말하면, 그것은 다만 자기의 타자화, 그러나 동시에 그의 자기-생성인 그러한 타자화를 통해서만 원리이다. A=A를 벗어나는 모든 것은 필연적으로 A = 비-A이며, 그러므로 타자화이지만, 다른 한편으로 타자화가 없으면 또한 자기생성도 존재하지 않는다. 이로부터 이미 이 사상의 의의가 파악될 수 있지만, 물론 그 의의가 헤겔에 의해 여기서 이미 그 자체로 명백히 되는 것은 아니다. 또한 "신적인 것, 절대적인 것, 영원한 것"도 그 자체에서 그리고 직접적으로 언표될 수 있는 것이 아니다. 그런 까닭에 타자화, 발전, 역사는 다른 한편으로 절대 정신에 단지 외면적인 것이 아니라 그에게 바로 타자화를 통해 비로소 매개되는 그의 참된 본질에 속한다. 그런 까닭에 "매개"는 또한 결코 "절대적 인식"을 방해하는 것이 아니라 그것을 가능하게 한다. 다음 주해를 참조.

43. "**매개**"라는 "기피되는" 개념은 헤겔적 사유의 중심 개념이다. 매개 개념이 지니는 의미는 이미 앞 단락에서 전개된 사상에서 제시된다(주해 41과 42). 여기서는 "매개"의 "본성"이 분명히 "스스로 운동하는 자기 자신과의 동등성"으로서, 다시 말하면 구별화를 관통해 감으로써 통일을 회복하는 운동으로서 규정된다. 단순한 예가 다시 한 번 해명을 위해 제시될 수 있을 것이다. 나는 오직 어떤 것을 모든 비-A로부터 구분함으로써만 그것을 A라고 규정할 수 있다. 따라서 그 직접성에서의 A의 규정은 "매개"로서의

비–A를 필요로 한다. 헤겔 자신은 "직접성"의 "매개"를 언젠가 아주 노골적으로 해명한 바 있다. "내가 베를린에 **있다**는 것, 즉 이러한 나의 **직접적** 현재는 이곳으로 향한 여행 등등에 의해 **매개되어** 있다."(『엔치클로페디』 § 66, 8/157) 헤겔의 『논리의 학』에서는 "직접성과 마찬가지로 매개를 포함하지 않은 것은 하늘이나 자연 또는 정신이나 그 어디에서든 아무것도 없으며, 따라서 이 두 규정들은 분리되어 있지 않고 분리될 수 없는 것으로 나타난다"(5/66)고 하고 있다. 매개 개념에 대해서는 앙리 니엘Henri Niel, 『헤겔 철학에서 매개에 대하여*De la Médiation dans la philosophie de Hegel*』, Paris 1945를 참조.

44. "따라서 만약 반성이 참된 것으로부터 배제되어 절대자의 긍정적 계기로 파악되지 않는다면 그것은 이성에 대해 잘못 아는 것이다.": 반성에 관해서는 주해 38을 참조. "이성"은 물론 분리하는 지성과는 대조적으로 전체에 관계되어 있지만—헤겔의 「피히테와 셸링의 철학 체계의 차이」에 관한 저술에서 말해지고 있듯이 "고정된 대립들을 지양하는 것이야말로 이성의 유일한 관심이다"—, 그렇다고 해서 그것이 이성이 대립들을 지워 없애야 한다는 것을 뜻하는 것은 아니다. 이성에 의한 전체로의 통합은 상이성을 전제할 뿐만 아니라 또한 그것을 바로 "지양"에서 보존하며, 상이한 것들을 좀 더 고차적인 통일의 지절들로 만든다. 그러므로 바로 이성은 셸링의 반성 없는 직접성이 아니라 본질적으로 "매개"이다.

45. "즉자Ansich"와 "대자Fürsich"에 관해서는 주해 40을 참조.

46. "결과"는 "단순한 직접성"이거니와, 다시 말하면 즉자의 타자로서의 발전은 즉자존재와 대자존재의 좀 더 고차적인 통일에서 지양되어 있다. 통일은 그것이 대립을 바깥에 내버려 두는 것이 아니라 자기 내에 받아들인 한에서 자기 내에 안주한다.

47. "그것과 화해한": 화해Versöhnung는 헤겔에게 있어 대립들을 희미하게 지우고 조화시키는 것으로서 이해되어서는 안 된다. 오히려 그것은 이러한 대립들의 규정성을 회피하지 않고 그것의 냉혹함을 관통해 가는 극복이다. 헤겔의 화해 개념에서는 기독교가 십자가에서의 그리스도의 죽음에 의한 신과 인간의 화해에 대해 말하는 저 실존적인 진지함을 지닌 어떤 것이 여전히 감지될 수 있게 유지되어 있다. 물론 구체적인 기독교적 내실은 해소되어 있다. 다만 기독교에 의해 의식되게 된 세계와 인간 간의 균열만은 여전히 남아 있는데, 그 균열은 언제나 새롭게 (즉자존재가 대자화되는 도정에서) 매개되고 화해되어야만 한다. 주해 15에서 이미 논의한 것을 참조.

48. 헤겔이 즉자로부터 대자로의 운동을 위해 "합목적적 행위"라는 개념을 도입한 것은 그의 사유의 근본특징을 드러낸다. 여기서 "목적"은, 텍스트가 전진해 가며 보여주듯이, 헤겔에 의해 분명히 아리스토텔레스와 연결되어 단지 인간적 행동의 주관적 개념으로서 이해되는 것이 아니라 존재자의 보편적 근본규정으로서 파악된다(그러므로 결코 계몽의 방식에 따라 일면적으로 인간과 그의 목적정립들에만 관계되어 있지 않다). 목적은 그것에 있어 하나의 과정이 자기 자신에 도달하는 한에서 헤겔에 의해 "주체"라고 불릴 수 있다. 목적은 동시에 시원에서는 스스로 운동하지 않지만 실현을 위해 운동하도록 하는 충격으로서, 끝에서는 추구된 실현의 성과로서 서 있다. 도식을 제시하자면,

<도식>

이러한 의미에서 헤겔은 이 주제를 내거는 단락 18의 마지막 문장에서 다음과 같이 말한다. "참된 것은 자기 자신의 생성, 즉 자기의 끝을 자신의 목적으로 전제하여 그것을 시원으로 삼고 오로지 완수와 자기의 끝을 통해서만 현실적인 원환이다." 『정신현상학』의 마지막 장에서도 헤겔은 "자기의 시원을 전제하고 오로지 끝에서만 그것에 도달하는 자기 내로 복귀하는 원환"에 대해 말한다.

이렇듯 아리스토텔레스의 존재론적 목적론으로 분명하고도 체계적으로 소급하는 것은 헤겔을 단지 칸트로부터 그리고 독일 관념론의 연관에서만 파악하는 것이 충분하지 않다는 것을 보여준다. 우리는 헤겔의 철학사 강의에서 전체 공간의 3분의 2가 그것에 바쳐져 있는 것이 우연이 아닌 고대 철학을 함께 보아야만 한다. 그렇게 해서야 비로소 우리는 헤겔 이해의 충분한 기초를 획득한다.[9] 물론 그 경우 고대의 개념들은 근대적 사유의 운동 속으로 받아들여진다(주해 33을 참조). 그리하여 목적 개념 대신에 우리의 지금 이 단락에서는 목적 운동이 그때마다 자기 내 귀환인 것과 마찬가지로 그 "운동"의 "불안" 속에 존재하는 "자기Selbst" 개념이 들어선다.—아리스토텔레스와 헤겔이라는 주제에 대해서는 N. 하르트만, 『독일 관념론의 철학에 대하여*Beiträge zur Philos. des deutschen Idealismus*』, II, 1 1923, 1-35의 같은 제목의 연구를 참조. 하르트만은 『엔치클로페디』의 마지막에서 출발한다. 헤겔은 거기에 눈에 띄는 의미심장한 방식으로 이성의 영원한 삶을 다루는 아리스토텔레스 『형이상학』 XII 7의 유명한 구절의 텍스트를 번역을 하거나 좀 더 부연해서 설명하지 않고 원문 그대로 놓고 있다. 그것으로 그 저작은 끝난다. 그러므로 헤겔은 아리스토텔레스로 하여

• • •

9. 이와 연관된 헤겔과 그리스 세계라는 주제에 대해서는 『고대와 서구*Antike und Abendland*』 I, S. 163 ff.에서의 에밀 볼프Emil Wolff의 그러한 제목을 달고 있는 포괄적인 논의를 참조. 특히 「그리스 철학에 대한 헤겔의 파악Hegels Auffassung der griechischen Philosophie」에 대해서는 제2차 헤겔 회의 논문집의 슈텐첼J. Stenzel의 논문을 참조.

금 그 스스로 말하게끔 한 셈인데, 그것은 헤겔이 아리스토텔레스적인 용어들로 그 자신의 가장 고유한 관심사를 더할 나위 없이 분명하게 언표할 수 있었다는 것 이외에 달리 해석될 수 없다.—더 나아가 우리는 헤겔이 자신의 『철학사 강의』에서 제공하는 아리스토텔레스 서술을 지극히 교훈적인 것으로서 끌어들여야만 할 것이다. 그 서술은 아리스토텔레스 철학에 대한 헤겔의 내적인 관계의 강함을 보여주는데, 아리스토텔레스 철학에 대해 그는 그것이 다시 존경받게끔 노력하는 가운데 그것이 "경험적 넓이"에서뿐만 아니라 또한 "사변적 깊이"에서도 플라톤의 철학을 능가한다고 말할 수 있었다. 동시에 헤겔은 플라톤과 아리스토텔레스에 의해 제기된 물음들과 비교하여 관념론과 실재론의 통례적인 반정립이 지닌 불충분함을 보고 있다. 그는 아리스토텔레스에게서 "경험지"와 "철학"을 결합하고자 하는 그 자신의 노력을 다시 발견한다. "왜냐하면 그 종합에서 파악된 경험적인 것은 사변적 개념이기 때문이다."[10]

49. 이 단락과 뒤따르는 단락들(단락 23 이하)에서 헤겔은 다시 한 번 선취된 주어・주체(헤겔의 "주체"가 아니다)에 외부로부터 술어들을 갖다 붙이는 외적인 앎의 운동과, 사태 자체를 그의 고유한 자기운동에서 서술하는 그 자신의 앎의 이념 사이의 구별을 명확히 하고자 한다. 전자에서 주어・주체는 "정지되어 있는" "고정된 점"으로 받아들여지고, 오직 앎이 그것에 술어들을 "외면적으로" 부가할 뿐이다. 후자에서 술어들은 주체의 운동을 통해 사태 자체의 고유한 발전으로부터 출현한다. 그 구별은 헤겔이 그것을 절대자에 관한 앎에서 입증하는 까닭에 더욱 더 인상적이게 된다. 오로지 그로부터만 그 구별이 일반적으로 완전하게 파악될 수 있다. 왜냐하면 바로

• • •

10. 그런 까닭에 아돌프 트렌델렌부르크Adolf Trendelenburg의 헤겔 비판이 바로 아리스토텔레스에 기반한다는 점, 특히 거기서 트렌델렌부르크에게 있어서도 신학적 사유가 철저히 특징적이라는 점은 놀라울 수 있을 것이다. 그러나 만약 우리가 대결의 핵심 부분이 『논리적 연구 *Logischen Untersuchungen*』에서의 아리스토텔레스의 형식논리학과 헤겔의 변증법적-사변적 논리학의 대립이라는 점에 주목한다면 그러한 차이의 원천이 명확히 드러난다.

절대자에 관한 진술들이 어떻게 가능한가 하는 것이야말로 헤겔의 철학 전체에 대해 핵심적인 문제이기 때문이다. 단순히 절대자를 "신"이나 "영원한 것"이라고 명명하는 것으로는 그것이 이루어지지 않는다. 그것만으로는 단지 "무의미한 소리"일 뿐이다. 신을 그렇듯 우리가 임의의 술어들을 갖다 대는 고정된 점으로 제시하는 것은 바로 여기서 절대자에 대한 관계가 여전히 얼마나 외면적인지를 보여준다. 그 경우 신이라는 인격적인 명칭에도 불구하고 그것은 이미 여기서 문제되는 것이 한갓된 객체가 아니라 스스로 주체로서 술어들에 관계하고 술어들 속에서 자기 자신을 인격으로서 "나타내는" 현실이라는 것을 전혀 가리키지 못할 것이다.

50. 이 단락이 교훈적인 변증법적 사상수행에서 보여주는 것은 참된 철학적 앎이 오로지 체계로서만 서술될 수 있다고 하는 것인데, 그것이 그러한 까닭은 절대적 "원리"나 "근본명제"[50a] 그 자체의 일반적 제시가 모두 그저 선취일 뿐이며, 원리의 실행과 발전이 비로소 그것을 원리로서 확증하고 확인함과 동시에 "부정적으로는" 실행과 더불어 비로소 원리인 바의 원리로서 그것이 지닌 잠정성을 인식하게 해주기 때문이다. 이로부터 다음의 문장이 이해될 수 있다. "역으로 시원에 대한 본래적인 **긍정적** 상론은 동시에 그와 마찬가지로 그것에 대한 부정적 태도이며", 따라서 그것은 원리로서의 원리의("체계의 근거의") "반박"으로서 나타날 수 있다. "더 올바르게 하자면" 그것은 원리 그 자체가 언제나 다만 "체계"에서 전개를 필요로 하는 시원일 뿐이라는 것을 보여준다. 이로써 이미 다음 단락을 위한 표제어가 주어져 있다. 또한 주해 33과 41 그리고 42도 참조. 그 단락들의 사상들은 서로 결합된다. 이제 단락 20의 저 근본적인 명제들이 지닌 온전한 내용적 중요성이 오해의 여지없이 인식될 수 있게 된다. "참된 것은 전체이다. 그러나 전체는 오직 자기의 전개를 통해 스스로를 완성하는 본질일 뿐이다. 절대자에 관해서는 그것이 본질적으로 **결과**이며 **끝**에 이르러서야 비로소 그것이 참으로 그것인 바의 것이라고 말할 수 있다. 그리고 바로 여기에

현실적인 것, 주체 또는 자기 자신으로 됨이라고 하는 그의 본성이 존립한다."

50a. 이것은 피히테와 관련된다. 물론 "근본명제Grundsatz"에서는 우선은 특히 전체 철학을 최상위의 근본명제・원칙으로부터 도출하고자 하는 칸트주의자 라인홀트Reinhold(1758-1823)의 노력을 생각할 수 있을 것이다. 이렇듯 "절대적 근본명제의 형식을 지닌 원리"에 대해서는 이미 헤겔의 「피히테와 셸링의 철학체계의 차이」에 관한 저술에서 결정적인 한 절이 취급하고 있었다. 이미 거기서 그의 비판은 또한 스피노자와도(헤겔이 분명히 지적하듯이 어떠한 의식철학과도 대립하는 그의 입장에도 불구하고) 관련된다. "철학의 어떠한 시원도 스피노자에게서처럼 정의를 가지고 시원을 마련하는 것보다 더 나쁜 모습을 지닐 수는 없다."

51. 지금 이 단락 25에서 주어진, 주체로서의 실체에 관한 테제와 더불어 도입된 사상들에 대한 극단적인 요약은 동시에 자기를 넘어선다. 그것은 이미 헤겔이 **정신** 개념을 분명히 끌어들임으로써 이루어진다. 정신 개념에서 체계로서의 참된 것과 주체로서의 실체라는 규정(이 두 규정은 다시 한 번 분명히 평행적으로 정립된다)의 형이상학적 근거(헤겔의 용어법으로 하자면 "정신으로서의 절대자")가 구체적으로 파악될 수 있게 된다. 그러나 헤겔은 결코 정신 개념을 투입하는 것에 만족하지 않는다. 오히려 그는 그 개념을 곧바로 그 자신의 사상 전개에 끌어들임으로써 그것을 더욱 더 추동해 나가는데, 그리하여 정신 개념은 사유 자체를 더욱 더 밀고 나가는 운동의 표현이 된다. 본래적으로 현실적인 것으로서의 정신, 본래적인 즉자존재로서의 정신은 본질적으로 동시에 스스로와 관계함, 다시 말하면 타자에 대해 자기관계맺음이거니와, 그에 의해 현실적인 것 내지 즉자존재 자체는 비로소 자기의 "규정성"을 획득하며("스스로와 **관계하는** 것과 **규정된** 것"), 바로 그에 의해 또다시 (자기 밖의 타자에 대한 관계 속에서도 자기

자신 속에 머무르는—헤겔에 의해 명사적으로 표현된) 대자존재이다. 그러나 이러한 즉자대자적인 존재는 전체적으로 보아 그 자체가 처음에는 아직 단지 즉자적으로 현존할 뿐이며(단지 우리에 대해서만 알려져 있을 뿐이며), 아직은 대자적으로는(자기에 대해서는, 즉 그 자신의 앎에서는) 그렇지 않다. 그것은 단지 "정신적 실체"로서 인식되어 있을 뿐이며, 아직은 "주체"로서 인식되어 있지 않다. 그리하여 그것은 새로운 운동의 출발점이 된다(이는 전통적인 정신철학을 넘어서는 특수하게 헤겔적인 방향전환이다. 아마도 헤겔의 이탤릭체[**돋움체**—옮긴이]에 의한 강조들이 이해를 위한 최초의 도움을 줄 수 있을 것이다). 우리가 정신의 즉자대자존재에 대해 아는 것으로 충분하지 않다. 정신은 그 자체가 이러한 자기의식에 도달해야만 하거니와, 그 자기의식을 통해 정신은 자기의 즉자대자존재를 또한 "대자적으로" "대상적으로" 지니는 것이다. 바로 "그렇듯 전개되어 스스로를 정신으로서 아는 정신이 **학문**"이며, 따라서 학문은 정신에 관한 앎의 총계나 결국 무언가 특수한 것을 서술하는 것이 아니라 정신 자체의 전개, 즉 "정신이 자기의 고유한 터전에서 구축하는 나라"이다.—**정신** 개념에 대해 좀 더 주의해야 할 것은 그것이 가령 『정신현상학』에서 철학에서 처음으로 근본저작의 제목 개념으로 나타나듯이 헤겔에 의해 비로소 그 완전하고도 본래적인 철학적 의미를 획득했다는 점이다. (정신 개념의 역사에 대해서는 『그림 사전*Grimmsches Wörterbuch*』, Sonderdruck Halle 1926에 실린 힐데브란트R. Hildebrand의 커다란 항목 해설이 여전히 계속해서 근본적이다. 특히 독일 관념론에 대해서는 호프마이스터J. Hoffmeister, 「독일 관념론의 정신 개념Der Geistbegriff des dt. Idealismus」, in Dt. Viert.schr. 1932를 참조.) 바로 헤겔 철학의 근본개념으로서의 그것은 또한 하나의 정의로 표현될 수 없다. 그러한 정의는 다만 오로지 그때그때마다의 연관들로부터만 가능한 현실적인 이해를 방해할 뿐일 것이다. 또한 사람들이 그 정신 개념에서는 고대의 누스(이성) 개념과 기독교의 정신(성령) 파악 그리고 근대의 주체 원리(주해 33 참조)가 결합되어 있다고 말하게 되더라도 그것은 다만 여전히 외면적일 뿐이다. 헤겔 자신은 지금 이 구절에서 분명히 그 개념의 종교적 뿌리와 의미를 지시한다. 헤겔의 정신 파악에 대해 중요한 구절인 『엔치클로페디』의 § 384(10/29)도 비슷하다. "절대자는 정신이다. 이것은 절대자에 대한 최고의 정의이다.——우리는 이 정의를 발견하고 그 의미와 내용을 개념 파악하는 것이야말로 모든 교양과 철학의 절대적 경향이었으며, 이 지점으로 모든 종교와 학문이 돌진해 왔다고 말할 수 있다. 이러한 갈망으로부터만 세계사가 개념 파악될 수 있다.——정신이라는 말과 그 표상은 일찍이 발견되었으며, 기독교의 내용은 신을 정신으로서 인식하도록 해주는 것이다." 기독교의 정신 개념에서 헤겔에게 있어 중요하게 된 것은 분명히 무엇보다도 우선 두 개의 사변적 계기들이다. 1. (자기 내에서 정지해 있는 실체로서의 절대자에 대한 파악과는 대립되게) 삼위성에서 신의 생명으로서 전개되는 "자기 내에서 살아 있는 운동"의 계기(이미 『신학적인 청년기 저술들』, Nohl 318 f.에서 그러하다), 2. 분열을 극복하고, "무한한 고통"을 견디고 화해하는 가운데 부정적인 것에서 "긍정적으로 자기 관계하는" 신과 인간 사이의 매개의 계기. (헤겔의 『세계사의 철학에 대한 강의』, 「기독교」 장을 참조.)

52. 단락 26은 학문으로서의 철학의 발전이 마찬가지로 즉자존재(터전으로서의 "앎 일반")로부터 자기에 대해 앎(그에 의해 그 터전은 "그 완성과 투명성"을 획득한다)으로의 운동을 거쳐 나가야만 한다는 것을 보여줌으로써 직접적으로 바로 앞의 것에 연결된다. 동시에 이 단락은 『정신현상학』의 특수한 과제에 대한 규정으로 옮아간다. 그 규정은 개인의 자연적 의식이 (헤겔적인 의미에서의) 학문으로서의 철학에 단계에 존재하지 못하며 오히려 양자 사이에는 비로소 극복되어야 할 대립이 존립한다는 점으로부터 출현한다. 개인은 철학적 학문의 높이로 이끌려져야만 한다. 그는 "사다리"를 필요로 한다. 헤겔은 자연적 인간의 이러한 요구의 권리를 철저히 인정한다. 왜냐하면 철학의 진리는 자연적 인간에게 우선은, 철학에서 지양되는

자아와 사물들의 대립에 관한 그의 자연적 확신의 "전도"로서 나타나지 않을 수 없기 때문이다. "이들 두 부분들의 각각은 다른 부분에 대해 진리가 전도된 것으로 보인다." 왜냐하면 이미 "철학의 시원"은 "절대적 타자존재에서의 **순수한** 자기인식"을 전제해야만 하기 때문이다.[52a] 그것은 학문의 발전에서 비로소 자기 자신에게 "투명하게" 되어야만 하는 "터전Element" (헤겔은 횔덜린과 유사하게 "에테르"에 대해서도 이야기한다)이다. 그런 까닭에 자연적 의식의 학문에로의 고양은 헤겔에게 있어 학문에게 외면적인 것이 아니다. 오히려 그것은 학문 자체의 생성과 본질에 속한다. 따라서 학문에로의 이러한 인도에서 문제가 되는 것은 철학에 관해 이야기하고 철학의 교수 가능성과 학습 가능성에 관한 근본명제들 · 원칙들을 내세우는 외부로부터 다가오는 지도가 아니라 "개인" 속에, 즉 개별적 자아와 그 자신의 직접적 확신 속에 필연적인 접합점을 지니는 철학 자체의 운동이다. 다음 주해들을 참조.

52a. 철학의 시작과 더불어 전제되는 "터전"으로서의 "절대적 타자존재에서의 자기인식"에 관한 이 정식은 1. 자기인식이 타자화를 매개로 하여, 그러므로 마주함에서 이루어진다는 것(이 점에는 우선 언제나 마주함을 지니는 자연적 대상의식과의 공통점이 놓여 있다), 2. 그러나 그 자기인식은 타자 속에서 자기 자신을 인식하고 자기 자신을 다시 발견한다는 것을 의미한다(그 점에서 자기인식은 자연적 의식이 그 속에 고착되어 있는 대립을 극복하고, "사유"이자 "오로지 정신에서만" 존재함으로써 더 이상 바깥에, 즉 감각적 경험과 타자존재에 있는 것이 아니라 이러한 타자존재를 자기 내에서 지양한 "지반을 획득"한다). 그런 한에서 그것은 "자기 자신 내에서의 반성인 **존재**", 즉 조금 앞에서 말하고 있듯이 "**변용된 본질성**"이다. 그러나 바로 그런 까닭에 또한 철학 자체에는 그것의 "터전"이 비로소 자신의 "완성과 **투명성**"을 획득하는 "생성의 운동"이 속한다.

53. “자기 자신의 **직접적 확신**”: 이것은 동시에 자기확신에 대해 결정적인 방식으로 그 철학적 의미를 부여한 데카르트를 가리킨다. 자기확신은 헤겔에게 있어서도 모든 앎에서의 “무제약적인” 것이다. 그것은 앎으로서의 모든 앎에 일정한 확신이 속하는 한에서 “절대적 형식”이다. 그러나 자연적 확신은 더 이상 접합점으로서 존재할 수 없다. 그것은 학문으로서의 철학의 전체 운동 내에서의 “계기로” 된다.

54. (아래에서의 논의 이해를 위해 이 문장의 원문과 번역문을 다시 제시하자면 다음과 같다. “Wenn der Standpunkt des Bewußtseins, von gegenständlichen Dingen im Gegensatze gegen sich selbst und von sich selbst im Gegensatze gegen sie zu wissen, der Wissenschaft als das *Andere* - das, worin es sich bei sich selbst weiß, vielmehr als der Verlust des Geistes - gilt, so ist ihm dagegen das Element der Wissenschaft eine jenseitige Ferne, worin es nicht mehr sich selbst besitzt. 만약 의식의 입장, 즉 자기 자신과 대립하는 대상적 사물들에 대해 아는 것이자 대상적 사물들과 대립하는 자기 자신에 대해 아는 것인 의식의 입장이 학문에게 **타자**로서—즉 의식이 그 속에서 자기를 자기 자신에서 아는 것이어서, 오히려 정신의 상실로서—여겨진다면, 그와 반대로 의식에게는 학문의 터전이 의식이 그 속에서 더 이상 자기 자신을 소유하지 못하는 피안의 먼 곳이다.”—옮긴이) 문장의 전체 의미는 명확할 수 있을 것이다: 개인의 자연적 의식은 추상적 분리에서 여기서는 자기 자신, 즉 의식을, 그러나 저편에서는 대상을 본다. 만약 이러한 입장이 학문으로서의 철학에 대해 “타자”, 즉 전도된 것이라면, “그와 반대로 의식에게는”(자연적 의식에게는) 이러한 대립을 지양하는 철학적 견지가 이해될 수 없으며 “더 이상 자기 자신을 소유하지 못하고” 따라서 그 자신의 고유한 확신을 상실하는 “피안의 먼 곳”이다. 그런데 여기서 삽입구를 좀 더 살펴보자(나는 라손이 정립해 놓은 대시를 글로크너, Jub. Ausgabe II, 29에 대립하여 그대로 놔두었다. 글로크너는 삽입구를 “gilt” 뒤에 연결하고 있다. 그 “gilt”는 Wenn-절의

술어이자 삽입구에서도 함께 될 수 있다). 삽입구는 다만 자연적 의식–철학의 대립을 새로운 정식화에서 다시 한 번 받아들이고 있을 뿐이다. 이해를 방해하는 것은 "es"가 자연적 의식에 다시 관계되어야만 한다는 것에 놓여 있거니와, 따라서 단순한 의미는 다음과 같다. 자연적 의식이 그 속에서 자기 자신에서 존재하는 바로 그것(의식과 대상을 분리하는 마주함이 생각되고 있다)은 철학에 대해 "오히려 정신의 상실로서" 여겨진다. 전체 연관을 고려하자면 다음과 같다. 즉, 만약 철학에게 자연적 의식의 입장이 "타자"라면, 아니 만약 철학에게 그 속에서 자연적 의식이 바로 자신의 자기의식을 지니는 그것이 오히려 정신의 상실로서 여겨진다면, 역으로 자연적 의식에게는 철학적 입장이 "멀고" "익숙하지 않다"는 것이다. 좀 더 정확한 해석은 동시에 자연적 의식에 대해 "익숙하지 않은 것", "비현실적인 것"("또한 일단은 머리로 걷고자 하는 시도")을 강조하는 뒤따르는 문장들에 빛을 던져준다.

55. 이미 주해 52와 53에서 지적되었던 것이 다시 한 번 힘주어 강조된다. 즉, 철학은 "비현실적으로" 되지 않기 위해서는 자연적 세계의식을 무시해서는 안 된다는 것이다. 철학은 이것을 오히려 "터전"으로서 자기 내에 받아들여야만 하거나 자기에게 속하는 것으로서 입증해야 한다. 그것은 정신의 즉자존재로부터 대자존재로의 발전에 속하며, 따라서 현상학이 서술하는 "학문의 생성" 자체에 속한다. 그리하여 다음 단락의 서두에서는 이러한 생성이 바로 전적으로 자연적인, 이른바 "몰정신적인" "감각적 의식"에서 시작되지만, 그것은 그 후 정신의 계기로서 밝혀진다는 점이 지적된다. 이미 여기서 또한 학문론에서의 피히테의 의식의 발전과 "의식의 역사"와의 구별이 드러나는데, 피히테의 의식의 발전과 역사는 계속해서 연역적인데 머물러 또한 자연적 의식도 비로소 연역하며, 자연적 의식 그 자체에서 헤겔처럼 어떠한 접합점도 보지 못하는 것이다.

56. 헤겔은 이 27 단락에서 현상학이 서술하는 "학문의 생성"을 학문에로의 한갓 외적일 뿐인 "이끎"뿐만 아니라 또한 그가 "학문의 근거짓기"라고 부르는 것(여기서는 학문의 가능성에 대한 칸트의 초월론적인 근거짓기와 학문론에서의 피히테의 연역들이 생각될 수 있다)과도, 그리고 단적으로는 (셸링에 반대하여) "마치 권총에서 총알이 발사되듯이 절대지로부터 직접 시작하는 …… 영감"과도 구분하고 있다. 왜냐하면 이러한 "학문의 생성"은 "기나긴 도정을 스스로 헤쳐 나가야" 하기 때문이다. 이와 더불어 **역사**는 절대자에 관한 학문으로서의 철학의 본질과 생성에 대한 성찰의 지평에로 들어선다. 이는 다음 단락들에서 주제로 다루어지는 결정적인 과정이라 할 수 있을 것이다.

57. 다음 단락들(28 이하)의 이해를 위해 우리는 다음과 같은 것을 본질적인 관점으로서 명확히 떠올려보아야만 한다. 즉, 헤겔에게는 개별의식의 경험뿐만 아니라 또한 **역사** 속에서의 인류의 포괄적인 경험과 도야·교양도 존재하거니와, 인류의 경험 그 자체는 개인의 교양 발전을 담지하며 그의 필연적인 "실체"이다. 이러한 의미에서 헤겔은 "특수한 개인"을 "불완전한 정신"으로서, 즉 "보편적 정신"에 맞서 있는 한갓된 "계기"로서 세워 놓는데,[11] 개별적인 개인은 보편적 정신이 역사적으로 이미 두루 거쳐나간 교양 단계들을 제 것으로 만들어야만, 다시 말하면 다시 한 번 거쳐나가야만 하지만, 그 단계들은 "다 마무리되고 평평해진 길의 단계들"이며, 그것도 "세계사의 엄청난 노동"을 통해 그렇게 된 것들이다. 그 자체로 정신적

11. 이미 단락 28의 첫 문장이 "개인"(좀 더 정확하게는 개별적 개인)에 "보편적 개인"을 대립시키고 있다. 그러므로 (개별적 인간이든 개별성으로서의 민족이나 그와 비슷한 것들이든) 특수한 개인을 인류라는 "보편적 개인"에 맞선 현실적인 구체적 전체성으로서 언표하는 (우리 시대에도 영향력 있는) 경향에 맞서 헤겔은 바로 개인의 "추상적" 성격을 강조하는데, 왜냐하면 "구체적 형태"(헤겔의 개념)로서의 개인 그 자체에서는 그럼에도 항상 오로지 "**하나의** 규정성"만이, 즉 보완을 필요로 하고 고립되면 그에 반해 한갓된 "추상적 계기"로 되는 그러한 하나의 규정성만이 지배적이기 때문이다.

개인의 구체적이고 담지적인 역사적 "실체"로서의 보편적 정신은 그러함에 있어 이 정신적 개인에서 자기의식에 도달한다.

바로 『정신현상학』에 있어 특징적인 것은 그것이 의식 일반의 보편적 단계들과 역사적-구체적 정신의 객관적 발전단계들을 동시에 서술한다는 점이다. 양자를 서로 병렬시켜 상대방 속에서 파악하는 것은 『정신현상학』의 이해를 위한 전제이다. 『정신현상학』에서는 칸트와 피히테, 셸링의 관념론을 넘어서서 정신의 본질적 역사성에 대한 철학적인 새로운 발견으로 나아가는 결정적인 전진이 이루어지는데,[12] 정신의 역사성은 정신을 속박하거나 저지하는 것이 아니라 정신의 생성과 자기의식으로서의 자기전개를 가능하게 하고 근거지음으로써 바로 역사성에 대한 성찰이야말로 다름 아닌 "앎이 무엇인지에 대한 정신의 통찰"인 것이다. 『정신현상학』에 대한 일반적인 예비적 언급을 참조.

그 단락들은 전체적으로 보아 그 직관성에 의해(또한 예들에서) 비교적 쉽게 이해될 수 있으며, 주어진 일반적인 해명을 넘어서서는 거의 개별적으로 상세히 지시하는 설명을 필요로 하지 않는다.

• • •

12. 물론 간과해서는 안 되는 것은 독일에서 누구보다도 우선 하만과 헤르더에 의해 새로운 역사적 감각이 일깨워졌다는 점이다(웅거R. Unger, 『하만과 계몽*Hamann und die Aufklärung*』 2. Aufl. 1925.—메츠케E. Metzke, 「18세기 철학에서 하만의 위치Hamanns Stellung in der Philosophie des 18. Jh.」 1934.—슈타델만R. Stadelmann, 「헤르더에게서 역사적 감각Der historischen Sinn bei Herder」 1928.—리트Th. Litt, 「정신적 세계의 해석자로서의 칸트와 헤르더Kant und Herder als Deuter der geistigen Welt」 1928.—비제B. v. Wiese, 「헤르더Herder」 1939.—가다머H. G. Gadamer, 「헤르더의 사유에서 민족과 역사Volk und Geschichte im Denken Herders」 1942.—리트Th. Litt, 「헤르더에 의한 역사적 의식의 해방Die Befreiung des gesch. Bewußtseins durch Herder」 1942.—주제 전체에 대해서는: 마이네케Fr Meinecke, 『역사주의의 성립*Die Entstehung des Historismus*』 1936). 또한 실러도 이러한 측면에서 헤겔에게 중요하지 않은 것이 아니었다. 글로크너는 『인간의 미학적 교육에 관하여』 25 서한에서 곧바로 『정신현상학』의 주제를 떠올리게 하는 구절을 지적한다. 실러는 거기서 "전체 인류의 발전과 개별 인간의 발전 전체에 있어 상이한 시기들"에 관해 논의하고 있는데, "그 시기들은 또한 객체에 대한 각각의 모든 개별적인 지각에서도 구별될 수 있으며, 한마디로 말해 우리가 감관들을 통해 획득하는 각각의 모든 인식의 필연적인 조건들이다"라고 말하고 있다. 그러나 새로운 역사적 감각의 현실적인 철학적 관철은 헤겔의 성취이다.

58. "개인의 실체"로서의 "세계정신" 개념과 더불어 우리는 이미 헤겔의 역사형이상학의 한가운데에 서 있다. 세계정신은 정신적 삶뿐만 아니라 또한—수백, 수천 년 이상을 포괄하는—세계사 전체의 역사적 과정의 총체적 담지자를 가리킨다. 그리고 여기서 문제가 되는 것은 단지 담지하는 원리만이 아니라 또한 인도하는 원리이기도 하다. 그것은 이를테면 강력한 초개인적 주체, 즉 자기의 구체적-실재적 발전계기들로서의 민족정신들에서 스스로를 특수화하는 가운데 자기의 본질을 역사의 과정에서 전개하는 주체이다. 더군다나 이러한 발전의 의미는 자유의 의식에서의 인류의 진보, 다시 말하면 자기 자신을 정신적 현실로서 점점 더 명확하게 의식화해 나가는 가운데 이루어지는 인류의 진보이다. 그러나 동시에 말하지 않으면 안 되는 것은 헤겔에게서는 단지 형이상학적인 구성뿐만 아니라 또한 오로지-사변적일 뿐인 것과는 분명히 대조를 이루는 구체적으로 파악되고 획득된 것이 문제로 된다는 점이다.—해설의 대상이 되고 있는 구절은 특히 정신과 시간 사이의 내적인 연관을 드러내 보여준다. "심지어 세계정신이 장구하게 확대된 시간 속에서 이러한 형식들을 거쳐나가고, 각각의 이 형식들에서 그것들이 취할 수 있는 자기의 전체 내실을 형태화했던 세계사의 엄청난 노동을 떠맡는 인내를 가졌기 때문에 ……."

그러므로 시간을 통한 이러한 거쳐나감과 "세계사의 엄청난 노동"이 없으면 세계정신도 "자기에 관한 의식에 도달할 수 없을" 것이다. 여기서 문제가 되는 것은 수단 없이 목표를 달성하고자 하는 조바심이 생각하는 것과 같은 불필요한 우회로가 아니라 필연적인 조건이다. 더군다나 "모든 계기가 필연적"이다. 어떤 것도 그 구체성에서 사라져 버려서는 안 된다. 그것은 절대정신 자체를 감소시킬 것이다. 헤겔은 여기서 한편으로는 이탤릭체(**돋움체**) 인쇄를 통해 "도정의 **장구함**"을 강조하지만, 다른 한편으로는 각각의 모든 계기가 단지 계기일 뿐만 아니라 "개별적인 전체 형태"이기도 하기 때문에 그 각각의 모든 개별적 계기들에 "**머물러야**" 할 필연성을 말한다. 역사적 실재성의 충만한 고유 중량이 헤겔에 의해 감지될 수 있게 된다.

이에 대해서는 『정신현상학』 결말 부분에서의 한 구절을 참조할 수 있을 것이다. "따라서 시간은 자기 내에서 완성되어 있지 않은 정신의 운명과 필연성으로서 현상한다."(3/585) 그러므로 완성된 정신은 시간을 자기 배후에 남겨놓는다(이 순간은, 구체적으로 말하자면, 『현상학』의 끝과 절대지의 달성과 더불어 주어지는데, 『논리학』에서 서술된 절대지의 운동은 더 이상 시간적이지 않다). 그러나 완성은 바로 시간을 통한 그 도정에서 그때그때마다 달성되어야 하는 것과 다르지 않다. 이 점이 세계정신에 대해 타당하다면, 그것은 물론 헤겔이 말하듯이(단락 29) "그보다 덜한 노동을 가지고서는 자기의 실체를 파악할 수 없는" 개인에 대해서는 한층 더 타당하다. 그러므로 정신은 필연적으로 역사적인 것으로서 현상하며, 오로지 역사적인 것으로서만 자기의 시간성과 역사성을 "지양"할 수 있다. 그렇지만 다른 한편으로 정신은 이러한 생성과 대자화 속에서 다만 그가 이미 언제나 역사적 생성과 현상하는 정신의 "몰락하는 · 근거로 가는zu Grunde gehenden" 개별적 형태들의 근거로서 **존재하는** 바의 것이 될 뿐이다. 그러나 그와 더불어 우리는 고유하고 포괄적이지만 여기서는 가능하지 않은 탐구와 서술을 요구하는 매우 복잡한 동시에 아주 중심적인 복합적 물음들에 부딪치게 된다. 그것들은 마르쿠제H. Marcuse, 『헤겔의 존재론과 역사성 이론의 정초 *Hegels Ontologie und die Grundlegung einer Theorie der Geschichtlichkeit*』 1932(이는 하이데거에게 빚지고 있지만, 고유한 방식으로 성취된 논문이다)의 발상들을 이루었다.

59. 이 단락과 이어지는 단락들(29 ff.)은 **역사에 대한** 철학적 개인의 관계를 본질관계의 보편적 확정을 넘어서서 좀 더 "상세하게" 규정한다. 철학적 의식에게는 "세계사의 노동" 그 자체가 "면제되어" 있다. 역사의 내용은 사실적인 실재성으로서는 그것의 과거를 통해 이미 지양되어 있으며, "극복된 직접성"이자 단지 "**내면화된** 현존재"일 뿐이다. 그러나 바로 외적 실재성

의 "지양"이야말로 기억 속에서의 과거의 참된 보존을 가능하게 하는데, 왜냐하면 몰락된 것이 모든 외면적인 관계로부터 해방되는 가운데 정신의 내적 소유로 되기 때문이다. 이러한 "내면화된" 내용들은 그 자체로서는 아직 "개념적으로 파악되지 않은 직접성"이거니와, 다시 말하면 물론 더 이상 현실의 "한갓 근원적인 것도 또한 현존재로 침잠된" 즉자존재도 아니지만, 아마도 "내면화된 즉자적인 것"인 까닭에 여전히 "대자존재의 형식으로" 고양되어야 하는 것이다. (주해 59a를 참조) "현존재를 다 마무리한 활동"에는 이제 개념 파악하고 인식하는 "앎"이 마주한다. 왜냐하면 **"잘 알려져** 있다고 해서" 이미 **"인식되어** 있는 것"은 결코 아니기 때문이다. 여기서 비로소 본래적인 철학적 노동이 시작된다. 『정신현상학』의 과제, 그것은 또한 역사적 도정을 (사실적인 것이 지양되어 있는) 그 보편적인 의미에서 정신의 자기 앎의 발전을 위한 전제로서 개념 파악하는 데 존립한다.

59a. 그러므로 개인 자신은 더 이상 현실의 전체와 대결할 필요가 없다. 개인은 그것을 이미 포괄적으로 인류와 역사의 노동을 통해 극복된 것으로서, 다시 말하면 더 이상 "현존재"로서가 아니라 마무리되어 잘 알려진 "표상"으로서 발견하는 것이다. 그러나 바로 그와 더불어 그것은 또다시 아직은 결코 개념 파악된 것이 아니거니와, 언제나 새롭게 노동을, 즉 바로 **잘 알려진** 것을 **인식**하고자 하는 특유하게 철학적인 노동을 필요로 하는 어떤 것이다.

60. "이전에 추진되었던 바의 표상에 대한 **분석**은 이미 그 표상의 잘 알려져 있음의 형식을 지양하는 것 이외에 다른 것이 아니었다. ……": 주제로 된 "잘 알려진" 것의 인식은 이 잘 알려진 것을 우선은 지양하고, 그것의 형식을 분석하고 구별하는 가운데 해소함으로써 추상적으로 현상하는 사상들에 도달한다. 그러나 이 사상들은 어느 경우에도 단순히 "미리

발견된 표상"이 아니라 "자기의 소유물"이며, 그런 한에서 진보를 형성한다. 그리고 무엇보다도 우선, 바로 "나눔의 활동"이야말로 "구체적인" 것의 전개 운동을 진행시키거니와, 그 운동은 주어진 추상적 직접성을 지양하는 가운데 구별된 것의 구체적 통일이자 "자기의 밖에 매개를 지니는 것이 아니라 이 매개 자체인" 존재의 저 좀 더 고차적인 직접성으로 나아간다.

61. "**지성의 힘과 노동**": 헤겔의 목표는 물론 추상적 지성사유의 극복이다. 그러나 그는 그 목표를 지성에 추상적으로 다른 인식원리를 대립시킴으로써 달성하고자 하지 않는다. 오히려 그는 지성을 그 "위력"에서 인정함으로써, 아니 바로 놀라운 것의 적대적인 반대물로 간주되는 지성 속에서 그것이 사유의 에너지로서 소유하는 힘, 요컨대 **부정적인 것, 죽음**을 "정면으로" 바라보며 그것들을 살아 있는 것 자체의 본질적인 계기들로서 견지하는 "**놀라운**" 힘을 발견함으로써 그 목표를 달성하고자 한다.

62. "부정적인 것의 엄청난 위력": 우리가 헤겔에게 있어 분리와 나눔, 양분화의 원리로서의 부정과 "**부정적인 것**"을 올바르게 이해할 수 있는 것은 오로지 그것이 존재와 마찬가지로 사유에도 본질적인 것으로서 속한다는 것을 파악할 때뿐이다. 이미 청년 헤겔에게서 우리는 다음과 같은 것을 읽을 수 있다. "살아 있는 전체에서는 죽음, 대립, 지성이 동시에, 요컨대 살아 있는 …… 다양한 것으로서 정립되어 있다."(Jdschr.[1800년 체계 단편] 348) 대립의 경험은 언제나 독일의 사유를 움직여 왔다(이미 니콜라우스 폰 쿠자누스, 루터, 파라켈수스, 뵈메에게서). 그러나 어느 누구도 헤겔처럼 그렇듯 삶·생명을 창조하는 대립의 힘을 철학함의 중심에 놓고 그렇듯 심오하게 철학적으로 파악한 적은 없었다. 헤겔이 논의의 대상이 되고 있는 서문의 단락에서 삶·생명을 바로 그것을 갈기갈기 찢어버릴 듯이 위협하는 부정적인 것과 대립들 속에서 형성되고 확증되도록 하는 방식은 동시에 그의 변증법이 얼마나 대립들의 조화로운 평탄화와 멀리

떨어져 있는지를 보여준다. 왜냐하면 "죽음을 두려워하여 스스로를 황폐화로부터 순수하게 보존하는 것이 아니라 죽음을 견뎌내고 그 속에서 스스로를 보존하는 삶이야말로 정신의 삶이기" 때문이다. 경험된 실재적 대립들의 깊이에는 정신적 실존의 깊이가 상응한다. "정신은 오로지 갈기갈기 찢긴 절대적 분열 속에서 자기 자신을 발견함으로써만 자신의 진리를 획득한다." 유사한 문장들이 헤겔의 다른 저작들로부터 수많이 제시될 수 있을 것이다. 가령 『논리의 학』, WW. V, 257; 6/481을 참조. "사람들이 모순은 생각될 수 없다고 말할 때, 그것은 오히려 살아 있는 것의 고통 속에서는 심지어 현실적 실존이다." "따라서 고통은 살아 있는 자연들의 특권이다." 더 나아가 특히 여기서 헤겔 사유의 밑바탕을 형성하는 기독교 전통에 대한 관계에 대해 불가피하게 떠오르는 물음을 다루고 있는 주해 39를 참조. 왜냐하면 기독교를 통해 세계와의 단절, 다시 말하면 근원적 전체의 분열과 분리가 나타났기 때문이다. 그러나 바로 그렇게 전체로부터 분리된 것이 "자기의 고유한 현존재와 고립된 자유를 획득"함으로써, 동시에 전체에 대한 정신의 새로운 좀 더 심오한 관계가 성립하거니와, 전체는 단순하고 직접적으로 현존하는 것이 아니라 절대적 분열로부터 스스로를 회복하고 정신 자체를 통해 매개되어 있는 것이다. 그리하여 헤겔은 특징적인 방식으로(특히 『미학 강의』, X, 2; 14, 127, 146; 14/24, 151, 152 등에서 인상적으로 정식화된다) 직접적 조화에 맞서 특유하게 기독교적인 것으로서의, 즉 "무한한 고통으로부터 비로소 …… 출현하는 조화로서의" "화해"에 의해 산출된 전체를 대립시킬 수 있다. 이러한 "대립으로부터 획득된" 화해는 "**오로지** 자기의 해결을 발견해야 할 대립의 크기와 냉혹함을 통해서만" "그 참다운 깊이와 매개의 진정성과 힘에서" 나타난다. "그에 의해 또한 그러한 대립이 들여오는 고난과 고통, 고뇌의 전적인 날카로움과 부조화도 정신 자신의 본성에 속한다." 또는 이와 비슷하게 (동시에 고대의 영웅 헤라클레스에 의해 예시되는, 오로지 외적인 수고와 노동의 성취를 통해 획득되는 만족과는 구분되어) X, 3, 33; 15/40에서는 다음과 같이 말하고 있다. "영혼이 자기의 감정들,

힘들, 자기의 내적인 삶 전체를 꿰뚫고 나갔다는 것, 영혼이 많은 것을 극복하고 고통들을 겪었으며 영혼의 염려와 영혼의 고난을 견뎌냈지만, 이러한 분리 속에서도 자기를 유지하여 그로부터 자기 내로 귀환했다고 하는 것은 정신의 참된 깊이와 진성성에 속한다."

62a. "이러한 머물기야말로 부정적인 것을 존재로 전환시키는 마력이다.Dieses Verweilen ist die Zauberkraft, die es in das Sein umkehrt.": 원문의 es는 부정적인 것을 가리킨다. 긍정적인 것으로서의 부정적인 것의 인식은 오로지 부정적인 것 그 자체에 대한 완전한 인식과 인정에 의해서만 가능하다. 『논리의 학』, III, 41 (Jub. 51; 5/49)을 참조. "학문적인 전진을 이룩하기 위해 유일한 것이자 본질적으로 그에 대한 전적으로 단순한 통찰을 위해 노력을 기울여야 하는 것은—다음과 같은 논리적 명제의 인식이다. 즉 부정적인 것은 그와 마찬가지로 긍정적이라는 것, 또는 자기 모순적인 것은 영, 즉 추상적인 무로 해소되는 것이 아니라 본질적으로 오로지 그의 특수한 내용의 부정으로 해소된다는 것, 또는 그러한 부정은 전면적인 부정이 아니라 해소되는 규정된 사태의 부정이며, 따라서 규정된 부정이라는 것, 그러므로 결과 속에는 본질적으로 그 결과가 그로부터 결과된 것이 포함되어 있다는 것이다." 요컨대 사념된 부정은 언제나 "규정된 사태"의 부정이거니와, 그 규정된 사태를 통해 부정 자체가 내용을 포함함으로써 "좀 더 고차적이고 좀 더 풍부한" 개념에 도달할 수 있는데, 왜냐하면 그러한 부정은 부정된 것을 넘어서 있지만, 이 부정된 것을 동시에 극복된 계기로서 자기 내에 지니기 때문이다.

63. 이 단락의 마지막 문장은 부정의 사상과 앞의 주해들에서 상세히 논의된 "주체" 및 "화해"의 사상과의 연관을 지시하고 있다. 본질적인 것은 대립을 밖에 내놓고 부정적인 것을 "외면하는" 추상적 "직접성"과, 대립과 부정을 꿰뚫고 나아갔으며 타자존재를 자기 내에 받아들인 그러한 직접성

간의 구별이다.

64. "표상된 것이 순수한 자기의식의 소유물로 되는 것, 즉 이러한 보편성 일반에로의 고양은 다만 하나의 측면일 뿐, 아직은 완성된 교양이 아니다.": 단락 전체는 『정신현상학』에 의해 물론 우선적으로 촉진된 개인의 보편적인 것으로의 고양이 그럼에도 아직은 의식이 그리로 고양되어야 할 "완성된 교양"이 아니라는 것을 보여준다. 고대 이래로 그리고 고대를 통해 정신의 근본운동은 보편성으로의 고양, 다시 말하면 구체적인 것의 다양성으로부터 보편적인 것의 끌어냄이다. 이제 중요한 것은 역으로(이는 "훨씬 더 어려운" 일이다) 고정되고 자명하게 된 보편자의 사상들을 "현실화하고 정신을 불어넣음"으로써 다시금 "유동화시키는 것", 다시 말하면 그 사상들을 그들의 경직된 원리성으로부터 해방하는 것이다. 그에 의해 비로소 추상적 사상들은 현실이 그 속에서 자기에게 도달할 수 있는 개념들이 된다. 고대에 목표였지만 또한 데카르트도 여전히 사유를 그리로 끌어올리려고 했던 것, 즉 보편자 그 자체를 목표로 하는 추상적 사유는 헤겔에게 있어 이제 바로 그 추상성이 극복되거나 포괄적인 구체적 전체로 환수되어 지양되어야 하는 출발점이 되었다. 그리하여 헤겔의 논리학도 존재와 무라는 가장 순수하고 가장 추상적인 개념들로부터 착수하여 전진하는 과정에서 그것들이 추상적 계기들을 이루는 로고스의 구체적 전체를 출현시키는 것이다.

65. "이러한 운동에 의해 ……": 다시 말하면 고정된 것(헤겔이 말하는 대로 하자면 "고착성", 즉 자기 자신을 정립하는 "나는-생각한다"의 고착성뿐만 아니라 또한 그에 의해 정립된 추상적 구별들의 고착성)을 그것이 계기를 이루는 연관 내로 환수함에 의해. 그것은 모든 것이 오로지 타자를 통해서만 자기를 규정할 수 있는 연관—이른바 "원환운동"이다. 그런 까닭에 다음 단락은 또한 이러한 계기들의 "유기적 전체"에 대해서도 말할

수 있다. 그것이 "학문성 일반의 본성"을 이룬다. 왜냐하면 헤겔에게 있어 학문은 바로 인식 전체의 상호적으로 담지하고 제약하는 연관들의 필연성에 존립하기 때문이다.

66. "이 도정은 개념의 운동을 통해 의식의 완전한 세계성을 그 필연성에서 포괄하게 될 것이다.": 다시 한 번 『정신현상학』의 주제인바, 의식의 학문으로의 고양이 우연적이거나 자의적인 것이 아니라 세계관계 속에서 자기 자신에 도달하는 앎의 개념 자체의 필연적 생성이라는 것이 명확해진다. 현상학이 "의식"과 그것의 "세계성"의 수준에서 노닌다는 점에서 그것은 의식과 대상의 대립 일반을 자기 뒤에 남겨놓은 논리학과 구별된다. 이로부터 헤겔은 다음 35 단락 이하에서 "의식이 수행하는 **경험**의 학문"으로서의 『정신현상학』의 근본문제들에 대한 논의로 옮아간다. 특히 헤겔은 동시에 『정신현상학』에서 다루어지는 것이 다만 의식과 대상의 대립을 넘어서 있는 참된 앎에 의해 극복되어 있는 까닭에 혹여 "거짓"으로 나타날 수도 있는 "부정적인" 전단계일 뿐이라는 의견을 물리친다. 바로 의식의 도정이야말로 존재이해에 대해 본질적이다. 그 도정은 배제되는 것이 아니라 "지양"되거니와, 다시 말하면 헤겔에게 있어서도 그것은 단순히 부정되는 것이 아니라 부정된 계기로서 보존되는 동시에 좀 더 높은 단계로 고양되는 것이다. 오로지 원리를 확언할 뿐이고 "참"과 "거짓"을 마치 완성된 주화처럼 생각하는 경직된 교조주의는 여기서 일반적으로 실패하거니와, "철학적 진리의 본성"을 처음부터 잘못 알고 있다는 것이 드러난다. 개별적인 점들에 대해서는 다음의 주해들, 특히 67, 73, 81, 82를 참조.

67. "정신의 직접적 현존재, 즉 **의식**은 앎과 앎에 부정적인 대상성이라고 하는 두 계기를 지닌다.": 여기서는(단락 36 이하에서는) 『정신현상학』에서의 헤겔의 변증법에 대해 **근본적인** 경험이 전개된다. 그 경험은 우리의 앎과 인식의 과정에서는 대상이 언제나 거듭해서 의식이 그 대상의 모습으

로 받아들이는 것과는 무언가 다른 것으로서 입증된다고 하는 것이다. 따라서 의식은 언제나 거듭해서 대상의 타자존재 내지 자아와 대상에 대한 자아의 표상들의 "부등성"에 대한 이러한 "부정적" 경험을 통해 자기와 자기의 표상들을 넘어서서 하나의 의식단계로부터 그때마다 새로운 대상경험이 그에 귀속되어 있는(감각적 확신에 감각적 소여성의 직접성이, 사물지각에 지각사물이 귀속되어 있는 등등) 다른 의식단계로 추동된다. 이 경우 바로 "구별", "결합", "부등성", "부정적인 것"이 인식과 의식이 앞으로 나아가는 데서의 "운동하는 것", "영혼"으로서 입증된다.[68a] 그러나 "경험"은 바로 "부등성"을 통해 발생하고, 의식으로 하여금 언제나 거듭해서 자신의 도정에서 새롭게 떠오르는 부등성을 극복하도록 추동하는 그러한 정신의 "운동"이다. "이러한 도정의 학문은 바로 의식이 수행하는 **경험**의 학문이다"(그러나 이것은 바로 『정신현상학』의 본래의 제목, 즉 "의식의 경험의 학문"이다). 이에 대해서는 『정신현상학』에 대한 일반적인 예비적 언급을 참조.

68. "의식의 형태들": 정신 발전의 계기들로서의 의식의 그때그때마다의 발전단계들. 주해 67을 참조. 더 나아가 헤겔 자신에 의한 책 광고문(호프마이스터의 판본, 1937, XXXVII에 다시 게재되어 있다)에서의 특징묘사를 참조. "그것은 정신이 그것들을 통과해 순수한 앎 또는 절대정신이 되는 도정의 단계들로서의 정신의 다양한 형태들을 자기 내에 포함한다."

68a. "그런 까닭에 몇몇 고대인들은 운동하는 것을 물론 **부정적인** 것으로 포착함으로써 **공허**를 운동하는 것으로 파악했지만, 이 부정적인 것을 여전히 자기Selbst로서 포착하지는 못했다.": 처음에는 뜻밖의 지적이지만, 그것은 헤겔로 하여금 자신의 사상들을 명확히 하도록 해준다. 생각되고 있는 것은 원자론자들(레우키포스, 데모크리토스)인데, 그들은 공허를 운동의 조건으로서, 즉 그 속에서 운동이 가능한 것으로서 정립한다. 헤겔의 『철학

사 강의』에서는 다음과 같이 되어 있다. "그리하여 원자들이 그에 의해 운동하는 원리는 공허, 즉 긍정적인 것에 반하는 부정적인 것이다." 그러나 그것은, 현상학 서문 텍스트가 말하듯이, 단지 부정적인 것으로서는 아직 "자기"로서 파악되어 있지 않다. 다시 말하면 부정적인 것(공허)의 긍정적인 것에 대한 관계에서 내적인 재귀적 관계가 결여되어 있는 것이다.

69. "실체의 자기 자신에 대한 부등성": 그러므로 문제가 되는 것은 단지, 처음에 그렇게 나타나듯이(주해 67 참조), 대상에 대한 자아의 "부등성"만이 아니라 사태 자체의 차이화인데, 그 차이화는 여기서는 앎에서 나타난다. 실체는 (이 단락에서의 헤겔의 용어법으로는) 구별들과 대립들 자체에서 전개되는 "주체"로서 입증된다. "앎과 진리의 분리라는 추상적 터전은 극복되어 있다." "이와 더불어 정신현상학은 종결된다." 즉 헤겔적인 의미에서의 "논리학"의 단계가 달성되어 있는 것이다. 다음 주해를 참조.

70. "그들의 상이성도 다만 내용의 상이성일 뿐이다.": 그러므로 그것은 더 이상 이 최고의 단계에서 뒤에 남겨져 있는 주체와 객체, 의식과 대상의 상이성이 아니다. 그것은 논리학의 단계이다. 물론 여기서의 논리학은 형식적인 학교논리학의 의미에서의 논리학이 아니라 로고스에 관한 학설, 그 자체로서 모든 존재자의 형식들인 절대적 이성의 영원한 형식들에 관한 학설, 그러므로 형이상학적 논리학, 존재론으로서의 논리학이다. 『논리의 학』 서문들에 대한 해명을 참조.

71. "정신의 경험의 저 체계는 다만 정신의 **현상**만을 포괄한다.": 사실상 절대적 로고스의 단계가 현상학 끝에서 비로소 달성된다. 현상학 자체는 "정신의 경험의 체계"로서 여전히 세계성을 지닌 의식의 현상들에 관계되어 있다. 그러나 그것은 헤겔에게 있어 평가절하라는 의미에서의 상대화를 의미하지 않는다. 바로 이러한 현상들은 절대자의 필연적인 "매개"이거니

와, 그것들이 없으면 절대자는 현실적이고 구체적인 절대자가 아닐 것이다. 이와 더불어 뒤따르는 단락의 주제가 제시된다. 요컨대, 어떻게 "부정적인 것"이 참된 자기에 맞선 "현상"으로서 나타나며, 따라서 어떻게 단지 "거짓된 것"만은 아닌가? 그리고 여기서 참과 거짓 및 철학의 유일하게 참된 방법에 대한 일정한 너무도 자명한 의견들은 얼마만큼이나 비판을 필요로 하는가?

72. 철학적 방법을 수학적 방법에 맞서 구분하는 과제는 두 가지 이유에서 본질적이다. 첫째, 근대에 수학은 그 정확성 때문에 철학도 그에 따라야만 하는 학문 일반의 "이상"으로 여겨졌기 때문이다. 그리하여 스피노자는 자신의 철학을 의식적으로 기하학적 질서에 따라 전개하고자 했으며, 셸링도 1801년의 자신의 동일성철학에서 이러한 모범을 본받으려고 노력했다. 둘째, 바로 논리학에서 이념적인 것의 나라를 그 순수성과 체계성에서 전개한 헤겔의 로고스 철학이 수학적 양식에 따른 서술을 종용할 수 있겠기 때문이다. 헤겔이 수학적 사유방식의 지배에 맞서 그토록 명확한 한계긋기를 시도하고 있는 것은 헤겔의 관념론과 그것의 논리적인 또는 심지어 범논리적이라고도 할 수 있는 성격에 대해 지극히 교훈적이다. 주해 78을 참조.

73. "**참된** 것과 **거짓된** 것은 ……": 헤겔은 물론 참과 거짓의 구별을 일반적으로 지양하지 않을 것이다. 그는 다만 (마치 참된 것이 현전하는 사물처럼 "존재"한다는 듯이, 그리고 마치 그것이 "다 마무리되어 주어짐으로써 호주머니에 쓸어 담을 수 있는 주화ausgeprägte Münze"[13]인 듯이 생각하는) 진리

• • •

13. 이에 대해서는 레싱Lessing, 『현자 나탄*Nathan der Weise*』을 참조. "지혜가 주화Münze라는 듯이! ……" 그러나 셸링, 『대학의 연구에 관한 강의들*Vorlesungen über das akademische Studium*』(1802)도 참조. "비철학이 상식이라고 부르는 지성은 그것이 오로지 보통의 지성인 까닭에 이를테면 진리의 현금bare und klingende Münze을 요구한다. 철학에 간섭하는 가운데 지성은 제약자를 가지고서 무제약자를 측량하고, 유한자를 무한자로 확대하고자 하는 조야한

개념에 대한 경직된 교조주의적 파악에 맞서 어떻게 해서 거짓으로 표현되고 따라서 의식과 대상의 "부등성"을 지시하는 것도 앎의 과정에서 필연적인 계기로 될 수 있는지를 제시하고자 한다. 왜냐하면 이미 이러한 비일치, 이러한 부정적인 것이야말로 일치, 다시 말하면 진리에 도달하기 위한 추진력이 되기 때문인데(주해 67을 참조), 그 경우 진리에 도달한 상태에서는 거짓된 것에 대해 더 이상 말할 수 없음은 물론이다.

74. "거짓된 것은 앎의 내용으로서 참된 것인 실체의 타자, 즉 부정적인 것일 터이다. 그러나 실체는 그 자체가 한편으로는 내용의 구별화와 규정으로서, 다른 한편으로는 **단순한** 구별작용으로서, 즉 자기와 앎 일반으로서 본질적으로 부정적인 것이다.": 헤겔은 여기서 자신의 사상을 변증법적으로 좀 더 날카롭게 근거짓고자 한다. 즉, 만약 "앎의 내용"으로서의 실체가 참된 것이라면, 거짓된 것은 실체의 부정적인 것이다. 그러나 참된 것으로서의 실체는 그것이 내용적으로 규정된 실체이고 그런 까닭에 다른 내용들로부터 구별되고 따라서 그것들의 부정인 한에서 부정을, 그러므로 이러한 의미에서 거짓된 것을 자기 내에 포함한다.

75. "확실히 이러한 구별화로부터 그들의 동등성이 생성되며,": 다시 말하면 부등성(벗어나는 것, 거짓된 것)은 스스로 동등성에서 그 자신의 극복에로 나아가며, "이렇게 생성된 동등성이야말로 진리이다."(주해 73을 참조) 이러한 부등성은 동등한 것으로서의 참된 것이 바로 부등한 것과의 자기 구별작용에 존립하는 한에서 계속해서 현재적이다. 참과 거짓은 이러한 변증법적 관계에서 동시에 "기름과 물처럼" 계속해서 나누어져 있다. 그러므로 어떠한 혼합도 들어서지 않는다. 헤겔은 바로 이러한 참과 거짓의 특유한 변증법으로 인해 이 단락의 끝 부분에서 이러한 변증법의 차원에서

• • •

교조주의 철학이라는 괴물을 산출한다."(제6강의)

는 참과 거짓의 통속적 개념들이 "더 이상 사용되어서는 안 된다"고 분명히 덧붙이고 있다. 변증법의 계기로서의 "거짓된 것"은 통례적인 의미에서의 거짓된 것이 아니며, 그러므로 단적으로 진리에 대립해 있는 참되지 않은 것이 아니다. 중요한 정식들을 포함하는 단락 47을 참조. 그에 더하여 주해 82도 참조.

76. 진리를 다 마무리된 결과로서 가지려고 하는 "앎에서와 철학 연구에서 사유양식의 **교조주의**"에 대한 비판과 더불어 참과 거짓에 관한 논의는 이미 닦여진 길로 들어선다. 진리가 "고정된 결과인 …… 명제 속에서" 언표될 수 없다는 것은 진리의 본질에 속한다. 모든 명제는 오로지 그것이 속하는 연관을 통해서만 참이다. 모든 명제는 분리되어 절대화되어서는 거짓이 된다. 이러한 측면에서 "철학적 진리의 본성"은 개별적 명제에서 표현되는 "그 밖의 이른바 진리"로부터 구별된다. 주해 81 이하를 참조.

77. 물론 헤겔에 이르기까지 철학이 알지 못하곤 했던(그런 까닭에 그에 대한 언급은 짧게 머문다) "**역사학적** 진리"에 대한 지적이 삽입되는데, 왜냐하면 그것은 진리를 개별적인 확정(예를 들면 사망 날짜)으로 파악하게 하는 가장 손쉬운 동기를 제공할 수 있겠기 때문이다. 그러나 그것마저도 "자기의식의 운동"이 없이는 획득될 수 없다. 왜냐하면 가장 단순한 확정들에 도달할 수 있기 위해서도 언제나 특정한 계기들과 연관들 및 도정들을 꿰뚫고 나가야만 하기 때문이다.

78. 다음 단락들이 다루고 있는, 오랫동안 철학에 대해 길을 제시해온 수학적 진리(근본적인 주해 7과 더 나아가 주해 72를 참조)로부터 철학적 진리를 구분하기 위해서는 헤겔의 견해의 핵심이 짧게 제시되어야 할 것이다. 물론 수학적 진리에는 그것이 단지 외면적으로나 "외향적으로" 알려질 뿐만 아니라 또한 "내향적으로" 알려지고, 따라서 사유의 "내적인" 운동을

요구한다는 것이 속해 있다. 하지만 이러한 내적인 운동은 "사태에 대해 외면적인 행위"로 남아 있다. "따라서 직각삼각형의 본성 자체는 그것의 관계를 표현하는 명제의 증명을 위해 필요한 작도에서 나타내지는 식으로 그렇게 분해되지 않는다." 그러한 상황은 그 근거를 수학의 대상에서 지니는데, 수학의 대상인 "크기"는 "바로 비본질적이고 몰개념적인 관계이다." 더 나아가 철학적 과제를 명확히 해나가는 가운데 분명히 "실재론적인"(물론 한갓된 사물실재론이 아니라 복잡한 실재론의 의미에서의) 정식들에 도달하는데, 그 정식들은 헤겔의 철학에 관한 일정한 표상들이 얼마나 많은 수정을 필요로 하는지를 새롭게 보여준다. "**현실적인** 것은 수학에서 고찰되는 바의 공간적인 것이 아니다. 수학의 사물들이 존재하는 것과 같은 그러한 비현실성과는 구체적인 감성적 직관도 철학도 관계하지 않는다." 이것은 헤겔이 수학의 내용을 (철학적 내용과 구별하여) "무관심하고 외면적이며 생명 없는" 것으로서 표현할 때 말하는 것과 일치한다. 따라서 수학과 그것의 방법의 "한계"를 제시하는 것은—이는 바로 수학이 근대에 철학에서 절대화되었기 때문에 중요하다—동시에 "다른 앎의 필연성"이 부각되게끔 한다. 역으로 헤겔에게 있어 수학 자체는 학문으로서의 철학 전체에서 추상적인 계기로 된다. 그리하여 수학은 논리학에서의 양에 관한 논의와 공간과 시간을 다루는 자연철학의 첫 번째 부분에서 나타난다.—물론 수학에 대한 헤겔의 내적인 관계는, 비록 우리가 헤겔이 특히 수학적 연구들에 그저 피상적으로만 관계하지 않았으며(가령 에우클레이데스의 『원론』에 대한 로렌첸Lorenzen의 연구에 대한 비판적 언급들, in: Dokumente zu Hegels Entwicklung, herausgegeben von Hoffmeister 288 ff.와 Anm. 470 ff.를 참조), 그가 또한 이 분야에서도 끊임없이 공부했다는 것을 알고 있음에도 불구하고, 눈에 띄는 한계들을 지닌다. 그런 까닭에 이 단락들에서의 방법 문제에 대한 논의에서 적극적인 철학적 성과는 빈약하게 남아 있다. 그런 만큼 세부적으로 들어가는 것은 쓸데없다. 결국 문제가 되는 것은 철학적 방법의 개념인데, 그 개념은 이미 단락 42에서 떠오르지만(동시에 본질인식의 운동으로서의 사태의 운동), "그에 반해 철학은 ……"으로 시작되는 단락 47에서 비로소 완전하게 나타난다. 수학에 대한 헤겔의 태도를 한층 더 명확히 하는 데서는 그가 『엔치클로페디』에서 "철학적 수학"의 이념에 관해 간결하게 말하는 것이 가르쳐 주는 바가 풍부하다(§ 259).—근대의 수학적 입장에 관해서는 『제2차 헤겔 회의의 논의들*Verhandlungen des 2. Hegelkongresses*』, 1932, 104 ff.의 배르R. Baer, 「헤겔과 수학Hegel und die Mathematik」이 조명하고 있다.

79. "…… 지렛대의 평형, 낙하 운동에서의 공간과 시간의 관계 등등과 같은 명제들에 대해 수학이 자주 제공하는 이른바 증명들 …… 저 증명들에 대한 비판": 그러므로 헤겔은 동시에 물리학에서의 수학의 응용을 비판한다. 그는 상세한 해명들이 발견되는 『엔치클로페디』, 자연철학 § 267 이하에서 "수학적 역학"에 대해 이야기한다.

80. "…… 시간은 현존재하는 개념 자체이다.": 이것은 개념과 마찬가지로 시간도 그 형식적 구조에 따라 부정의 부정인 한에서 타당하다. 왜냐하면 시간은 현실적으로 그때그때마다의 지금 시점으로서 존재하고, 그러한 것으로서의 시간은 아직-있지-않음과 더 이상-있지-않음의 부정이지만, 동시에 시간은 앞으로 나아감에 있어 각각의 모든 지금 시점의 지양이고, 그러므로 첫 번째 부정의 부정이기 때문이다. 그러나 개념은 헤겔에게 있어 유Gattung의 추상적 보편자가 아니라 사유 속에서 생기하는 타자들 속에서의 자기 자신으로 됨, 그러므로 물론 보편자의 부정이지만 바로 보편자의 전개로서는 동시에 그것의 한갓된 부정적 특수성이 지양되는 그러한 특수자 내에서 전개되는 보편자이다. 그리하여 개념은 분리의 지양, 다시 말하면 바로 부정의 부정이다. 따라서 "개념"과 마찬가지로 "시간"도 개별적 계기를 "지양"한다(부정한다는 것뿐만 아니라 또한 보존한다는 의미에서).

81. "그에 반해 철학은 **비본질적인** 규정이 아니라 본질적인 한에서의 규정을 고찰한다. ……": 이와 더불어 긍정적인 사상전개가 시작되는데,—물론 비판적이고 부정적인 구분을 새롭게 다시 파악하는 것이 없는 것은 아니다. 이하에서 철학에 의해 생각되는 현실성의 특수성으로서 출현하는 것은 그것이 모든 "추상"과 "비현실적인 것"과는 대립되게 현존재로 하여금 그 자신의 본질근거로부터 파악될 수 있게 해주는("자기의 개념 속에 있는 현존재") 의식화 자체가 그에 속하는 포괄적인 전체를 목표로 한다는 점이다. 대상과 마찬가지로 의식도 이러한 전체 속에 계기로서 포함되어 있다. 좀 더 정확하게 하자면, 철학은 "자기의 계기들을 산출하고 두루 거쳐 가는 과정"을 목표로 하거니와, 그런 까닭에 그 계기들은 본질적으로 그 과정의 "진리"를 이루며, 따라서 바로 한갓 부정적으로만 현상하는 "사라지는 것"으로서, 요컨대 발전계기들로서 그 과정에 속함으로써 본래적인 "진리의 생명의 운동"을 형성한다. 그 계기들이 없으면 진리 자체는 단지 "죽은 것"으로서 다른 한편에 놓여 있게 될 것이다(마찬가지로 절대정신도 절대정신의 생성 속에서 동시에 그 형태들이 몰락하는 "정신의 나라"가 없으면 다만 "생명 없는 고독자"일 뿐이다. 『정신현상학』의 결말). 다른 한편으로 계기들 자체는 오로지 전체의 운동 속에서만 자기의 진리에 도달하며, 이러한 것이 없으면 죽은 추상적인 것으로 남는다(가령 개별적인 감각적 지각들이나 특정한 자연과학적인 보편관념들이 그렇다).

이 47 단락 전체는 헤겔의 진리 개념이 역사적으로 진리로서 출현한 적이 있는 모든 것을 계기로서 내면화하며 보존한다는 것을 제시할 뿐만 아니라(이 단락의 마지막 문장), 동시에 진리 자체를 대립들의 "부정성"과 의식과 대상의 긴장단계들을 관통하여 "절대적 분열 속에서 자기 자신을 발견하는" 그 진리의 운동 속에서,—즉 일자가 바로 오로지 타자를 통해서만 그리고 타자와 더불어서만 존재하는 운동 속에서 언표하고자 시도함으로써 자신의 사유의 정점에 서 있는 헤겔을 보여준다. 여기서 각각의 모든 개별자는 심판받지만wird gerichtet(헤겔은 『현상학』의 결말 부분에서도 비슷하게 "심판 · 법정Gericht"에 대해 말한다) 필연적이며, 머무르는 것은 소멸하고 소멸하는 것은 계속해서 보존되며, 발생과 소멸 자체는 비발생적인 것이자 비소멸적인 것이거니와,—참으로는 "거기에 참여하는 어떠한 성원도 취하지 않은 자가 없는 디오뉘소스적인 도취"이지만 동시에 그 속에서 모든 것이 하나가 되어 "지양되어" 있는 "투명하고 단순한 평온"이다. "진리의 생명의 현실성과 운동"을 언표하고자 하는 헤겔의 이러한 규정들이 단지 우연적이고 과도한 정념의 정식을 나타낼 뿐인 것이 전혀 아니라는 것을 『정신현상학』의 한 구절(Ⅱ, 126; 3/132)이 보여주는데, 거기서 헤겔은 "세계의 영혼"으로서의 "생명의 단순한 본질"에 관해 그것이 "모든 구별이면서 그 구별들의 지양되어 있음이며, 따라서 스스로 운동함이 없이 자기 내에서 약동하고, 동요함이 없이 자기 내에서 전율한다"고 말한다. 나아가 몇 쪽 뒤에서(Ⅱ, 134; 3/140) 그것은 "모든 구별의 **지양되어 있음**"으로서 "축을 중심으로 회전하는 순수한 운동, 절대적으로 불안한 무한성으로서의 무한성 자체의 평온, 그 속에서 운동의 구별들이 해소되어 있는 **자립성** 자체이다."—여기서 생명 개념은 유기체적 생명을 가리키는 것이 아니다. 오히려 그것은 자연 일반의 차원을 넘어서서 신적 생명의 연관으로 나아감으로써 각각의 모든 영역명칭을 넘어서서 (모든 사물적이고 정태적인 존재자에 대립하여) 대립들의 통일로서의 존재의 탁월한 방식을 가리키는 존재 개념이 된다.

그와 더불어 동시에 다음 단락들의 주제로서 튀어나오는 것은 이러한 운동을 철학적 방법과 그것의 내적 연관 속에서 좀 더 상세하게 파악하는 것이다(이때 그것은 자기의 소재와 대상에 외면적인 방법과 구별될 뿐만 아니라 또한 "예감과 영감의 비-방법Unmethode이나 예언자적 언설의 자의"에 대립하는 것이기도 하다).

82. 이에 대해서는 주해 73-76에서 참과 거짓의 관계에 관해 이야기한 것을 참조. "진리"는 부정적인 것을, 극복되어야 하지만 바로 그러한 까닭에

동시에 필연적이기도 한 계기로서 자기 내에 포함한다. 이 단락의 끝 부분을 참조. "그것들은 부정적이고 사라지는 만큼이나 또한 긍정적인 필연적 계기들이다." 통속적인 의미에서 "거짓"은 진리의 계기가 아니라 그로부터 "단절된" 바의 것이다.

83. "이 운동의 또는 학문의 **방법**": 헤겔에게 있어 **방법** 문제가 여기서 발견하는 강력한 주목에 대해서는 이것이 근대적 사유의 상황으로부터 설명된다고 말할 수 있다. 방법 문제는 그 성과가 일정한 방법적 절차에 힘입었던 자연과학의 대두와 더불어 전면에 놓이게 된다. 철학도 역시 우선 자기의 방법을 확인해야만 한다고 생각했다. 그리하여 데카르트 이래로 방법적인 성찰들이 앞에 놓이게 되었는데, 그것들은 종종 자기목적이 되었다. 헤겔은 그렇듯 미리 이루어지는 방법에 대한 분리된 고찰을 거부하는데, 왜냐하면 그러한 고찰은 외면적으로 추상적이고 형식적인 데 머물기 때문이다. 다시 한 번 이 기회에 수학을 모범으로 삼는 "낡아진" 태도가 비판적으로 언급된다. 바로 철학적 방법은 내용의 전개로부터 분리될 수 없으며, 오히려 그것은 이러한 전개 자체이고 내용과 더불어 변화한다. 그 점을 다음의 명제가 말해줄 것이다. "진리는 그 자신에서의 그것의 운동이다." 그런 까닭에 또한 변증법도 여기서 그것이 내용 자체의 구체적 운동으로서 파악될 때에만 올바르게 이해된다. 그러함에 있어 문제가 되는 것이 내용의 순수한 본질규정인 한에서 이 단락의 서두에서 지시하는 그에 대한 서술은 헤겔적인 의미에서의 논리학에 속한다.

84. 그러므로 이러한 사상들은 합리주의("이치추론", "학문적 허식")와 비합리주의("예감과 영감의 비-방법이나 예언자적 언설의 자의")의 편리한 대안들을 훨씬 넘어서간다. 진리와 정신은 여기서 매우 비합리주의적인 방식으로 살아 있게 되었지만, 최고의 "개념의 노력"이 목표로 삼지만 바로 그런 까닭에 모든 교조주의적인 경직되고 형식적인 추상성과 도식성을

돌파해 나가는 것은 로고스의 생명 자체이다.

85. "**3원성***Triplizität*": 삼중성, 삼지성. 칸트에게서 삼원성은 (헤겔이 "일람표"라는 개념으로 암시하는 것으로 보이는) 판단표와 그것의 4×3=12의 판단형식들이 칸트에 의해 범주들의 구획을 위해 이용되는 한에서 이미 역할을 하고 있다. 그러나 그것은 그 밖에도 전체 구조에서도 알아볼 수 있다. 즉, 상상력은 지성과 감성을 매개하며, 『판단력비판』은 『순수이성비판』과 『실천이성비판』을 매개한다. 여기서 칸트에게서 문제되는 것은 다만 "본능에 의해 비로소 재발견"된 것일 뿐이다. 삼원성은 칸트를 계승하여 피히테와 셸링에 의해 비로소 그것의 "절대적 의미"로 고양되었다. 이 구절은 사람들이 바로 그의 변증법에서 심지성 원리를 도식적으로 적용했다고 (1. 정립, 3. 반정립, 3. 종합) 해서 비난한 헤겔이 도식적인 삼원성 도식을 날카롭게 거부하고 있다는 것을 보여준다. 그는 이미 이 단락을 시작하는 문장에서 분명히 "자기의 참다운 내용 속에 있는 참다운 형식"과 그것을 "생명 없는 도식"과 "일람표"로 만드는 "이 형식의 사용"을 구별한다. 『철학비판지』에 실린 1802년의 논문 「신앙과 지식」에서 헤겔은 칸트를 지시하는 가운데 삼원성에 대해 단적으로 "사변의 싹"이라고 말한 바 있었다(Ⅰ, 33; Jub., Ⅰ, 309; 2/316). 그 사이 그는 피히테와 셸링에게서 도식적 적용의 위험을 의식하게 되었다. 나중에 그는 『논리의 학』의 마지막 장에서 삼원성 도식의 발견이 지닌 근원적인 의미를 인식하면서도 "피상적이고", "공허하며" "악명 높아진" 삼원성 도식에 대해 이야기한다. 이하에서 헤겔의 비판은 그것을 넘어서서 일반적으로 모든 "단조로운 형식주의"와 모든 도식화 및 외면적 분류, 즉 그에 의해서는 사태 자체가 무엇인지 "경험"하지 못하고 "작은 꼬리표가 붙어 있는 해골이나 양념가게에서 상표를 붙인 채 밀봉되어 있는 일련의 통조림과도 같은 일람표" 이외에 아무것도 산출하지 못하는 방법으로 향한다. 그러한 방법에 대해 헤겔은 외적으로 "현전하는 것"을 정돈하고 포섭하며 구분하는 것이 아니라 "사태의 내재적 내용으로" 들어가

그것의 고유한 운동을 언표하는 그것의 "내적 필연성"을 볼 수 있게 함으로써 이를테면 "대상의 고유한 자기"인 참된 인식을 대립시킨다. 그것은 일반적으로 "사태들로 하여금 자기 내에서 주재하게끔 하려는" 헤겔의 근본적인 노력이다. 사유는 전적으로 "질료 속으로 침잠"해야만 하며, 현실 자체가 그것을 허용하기까지는, 다시 말하면 사유가 스스로를 현실 자체의 "좀 더 고차적인 진리"로서 재발견하는 로고스에 부딪히기 전에는 자기 내로 되돌아올 수 없다. 이 단락에서 헤겔의 논쟁적인 상론은 직관적이고 인상적이며 그 자체로 해명된다.

85a. 여기서 생각되고 있는 것은 스코틀랜드의 의사 존 브라운John Brown, 1735-1788을 따라 명명된 이른바 브라운주의이다. 그는 자신의 『의학의 기초*Elementa medicinae*』(1780)에서 모든 질병을 강한 흥분 또는 약한 흥분으로 환원했고, 그에 따라 무력증과 강력증으로 구분했다. 강력증은 저감을 필요로 하며, 무력증은 증대를 필요로 한다.—뒤따르는 문장들은 헤겔 자신이 단락 51의 끝부분에서 지적하는 단락 15에서 이미 그로부터 거리를 둔 낭만주의의 자연철학적 사변을 암시한다. 단락의 전체 의미에 대해서는 이미 주해 85에서 제시되었다.

86. "그러나 탁월한 것이 그렇듯 생명을 빼앗기고 정신을 탈취 당하며, 그렇듯 가죽이 벗겨져 그 피부가 생명 없는 앎과 그것의 허영심에 둘러싸이는 것을 보게 될 운명에서 벗어날 수 없는 것만은 아니다.": 이 단락 52의 의미는 형식주의가 철학의 진정한 경향(형식의 보편성과 규정성의 형성·발양)을, 그러므로 그 자체에서 "탁월한 것"을 "생명을 빼앗고" "정신을 탈취하여" 형식화하기 위해 그것을 이용한다고 하는 것이다. 그리하여 외면적인 것, 한갓된 "피부"는 "생명 없는 앎"에 의해 강탈되어 그에 의해 외면적이고 공허하게 둘러싸이게 된다. 그러나 이러한 "운명" 속에서도 이러한 "탁월한 것"이 행사하고 또 그것이 "피상적으로 잘못 사용되는 것을 가능하

게 하는" "강제력"이 감지될 수 있다.

87. "학문은 오로지 개념의 고유한 생명을 통해서만 유기적으로 조직될 수" 있거니와, 그러므로 학문은 그 어떤 외면적으로 받아들여진 도식들에 의해 조직될 수 있는 것이 아니다. 여기서 상기해야 할 것은 헤겔에게 있어 "개념"은 "충족된 내용의 자기 스스로 운동하는 영혼"이라는 점이다. 다음 주해를 참조.

88. "존재자의 운동은 …….": 존재자의 규정성은 오로지 "구별작용", "부정성", 타자로부터의 구분을 통해서만, 그러나 다시 말하면 그 구분에서 동시에 "자기 내로 복귀"하기 위해 타자에 관계함을 통해서만 존재하며, 따라서 이러한 복귀에서 단순성이 회복되지만 이제는 규정되고 구분된 단순성으로서 회복된다. 그리하여 더 나아가 이러한 규정성은 더 이상 우연적이고 외면적으로 "덧붙여지는" 것이 아니라 내용이 타자에 대한 구별 속에서 이 타자에 관계하는 그러한 내용의 고유한 관계운동에서 형성된다. 그리하여 헤겔은 그에게 있어 동시에 저쪽으로 갔다 다시 돌아오는 "운동", 즉 자기에게로 돌아옴이기도 한 이러한 저쪽으로-관계함이자 되돌아-관계함이라는 의미에서 "반성"에 대해 말할 수 있다. 주해 85와 92를 참조.

89. 단락 53 전체는 다시 한 번 좀 더 변화된 정식화 속에서 한편에는 "구체적인 것, 현실성 및 사태의 살아 있는 운동"을, 다른 한편에는 "일람표를 만드는 지성"을 놓아 서로 대립시킨다. 여기서 "일람표를 만드는 지성"은 "내용" 자체가 아니라 다만 "내용목록"만을 제공할 뿐이며, 따라서 "사태의 내재적 내용 속으로 들어가거나" 사태의 "내재적 생명"을 파악하는 것이 아니라 그 생명을 "어떤 죽은 것으로 전락"시킬 뿐이거니와, 다시 말하면 그것은 대상의 "내적 필연성"을 제시하기 위해 자신을 대상 자체에 내어주는 것이 아니라 다만 "조망・위에서 봄Übersicht"만을 제공함으로써 다름

아닌 관건이 되는 것을 "조망하며", "다시 말하면 그는 그것을 전혀 보지 못한다."

90. 주해 88과 92를 참조.

91. "떠오른다emergiert"(emergiert는 라틴어 "emergere = 떠오른다, 떠오르게 한다"에서 유래한다): 전체는 바로 반성이 개괄적인 조망을 위한 노력 속에서가 아니라 대상의 풍부함에 "전념"하여 자신을 "상실"함으로써 떠오른다.

92. "실체가 그 자신에서 주체라는 것에 의해 일반적으로 모든 내용은 자기의 고유한 자기 내 반성이다." 앎이 단지 외적인 어떤 것이 아니라 내용의 내재적 운동을 언표할 수 있다는 것은 헤겔에게 있어 "실체가 그 자신에서 주체라는 것"과 연관되는데(주해 33과 38을 참조), 다시 말하면 여기서는 반성이 존재 자체의 근거에서 생기한다는 것과 연관된다. 헤겔은 이하에서 처음 읽을 때에는 해명되지 않는 것을 실체 자체의 본질에서 구체적으로 설명한다. 왜냐하면 하나의 현존재의 실체란 그의 "자기 자신과의 동등성", 그의 자기와의 동일함을 의미하지만, 그러한 것은 A = A가 동시에 구별된 것의 동일성이듯이 자기에 대한 관계(그러므로 반성)와 동시에 구별화를 전제하기 때문이다. 동시에 헤겔은 이로부터 그가 생각하는 존재와 사유의 교조주의적이지 않은 동일성[92a]을 명료히 하고자 한다. 자기 자신과의 동등성은 현존재의 본질적 구성요소이다. 그러나 그것은 동시에 모든 상이성의 "추상"인 까닭에, 그것은 "사유"이다. 그러나 모든 상이성의 그러한 추상으로서의 실체는 자기와 "부등"한데, 왜냐하면 실체는 다시 오로지 이러한 구별하는 상이성, 즉 조금 뒤에 말해지듯이 "타자존재 속에서의 …… 자기 자신과의 동등성"을 통해서만 바로 실체인 바의 것이기 때문이다. 물론 한순간 한 조각의 존재론적 변증법이 번쩍이게 하는 헤겔의 간결한

언급은 그의 존재-론에 관한 인상을 전달하기에는 너무 부족하다. 헤겔에게 관건이 되는 것은 다음의 것, 즉 그의 철학에서 문제가 되는 것이 낡은 "**주장하는** 교조주의를 대신하여" 새로운 "**단언하는 교조주의 또는 자기 자신의 확신의 교조주의**로서 등장한 저 관념론"이라는 의견을 물리치는 것이다. 오히려 앎은 다만 "내용을 자기의 고유한 내면성에서" 전개해야 할 뿐인데, 왜냐하면 앎이란 사태 자체에 전념하는 앎 속에서 자기를 열어 보이는 사태 자체이기 때문이다. 따라서 헤겔은—그가 세계사의 철학에서 정열들로 하여금 스스로를 위해 작용하도록 하는 "이성의 간지List der Vernunft"에 대해 말하는 것과 비슷하게—바로 학문의 "간지"에 대해 이야기할 수 있다. 그 간지는 철학이 외부로부터 사태를 반성하지 않고 일반적으로 자신의 모든 활동을 억제함으로써 사태의 고유한 변증법으로부터 사태가 스스로의 "자기보존"을 "추구"한다고 생각하는 가운데 그러한 것으로서의 자기를 지양하여 포괄적인 "전체"의 계기로서 입증되는 사태 자체만을 타당화시키는 데 존립한다(단락 54의 마지막 문장들). 그리하여 "존재자의 본성"은 반성하는 앎 속에서 오로지 자기 자신에 도달할 뿐이다. 즉 "자기-밖으로-감"의 모든 새로운 단계는, 언젠가 다른 연관에서 말하듯이(『논리의 학』, WW. V, 349; 6/570), "또한 자기-안으로-감이다." "따라서 가장 풍부한 것은 가장 구체적이고 가장 주체적인 것이며, 가장 단순한 깊이에서 스스로를 환수하는 것은 가장 강력한 것이자 포괄적인 것이다."(같은 곳) 따라서 앎과 존재가 동시에 강조될 수 있다. 그것을 또한 다음 단락이 보여준다.

92a. "존재가 사유라는 것"이라는 정식화는 여기가 "범논리주의"로의 헤겔의 의심스러운 방향전환이 수행되는 곳들 중의 하나라는 가정으로 이끌어간다(가령 Glockner, Hegel Ⅱ, S. 461도 그렇다). 그런 만큼 더욱 더 주목해야 할 것은 헤겔 자신이 이 구절에서 교조주의적 관념론과 "존재와 사유의 동일성"에 관한 "몰개념적인 이야기"에 대해 거리를 취한다는 점이다. 헤겔에게 문제되는 것은 바로 비판적 성찰 속에서 존재규정성이 논리적

규정성으로서 입증되고, 존재내용들로 자기 침잠하는 가운데 이성이 자기 자신과 만남으로써 자기 자신에 도달한다는 인식이다(주해 92 참조). 헤겔 자신에게서는 지금 이 구절과 마찬가지로 한갓 "단언할" 뿐인 관념론에 대한 경계짓기를 포함하는 『정신현상학』의 중심적인 장인 "이성의 확신과 진리"(WW. II, S. 174 ff.; 3/178 ff.)가 비교되어야 한다. 그러므로 헤겔과의 비판적 대결은 내용들의 자기존재와 타자존재 속으로 스스로를 집어넣어 구체적으로 해명하는 헤겔의 작업을 알지 못하는 범논리주의 비판에서 이루어지는 것보다 훨씬 더 깊이 들어가야만 한다.

93. 주해 92에서의 해명을 참조.

94. 단락 13 이하와 32 이하에서.

95. 다시 한 번 분명히 강조되는 것은 "지성"이 주관적 능력일 뿐만 아니라 존재론적 의미도 지닌다는 점이다. 왜냐하면 지성은 구별함의 힘이지만, 현존재는 바로 그것이 다른 현존재로부터 구별된다는 점에서 "질"의 "규정성"을 지니는 한에서, "현존재의 지성"이 존재하기 때문이다.

96. "누스"(그리스어) = 이성. 소크라테스 이전의 철학자 아낙사고라스에 의해 (요컨대 존재자의) 본질로서, 즉 존재원리 내지 세계원리로서 "인식되어" 철학에 도입되었지만, 물론 그에게서 원리가 전개되는 데 다다른 것은 아니다.

97. "이에 의해 현존재는 **아낙사고라스**가 처음으로 본질을 그것으로 인식했던 **누스**이다. 그 이후의 사람들은 좀 더 규정적으로 현존재의 본성을 **에이도스** 또는 **이데아**로, 다시 말하면 **규정된 보편성, 종**으로 파악했다.": "그 이후의 사람들"에서는 "에이도스"와 "이데아"라는 개념들이 보여주듯이

플라톤과 아리스토텔레스가 생각되고 있다. 이 개념들은 마찬가지로 객관적-이념적인, 즉 존재-론적인 "현존재의 본성"을 나타낸다. 물론 헤겔은 "이념"이라는 개념이 그 이후 다양한 변화를 겪었다는 것을 알고 있다. 그 개념은 특히 이미 스토아에서, 그러나 그 이후 무엇보다도 우선 유명론에서 눈에 띄게 되고, 근대의 경험주의에서, 그러나 또한 합리주의에서 지배적이게 된 주관주의적 경향들의 영향 하에서 한갓된 "표상 · 관념"의 의미를 지닐 수 있게 되었다. 헤겔은 "종species"으로서의 이념이라는 존재론적 의미로 되돌아가는데, 그런 까닭에 그는 "종Art"이라는 표현에서 아무런 가치절하도 보지 않는다. 그러나 그는 동시에, 이미 플라톤에게서도 이념의 특징적인 바의 것과 마찬가지로, 이념이 요컨대 "고정적이고 머무는 것"이자 "자기의 해소로 이행"한다는 것을 보여주는데, 왜냐하면 타자에 관계함으로써 타자로 이행해야만 하는 것이 아닌 규정성은 존재하지 않기 때문이다. 플라톤 연구는 그 문제가 플라톤에게 낯설지 않았으며, 오히려 그는 "쉼포케symphoke"(그리스어), 즉 이념들의 얽힘을 아주 잘 알았고, 그와 더불어 떠오르는 물음들이 그를 점점 더 괴롭혔다는 것을 보여주었다. (무엇보다도 우선 대화편 『소피스테스』가, 그러나 또한 『파르메니데스』와 『필레보스』가 교훈적이다.) 헤겔 철학에서 이념이 지니는 의미를 가장 잘 설명해 주는 것은 그것이 "개념과 객관성의 통일"로서 논리학의 최고의 개념이 된다는 점이다 (『논리의 학』 WW. V, 236 ff.; 6/464 ff.를 참조; 또한 베를린 대학 취임사에 대한 주해를 참조).

98. 규정성은 오로지 타자에 대한 구분을 통해서만 존재한다. 따라서 규정성은 "낯선 강제력" 아래 놓여 있는 것으로 보이지만, 타자에 대한 이러한 구분하는 관계는, 텍스트가 전진하면서 보여주듯이, 동시에 자기의 고유한 관계운동이거니와, 바로 타자를 통해 "내면성"과 "개념"이 형성된다.

99. "그러므로 **지성성**은 생성이며, 이러한 생성으로서의 그것은 **이성성**이

다.": "지성성"과 "이성성"을 구별하는 것은 여기서 분리하고 구별하면서 타자를 도외시하는 추상적이고 부정적인 자기 자신과의 동등성과, 구별하고 관계하면서 동시에 타자 속에서 자기를 보존하는 구체적인 자기 자신과의 동등성을 구별하는 것과 일치한다. 그러나—구별함인 동시에 관계함으로서—자신을 넘어서서 스스로를 분리들을 지양하는 "생성"으로서, 즉 이성성으로서 드러내는 것은 지성성 자체이다.

100. "존재하는 것의 이러한 본성, 즉 그것의 존재 속에 그것의 개념이 존재한다고 하는 본성에 일반적으로 **논리적 필연성**이 존립한다. 오로지 이 논리적 필연성만이 이성적인 것이고 유기적 전체의 리듬이거니와, 그것은 내용이 개념이자 본질인 것과 마찬가지로 내용에 대한 **앎**이며,—또는 오로지 그것만이 **사변적인** 것이다.": 우리는 이제, 이미 주해 92, 98, 99에서 말한 것이 인식할 수 있게 해주듯이, 존재와 사유 내지 내용과 형식의 외적인 대립이 뒤에 남겨진 지평, 그러므로 더 이상 개념이 존재자에 대립하거나 논리적인 것이 존재적인 것에 대립하는 것이 아니라 개념과 사상이 존재 자체의 로고스로서 나타나거나 아니면 그와 마찬가지로 올바르게 거꾸로 말할 수 있듯이 존재의 로고스가 개념과 사유 속에서 나타나는(또한 평행적으로 "형식은 구체적 내용 자체의 고유한 생성"인) 지평에 서 있다. 모든 대립들이 계기들로 되지만 자신들의 의미를 상실하지 않는 이러한 교호성과 "유기적 전체의 리듬"에서야말로 "사변적인 것"이 존립한다.—텍스트가 전진함에 따라 현존재의 "구체적 형태"와 "논리적 형식" 사이의 외적일 뿐만 아니라 내적이기도 한 연관이 명료해진다. 내용의 구체성은 동시에 그 자체로서 내용의 본질관계들에 근거하는 동시에 논리적 성격을 담지하는 그 내용의 특유한 본질규정성인 것이다. 그런 까닭에 논리적 형식으로의 이행은 내용 자체의 구성에 속하는 과정, 즉 "구체적 내용 자체의 고유한 생성"이다. 이렇듯 규정성이 내용에 속함으로써—형식–내용–관계를 한갓 외면적으로만 정돈하고 규정하는 그 모든 시도들과는 달리—내용은

규정성이 없으면 바로 그 내용인 바의 것이 아니다.

101. 헤겔은 자신의 서술이 자기의 철학 전체에서 비로소 확증될 수 있는 것의 "선취된 단언"을 미리 제시하는 것임을 알고 있다. 그러나 어느 경우이든 그에 의해 열린 가능성들에 맞서 그저 낡아진 반대단언들을 가지고서 대립하는 것으로는 충분하지 않다. 왜냐하면 바로 관례적인 "표상들에서 앞으로 나아가는 습관"은 "개념의 노력"을 받아들이라고 하는 헤겔의 요구에 의해(단락 58), "비현실적 사상들"을 넘어서지 못하는 형식적 사유의 편리한 "이치추론"과 마찬가지로, "단절"을 경험하기 때문이다. 이와 더불어 **뒤따르는** 단락들(58 이하)의 주제, 요컨대 개념적이고 "개념 파악하는 사유"를 사람들로 하여금 좀 더 깊이 숙고하도록 하는 그것의 불편함과 (무엇보다도 전체 세계관과 인생관이 그 배후에 놓여 있는 연상적이고 이치추론하는 사유와 구별되는) 특수성에서 분명히 밝혀내고자 하는 것이 드러난다. "개념 파악하는 사유"와 "이치추론하는 태도"의 대립 배후에 계몽주의에 대한 헤겔의 대립이 놓여 있다는 것은 이해를 위해 중요하지 않은 것이 아니다. 그러나 더 본질적인 것은 헤겔이 여기서 일반적으로 그저 그 자신의 사유를 구분해 내고자 하는 것이 아니라 모든 철학적 사유의 지속적인 과제, 요컨대 사태의 "내재적 리듬 속에서" 모든 자의, 모든 "자기의 고유한 착상"을 자제하는 것을 정식화하고 있다는 점이다. 그와 마찬가지로 헤겔이 가령 보편적인 요구들을 제기하거나 처방들을 제시하는 것이 아니라 철학의 사태 자체로부터 철학적으로 개념 파악하는 사유의 특성을 전개하는 점은 대단히 특징적이다.

102. 요컨대 그저 "영혼"인 것이 아니라 정신, 즉 정신적 생명.

103. "표상들에서 앞으로 나아가는 습관": 그러므로 텍스트의 전진에 따라 그 특징이 규명되듯이, "소재"에 빠져 있고 따라서 전혀 사유로서의

자기 자신에 도달하지 못하는, 단지 연상적일 뿐인 사유.

104. 한갓된 이치추론에게는 단지 연상적일 뿐인 사유와는 달리 바로 내용적인 구속이 결여되어 있거니와, 그것은 "사태"에 침잠하여 사태를 자신의 권리에 도달하게 하지 못한 채 "자의적으로" 이리저리 왔다 갔다 한다. 바로 자신의 모든 주관적 착상들을 포기하는 가운데 사유의 자유를 사태 속에 침잠시키는 것이야말로 개념 파악의 전제이며 따라서, 그 단락의 마지막 부분이 말하듯이, "개념에 대한 주목의 본질적 계기" 자체이다.

105. 다음의 59 단락 이하에서 헤겔은 이치추론하는 태도의 두 가지 방향들 내지 "측면들"을 구별한다. 하나는 "부정적으로" 태도를 취하는 것으로서, 그것은 언제나 다만 비판하고 반박함으로써 일반적으로 "사태 속에" 있지 않은 태도이며, 다른 하나는 "긍정적인" 것으로서, 그것은 대상을 앞에서와 마찬가지로 그것에 단지 외부로부터만 술어들이 부가되는 현전하고 고정된 주어・주체로서 정립하는 태도이다. 그러고 나서 헤겔은 사유의 현실적인 운동 속에서 저 "정지해 있는 주체"가 자기의 규정들과 구별들에 "몰입"함으로써 바로 그것이 어떻게 어쩔 수 없이 "몰락"하는지를 보여준다. 왜냐하면 주체로서의 그것은 자기의 술어들에 추상적으로 대립하는 것이 아니라 그 술어들을 통해 바로 그 자신인 바의 것이고, 그와 마찬가지로 그 술어들도 임의적인 것이 아니라 그 주어・주체 아래에 "묶여져" 있기 때문이다. 주해 106-110을 참조. 단락 60 이하는 서문의 **정점**을 형성한다. 그 안으로 들어가기 위해서는 우선은 좀 더 치밀한 해명이 필요하다.

106. "개념 파악하는 사유에서 부정적인 것은 내용 자체에 속하며, 내용의 **내재적** 운동과 규정으로서만이 아니라 또한 그것들의 **전체**로서도 **긍정적인** 것이다. 결과로서 파악된 부정적인 것은 이러한 운동으로부터 유래하는 것, 즉 **규정된** 부정적인 것이며, 이로써 그와 마찬가지로 긍정적 내용이다.":

그러므로 헤겔은 여기서 오로지 비생산적으로 부인하고 어떤 내용적인 인식도 내어주지 못하는 이를테면 나쁜 "부정성"과, 규정된 것으로서의 사태가 언제나 구분함으로써 부정하는 구별들을 정립하는 한에서 사태의 규정성에 속하는—첨예하게 정식화하자면—긍정적인 부정적인 것을 구별한다. 여기서는 부정하는 구별작용을 통해 바로 "긍정적 내용"이 출현한다.

107. 이치추론하는 사유의 "다른" 방향은, 텍스트가 앞으로 나아가면서 좀 더 상세하게 보여주듯이, "사유하는 파악"(그러므로 대상관계에서의 사유와 수용 및 사유운동)인 현실적인 개념 파악에서 그것이 물론 대상에 관계되어 있지만 그 관계에서 대상에 대해 단지 외면적으로만 머문다는 점에 의해 저지된다. 부정적으로 이치추론하는 태도가 내용이 공허한 주관주의로 끝나는 데 반해(단락 59, 주해 105를 참조), 이치추론의 이 두 번째 방향은 경직된 객관주의에 빠진다(그것의 토대: "운동하지 않은 채 우유성들을 짊어지는 정지해 있는 주체",—오로지 이치추론만이 이리저리 왔다 갔다 한다). 두 경우 모두에서 사유는 대상에 외면적으로 머문다.

108. "이 운동 속에서 저 정지해 있는 주체 자체가 몰락한다. 주체는 구별과 내용에 몰입하며, 저 운동에 대립하여 머무르는 대신에 오히려 규정성, 다시 말하면 구별된 내용 및 그 내용의 운동을 이루는 것이다.": 현실적인 개념 파악에서 대상, "주체"는 명제진술에 경직되게 대립하는 것이 아니라 진술의 술어들에서 자기 자신을 전개하며, 따라서 이러한 전개의 운동 속에서 "몰락zugrunde"한다. 주해 105 참조.

109. "그러므로 이치추론이 정지해 있는 주어·주체에서 가지는 고정된 지반은 동요하며, 오로지 이러한 운동 자체만이 대상이 된다. 자기의 내용을 충족시키는 주체는 이 내용을 넘어서기를 그치며, 또 다른 술어들이나 우유

성들을 가질 수 없다.": 왜냐하면 주체는 현실적 개념 파악에 있어 자기의 술어들에서 전개되는 것 이외에 아무것도 아니기 때문이다. 사유운동을 묶어주는 상호관계가 사태 자체를 통해 존립한다. 임의적인 또 다른 술어들이 주어 · 주체에 덧붙여질 수는 없다. 그러나 역으로, 텍스트가 **계속해서** 보여주듯이, 또한 술어들도, 통속적인 사유가, 그러나 또한 전통적인 철학적 사유 일반도 가정하듯이 이러한 규정된 "주어 · 주체로부터 자유롭게 다수의 주어 · 주체들에 속하는 보편자가 아니다." 임의적으로 어디서나 똑같은 방식으로 진술될 수 있는 자유롭게 떠도는 보편자란 존재하지 않는다. 보편자는 자기의 규정된 의미를 규정된 주어관련, 다시 말하면 언제나 특수한 내용적인 연관을 통해서 비로소 그리고 오로지 그에 의해서만 획득한다. 술어들이 진술하는 것은 이러한 의미에서 바로 주어 · 주체라는 특수자에 대해 무관심한 보편자가 아니라 그것의 구체적인 "실체"이다.

110. "표상하는 사유는 반격을 당한다는 식으로도 표상할 수 있을 것이다.": "반격"은, 전후 연관이 보여주듯이, 사유에게 문제되는 것이 이런저런 보편적 술어들을 임의적으로 하나의 주어에 갖다 붙이는 것이 아니라 술어들 속에서의 주어 · 주체의 전개라는 것이 인식되자마자(주해 109 참조), 사유가 더 이상 이치추론하며 임의적으로 하나의 술어에서 다른 술어로 나아갈 수 없다는 점에 존립한다. 따라서 술어들은 주어 · 주체의 본래적인 "실체"를 이루며, 자기들의 "질량"과 "중력"을 통해 사유를 "자유로이 이리저리 헤맬 수 있게" 하는 것이 아니라 "저지"하며, 균형을 제공하고 한계를 정립한다.

111. 헤겔은 "대상적인" 주어("첫 번째 주어", 명제진술의 주어)와 "두 번째 주어", "아는 주어"를 구별한다. 이제 이 아는 주어는 자기가 임의적으로 첫 번째 주어에 "술어들"을 갖다 붙일 수 있는 것이 아니라 이 주어 · 주체 자체가 앎으로서의 자기가 "관계"해야 하는 "내용"을 술어들에서 지닌다고

확정해야만 한다.

112. "형식적으로 하자면 지금까지 말한 것은, 주어와 술어의 구별을 자기 내에 담고 있는 판단이나 명제 일반의 본성이 사변적 명제를 통해 파괴되며, 첫 번째 명제가 그것으로 되는 동일적 명제는 저 관계에 대한 반격을 포함한다는 식으로 표현될 수 있다.": 주체와 객체의 추상적 구별을 넘어서지 못하는 이치추론하는 사유에 대해 헤겔은 여기서와 이하에서(단락 61 이하) 명제에서의 주어·주체와 술어 사이의 좀 더 깊은 연관을 인식하는 "사변적" 사유를 대립시킨다. "사변적 명제"는 이치추론하는 사유의 명제에 "반격"하는 "동일적 명제"이거니와, 그것은 구별들 속에서 주어와 술어로 하여금 결국 현실적 명제를 형성하도록 해주는 "통일"을 보존한다. 이치추론하는 학교논리학의 명제는 앞에 주어진 크기로서의 "고정되고" 확고한 주어에서 출발하여 그것에 술어들을 갖다 붙이고, 그것으로 끝난다. 사변적 명제는 오로지 주어·주체가 "자기 자신을 산출하고 이끌어 나가며 자기 내로 복귀하는 발걸음" 속에서 자기 자신을 자기의 술어들에서 전개하는 운동의 이리저리 관계 맺는 변증법적 운동에 있어서만 현실적이거니와, 그리하여 주어·주체는 오로지 자기의 술어들에서만 바로 그 자신인 바의 것이지만, 또한 술어들도 오로지 주어·주체의 전개로서만 바로 그 자신인 바의 것들인바, 따라서 이 주어와 동일하다.—비변증법적으로 S로부터 P로 나아가는 습관적인 형식적 명제도식 "S는 P다"가 이미 철학적-사변적 사유를 저지하고 오해를 불러일으키는데, 왜냐하면 그것은 모든 것의 관건이 되는 "개념의 자기 내 복귀"를 서술할 수 없기 때문이다.

113. 악센트와 박자의 "떠도는 중심과 통합에서 생겨나는 결과"인 "리듬"의 비유는 사변적 명제의 본질과 비밀을 명료화하고자 한다. 리듬은 단조로운 단음조가 아니라 이二음조 내지 반反음조이며, 헤라클레이토스의 말을 빌리자면 "반대로 나아가는 조화"이다.

114. "**신은 존재다**라는 명제에서 술어는 **바로 그** 존재이다. 그것은 주어가 그 속에서 융해되는 실체적 의미를 지닌다. **존재**는 여기서 술어가 아니라 본질이어야 한다. 그에 의해 신은 명제의 위치에 의해 그것인 바의 것, 요컨대 고정된 주어이기를 그치는 것으로 보인다.": 이 예는 핵심사상, 즉 우리가 그로부터 "고정된" 술어로 나아가는 마찬가지로 "고정된" 주어 · 주체란 존재하지 않는다는 사상을 훌륭하게 밝혀준다. 주어 · 주체는 의미연관의 전진에서 오히려 그것이 처음에는 지니지 않았던 의미를 획득하며, 고정된 주어로서의 그것의 위치에 의해 그것인 바의 것으로 보였던 것이기를 그친다. 주어 · 주체로 하여금 "융해"되게끔 하는 사유운동 전체의 유동적이고 살아 있는 연관에서 비로소 개별 지절의 의미가 나타난다. 주체와 객체는 바로 그때그때마다 대자적인 어떤 것이 아니라 오로지 사유운동의 계기들일 뿐이다. 이 62 단락에 대해서는 또한 주해 115를 참조.

115, 이러한 "장애"는 사유가 주어로부터 술어로 계속해서 나아가는 경향을 지닌다는 데 존립한다. 그러나 그 장애가 확정해야만 하는 것은 전진에서 주어의 의미가 변화됨으로써 그것이 다시 한 번 주어로 복귀해야만 한다는 것이다. 이러한 방식으로 철학에서는 각각의 모든 앞으로 나아감과 한 걸음 더 내딛는 것이 언제나 동시에 되돌아와 파악함을 필요로 한다(따라서 철학적 텍스트에서는 "반복해서" 읽어야 할 필요에 관한 불평이 제기된다). 철학적 사유운동은 사실상 "S는 P다"라는 명제의 형식에서 고정된 한 점으로부터 다음 점으로 전진하고자 하는 앎의 습관적인 태도에 대립한다.

115a. "조형적인" = 다시 말하면, 자기를 원만하게 완성하는, 자기를 전체로 통합하는, 즉 "명제의 일상적 관계에서"처럼 단지 S에서 P로 나아가는 것이 아니라 동시에 P에서 S로 되돌아가는. 『논리의 학』의 두 번째 서문에 대한 주해 39를 참조.

116. "오히려 이러한 대립된 운동이 언표되어야만 한다. 그 운동은 단지 저 내면적인 장애일 뿐이어서는 안 되며, 오히려 이러한 개념의 자기 내 복귀가 **서술**되어 있어야만 하는 것이다."(독일어 원문을 제시하자면 다음과 같다. Sondern diese entgegengesetzte Bewegung muß ausgesprochen werden; sie muß nicht nur jene innerliche Hemmung, sondern dies Zurückgehen des Begriffs in sich muß *dargestellt* sein.——옮긴이): 먼저 본문의 표현에 대해 말하자면, 너무 단순하게 매끄럽게 하는 것이 아니라면, 세미콜론 다음의 "sie" 대신에 "so"라고 읽어야 한다는 생각이 떠오른다. 그렇지 않다면 문제되는 것은 아마도 단절된 문장일 것이다. "그 운동은(요컨대 사변적 사유의 대립된 운동은) 단지 저 내면적인 장애일 뿐이어서는 안 되며"(보완하자면, 저 내면적인 장애를 서술할 뿐이어서는 안 되며), "오히려 이러한 개념의 자기 내 복귀가 **서술**되어 있어야만 하는 것이다." 철학적 의미에 대한 이해는 주해 115에서 말해진 것으로부터 직접적으로 나타난다. 즉 "장애"뿐만 아니라 또한 복귀의 운동이 철학적으로 서술되어야만 한다는 것이다. 그것은 바로 서술의 사변적 성격을 이룬다.

117. "그 밖의 인식에서 증명은 언표된 내면성의 이러한 측면을 이룬다.": 그러므로 그 밖의 인식에서 증명이 사상들의 내적 연관("내면성")을 분명히 가시화했듯이, 변증법은 사변적 사유의 내적 운동을 명확히 드러낸다. 양자는 비교될 수 있지만, 정확히 구별되어야 한다. 이에 대해서는 주해 118을 참조.

118. "이에 관해 상기될 수 있는 것은 변증법적 운동도 마찬가지로 명제들을 자기의 부분들이나 요소들로 지닌다는 점이다. 따라서 위에서 제시된 어려움은 언제나 되돌아오는, 사태 자체의 어려움인 것으로 보인다.": 그러므로 문제가 되는 것은 사유가 개별적 명제에서 명제의 지절들 사이에서

변증법적으로 저리로 갔다가 다시 돌아와야만 한다는 것뿐만 아니라 그와 마찬가지로 또한 그것이 명제들 사이에서도 필요하고, 더 나아가 좀 더 커다란 명제연관들과 전체 단락들 등등에서도 그러하다는 것이다. 언제나 거듭해서 중요한 것은 앞으로 나아감에 있어 첫 번째 것에로 새롭게 되돌아감으로써 현실적인 철학적 전체를 파악하는 것이다. 다음 문장은 우리가 "일상적 증명"에서 전적으로 비슷한 어떤 것, 요컨대 사용되는 모든 근거가 더 나아간 근거짓기를 필요로 하고 또 "무한히 계속" 그러하다는 것을 알고 있다는 점을 지적한다. 그러나 거기에는 구별이 놓여 있는데, 그것은 변증법적 운동이 밖을 향해 무한히 뻗어나가는 것이 아니라 점점 더 심화되는 가운데 언제나 거듭해서 자기 내로 귀환한다는 점이다. 이제 우리는 또한 헤겔이 조금 후에 변증법적 운동의 터전이 개념이라고 말할 때 생각하는 것이 무엇인지도 이해하게 된다. 생각되고 있는 것은 추상의 산물로서의 추상적이고 경직된 개념이 아니라 바로 변증법적 운동 속에서 자기 자신과 타자의 구체적 통일인 저 개념인바, 그런 까닭에 그것은 외면적인 술어들이 그에 부가되는 한갓된 주어가 아니라 자기 내 반성된 개념으로서 "철두철미 그 자신에서의 주체"이며,—따라서 또한 사태에 외면적으로 머무는 것이 아니라 "그 자신의 자기"를 전개한다.

119. "명제는 직접적으로 단지 공허할 뿐인 형식이다.": 물론 사변적-변증법적 사유도 "S는 P다"라는 명제형식을 사용한다. 그러나 그것은 바로 철학적 내용의 살아 있는 전진과 후진 운동에 의해 파열되는 공허한 형식일 뿐이다. 주해 112와 114를 참조.

120. 개념은 변증법적이고 변증법적 운동을 가능하게 하는 데 반해, 이름은 비변증법적이거니와, 그러한 것으로서 다만 이름불릴 수 있을 뿐, 개념파악될 수는 없는 경직되고 고정된 명칭이다.

121. "이치추론하는" 태도에 대한 비판 이후에도 여전히 떠오르는 철학함에 대한 마지막 방해물, 즉 이치추론도 하지 않은 채 스스로 옳다고 상상하는 교조주의는 무언가 이른바 "마무리된 진리"에 토대하여 모종의 철학적 검사나 노력을 스스로 받아들이려고 하지 않으면서도, 아니 일반적으로 현실적인 지식은 가지지 못하면서도 어디에서나 대화에 참여할 수 있다고 생각한다.

122. 모든 지식에서 "오로지 철학에 의해 산출"된 것만이 진리라는 이름에 어울린다고 하는 너무도 높은 요구를 제기하는 이 문장을 올바르게 이해하기 위해서는 진리가 결코 개별 명제나 개별적인 확인이 아니라 오로지 총체적 연관, 즉 전체에 속하며, 그것을 해명하는 것이 철학의 과제라는 점을 생각해야만 한다.

123. 직접적 계시나 자기의 상식에 기반하는 저 태도들은 또한 정신이 진리에 도달할 수 있는 유일한 도정인 현실적인 철학적 연구의 장구한 길과 "개념의 노동"을 "대용물"로 대체하고자 한다. 직접적 계시와 상식은 "본래적으로" 철학적인 영역에서 만나는 자연적 교조주의의 두 형식들이다. 단락 68, 69, 70에서는 다시 한 번 『정신현상학』 서문의 특징을 이루는 헤겔의 이중적인 전선이 드러난다. 우리는 여기서 한편이 한갓 "와해된 상상력"일 뿐인 "천재성"에, 다른 편이 한갓 "진부한 진리들의 수사학"만을 최상의 것으로 제시하는(단락 69) "사유의 자유와 관용"에 기반한다는 점에 기만당해서는 안 된다. 좀 더 자세히 살펴보면, 우리가 부딪치게 되는 것은 다만 비규정적이고 다소간에 비장하며 대부분 모순적인 주관적 단언들일 뿐이다. 결국 오로지 자기의 "내향적 신탁"에 의존할 뿐인 주관주의에 대한 대립은 헤겔이 그에 대해 그것이 단지 자기의 감각만을 고집함으로써 "인간성의 뿌리를 짓밟는다"는 것을 제시하는 곳에서 그 정점에 도달한 셈이다. 왜냐하면 인간성은 "의식"에서의 "합의"와 "공동성"에 묶여 있기 때문이다.

그런 까닭에 헤겔은 철학에 대해 "모든 자기의식적 이성의 소유물일 수 있는" 저 진리를 획득할 것을 요구한다. 따라서, 처음에는 낯설게 보이겠지만, 헤겔은 바로 단지 자기의 주관적 감정에만 머무르는 것을 "반인간적인 것"이라고 표현할 수 있었다. 『법철학』 서문에 대한 주해 22a를 참조.

124. "그에 반해 상식이라고 하는 …… 자연적 철학함은 ……": 단락 전체에 대해서는 주해 123을 참조. 특히 "상식에 대한 사변의 관계"에 관한 한, 그것은 이미 1801년의 『피히테와 셸링의 철학 체계의 차이』에 관한 저술에서 한 장의 주제를 이루고 있다.

125. "하지만 그러한 심오함이 아직은 본질의 원천을 계시하지 않는 것처럼, 이 꽃불들도 아직은 최고천이 아니다.": (여기서 최고천Empyreum은 세계를 둘러싸고 있는 영원한 불이다.——옮긴이) 이에 대해서는 Hoffmeister, Dokumente zu Hegels Entwicklung, S. 355 ff.에 실려 있는 예나 시대 노트에서 유래한 아포리즘을 참조. "시문학의 천재의 언어가 존재했듯이, 현재는 철학적 천재의 시기인 것으로 보인다. 탄소와 질소 그리고 수소를 함께 반죽해서 다른 이들에 의해 양극성 등등이라고 씌어진 종이 속으로 꽂아 넣고, 허영심 등등의 어설픈 재고로써 공중에 꽃불을 쏘아 올리고서는 그들은 최고천을 서술한다고 생각한다."

126. "학문이 실존할 수 있게 해주는 것을 내가 개념의 자기운동 속에 ……": 헤겔이 학문, 다시 말하면 여기서는 철학을 총체적 학문으로서 실존할 수 있게 해주는 것을 "개념의 자기운동"이라고 부를 때, 그리함으로써 그는 그것을 자신의 철학이 그에 의해 "시대의 표상들"에 대립한다고 보는 정식화로 요약하고 있다. 그는 그것으로써 동시에 자신의 "논리학"을 지시한다(나중에 씌어진 『정신현상학』 서문은 이 『정신현상학』과 "논리학", 즉 헤겔의 바로 다음 저작으로 출간되어야 했고 우선은 체계의 제2부를

형성해야 했던 것 사이에 놓여 있다). 왜냐하면 "논리학"은 헤겔의 존재-론적인 의미에서의 "개념"의 학설을 전개하기 때문이다. (플라톤의 신화들에 대한 부정적인 판단과 비교하여) 플라톤의 대화편 『파르메니데스』에 대한 헤겔의 지시, 특히 『파르메니데스』를 "열광"과 그것이 산출한 "흐릿함"의 시대들에서조차 "진리의 순수한 개념"의 드러냄으로서 인정받은 "고대 변증법의 가장 위대한 예술작품"이라고 표현하는 것은 특징적인데, 여기서 헤겔이 생각하고 있는 것은 신플라톤주의(프로클로스Proklos의 『파르메니데스』 주석)이다. (이와 비슷하게 헤겔은 『철학사 강의』에서 "변증법의 걸작"에 대해 이야기한다.) 그러나 그에 못지않게 중요한 것은 그와 동시에 "아리스토텔레스 철학"과 그것의 "사변적 깊이"가 지적되고 있다는 점이다. 우리는 이미 목적 개념을 도입하는 데서 아리스토텔레스에 대한 헤겔의 내적 관계에 부딪친 적이 있다. (주해 48과 나아가 『엔치클로페디』 제2판 서문에 대한 주해 26을 참조. 어쨌든 여기서 우리가 헤겔을 올바로 이해하고자 한다면 반드시 함께 보아야만 하는 연관들에 대한 눈이 열린다.)

127. 참된 것이 "자기의 시대가 다가왔을 때 관철되는 본성"을 지닌다는 이 명제는 단지 매듭을 짓기 위해 고려된 정식이 아니라 우리가 이미 서문의 처음에서 부딪친 바 있는 헤겔의 근본확신인데, 여기서 그것은 철학 저작들을 너무도 성급하게 마무리하는 비판자들과 연관하여 매우 구체적인 의미를 얻고 있다. 주해 130을 참조.

128. "전자에서"는 다시 "대중"과 관계되어야 한다. 철학 저작이 대중에게 계속 영향을 끼치는 것과는 대립되게 헤겔은 비판자들의 행위를 『마태복음』 8장 22절을 빗대어 저희 죽은 자들을 장사지내는 그 스스로가 이미 죽은 자들의 행위와 비교하고 있다.

129. 『사도행전』 5장 9절에 따라.

130. 헤겔은 동일한 근본사상을 좀 더 새롭고 풍부하게 변형시켜 하나의 철학 저작의 고요하고 조용한 영향을 비판자들에게 있어서의 빠른 판단과 성급한 마무리에 대립시킨다. 이에 대해서는 호프마이스터가 편집한 『헤겔 발전의 기록들』, S. 353 ff.에 실려 있는 예나 시대에서 유래한 아포리즘 39를 참조할 수 있는데, 거기서는 철학적 발전이 (최소한 비판자들의 "판단" 에서는) 점점 더 가속화된다고 말하고 있다. "우리의 후세는 바로 다음의 미사이다. 이성에서 모든 것이 함께 놓이듯이, 또한 산악의 풍경에서도 강은 더 가까이 놓인다. 그대를 메고 나갈 자들의 발이 이미 문 앞에 서 있다Pedes eorum, qui efferent te, sunt ante janum." 아포리즘 40은 좀 더 구체적이다. "볼프 철학이 50년 이상 유지된 데 반해, 칸트 철학에 대해서는 이미 오래전에 판결이 내려졌다. 피히테 철학에 대해서는 그 입장에 대한 규정이 좀 더 급속히 다가왔다. 셸링 철학이 그 본질에서 무엇인지는 짧은 시간 안에 계시될 것이다. 그에 관한 심판이 이를테면 문 앞에 서 있는데, 왜냐하면 많은 이들이 이미 그것을 이해하고 있기 때문이다." 그러나 더욱 더 분명해지는 것은, 텍스트가 계속해서 그리고 그 끝부분에서 보여주듯이, 고요히 작용하고 끄떡없이 지탱하면서 "보편성"의 실체 안으로 들어가는 것과 단지 "개인들"에 속할 뿐인 것이 명확히 구별되어야만 한다는 점이다. 이 마지막 문장들에서는 이런저런 우연한 이의제기들의 주관적 자의로부터 벗어나 있고, 성급하게 끝내는 비판자들의 모든 악평에도 불구하고 "사태의 내적 진리"에 의해 관철될 수 있는 정신과 학문의 발전이 존재한다는 헤겔의 확신을 감지할 수 있게 된다.

2. 『논리의 학』 서문들

뉘른베르크 시대에 10년에 걸친 끊임없는 사유작업의 다 익은 열매로서 출간되었고(Ⅰ부 1812년, Ⅱ부 1816년), 그의 저작들 가운데 가장 섬세하고 가장 위대한, 아니 "아마도 지금껏 창조된 적이 있었던 가장 위대한 사상의 예술작품"(R. Kroner)을 나타내는 헤겔의 『논리의 학』은 발전사적으로, 그러나 또한 체계적으로도 『정신현상학』에 연결된다. 왜냐하면 『현상학』은 주관적 의식을 절대적 이성의 단계로 이끌어 올렸는데, 그 단계에서 이제 로고스 자체의 체계적 전개가—주체와 객체, 의식과 대상의 대립을 뒤에 남겨놓은 채—"그 현존재의 순수한 터전에서", 다시 말하면 "순수한 사상"의 터전에서 가능해졌기 때문이다. 그리하여 헤겔은 이미 1806년에 현상학의 최종 개념인 절대지의 개념으로부터 순수존재의 개념, 따라서 그의 논리학의 최초의 개념으로 이행하기 위해 현상학과 논리학을 "사변철학"이라는 제목을 지닌 하나의 강의로 묶은 바 있었다. 우리의 유한한 이성과 하나의 절대적 이성 간의 대립은 극복되었다. "의식의 대립으로부터의 해방"(Ⅲ, 35; 5/43) 하에 서술되는 것은 사물 자체의 "본질"이다.

존재에 관한 학설, 본질에 관한 학설 그리고 개념에 관한 학설이라는 세 부분을 지니는 헤겔의 논리학은 그런 까닭에 분명히 형식적-주관적 사유론이라는 의미에서의 단적인 논리학과는 전혀 다른 것이다. 오히려 그것의 개념들은 그 자체로서 모든 존재자의 범주들인 절대자 자체의 범주들이다. 그것은 주관적인 것과 객관적인 것의 대립에 앞서 놓여 있는 절대적 이성의 "순수한 본질성들"의 체계를 포함하는바, 그 체계는 모든 인식 및 모든 자연적이고 정신적인 현실의 무시간적 토대이다. 사유는 여기서 자기에게 기초로서 근원적이고 무시간적으로 선행하는 것으로 되돌아온다. 따라서 논리학은 보편적인 기초학문이다. 그리고 논리학은 내용적으로 "(근대뿐만 아니라) 형이상학의 역사가 알고 있는 가장 포괄적인 존재론과 가장 내용이 풍부한 범주체계"를 서술한다(하임죄트Heimsoeth, 『근대의 형이상학*Metaphysik der Neuzeit*』, 1929, 157). 헤겔 자신은 논리학의 내용을 "아무런 껍데기도 걸치지 않은 채 즉자대자적으로 존재하는 진리"라고 표현하고, 거기에 "이 내용은 자연과 유한한 정신의 창조에 앞서서 자신의 영원한 본질 속에 존재하는 신의 서술"이라고 덧붙일 수 있었다(『논리의 학』 서론, 5/44).

존재론으로서의 논리학의 이해를 위해서는 한 가지 점이 특별히 언급되어야 한다. 만약 우리가 헤겔의 논리학을 존재론이라 부른다 하더라도, 그것은 볼프의 의미에서의 존재론이 아니며, 일반적으로 대자적으로 존립하고 자기 내에서 완성된 객체로서 사유에 대한 관계를 필요로 하지 않는 존재자에 관한 학설이 아니다. 오히려 헤겔의 존재론은 칸트의 초월론적 논리학을 통과하여 낡은 존재론에 대한 비판을 소화했다. 인식과 사유는 저 바깥에 남겨지는 것이 아니라 안에 연관되어 있으며, 바로 그에 의해 또한 자기의 주관성으로부터도 해방되어 있다. 따라서 존재론으로서의 논리학은 켜켜이 쌓여 있고 병렬적으로 놓여 있는 존재형식들의 자기 내에 정지해 있는 구조가 아니라, 이성이 스스로를 정신으로서, 따라서 동시에 정신이 스스로를 이성 속에서 파악하고 통찰하게 됨으로써 절대정신이 "자기 자신에 도달하는" 로고스의 무시간적 발전을 서술한다. 『논리의 학』 서문에서 말하고 있듯이 "그 진리에 있어 이성은 정신이다."[1] 논리학은 그 자체가 정신의 형이상학이며, 형이상학은 논리학이다. 그런 까닭에 서문들에서도 그들의 과제와 운명이 함께 이야기되고 있는 것은, 언젠가 헤겔이 강의공고들에서 논리학과 형이상학을 결합하고 있듯이, 그저 우연이 아니다.

제1판 서문

1. (다음은 동시에 서문 전반을 내용적으로 미리 살펴보는 것이기도 하다.) 첫 번째 서문은 칸트에 의해 초래된 철학적 사유방식의 "완전한 변혁"에서 출발한다. 이 변혁은 지금까지의 형이상학(요컨대 칸트가 경험의 토대 없이 앞으로 나아가는 순수 이성에 대한 자신의 비판에서 과녁으로 삼았던 개념들로부터의 인식의 연역으로서의 형이상학)을 뿌리째 뽑아버리는 것으로 나아갔다. 그러나 그것은 논리학을 분명히 건드리지 않은 채 남겨 두었다. 칸트 자신은 심지어 아리스토텔레스의 논리학에 대해 그것이 한 걸음도 뒤로 물러서서는 안 된다고 말하기까지 했다. 그러나 구제할 길이 없기는 양자가 똑같았는데, 왜냐하면 한편으로 전승된 형이상학의 분쇄는 동시에 심각한 결과를 야기하는 방식으로 형이상학 일반에 대한 몰두를 종언시킴으로써 형이상학 없는 도야된 민족이라는 기이한 광경으로 이어졌고, 다른 한편으로 논리학은 바로 진보하는 학문과 철학의 정신이 그 속으로 밀고 들어오지 못함으로써 고립과 불변성 속에서 쇠약해졌기 때문이다. 방치되어 있는 논리학에서 철학적 의식의 심오한 변화들이 이렇듯 관례적으로 무시되고 있는 것은 더 이상 정당화될 수 없다. 새로운 의식은 스스로를 관철했으며, 이제 그로부터 결론들을 끌어낼 시간이 다가왔다. 그러나 그것

1. 헤겔 철학에 있어 중심적인 이 사상이 심지어 칼 로젠크란츠에게서도, 따라서 헤겔주의의 중심에서도 상실된다는 것은 19세기가 진행되는 가운데 전형적으로 드러나는 계몽사유로의 퇴락을 특징적으로 보여준다.

이 의미하는 것은 올바르게 이해된 논리적 학문, 요컨대 절대적 로고스, 절대적 이성에 관한 학설로서 이해되는 동시에 "본래적인 형이상학"(『논리의 학』 서문들에 대한 바로 앞의 원칙적인 예비적 언급을 참조)인 논리적 학문을 "다시 한 번 처음부터 시작해야 한다"는 것이다. 여기서 문제가 되는 것은 바로 철학 자체의 "학문적 논의의 새로운 개념"이다. 철학은 더 이상 자기의 방법을 다른 곳에서(가령 수학이 아무리 형식적으로 완성되어 있다 하더라도 그러한 수학과 같은 하위의 학문으로부터. 『정신현상학』 서문을 참조) 빌려와서는 안 되며, 또한 그저 직접적인 직관들이나 이치추론을 근거로 삼을 수도 없다. 오히려 철학은 그 자신의 고유한 사태적인 운동, 그 자신의 고유한 변증법을 지니는 자기 내용의 특유한 본성을 숙고해야만 하거니와, 중요한 것은 그 변증법을 추수행하는 것이다. 그러나 그것은 필연적으로 한갓된 지성철학을 정신의 변증법적 철학을 통해, 즉 그 속에서는 지성과 이성 자체가 계기들로 되고 "인식의 절대적 방법"이 동시에 "내용 자체의 내재적 영혼"인 그러한 철학을 통해 극복하도록 강요한다. 논리학에게 있어 이러한 것은 논리학의 존재론으로의 전환을 의미한다. 이에 대해서는 계속해서 개별 주해들을 참조.

2. "철학적 사유방식들이 약 25년 전부터 우리들 사이에서 겪은 완전한 변혁, 곧 이 시기에 정신의 자기의식이 스스로에 대해 도달한 좀 더 고차적인 입장": 여기서는 칸트의 『순수이성비판』(제1판 1781년, 제2판 1787년)에 의해 초래되고 독일 관념론에 대해 비로소 길을 열어준 사유의 "혁명"이 생각되고 있다. 왜냐하면 칸트는 초월론적 의식을 모든 대상적 경험의 조건으로서 제시함으로써 정신의 자기의식의 "좀 더 고차적인 입장"을 근거지었기 때문이다. (그런 까닭에 칸트는 또한 반대운동들에 대해서도 출발점으로 남아 있다.)

3. 칸트 자신에게 있어서는 그로 하여금 낡은 존재론을 극복하게 해준

자신의 새로운 초월론적 논리학에도 불구하고 아리스토텔레스 이래로 "한 걸음도 뒤로" 물러설 필요가 없는 형식논리학이 "그 모든 겉모습에 따라 완결되고 완성되어 있는" 것으로 보였다. 그는 형식논리학을 대상논리학인 새롭게 획득된 초월론적 논리학 외부에 전혀 손대지 않은 채 그대로 놔두었다.

4. "이 시기 이전에", 다시 말하면 칸트 이전에 형이상학은 자연적 경험을 넘어서는 것에 관한 교조주의적-합리주의적인 학설이었으며, 자신의 통찰들을 순수한 개념들로부터 도출하고자 시도했다. 그것은 순수 이성, 즉 경험으로부터 독립적인 이성에 대한 칸트의 비판에 의해 "뿌리째 뽑혔다." 인간의 인식을 경험에 "한정"한 것은 형이상학에게서 토대를 빼앗았다.

5. "이전의 존재론이나 합리적 심리학, 우주론 …… 이전의 자연신학의 ……": 이들은 볼프 형이상학의 근본분과들이었다. 여기서는 존재론이 토대를 형성했다. 우주론, (경험적 심리학과 구별된) 합리적 심리학과 자연신학은 그 위에 구축된 형이상학의 특수 분야들이었다. 이에 뒤이어 형이상학의 몇 가지 핵심주제들이 강조된다.

5a. 헤겔 자신은 "신 존재 증명"을 베를린 시대에, 즉 그의 죽음 2년 전에 행한 특별한 공개 강의(G. 라손에 의해 새롭게 편집된 마이너 사의 철학총서 판본, 1930)에서 다룬 바 있었다. 헤겔은 신 존재 증명을 한갓 역사학적으로나 오직 신앙심을 불러일으키는 방식으로만 다루는 것에 대립하여 그것을 합리적 증명의 결론으로서가 아니라 사상적으로 절대자에 이르는 자기고양의 방식과 도정으로서 파악함으로써 그것이 지닌 철학적 의미를 새롭게 포착하여 복권시키고자 했다. 거기서 그는 분명히 캔터베리의 안셀무스의 존재론적 신 존재 증명에로 되돌아갈 것을 지시하는데, 그것은 우연이 아니다.

6. "내용"에서는 예를 들어 불사성의 문제가, "형식"에서는 교조주의적인 연역적 합리주의, 그러므로 선험적 개념들로부터 내용을 도출하고자 한 방법이 생각되고 있다.

7. 여기서는 관념론에서 비판 이전의 낡은 것을 대신하여 등장하는 새로운 형이상학 개념, 즉 자기의 "순수한 본질"에 대한 자기의식으로 고양되는 "정신"의 형이상학이라는 개념이 갑자기 떠오른다. 이에 이어서 헤겔이 칸트의 비판과 더불어 형이상학 일반이 아니라 단지 특정한 형이상학만이 흔들리게 되었다고 본다는 것이 좀 더 명확해진다. 그가 보기에 새로운 기초 위에서 형이상학에 다시 생명을 불어넣는 일은 칸트의 비판에 직면하여 오히려 더욱 더 절박해진다. 그러나 좀 더 새로운 칸트 연구가 보여주었듯이(특히 H. 하임죄트, W. 분트, N. 하르트만), 칸트 자신의 의도에서도 사정은 마찬가지였다.

8. 공교적exoterisch(그리스어에서 유래) = 공개적으로 작용하는, 공개적으로 보급되는.

9. "칸트 철학의 공교적인 학설—즉 **지성은 경험을 넘어서서는 안 되거니와**, 그렇지 않으면 인식능력이 그 자체로 다름 아닌 **환영**만을 낳을 뿐인 **이론 이성**이 된다는 학설": 이론 이성은 지성이 경험을 넘어서면 오로지 "환영"만을 낳을 수 있는데, 왜냐하면 이론 이성은 그 스스로가 그에 지정되어 있어야 할 경험이 없으면 발판을 상실하기 때문이다.

10. 철학은 중세에 "ancilla theologiae"(신학의 시녀)로서 여겨진 한에서 종속적이었다.

11. “이전 시대에 사변적 신비들과 비록 종속적이었다고는 하나 형이상학의 수호자였던 신학을 이 학문은 감정……에 내맡겨 버렸다”, 즉 감정을 위해서 포기했다. 주관적 신앙, 주관적 감정에로의 퇴각은 초감각적인 것의 사변적 인식에 대한 칸트의 비판에 의해 철학적으로 필연적이게 된 것으로 보였다. 칸트 자신은 잘 알려져 있듯이 이미 신앙을 위한 자리를 얻기 위해 앎에 한계를 정립해야만 한다는 정식을 내건 바 있었다. 그러므로 헤겔의 명제에서는 “신학”은 대격－목적어이며 “학문”이 주어이다. (편주자의 이 마지막 언급을 이해하기 위해 독일어 원문을 제시하자면 다음과 같다. “Die Theologie, welche in früheren Zeiten die Bewahrerin der spekulativen Mysterien und der obzwar abhängigen Metaphysik war, hatte diese Wissenschaft gegen Gefühle, gegen das Praktisch-Populäre und gelehrte Historische aufgegeben.”──옮긴이)

12. “고독자”에서는 우선은 아마도 수도자가 생각되고 있겠지만, 확실히 그것을 넘어서서 이익을 묻지 않고 자신의 삶을 영원자에 대한 성찰에 바쳤던 저 모든 이들이 생각되고 있다 할 것이다.

13. “그리하여 이러한 어둠, 즉 자기 내로 향한 정신의 자기 자신에 대한 무미건조한 몰두가 추방되고 난 뒤, 현존재는 꽃들의 명랑한 세계로 전환된 것으로 보였는데, 잘 알다시피 꽃들 가운데는 **검은** 꽃이란 없는 것이다.”: 아이러니하게도 헤겔은 사람들로 하여금 신학적 형이상학에 작별을 고하게 한 정식, 즉 “어둠의 추방”(암흑의 중세), “자기 내로 향한 정신의 자기 자신에 대한 무미건조한 몰두”로부터의 전향을 받아들인다. 그 자신은 나중에 『논리의 학』 서론에서 분명히 그리고 새로운 긍정적인 의식을 지니고서 논리적 형식들과 본질성들에 대한 자신의 형이상학적 체계에 대해 “온갖 감각적인 구체화로부터 해방된” “그림자의 나라”라고 말한다. “이 학문의 연구, 즉 이 그림자의 나라에 머물면서 그 속에서 일하는 것은 의식의 절대적 도야와 훈련이다.”(Ⅲ, 47; 5/55) 이러한 정식화들은 헤겔 자신의 실재성

의식과 그 자신의 실재성 충동을 직접적으로 표현한다. 모든 현실적인 것에 선행하는 로고스의 형식들은 사실상 다만 "그림자"일 뿐이다. 그러나 헤겔의 논리학에서 그 문자적 표현을 발견한 그림자에 대한 "무미건조한 몰두"는 필연적인데, 왜냐하면 세계는 오로지 그 근거들로 복귀함으로써만 파악될 수 있게 되기 때문이다. 우리가 동시에 알고 있는 실재성을 의식적으로 억제하는 것으로서의 "이러한 그림자의 나라에서 일하는 것"이야말로 "의식의 훈련"이 된다.

14. 요컨대 몰락을 말한다.

15. "현실에 못지않게 학문에서도 떠오른 새로운 정신은 논리학에서는 여전히 감지될 수 없다.": 주해 2를 참조. 칸트가 논리학이 아리스토텔레스 이래로 어떠한 본질적인 변화도 경험하지 않았다는 사실로부터 그것이 완성되어 있다고 추론한 데 반해, 헤겔은 논리학이 그러한 만큼 더욱 더 완전한 개조를 필요로 한다는 결론을 끌어냈는데, 왜냐하면 2000년 동안 계속된 정신의 노동은 또한 사유에 관한 새로운 의식을 산출했고 또 산출하고 있기 때문이다. 이에 대해 상세하게는 『논리의 학』 서론, III 37 이하와 Jub. III 47 이하(5/35 이하)를 참조.

16. "그러나 정신의 실체적 형식이 변형되었을 때 이전의 교양 형식들을 보존하고자 하는 것은 단연코 헛된 일이다. 그 형식들은 뿌리에서 이미 움튼 새로운 싹에 의해 밀려나는 시든 잎사귀들이다.": 헤겔이 여기서 추상적이라고 여겨지는 사상가인 자신의 완전한 직관력을 설득력 있게 보여주는 너무도 인상적인 이미지로써 내용적인 실체가 달라졌을 때 낡은 형식은 유지될 수 없다고 말할 때, 그는 이로써 사유형식들과 정신의 역사성 사이의 연관에 관계되는 그야말로 혁명적인 물음들을 불러낸다. 학문들의 가장 형식적인 것들이 그에 무관심하게 맞서 있을 수 없는 역사적 생성의 밤이

존재한다.

17. “점점 더 무의미하게 되어 가는 그들의 부정적 태도에 대해 그들은 새로운 표상방식들 속에서 함께 이야기하는 이외에 다른 어떤 방식으로도 긍정적인 중요성과 내용을 부여할 수 없는 것이다.”: 그러므로 그들은 이미 스스로 새로운 표상방식들에서 사유하고 있음에도 불구하고, 저항하기 어렵게 관철되는 바로 그 새로운 표상방식들을 여전히 거부하고 있다.

18. “개인의 도야에서와 마찬가지로 시대의 도야에서의 한 시기에 있어서는 비록 원리가 채 알차게 발전되지 않은 상태에서나마 주로 그 원리를 획득하고 주장하는 것이 문제가 된다.”: 헤겔은 정신적 변화의 처음에 곧바로 체계가 존재할 수 없다는 것을 알고 있다. 낡은 다 마무리된 체계론이야말로 새로운 경험이 그에 반대하는 바로 그것이다. 처음에는 새로운 경험이 “채 알차게 발전되지 않은 상태에서” 언표되어야만 한다. 그러나 최초의 출현의 시대, 즉 “들끓는 시대”가 지나갔을 때, (이 단락의 마지막 문장이 말하듯이) 새로운 것을 체계적으로 전개하고 다듬어냄으로써 새로운 원리의 한갓된 주장에 머물지 않아야 한다는 “좀 더 고차적인 요구”가 제기된다. 그것은 『정신현상학』 서문과의 명백한 연결을 보여준다(특히 다음의 문장, 즉 “시대의 도야에서의 한 시기에 있어서는 ……”이 그러하다).

19. “그러나 좀 더 고차적인 요구는 그 원리가 학문으로 되어야 한다는 데로 귀결된다.”: 이 요구는 다시 말하면 헤겔적인 의미에서 원리가 학문적 체계 전체에서의 확대된 전개에 이르러야만 한다는 요구이다. 독일 관념론에 있어 학문은 개별과학이 아니라 체계적인 앎의 본래적이고 본질적인 형식이며, 따라서 철학 자체에 대한 명칭인바, 그런 까닭에 철학은 (헤겔이 좀 더 상론하듯이) 자신의 방법들을 가령 수학과 같은 개별적 학문에서 빌려올 수 없으며, 오히려 그 자체가 다름 아닌 내용들을 그것들의 고유한

본질법칙에 따라 전개함으로써 모든 학문들에 대해 모범적인 방법론이다. (『정신현상학』 서문에 대한 주해들, 특히 7, 72, 78을 참조.)

20. "본래적인 형이상학 내지 순수한 사변철학을 이루는 논리적 학문 ……": "형이상학"으로서의 "논리학"에 대한 이러한 규정에 대해서는 『논리의 학』 서문들에 대한 일반적인 예비적 언급을 참조.

21. "철학은 …… 자기의 방법을 수학과 같은 하위의 학문으로부터 빌려올 수도 없고": 주해 16을 참조. 아주 오랫동안 철학에 의해서도 아니 바로 철학에 의해 인정된 수학의 방법적인 모범을 분명히 거부하는 데서(스피노자는 잘 알려져 있듯이 자신의 『에티카』를 완전히 "기하학적 방식으로more geometrico" 전개하는데, 헤겔은 그에 반대하여 의식적으로 수학을 "하위의 학문"이라고 말한다) 헤겔의 새로운 철학적 자기의식, 즉 독자적인 도정, 독자적인 방법에 대한 숙고가 특히 뚜렷하게 드러난다.

22. "내적 직관": 헤겔은 여기서 단적으로 내적이고 한갓 주관적일 뿐인 확신을 근거로 내세우는 것 일반을 생각하고 있지만, 특별하게는 셸링이 직접적으로 절대자 속으로 옮겨 들어가고자 하는 "지적 직관"을 내세우는 것을 생각하고 있다. (『정신현상학』 서문에서 셸링에 대한 비판을 참조.)

23. "오히려 학문적 인식 속에서 스스로 **운동하는** 것은 오로지 **내용의 본성**일 수 있을 뿐이거니와, 그 까닭은 동시에 내용의 이러한 **고유한 반성**이야말로 **자기의 규정** 자체를 비로소 정립하고 **산출하는** 바로 그것이기 때문이다.": 그러므로 철학의 새로운 방법은 대상에 대해 한갓 외면적으로만 반성하는 것의 반대이다. 문제가 되는 것은 사태 자체의 반성, 사태의 고유한 운동, 즉 사태가 타자에 대한 구분하는 관계를 통해 비로소 그 자신으로서의 자기의 규정성을 획득하고 산출하는 운동이다. 이에 대해서는 『정신현상

학』 서문, 예를 들어 주해 38 이하와, 또한 『엔치클로페디』에서의 다음과 같은 존재론적 정식화를 참조. "반성의 존재, 즉 그 속에서 타자가 가현하고, 그 자신은 타자 속에서 가현하는 존재."(§ 114, 8/235)

24. "**지성은 규정하고** 그 규정들을 견지한다. **이성**은 부정적이고 **변증법적**인데, 왜냐하면 이성은 지성의 규정들을 무로 해소하기 때문이다. 그러나 이성은 **긍정적**이기도 한데, 왜냐하면 그것은 **보편자**를 산출하여 그 속에서 특수자를 개념 파악하기 때문이다.": 이러한 근본적인 구별에 대해서는 헤겔의 『엔치클로페디』 § 79 이하를 참조. "**논리적인** 것은 형식에 따라 세 가지 측면을 지닌다. α) **추상적** 또는 **지성적** 측면, β) **변증법적** 또는 **부정적-이성적** 측면, γ) **사변적** 또는 **긍정적-이성적** 측면. / 이 세 가지 측면은 논리학의 세 **부분들**을 이루는 것이 아니라 **모든 논리적-실재적인 것**, 즉 모든 개념 또는 모든 참된 것 일반의 **계기들**이다. ……."

(§ 80) "α) **지성**으로서의 사유는 고정된 규정성과 다른 규정성에 대한 그것의 구별성에 그대로 머문다. 그러한 제한된 추상적인 것이 지성에게는 대자적으로 존립하고 존재하는 것으로서 여겨진다."

(§ 81) "β) **변증법적** 계기는 그러한 유한한 규정들 자신의 자기지양이자 자기의 대립된 규정들로의 이행이다." (여기서 대립된 규정들로의 이행인 까닭은 각각의 모든 제한하는 규정성이 자기를 넘어서서 타자로서의 제한하는 것을 지시하기 때문이다.)

(§ 82) "γ) **사변적인** 또는 **긍정적-이성적인** 것은 대립 속에 있는 규정들의 통일, 즉 규정들의 해소와 이행에 포함되어 있는 **긍정적인** 것을 파악한다. / 1. 변증법은 **긍정적인** 결과를 지니는데, 왜냐하면 그것은 **규정된 내용**을 지니기 때문이거나 또는 그것의 결과가 참되게는 **공허하고 추상적인 무**가 아니라 **일정한 규정들**의 부정이고 바로 그런 까닭에 결과 속에 그 규정들이 포함되어 있기 때문이며, 나아가 이 결과가 **직접적 무**가 아니라 하나의 결과이기 때문이다. 2. 따라서 이 이성적인 것은, 비록 그것이 사유된 것이자

또한 추상적인 것임에도 불구하고, 동시에 **구체적인** 것이기도 한데, 왜냐하면 그것은 **단순하고 형식적인** 통일이 아니라 **구별된 규정들의 통일**이기 때문이다. 그러므로 일반적으로 철학은 단적인 추상들이나 형식적 사상들에는 전혀 관계하지 않으며, 오로지 구체적 사상들과만 관계한다."

나는 헤겔의 사상들이 지닌 미묘한 성격을 고려해서도 가능한 한에서 예를 통해 그 사상들을 직관적으로 보여주고자 한다. "영리함"이라는 개념을 규정하기 위해 나는 이 개념 자체에 머무를 수 없으며, 그것을 다른 개념들에 대해 구분함으로써 "대립된" 개념들로 이행해야만 한다. 다시 말하면, 나는 개념들의 경직된 고립화를 "부정하며" 지양하는데, 그것은 물론 부정에 머물기 위해서가 아니라 개념을 그것이 속하는 개념영역의 연관 속에서 파악함으로써 그것을 바로 전반적인 구별성 속에서 타자에 대한 관계를 자기 내에 포함하는 구체적 개념으로서 획득하기 위해서이다.

25. "그러나 그 진리에 있어 이성은 그 양자보다 더 고차적인, 즉 지성적 이성 또는 이성적 지성인 **정신**이다.": 그러므로 이성, 로고스는 최종적인 것이 아니라 정신과 일체가 된다. 정신은 이성과 논리 이상이다(그런 까닭에 또한 우리는 비록 오랫동안 그렇게 해왔을지라도 어떤 방식으로든 범논리주의에 대해 말할 수 없다). "헤겔은 세계를 논리화하는 것이 아니라 오히려 논리를 정신화한다."(크로너) 그리하여 헤겔은 지성과 이성을 그 고립화로부터 해방하며, 그들을 정신의 자기운동의 계기들로서 파악한다. 그리하여 또한 그는 최종적으로 논리학이 특별히 자립적인 학문이라는 관례적인 표상과 단절한다. 논리학은 정신의 총체적 발전의 체계적인 연관 내에 속한다. 『엔치클로페디』의 § 82를 참조. "사변적 논리학에는 단적인 **지성-논리학**이 포함되어 있거니와, 그것은 전자로부터 곧바로 만들어질 수 있다. 이를 위해서는 사변적 논리학으로부터 변증법적이고 이성적인 것을 제거하는 것 이외에 아무것도 필요로 하지 않는다." 다른 한편으로 로고스와 논리를 정신의 운동 안으로 포함시켜 생각하는 것은 주관화가 아니다. 왜냐하면

정신으로의 고양에서 문제가 되는 것은 주관적인 것과 객관적인 것의 대립보다 더 근원적인 절대적 로고스 자체의 전개이기 때문이다.

26. "그러나 정신은 이러한 결과의 무에 스스로를 붙들어 두는 것이 아니라 그 속에서도 마찬가지로 긍정적이거니와, 그리하여 정신은 최초의 단순한 것을 회복했지만, 자기 내에서 구체적인 보편자로서 회복했다. 그런데 주어진 특수자가 이 보편자 밑에 포섭되는 것이 아니라, 오히려 저 규정작용 및 그것의 해소에서 특수자는 이미 스스로를 함께 규정해 왔다.": 특수자가 그것에 오로지 외면적으로만 포섭되는 보편자에 대한 추상적인 파악에 대해 헤겔은 구체적-보편자를 대립시키는데, 그 구체적-보편자는 자기 자신 내에 특수자를 포함하며, 다름 아닌 자기의 내재적 발전인 특수자 속에서 비로소 자기 자신에 도달한다. 이러한 원환운동이 정신의 변증법적 운동이다. 이로부터 또한 선행하는 문장, 특히 바로 앞에 선행하는 문장("정신은 부정적인 것인바, 곧 변증법적 이성뿐만 아니라 또한 지성의 질을 이루는 바로 그것이다. ……")이 좀 더 쉽게 이해된다. 정신은 "지성"에 의해 보편적 구별들을 정립하며, 그리하여 정신은 직접적인 것의 단순성을 부정한다. 그러나 정신은 동시에 "이성"에 의해 한갓된 추상들로서의 이 구별들을 부정하지만(그런 까닭에 지성뿐만 아니라 이성에게도 "부정적인" 것의 "질"이 속할 수 있다), 그럼에도 불구하고 정신은 이러한 새로운 부정에 머무는 것이 아니라 오직 구별들의 분리성만을 부정함으로써 이제 그 구별들을 전체의 계기들로서 최초의 단순한 것에 다시 관계시키는데, 그리하여 이제 최초의 단순한 것은 구별들을 자기 내에 포함하는 구체적 통일로서 파악되어 있다. 또한 주해 24에서의 예를 참조.

27. "자기의 단순성에서 자기의 규정성을 그리고 이 규정성에서 자기의 자기 자신과의 동등성을 마련하고, 그럼으로써 개념의 내재적 발전인 이러한 정신적 운동은 인식의 절대적 방법인 동시에 내용 자체의 내재적 영혼이

다.—자기 자신을 구성하는 이러한 도정……": 『논리의 학』, 서론(III, 41; Jub., III, 51; 5/49)을 참조. "이러한 도정에서 개념의 체계 일반이 형성되어야 하며, 끊임없고 순수하며 외부로부터 아무것도 받아들이지 않는 진행에서 완성되어야 한다." 이러한 "도정"은 우리가 연관들을 만들어내고 체계를 세우고자 하는 것이 아니라 사태 자체가 그 자신의 고유한 규정성을 통해 마침내 포괄적인 전체연관들이 밝히 드러날 때까지 사유를 규정으로부터 규정에로 밀고 나아가는 데 존립한다.

28. "이러한 방식으로 나는 **정신현상학**에서 **의식**을 서술하고자 시도했다. …… 순수한 본질성들……의 자기운동은 그들의 정신적 생명이며, 그에 의해 학문이 구성되고 그에 대한 서술이 학문인 바의 바로 그것이다.": 이로써 『정신현상학』과 (헤겔적인 의미에서의) 『논리학』의 관계가 주제로 된다. 『정신현상학』은 의식을 절대적 의식의 단계로 이끌어 올렸다(『논리의 학』 서문들에 대한 일반적인 예비적 언급을 참조). 『현상학』에서 마지막 단계였던 것은 이제 그 자신의 고유한 변증법적 운동에서 의식에 대한 고려 없이 전개된다. 정신이 자기의 참된 본질을 사유하는 순수지 자체의 형식들이 그들의 고유한 연관에서 발전된다. 그러므로 범주들은 더 이상 칸트에게서처럼 초월론적 의식이나 주관 일반에 대한 그들의 언제나 똑같은 관계에서가 아니라 그들 상호간의 규정성이나 그들의 서로에 대한 관계에서 로고스 자체의 연관으로서 서술된다. 그들은 또한 근본적이고 근원적으로 정신의 운동 자체를 규정한다. 그리하여 논리학은 체계의 시원에 놓일 수 있는데, 왜냐하면 그것은 무시간적으로 선행하는 존재자 일반, 즉 자연 및 정신의 절대적인 근본형식들을 포함하기 때문이다.[28a] 따라서 나중에 전체 체계에서 현상학이 정신의 철학의 한 장으로 된 것과, 또한 이미 헤겔의 이른바 "최초의 체계"(1802년 예나 시기의 「논리학, 형이상학, 자연철학」)가 이미 거기서도 동시에 존재론이자 사유와 존재의 근본규정들을 동시에 서술하는 논리학을 제1부로 하여 시작되고 있는 것도 납득할 수 있게 된다.

다른 한편으로 헤겔에게서 현상학의 우위가 단지 주관적일 뿐인 출발점이나 논리학에 대한 심리학적 접근 이상의 것에 존립한다는 사실은 『정신현상학』 서문과 연관하여 논의되어 왔거니와(거기서 주해 66 이하를 참조), 헤겔에게서는 실체가 동시에 주체이고 이성이 정신이라는 명제와 연관된다. "시원"의 문제에 대해서는 헤겔은 『논리의 학』에서 존재에 관한 학설의 첫 부분에서, 모든 "직접적인" 시원은 이미 "매개된" 것으로서 입증된다고 언급한 바 있다(III, 59; 5/65). 『정신현상학』은 우리에 대해 직접적으로 주어진 것에서 시작하는데, 그러나 그 직접적으로 주어진 것은 존재에 따라서는 매개되어 있어 그 자체에서 최초의 것을 나타내지 않는다. 논리학(=존재론)의 맨 앞에 놓여 있는 존재, 무, 생성이라는 근본범주들은 존재의 구성에서는 최초의 것, 가장 단순한 것이지만, 인식에 대해서는 그들은 (『현상학』에서의 의식의 도정에 의해) 매개되어 있다. 그러나 또한 존재에 따라서도 그들은 매개되어 있는데, 왜냐하면 그들은 절대정신의 계기들이고, 전체는 "그 속에서는 최초의 것이 또한 최종적인 것으로 되고, 최종적인 것이 또한 최초의 것으로 되는" 원환이기 때문이다(『논리의 학』, "학문의 시원은 무엇으로 마련되어야만 하는가?"). "따라서 전체는 제각각 필연적 계기인 원들의 원으로서 나타난다."(『엔치클로페디』 § 15)

28a. 단락 6이 보여주듯이, 헤겔에게 있어서는 『논리의 학』을 작업하고 있을 때에도 나중의 순서와는 달리 여전히 현상학이 "체계의 제1부"이며, 그것을 논리학과 그 다음으로는 실재철학(자연철학과 정신철학)이 뒤따른다.

29. 이러한 마지막 언급과 논리학의 편성은 다시 한 번 논리학의 존재론적 성격을 밝혀준다. 제1권의 주제가 "존재"와 "본질"인 데 반해, 제1권의 700쪽 이상에 비해 어쨌든 단지 350쪽만을 포함하는 제2권은 개념의 논리학을 담고 있다. 그런데 여기서 여전히 상기해야만 할 것은 개념의 논리학에서도

오로지 개념에 관한 형식논리학적인 학설만을 다루는 것이 아니라 그것에서 존재의 로고스 자체가 자신의 즉자대자적인 존재에서 자기 자신에 도달한다는 점이다.

제2판 서문

1. (다음은 동시에 내용 개관이기도 하다.) 제2판에 대한 서문은 "논리적 인식의 의미에 관한" "일반적 표상"을 제공하고자 한다. 여기서는 무엇보다도 우선 두 가지 **근본주제**가 등장한다.

첫째로: 논리학의 대상에서 다루어지는 것은 무언가 "아주 잘 알려진 것"이다. 왜냐하면 우리는 "사유규정들"을 매순간 "본능적 양식으로" 의식하지 못하고서(헤겔은 "무의식적으로"라고 말한다) 적용하기 때문이다. 헤겔은 이러한 의미에서 "자연적 논리학"에 대해 말하는데, 그 자연적 논리학의 형식들은 언어에서 구체적으로 "드러나 있거나 그 밑에 놓여 있다." 그것들은 "우리가 말하는 모든 명제에서 우리의 입으로 발설"된다. 그것들은 우리가 그것들에 더 이상 주의하지 않을 정도로 우리에게 자명하다. 그러나 "**잘 알려져** 있는 것이 그렇다고 해서 **인식된** 것은 아니다." "자연적 사유"의 본질구조에 대한 이러한 인식은 철학적 학문으로서의 논리학의 과제이다. 그런 까닭에 플라톤과 아리스토텔레스에 의해 선구적이고 해방적으로 이루어졌듯이 "사유의 형식들"을 의식적으로 끌어낸 일은 헤겔에 의해 "무한한 진보"로서 표현된다.

그러나 동시에 그와 더불어 **두 번째** 과제가 등장한다. 그것은 논리적 규정들에서 문제가 되는 것이 단지 인간과 그의 주관적 사유의 한갓된 "수단"도, 또한 내용에 무관심하게 맞서 있고 기껏해야 "단지 인식의 올바름에 관계할 뿐이지 진리에 관계하는 것은 아닌" "외적 형식들"도 아니라는 것을 인식하는 것이다. 오히려 개념들은 사물들 자체의 객관적 본질, "대상들의 가장 내적인 것", "실체적 내용"으로서 입증된다. 그런 까닭에 모든 것의 관건이 되는 것은 전혀 형식이 없는 것이 아니라 자기의 규정성과 그 규정성에서 자기의 로고스를 지니는 "내용"을 "논리적 고찰 속으로" 이끌어 들이는 것이다. 왜냐하면 바로 "존재하는 것의 이성"으로서의 "로고스"야말로 전혀 "논리적 학문의 외부로 방기"될 수 없기 때문이다. 형식-내용 문제에 대한 올바른 이해로부터 참된 논리학은 존재-론임이 밝혀진다.

2. 이 제1권에 대한 새로운 개정에 그친다. 이 서문을 끝맺고 나서 며칠 후 헤겔은 콜레라에 걸려 사망했다. 그러므로 이 서문은 헤겔이 우리에게 남긴 마지막 학문적-철학적 논의를 담고 있다.

3. "사변적"은 헤겔에게 있어 칸트에게서처럼 경험을 넘어서는 것이 아니라 특수한 철학적 방법을 가리킨다. 사변적 방법의 본질은 한갓된 지성사유의 추상적 분리들과 대립들을 지양하고 극복하는 것인데, 그리하여 이들은 좀 더 고차적인 전체의 계기들로서 파악된다. 사실상 헤겔 이전에 논리학은 이러한 의미에서 사변적으로 다루어지지 않았으며, 철학적 운동의 전체에 관계되지 않았다. 그것은 근본적으로 본래적인 철학적 생기사건과는 전혀 무관했으며, 단지 개별적으로만 수정되고 보완되었다.

4. 헤겔에게 특징적인 것은 그가 아무것도 완전히 버리는 것이 아니라 모든 것을 개조하여 자기 철학의 전체에 계기로서 받아들이고자 하거니와, 또한 전래된 형식논리학의 "생명 없게" 된 "자료"도 마찬가지로 그리하고자 한다는 점이다.

5. "사유형식들은 우선은 인간의 **언어**에서 드러나 있거나 그 밑에 놓여 있다.": 헤겔이 사유와 언어의 연관으로 다시 소급하는 것은 그가 사람들이 그렇게 비방하듯이 추상적 합리주의자가 전혀 아니라는 것을 보여준다.

오히려 언제나 그는 사유와 범주들도 그 속에서 자기의 원천을 지니는 정신의 구체적 전체를 현재적으로 포착하고자 한다. 그는 뒤이어서 그와 마찬가지로 "좀 더 고차적인 사유관계들"을 드러내는 데 있어 역사적인 "교양의 진보"(특히 학문들의 진보)가 지니는 의미에 대해 주의를 환기시킨다. 헤겔의 논리학은 구성된 개념들의 진공상태에 놓여 있는 것이 아니다. 오히려 그것은 서구 철학과 학문의 경험도정과 발전사를 전제한다. 논리학이 전개하는 범주들은 시간 과정에서 인간들에 의해 발견되었다(예를 들면 파르메니데스에 의한 존재 개념). 따라서 역사적 성찰과 체계적 성찰은 상호적으로 해명될 수 있다.

6. "그러한 만큼 인간에게 논리적인 것은 자연스러우며, ……": 언어의 가장 단순한 표현들에서조차 이미 사유범주들이 "감추어져" 현재하고 있는 만큼(예를 들면 굴절, 즉 명사변화와 동사변화에서, 아니 바로 명사들과 동사들의 형성에서) 인간에게 논리적인 것은 아주 자연스럽다.

7. "또는 오히려 논리적인 것은 그의 특유한 **자연 · 본성** 자체이다. 그러나 …… 우리는 논리적인 것이야말로 …… 초자연적인 것이라고 말해야만 할 것이다.": 그러므로 헤겔은 여기서 이중적인 자연 개념을 사용하고 있다. 그 하나는 본질 · 본성이라는 의미에서 사용되며, 다른 하나는 정신적인 것에 대립하는 "물리적인 것"이라는 의미에서 사용된다. 이러한 의미에서 바로 인간의 자연 = 본질 · 본성으로서의 논리적인 것은 동시에 "초자연적인 것", 요컨대 물리적인 것을 넘어서는 것인데, 하지만 그것은 인간의 모든 "자연적 태도"에 현재하고 있다.

8. "…… 언어의 사변적 정신마저도 부인될 수 없다.": 동일한 단어가 "대립된 의미들"의 합일로서 나타나는 것에서 확증되는 (그리하여 철학에게 특수한 전문용어를 면제해 주는) 언어의 "사변적" 정신에 대한 예로서는

"지양"이라는 개념이 언급될 수 있을 터인데, 헤겔 자신은 자신의 『논리의 학』에서 이러한 의미에서 다음과 같이 논의하고 있다. "**지양**은 언어에서 이중적인 의미를 지니거니와, 그것은 보존한다, **유지한다**는 정도를 의미하는 동시에 중단시킨다, **끝낸다**는 정도를 의미하기도 한다. 보존한다는 것 자체는 이미 어떤 것을 유지하기 위해 그로부터 그것의 직접성과 더불어 외면적 영향에 열려 있는 현존재를 탈취한다는 부정적인 것을 자기 내에 포함한다.──그리하여 지양된 것은 동시에 보존된 것, 즉 단지 자기의 직접성만을 상실했을 뿐, 그러나 바로 그런 까닭에 무화되지는 않은 것이다.── **지양**의 제시된 두 가지 규정들은 사전적으로는 이 단어의 두 가지 **의미들**로서 열거될 수 있다. 그러나 여기서 눈에 띄지 않을 수 없는 것은 하나의 언어가 하나의 동일한 단어를 두 가지 대립된 규정들을 위해 사용하는 데에 이르렀다는 점이다. 사변적 사유에게 있어 언어에서 그들 자체에서 사변적 의미를 지니는 단어들을 발견하는 것은 즐거운 일이다. 독일어는 다수의 그와 같은 단어들을 지닌다."(5/114)

9. "지성"은 헤겔에게서 구별하고 분리하며 고립시키고 고정시키는 사유를 그리고 그러한 것으로서 다만 저급한 사유능력을 가리키거니와, 대립들, 분리들 및 구별들 내에서의 통일을 파악하는 변증법적-사변적 사유의 능력인 이성은 지성보다 상위에 놓여 있다. 그러한 까닭에 대립된 의미를 지닌 단어가 "지성"에게는 불합리한 데 반해, 사변적인 이성에게는 "즐거움"이다.

10. 왜냐하면 규정된 사태에 대해 이미 외래어가 전적으로 특유하고 규정된 충만한 의미를 지닌 개념으로서 통용되고 있는 곳에서는(예를 들면 Philosophie) 더 이상 임의적으로 독일어화하는 단어가 그것을 대신할 수 없거니와(예를 들면 Weltweisheit), 그것은 사태에 똑같은 의미로 맞아 떨어지지 않을 것이기 때문이다.

11. 주해 5를 참조.

12. "예를 들어 물리학에서 **힘**이라는 사유규정이 지배적으로 되었다면, 최근에는 어쨌든 너무나 **함부로** 모든 것에, 심지어 빛에까지 침투한 **양극성**의 범주가 가장 중요한 역할을 담당하고 있는데,—그것은 구별된 것들이 **분리될 수 없게** 결합되어 있는 구별에 관한 규정이다.": 이전에 지배적이었던 힘 개념과 더불어 양극성 개념이 특히 괴테, 셸링 그리고 낭만주의 자연철학에 의해 그 당시 사유의 중심개념으로서 들어섰다(하나의 힘이 두 개의 상이하고 대립된 힘들로 분열되지만, 그 대립 속에서 상관적으로 함께 작용하는 힘들로서의 양극성).

13. 헤겔이 한편으로 양극성 개념의 과도한 적용(모든 것에, 심지어 빛에까지 침투한 **양극성**)을 인지하고 있듯이, 그는 다른 한편으로 그 개념에 철학적으로 속하는 "무한한 중요성"을 인정하는데, 왜냐하면 그 개념을 통해 한갓된 동일적인 통일에 대립하여 구별된 것들 내에서의 통일, 대립들 내에서의 통일에 대한 눈이 열리기 때문이다.

14. "자연고찰은 그의 대상들이 그 속에서 확고히 견지되는 실재성에 의해, 비록 **마찬가지로** 타당한 것으로 용인되는 다른 범주들에 대해서는 대단히 비일관적으로이긴 할지라도, 이제 그 실재성에서 더 이상 무시될 수 없는 범주들을 확정하게 하고, 나아가 정신적인 것에서 좀 더 쉽사리 그러하듯이 대립으로부터의 추상들과 보편성들로 이행하는 것을 허락하지 않는 그러한 강제적인 것을 지닌다.": 헤겔의 철학적 사상에서 오로지 추상적 사변의 산물만을 보는 것이 잘못이라는 것을 보여주는 대단히 시사하는 바가 많은 문장. 헤겔의 확신에 따르면 바로 한갓된 추상적 사변이 대립들을 간과하는 데로 나아가는 반면, 구체적인 자연고찰은 "그의 대상들이 그 속에서 확고히 견지되는 실재성에 의해" 대립들을 인정하도록 "강제하는"

것이거니와, 비록 이것이 사유에 대해 불편하고 "비일관적인 것들"로 이끈다 할지라도 그러하다.——이 구절에서 헤겔이 대립의 변증법에 관해 괴테와 나눈 대화(1827년 10월 18일)에 대한 기억을 표현하고 있을 수도 있다. 에커만의 보고에 따르면 괴테는 변증법이 자주 잘못 사용된다는 이의를 제기했는데, 그에 대해 헤겔은 그와 같은 일이 확실히 일어나기는 하지만 오로지 정신적으로 병든 사람들에 의해서만 그러하다고 반박했다. 그에 대해 괴테는 다음과 같이 대답했다. "저는 그러한 병이 생기게 하지 않는 저의 자연 연구를 자부하기 때문입니다. 또한 저는 변증법적으로 병든 많은 사람이 자연 연구에서 유익한 치료를 발견할 수 있을 거라 확신합니다." 이제 헤겔은 그가 근원적으로 분명히 정신적 삶의 공간에서 발견한 대립들의 구체적인 힘에 관한 자신의 학설이 정신과 사유의 사태뿐만 아니라 자연 자체를 통해서도 확증되고 요구된다는 것을 지적하고자 했던 듯하다.

15. 범주들은 사유에 의해 아주 자명하게 적용되고 아주 잘 알려져 있지만, 바로 그렇다고 해서 **인식**되어 있는 것은 아니다. 오히려 그것들을 철학적으로 의식 속으로 끌어올리기 위해서는 사유에 대한 특수한 관심이 요구된다(또한 『정신현상학』 서문의 단락 31도 참조).——잘 알려져 있는 것과 인식된 것과의 관계는 다음 문장에서 자연적 사유와 학문적 사유의 관계와 일치한다.

16. "우선 사유의 형식들이 자기의식적 직관작용, 표상작용 및 우리의 욕망과 의욕 또는 오히려 표상하는 욕망과 의욕에서(그리고 표상작용이 없다면 인간적 욕망이나 의욕이 아니다) 그 속에 침잠되어 있는 소재로부터 해방되고, 이 보편성들이 그 자체로 끄집어내어져, **플라톤**이, 그러나 그 후 **아리스토텔레스**가 주로 그리했듯이, 그 자체로 고찰의 대상들이 된 것은 무한한 진보로 간주될 수 있다. 이러한 것이 사유의 형식들에 대한 인식의 시원을 제공한다.": "사유의 형식들"에 대한 성찰, 그것들을 그것들이 "침잠

되어 있는 소재로부터" 의식적으로 끄집어내는 것은, 이 단락이 보여주듯이, 그 자체가 역사적인 과정이며, 인간 정신이 "거쳐 가야만" 하는 "장구한 발걸음"과 동시에 자기에게 이르는 일정한 한가와 고요함을 전제한다. 헤겔은 여기서 이데아론을 가지고서 "보편성들"을 경험적-구체적인 것들로부터 떼어낸 플라톤과, 일반적으로 서구에서 형식논리학의 기초를 놓고 "순수한 사상"에 대한 몰두가 지니는 특수성을 인식한 아리스토텔레스를 지시하고 있다. 그러나 중요한 것은 그러한 것을 넘어서서 여기서와 텍스트가 진행되는 가운데 언표되는 헤겔의 원칙적인 통찰, 즉 헤겔이 사변철학을 절대적으로 정립한 것이 아니라는 점과 그가 오히려 사변철학이 일정한 역사적 조건들에 매여 있음을, 아주 구체적으로 예를 들면 욕망의 직접적인 관심사들이 이미 충족되었기를 바라는 욕구에 매여 있음을 얼마나 깊이 파악하고 있는지를 보여주는 통찰을 분명하게 떠올리는 것이다. 그는 순수한 사유가 모든 시대에 언제나 임의적인 방식으로 가능하지 않다는 것을 알고 있었다. 그러나 다른 한편으로 그는 또한 인간이 바로 이를테면 초인간적으로(주해 17을 참조) 욕구들을 넘어서서 현존재를 주장하는 관심사들이 침묵하게 되는 저 고요한 공간으로 고양될 수 있는 존재라는 것을 알고 있었다.

17. 그러므로 한갓된 "사용"에 봉사하는 것 너머로 고양되는 것은 동시에 인간의 사유가 도달할 수 있는 자유의 높이를 보여주며, 따라서 그것은— 인간의 의존성을 고려할 때—곧바로 이미 더 이상 인간적이지 않은 것으로 보인다.

18. "철학 일반은 여전히 구체적 대상들과, 즉 신, 자연, 정신과 그것들의 사상들에서 관계하지만, 논리학은 전적으로 오직 이 사상들 그 자체에만 그것들의 완전한 추상 속에서 몰두한다.": 논리학을 그것이 자기 뒤에 남긴 모든 외적인 목적들과 관심사들 너머로 고양된 사유가 현실로부터 자기

자신의 순수한 본질로 귀환한 것으로 간주하는 이러한 고차적인 아리스토텔레스적인 논리학 파악은 그것을 "아직 구체적 삶의 관심사들에 들어서 있지 않은" 청년기 정신의 한갓된 예비 교육으로 간주하는 보통의 논리학 파악과는 명백히 대립한다. 후자의 논리학 파악을 헤겔은 이하에서 좀 더 상세하게 특징짓는 동시에 그것이 그렇게 파악함으로써 사유형식들을 단순한 수단들로 격하시킨다는 것을 보여준다("한편으로 …… **축약들**로서", "다른 한편으로 …… **대상적 관계들**의 좀 더 상세한 규정과 발견을 위해", 여기서 사유는 "현전하는 것"에 의존하게 된다). 여기서 동시에 비판이 시작된다.

19. Abbreviatur(라틴어에서 유래) · 축약 = 단순화하는, 정신의 부담을 덜어주는 생략.

20. "조금 전에 자연적 논리학이라 불렀던 그러한 범주들의 사용은 무의식적이다. 그리고 학문적 반성에서 그 범주들에게 정신 속에서 수단으로 봉사하라는 관계가 지정된다면, 사유 일반은 다른 정신적 규정들에 종속된 어떤 것으로 만들어진다.": 사유를 오로지 "수단"으로서, 그러므로 "종속된 어떤 것"으로서 고찰하는 것, 즉 물론 관례적이라고 할 수 있는 이러한 파악은 헤겔이 뒤이어서 명료화하듯이 처음부터 의문스러운 것으로 나타난다. 여기서 감각들, 충동들, 관심들로의 갑작스러운 이행은 다음과 같은 것을 의미할 것이다. 즉, 이미 충동들은 결코 인간의 수단에 그치는 것이 아니라 그 자체가 자아가 그에 봉사하고 있는 "힘들과 위력들"이다. 이 점은 좀 더 고차적인 힘으로서의 사유에 대해서는 몇 배나 더 많이 적용된다. 바로 사유형식들은 주관적 자아가 그에 종속되어 있는 보편성을 지니며, 이미 그런 까닭에 그것들은 결코 한갓된 수단일 수 없다.

21. 헤겔은 마지막 몇 문장에서 사유규정들을 단순한 수단으로서 파악하는 것을 좀 더 깊이 파악하는 정식화들을 통해 비판한다. 사유는 인간에게

있어 주관적 측면에서("우리가 우리를 감각, 목적, 관심 속에 놓고 ……") "자기 자신의 확신의 장소"로서, 즉 "가장 고유하고도 가장 내면적인 행위"로서 모든 목적-수단 고찰을 넘어설 뿐만 아니라 또한 객관적 측면에서도 그러한데("또는 마찬가지로 우리가 **사물들**에 대해 말하고자 할 때, ……"), 왜냐하면 우리는 "사물의 개념들"로서의 사유규정들을 임의적으로 다룰 수 있는 것이 아니라 오히려 그것들이 객관적으로 우리 사유의 자의를 지배하고 제한하기 때문이다. 우리는 마지막의 두 가지 요점을 총괄하는 문장("그러므로 주관적 사유가 우리의 가장 고유하고도 가장 내면적인 행위이고 사물들의 객관적 개념이 사태 자체를 이루는 한에서, 우리는 저 행위로부터 벗어날 수도 그 행위 위에 설 수도 없으며, 마찬가지로 우리가 사물들의 본성을 넘어설 수도 없다.")이 말하듯이 "사물의 본성을 넘어설 수 없다."

22. 헤겔은 ("사물들의 본성"에 관계되는) "후자의 규정"을 도외시할 수 있는데, 왜냐하면 그에게 있어서는 개념에서 사물들의 본성이 이미 해명되거니와, 그러므로 사물들의 이 본성은 그 본질에 따라 사물들의 본질개념이 도외시된 그 자체로 특수한 것이 아니기 때문이다. 개념은 바로 이러한 측면에서 한갓된 수단으로서가 아니라 사태의 본질로서 입증된다.

23. "만약 비판철학이 다음의 세 **용어들**의 관계를 우리가 **사상**을 **우리**와 **사태들** 사이에 중심으로, 즉 이 중심이 우리를 사태들과 결합시키는 대신에 **우리**를 그 **사태들**로부터 오히려 떼어놓는다는 의미에서 중심으로 놓는다는 식으로 이해한다면, 이 견해에는 다음의 단순한 언명, 즉 우리의 저편에, 그리고 이 사태들에 관계되는 사상들의 저편 다른 극단에 서 있어야 하는 바로 그 사태들 자체가 사유물들이자, 전적으로 규정되지 않은 것으로서 다만 하나의 사유물—즉 공허한 추상 자체의 이른바 사물-자체일 뿐이라는 언명이 대립될 수 있다.": 개념과 사태 자체의 본질 사이의 내적 관계에 관한 바로 앞 주해에서 논의된 문장에 이어 헤겔은, 단락을 끝맺으면서,

그에 반해 칸트도 여전히 사유를 "이 중심이 우리를 사태들과 결합시키는 대신에 **우리**를 그 **사태들**로부터 오히려 떼어놓는다는 의미에서" 자아와 사태 사이의 중심으로 설정함으로써 사유를 "수단"으로서 파악한다는 것을 보여준다. 왜냐하면 사물 자체는 칸트에게 있어 심지어 도달 불가능하지만, 바로 그런 까닭에 또한 한갓된 "사유물"에 머물기 때문이다.

24. 헤겔에게 있어서는 논리학을 한갓된 수단으로 파악하는 것에 대한 비판과 사유규정들이 단지 "외적 형식들"일 뿐이라는 의견의 극복이 연결된다. 이 견해도 역시 특히 전통적인 형식논리학에 의해 관례화되었는데, 이 전통적 논리학은 헤겔의 확신에 따르면 내용들을 도외시하는 것이 논리학의 과제들과 목적에 상응하는 것인지의 여부를 충분히 검토하지 않은 채 모든 내용을 원칙적으로 무관심한 것으로서 자기 바깥에 놓고 있다. 어쨌든 헤겔이 계속해서 말하듯이 "건강한 이성의 본능"이 단순한 학교논리학과 "한갓 형식적일 뿐인 범주들의 불모성"을 경멸하는 것은 놀랄 만한 일이 아니다. 물론 그것이 그저 "자연적 논리학의 본능적 양식의 행위"에 자기를 내맡길 뿐인 데로 이어져서는 안 된다.

25. "그러나 조금 전에 …… 이제 **본성**, 특유한 **본질**, 즉 참으로 **지속적인** 것과 **실체적인** 것이 현상작용과 일시적 발현의 다양성과 우연성에서 사태의 **개념**이자 **자기 자신 내에 존재하는 보편자**라는 것이 사실이라고 한다면": 이 길고도 번거로운 문장과 더불어 다음과 같이 간결하게 정식화될 수 있는 비판이 시작된다. 즉, 만약 "특유한 본질", "참으로 지속적인 것"이 "개념"을 이룬다면, 이 개념은 또한 개체에서도 본질적인 것을 파악한다. 주해 26을 참조.

26. 그러므로 보편적 개념들인 인간이나 동물은 개별적인 인간들 내지 개별적인 동물들에 맞선 단지 차후적일 뿐인 추상들이 아니다. 오히려 헤겔

에게 있어 "개념, 보편자"는 "선행하는 것", 앞선 것이다. 그것은 개체들의 "필수 불가결한 존재적인 기초", 즉 그것이 없으면 한 인간이 전혀 인간일 수 없는, 바로 인간의 인간**임**을 근거짓는 바의 것이다(그러므로 그것은 철두철미 그저 "무관심한 형식"인 것이 아니라 철두철미 "실체적인 내용"이다).

27. "좀 더 심오한 기초는 대자적 영혼, 즉 대상들의 가장 내적인 것이자 그것들의 단순한 생명의 맥박이며 나아가 그 자체가 대상들에 대한 주관적 사유의 가장 내적인 것인 순수한 개념이다. 정신에게 영혼을 불어넣고, 정신 속에서 추동하고 작용하는 이러한 **논리적** 본성을 의식화하는 것, 이것이 과제이다.": 우리는 여기서와 바로 뒤따르는 문장에서 헤겔의 최종적인 확신들에 접하게 되는데, 우리는 그 확신들을 그에 이르는 통로를 여는 동시에 그것들을 오해로부터 보호하기 위해 가령 좀 더 명확하게 다음과 같이 규정할 수 있다. 즉, "개념"과 "실재성"의 관계의 "좀 더 심오한 기초들"로 개념적으로 전진해 가는 가운데 "대상들의 가장 내적인 것"으로서의 "순수한 개념"과 더불어 정신 자체가 등장한다. 존재의 깊이로 들어가는 모든 사유의 발걸음은 "주관적" 사유의 측면에서 정신 속에서 "작용하는 것"으로서의 정신의 고유한 "논리적 본성"을 드러낸다.

28. 이 단락의 뒤따르는 문장들은 정신의 로고스가 "의식 앞으로 데려와진" 대상들에서 비로소 등장한다는 것을 지적한다. 그에 의해, 즉 타자에서 비로소 그것은 "의식"에, 자기 자신에, 자기 자신에 대한 앎에 도달한다. 그러나 바로 이러한 "자기-앎"은 정신의 본질적인 "현실성"에 속한다. 그런 까닭에 논리적 사유의 "본능적 양식의 행위"를 의식적으로 "자유와 진리"로 고양시키는 것은 "좀 더 고차적인 논리적" 과제이다.

28a. "정신의 본성을 위해 가장 중요한 점은 단지 **그 자체에서** 정신인

것이 **현실적으로** 정신인 것에 대해 맺는 관계가 아니라, 정신이 **스스로를** 그것으로 **알고 있는** 그것이 현실적으로 정신인 것에 대해 맺는 관계이다. 정신은 본질적으로 의식인 까닭에 이러한 자기-앎이야말로 정신의 **현실성**의 근본규정이다.": 그러므로 헤겔은 "정신의 본성"과 관련하여 세 개의 단계를 구별한다. 우선은 정신이 그 자체에서 그것인 바의 것, 다음으로는 정신이 현실적으로 그것인 바의 것, 그러므로 정신이 그 자체에서 그것인 바의 것을 삶 속에서 실현하는 것, 그리고 마지막으로는 본래적인 "정신의 **현실성**의 근본규정"으로서의 자기 자신에 대한 앎. 그리하여 헤겔은 그 자체에서의 존재·즉자존재와 실현의 관계보다 자기 자신에 대해 아는 관계를 더 상위에 놓을 수 있다. 우리는 키르케고르의 사상이 비판적으로 계승하는 방식으로 이것과 어떻게 연결되는지 쉽게 알아볼 수 있다. 『죽음에 이르는 병』의 주요 부분은 다음과 같은 명제들로 시작된다. "인간은 정신이다. 정신이란 무엇인가? 정신은 자기이다. 자기란 무엇인가? 자기는 자기 자신에 대해 맺는 관계이다." 키르케고르는 이로부터 자신의 "실존적" 전회를 수행한다.

29. 사유의 보편적 형식들을 경험의 "소재"로부터 끄집어내는 것이 본질적이라 하더라도(주해 16 참조), 그것은 시원 이상이 아니다. 왜냐하면 그것들은 한갓된 형식들로서 내용들에 대립하게 되는데, 그러한 대립은 "진리"에 상응할 수 없기 때문이다. 텍스트가 계속해서 강조하듯이 그것들은 "건강한 이성의 본능"이 현실적인 사유와 인식에서 자신의 힘에 기대기 위해 그것들을 경멸과 더불어 한갓된 학교논리학에 넘겨줄 수 있다고 믿는 방식으로 내용이 박탈되어 있다. 그러나 그것은 또다시 비판적인 제한을 필요로 한다. 주해 30을 참조.

30. 헤겔은 물론 "건강한 이성의 본능"이 형식적이고 내용 없는 학교논리학의 규칙들에 대한 지식을 경멸하는 것을 이해한다. 그러나 그는 동시에

사람들이 그러함에 있어 이미 이러한 "논리적 실마리들"에 관한 의식이 나타내는 현실적 가치를 무시한다는 이의를 제기한다. 자연적 논리학의 본능에 기대는 것은 계속해서 부자유하게 머문다는 것을 의미한다. 그러므로 그에 비교하자면 형식논리학은 논리적 형식들 일반을 조탁해내는 것과 마찬가지로 여전히 하나의 진보이다.

31. "자연적 논리학의 본능적 양식의 행위에서, 더 나아가 사유규정들 자체에 대한 지식과 인식을 반성적으로 거부할 때에도, 순화되지 않고 따라서 부자유한 사유에 대한 봉사에 사로잡혀 있다는 점을 전혀 의식하지 못했다.": 다시 말하면 여기서는, 사람들이 단적으로 본능적인 양식의 행위와 논리학에 대한 인식의 거부에 있어 "순화되지 않고 부자유한 사유"에 사로잡혀 있다는 것을 의식하지 못했다는 것이다.

32. 다시 한 번 헤겔은 형식적인 학교교육에 대한 내적 거부가 얼마나 이해할 만한 것인지를 강조한다. 이미 근본적인 동일률이 형식논리학의 취약함을 드러낸다. 현실적인 인식은 바로 A = A라는 동일률에 머물 수 없다. 그것은 인식의 죽음일 것이다. 현실적인 인식은 그 입장에서 생겨나지 않을 것이다. 인식으로서의 그것은 A = B로 전진해야만 하는데, 이는 학교논리학에 모순되는 것으로 보인다. 왜냐하면 그것은 한편으로는 A = A를 전제하지만, 다른 한편으로는 A = 비-A를 의미하기 때문이다. 학교논리학이 현실적으로 전진하는 인식에 대해 아무런 열매도 맺을 수 없다는 것은 근대가 시작된 이래로 논리학에 대해 언제나 새롭게 제기되어온 결정적인 반론이었다. 그런 까닭에 사람들은 (아리스토텔레스의 논리학적 저술들의 모음인 그의 낡은 기관Organon에 대립하는) "새로운 기관Novum Organum"을 요구했다. 가장 잘 알려지게 된 것은 베이컨의 『신기관』(1620)인데, 그것은 경험적으로 정향된 좀 더 새로운 과학에 대한 강령적인 근거짓기를 제공하고자 했다.

33. 단지 형식적일 뿐인(내용을 고려하지 않는) 추리규칙들의 취급에 대해서도 헤겔에 따르면 정당하게 비판이 향해졌다. 형식과 내용의 관계에 대한 물음이 얼마나 본질적인지는 진리물음에서 제시된다. 형식적으로 올바르게 생각되고 규정에 맞게 추리규칙에 따라 증명되어 있는 것이라도, 이를테면 내용적인 전제들이 거짓이라면 내용적으로 반드시 참인 것은 아니다. 따라서 형식적인 추리규칙들은 가상적인 증명을 수행하기 위한 궤변술에도 봉사해 왔다.——헤겔이 여기서 특히 "종교적" 진리를 그에 대해서는 단순한 추리규칙들이 "사용될 수 없는" "좀 더 고차적인" 진리로서 강조할 때, 그는 그리함으로써 스스로를 서구의 종교적 경험의 위대한 전통 속에 세운다. 그 전통은 마침내 하만에게서 모순 회피율에 반대하여 "모순의 지혜"를 내세운 자신의 열정적인 포고자를 발견했다. 헤겔은 1828년의 그의 유명한 「하만-비평」이 증명하듯이 그를 집중적으로 읽었다. 그러나 헤겔은 여기서 학교논리학의 지배에 못지않게 신앙의 불합리성에 대한 어떠한 주장에 대해서도 부정적으로 맞서 있다. 그가 요구하고 추구하는 것은 바로 "좀 더 고차적인" 내용들에 부응하는 "좀 더 고차적인" 논리학이다.

34. "진리를 방기해 버리는 이러한 사유 고찰 방식의 불완전성은 오로지 사유하는 고찰 속으로 한갓 외적 형식으로 셈해지곤 하는 것뿐만 아니라 내용을 함께 끌어들임으로써만 보완될 수 있다.": 내용을 끌어들이는 것은 형식논리학으로부터 존재론적 논리학으로의 근본적인 전회이다. 형식논리학이 몰형식적이고 무규정적이며 무관심한 X로서 바깥에 내놓는 내용은 참으로는 그 자체가 형식화되고 규정적이며 로고스-담지적이다. 다만 이러한 논리적 형식들과 규정들은 학교논리학의 형식적인 규칙들과는 다른 수준에 놓여 있을 뿐이다. 그것들은 텍스트가 계속해서 강조하듯이 내용적인 사태규정성 자체를 이루는 바로 그것이거니와, 내실의 규정성으로서의 그 사태규정성은 형식이고, 다만 형식과 내용이 추상적으로 대립될 때에는

"내용의 가상으로" 전환될 뿐인데, 이것이 또다시 형식이 무언가 단지 외면적인 것일 뿐이라고 하는 가상을 일깨운다.

35. 대시(—)가 문장을 분리해서는 안 된다. 대시 이하의 "형식이 없는 내용이라는 것은 다만 공허한 것, 가령 사물-자체의 추상일 뿐이다so wäre er nur das Leere, etwa die Abstraktion des Dings-an-sich"는 오히려 보완하는 설명이다. 그것을 괄호 안에 넣는 것이 더 명확했을지도 모른다.

36. "이렇게 내용을 논리적 고찰에 도입함으로써 대상이 되는 것은 **사물**이 아니라 **사태**, 즉 사물의 **개념**이다.": 바로 내용을 도입하는 것은 논리학에 "사물들"을 끌어들이는 것이 결코 아니다. 오히려 그것은 사물들이 "존재한다"는 사실을 넘어서서 그것들을 "개념 파악"하게 해주는 "사물들의 개념"의 참된 도입이다. 이 점은 이어서 좀 더 상세하게 논의된다. 개념은 내용들로서의 내용들의 보편적 구조, 그것들의 "실체적 기초"이며(그러므로 무언가 단지 사물적일 뿐인 어떤 것도 또 단지 형식적일 뿐이거나 사물들에게 단지 외면적인 뿐인 어떤 것도 아니다), "규정된 개념"으로서의 그것은 그 규정성에서 바로 "내용으로서 현상하는 바로 그것"이지만, 그러한 것으로서 동시에 현실 일반의 내용적 규정성의 "총체성"의 계기이다.

37. "…… 이러한 개념 자체는 감각적으로 직관되거나 표상되지 않는다. 그것은 오로지 **사유의** 대상이자 산물이고 내용일 뿐이며, 즉자대자적으로 존재하는 사태, 로고스, 존재하는 것의 이성, 사물이라는 이름을 달고 있는 것의 진리일 뿐이다.": 그러므로 개념은 직접적으로 감각적으로 주어진 것과는 대립되게 헤겔에 의해 확실히 사유의 "산물"이라고 표현될 수 있다. 그러나 사유가 개념에서 생산하고 산출하며 드러내는 것은 사태의 즉자대자적인 본질, "사물이라는 이름을 달고 있는 것의 진리", "존재하는 것의 이성"으로서의 "로고스"이다.

38. 그저 형식적일 뿐인 사유규정들에 대한 올바른 고찰에서 그것들의 고립된 "대자존재"의 "비진리"가 밝혀지지만, 그와 더불어 바로 그것들을 통해 그리고 그것들 자신의 고유한 진리로서 사태를 개념 파악하는 현실적이고 내용이 충만한 개념이 드러난다. 그러나 그것들 자체는 내용이 충만한 참된 사유의 단순한 계기로서 입증된다. 다시 말하면, 형식논리학의 이른바 단지 외적일 뿐인 형식들은 내용논리학에 의해 함께 포용되거니와, 그것들은 내용논리학에 의한 로고스의 전개에서 추상적 계기들로서 함께 "재구성" 되는 것이다.

39. 비교적 긴 이 단락에서 헤겔은 체계(완전히 완결된 체계)와 개별적 반성들의 관계를 명확히 하고자 하며, 더 나아가 자신의 논리학에 대한 비판자들의 자의적인 방법들, 즉 외부로부터 우연적인 반성들을 가지고서 자신의 논리학을 공격하고자 하지만 일반적으로 사태에는 다가오지 못하고, 따라서 오히려 "사태 바깥에 놓여" 있지만 동시에 이제 비로소 비판적 발전을 필요로 하는 범주들을 자기의 반성에서 적용하는 그러한 방법들과 대결하고자 한다.

40. "조형적"(이 개념은 다시 나온다) 사유라는 것에서 헤겔이 이해하고 있는 것은 빈틈없는 전체로서 서술되고 전개되며 그 연관에서 필연적으로 지절과 지절이 서로 접합됨으로써 체계적으로 원만히 완성되고("원만히 완성되는sich rundenden" 사유라는 이 개념은 헤겔 자신에게서는 예를 들어 『법철학』의 § 2에 대한 보론에서 찾아볼 수 있다) 내재적으로 완결되는 사유이다. 그것은 우연적-주관적인 참견이나 외부로부터 착상되는 주관 자신의 반성들의 조급함과 대립한다. 또한 『정신현상학』 서문의 단락 64에서의 주해 115a도 참조.

40a. 헤겔은 여기서 이른바 모든 주관성으로부터 자유롭게 진리의 순수한 체계를 자기 자신으로부터 "그 밖의 어떠한 한마디도 덧붙이지 않고서" 전개하고자 하는 모든 철학의 핵심문제를 거론한다(이 문제는 현대의 "논리 계산"에 의해 오늘날 새롭게 현실적이 되었다). 헤겔은 "서술의 그러한 추상적 완전성"이 "물론 일반적으로" 가능하지 않으며 해명들과 비판적 반성들이 불가피하다는 것을 인식하고 있다. 그러므로 그는, 키르케고르가 『철학적 단편들에 대한 끝맺는 비학문적 추기』에서 아이러니하게 생각하듯이[1], 자신의 서술이 바로 "순수한 사유" 자체가 아니라 순수한 사유를 사유하는 자가 거기 존재한다는 것을 결코 간과하지 않는다. 어디에서나 마찬가지로 여기서도 헤겔은 자신의 철학에 대한 비판을 이미 스스로가 선취했다.

41. "그러나 **스스로** 생각함을 입증하기에 안달하여 내세우는 **자기 고유의** 반성들과 착상들을 침착하게 자기 부정하는 그러한 조형적인 젊은이들과 성인들, 즉 플라톤이 그려 보이듯이 오로지 사태만을 뒤따르는 청자들은 근대적 대화에서는 내세워질 수 없을 것이며, ……": 바로 "근대적" 의식의 장점으로서 나타나는 것, 즉 "**스스로** 생각함", "**자기 고유의** 반성"이 지닌 취약함, 즉 "사태"를 뒤따르지 못하는 그것의 주관적인 무능함이 헤겔에 의해 이미 통찰력 있게 인식된다.

42. "내게는 자신들의 착상들과 반론들이, 전제들이자 그 자체가 사용되기 전에 먼저 비판을 필요로 하는 범주들을 포함한다는 단순한 반성을 수행할 수 없는 그러한 반대자들이 너무나 자주 그리고 너무나 격렬하게 모습을 드러냈다.": 비판적이고자 하는 스스로 생각함은 바로 자신의 참견

• • •

1. 키르케고르의 특별히 노골적인 언급이 제시될 수 있을 것이다. "이제 모든 주해들을 지닌 그 논리학은, 한 사람이 하늘의 편지를 꺼내 들었는데, 거기에는 그 하늘의 편지가 땅에서 성립했다는 것을 너무도 분명히 보여주는 연습장이 놓여 있을 때와 마찬가지로 우스꽝스러운 인상을 준다."

에서 그 스스로가 적용하고 있는 범주들에 대해 더 이상 반성하지 못한다는 점에서 무비판적이다.

43. 존재, 무, 생성: 헤겔 논리학(=존재론)의 최초의 가장 단순한 세 범주. 생성은 그것이 무로부터 존재로의 또는 (반대 방향으로) 존재로부터 무로의 이행인 한에서 존재와 무를 계기들로서 자기 내에 포함한다.

44. 이하에서 헤겔은 특별히 "모든 것이 그 위에서 세워지는 근거로서의 시원"을 견지함으로써 겉보기에는 철저하게 행동하지만, 동시에 물론 "처리하기에 가장 손쉬운 것"인 시원에만 스스로를 제한하고자 함으로써 비판을 너무 쉽고도 너무 편리하게 행하는 비판자들과 대결한다. 그들은 그렇듯 "그 이상의 것에는" 더 이상 관여할 필요가 없다고 생각하는 까닭에, 그럼에도 불구하고 참으로는 외면적인 관점을 끌어들임으로써 "그 이상의 것"에 대해 이야기하게 된다. 그러나 그들은 동시에 사태 자체에 의해 요구되는 참된 앞으로 나아감의 필연성을 전혀 인식하지 못한다(전진이 없는 한갓된 시원으로서의 시원은 더 이상 참된 시원이 아니라 죽은 추상일 뿐이다). 가령 유한자를 유한자로서 현실적으로 파악하기 위해서는 유한자로부터 무한자로 "앞으로 나아감"이 요구되며, 형식을 현실적으로 형식으로서 개념 파악하기 위해서는 형식으로부터 내용에로 "앞으로 나아감"이 요구된다, 등등. 여기서 비판자들이 일면적으로 강조하듯이 유한과 무한, 형식과 내용 사이에 "구별들"이 존립한다는 것을 물론 헤겔 자신도 알고 있다. 그러나 그것은 단지 인식의 절반일 뿐이다. 유한자의 규정은 필연적으로 그것을 무한자와 구분하며 그에 관계시킬 것을 요구한다.

45. 마지막 단락은 헤겔이 틀림없이 철학에 대해 제기하는 높은 요구들로부터 그가 철학함의 현실적이고 유한한 상황을 알지 못한다고 추론하는 것이 얼마나 잘못인지를 보여준다. 헤겔은 로고스가 지닌 필연성에서 그것

의 발전을 서술하고자 하는 자신의 위대한 시도가 지닌 불완전함을 철저히 의식하고 있다. (앞의 주해 40a를 참조) 그의 철학은 최종적으로 다 마무리된 체계가 아니다. 그는 자신의 『국가』를 일곱 번 고쳐 써야 했던 플라톤을 가리킨다. 그런데 근대적 사유의 형편은 훨씬 더 복잡하다. 그리하여 동시에 다시 한 번 철학의 역사성에 대한 의식이 뚜렷이 드러난다. 근대 철학의 과제는 플라톤의 그것과 비교하여 변화된 과제이다. 그것은 단지 "더 어렵게" 된 것만이 아니다. "더 풍부한 범위의 자료"가 가공되어야 할 뿐만 아니라 또한 근대 세계의 "좀 더 심오한 원리"가 발생해 있기도 하다. 그러나 동시에 헤겔은 과연 현재와 "하루하루의 떠들썩한 소음"이 여전히 그가 자신의 삶을 그에 바친 "오로지 사유할 뿐인 인식의 정열 없는 고요함에 참여하기 위한 공간을" 허락할 것인가 하는 의심에 사로잡힌다.

3. 『철학적 학문들의 엔치클로페디 강요』 서문들

『철학적 학문들의 엔치클로페디 강요』는 하이델베르크 시대(1816년부터 1818년 가을까지)의 헤겔의 주저이다. 그것은 그의 강의의 청강자들을 위한 집중적인 "강요"로서 1817년 출간되었다. 지금 우리가 글로크너가 편집한 기념판의 제6권으로서 편리하게 이용할 수 있는 제1판은 그것이 성립한 장소에 따라 "하이델베르크 엔치클로페디"라고 불리기도 한다. 시간이 지나가면서 그것은 본질적으로 확대되고 자기 내에서 계속 형성되어 마침내 1827년에 새로운 형태로 출간되었다. 그에 반해 1830년 판은 다만 약간의 사소한 변화들만을 담고 있다. 각각의 판에는 서문이 달려 있다.

『엔치클로페디』는 헤겔의 철학 체계 전체의 최초의 현실적이고 완전히 성취된 완결이다.[1] 그것에서는 전체를 보편적인 방식으로 포괄하고자 하는 헤겔의 노력이 그 구체적인 표현을 발견했다. 그것은 동시에 체계의 강력하고도 건축학적인 전체 구조화가 완전히 모습을 드러내도록 한다.

• • •

1. 하지만 기억해야 할 것은 헤겔이 이미 1802년 이래로 언제나 거듭해서 자신의 체계를 인쇄될 준비가 다 되었다고 고지했다는 점과, 따라서 그가 15년 동안이나 계속해서 새로운 발상들과 기획들에서 전체의 형태화를 위해 씨름했으며, 그러고 나서도 또한 자신의 체계를 다 마무리된 것으로 간주한 것이 아니라, 제2판과 제3판 및 유고가 보여주듯이 계속해서 그것을 다듬었다는 점이다.

Ⅰ. 논리의 학(로고스, 즉 모든 현실에 선행하는 이성 형식들의 총체성에 관한 학설로서의)

1. 존재에 관한 학설. A. 질, B. 양, C. 도량.
2. 본질에 관한 학설. A. 실존의 근거로서의 본질, B. 현상, C. 현실성.
3. 개념에 관한 학설. A. 주관적 개념, B. 객관, C. 이념.

Ⅱ. 자연철학(자기 외 존재에서의 로고스에 관한 학설로서의)

1. 역학. A. 공간과 시간, B. 물질과 운동, C. 절대역학.
2. 물리학. A. 보편적 개체성의 물리학, B. 특수적 개체성의 물리학, C. 총체적 개체성의 물리학.
3. 유기체적 물리학. A. 지질학적 자연, B. 식물적 자연, C. 동물적 유기체.

Ⅲ. 정신의 철학

1. 주관적 정신. A. 인간학. 영혼, B. 정신현상학. 의식, C. 심리학. 정신.
2. 객관적 정신. A. 법, B. 도덕성, C. 인륜.
3. 절대적 정신. A. 예술, B. 계시종교, C. 철학.

영국 헤겔주의의 선구자인 J. H. 스털링은 자신의 신기원적인 저작인 『헤겔의 비밀』 2 Bde. 1865에서 헤겔의 철학을 "우주만물의 결정체"라고 표현한 바 있다. 그리고 우리는 그 모든 철학적 특징에도 불구하고 그 중점이 결국 신학적인 것에 놓여 있던 스콜라학의 대전大全을 과소평가하지 않고서도 그리고 자연철학에서의 과학적인 취약함을 얼버무리지 않고서도 오늘날에도 루돌프 하임의 다음과 같은 판단을 받아들 수 있을 것이다. "학문의 그러한 구조물은 아리스토텔레스의 시대 이래로 보인 적이 없었다."

『엔치클로페디』 서문들에 대한 이해를 위해서는 특별한 정도로 『정신현상학』과 주관주의에 대한 그것의 미묘한 대결에 대한 지식이 필요하다. 나는 여기서 해명의 부담을 줄이고 나 스스로 반복하지 않기 위해 그 지식을 전제하지 않을 수 없다.

제1판 서문

1. 제1판에 대한 짧은 서문이 풍부한 교훈적 가치를 지니는 것은 다만 거기서 헤겔이 『엔치클로페디』의 의도와 성격을 지적한 이후에 시대의 철학적 상황을 짧게 조명하되, 특히 "독일적인 진지함을 조롱해 왔고" "심오한 철학적 욕구를 지치게 했던" 독일 정신의 두 가지 노선을, 즉 한편으로는 "더 깊은 연구 없이 곧바로 이념의 향유"를 가지고자 했던 천재 시기의 모험적이고 방탕적인 감정주관주의와 환상주관주의를, 다른 한편으로는 열매를 맺지 못한 "자기 스스로 영리한 회의주의"로의 철학의 해소를 조명하고 있기 때문이다. 그러므로 여기서 다루어지는 것은 시대의 경향들에 대한 그의 오랜 양면적인 근본적 대립을 새롭게 제시하는 것이다. 이 서문에서 헤겔이 취하는 태도의 특수성은 특히 『정신현상학』 서문과 비교하여 분명히 "더 불쾌한" 것으로 표현되는 두 번째 노선에 대한 대립이 여기서 특별히 날카로운 데 반해, 첫 번째 노선은 "새로운 시대의 젊음의 환희"로서 용서된다는 점에 존립한다. 심지어 마지막 단락에서는 분명히 『철학비판지』의 논고들에서나 『정신현상학』에서 공격된 야코비(왜냐하면 그가 생각되고 있기 때문이다)의 입장이 이러한 노선들에 속하지 않는 것으로서 "**좀 더 고차적인 인식**에 대한 철학적 관심과 진지한 사랑"으로 부각된다. 다만 그것이 "**직접지**와 **감정**의 형식"으로 나타날 뿐이지만, 그러나 그 형식은 야코비 자신에 의해 이미 "철학적 앎의 **결과**"로서 인정된다. (이에 대해서는 또한 "Friedrich Heinrich Jacobis Werke"에 대한 같은 시기의 상세한 논문에서 야코비에 대한 헤겔의, 이전의 태도에 비해 명백히 긍정적인 평가를 참조. Heidelberger Jahrbücher der Literatur 1817 Nr. 1, 2. = WW. XVII, 3 ff.; Jubiläums-Ausgabe VI, 313-347.)

이 제1판 서문에서 일반적인 해명을 넘어서서 개별적인 지적이 필요한 것은 다만 몇 가지뿐이다.

2. "사람들이 이전에 **증명**이라는 것에서 이해했고 ……": 그러므로 헤겔은 한편으로는 철학을 위한 학문적 방법의 요구를 어떠한 제한도 없이 견지하지만, 동시에 그는 자신의 방법을 수학적으로 정향된 근대 철학에서 지배적으로 된 증명방법과 구분한다. 이에 대해서는 이미 『정신현상학』 서문에서의 헤겔의 비판을 참조.

3. 여기서 헤겔이 "**표상**이나 경험적으로 잘 알고 있는 것"에 "개념"을 대립시키지만, 그것으로 생각되고 있는 것은 추상적 개념체계, 즉 경험적인 것이 그 밑에 단지 포섭될 뿐인 "외면적 순서"가 아니라, 바로 내용들에서 모든 우연성과 자의에 한계를 정립하고 개념으로부터 개념으로의 "전진"과 "이행"에서 사태연관 자체가 드러나게끔 하는 바의 것이다.

4. "우리는 그와 같은 자의가 철학의 내용을 장악하고 사상의 모험에 나서 진지하고 성실하게 노력하는 자들에게 한동안 찬탄을 받기도 했지만, …… 다른 한편으로 우리는 그와는 반대로 천박함이 **사상의 결여**를 자기 스스로 영리한 회의주의와 이성적으로 겸손한 비판주의라고 각인을 찍고 이념들에서의 공허함을 가지고서 그와 같은 정도로 자신들의 망상과 허영심을 증대시켰음을 보았다.": 이 서문에 대한 일반적인 예비적 언급에서 이미 그 성격을 살펴본 두 노선은 이 단락에서 "사상의 모험"을 한편으로 하고 "사상의 결여"를 다른 한편으로 하는 대립에 의해 특별히 첨예한 특징을 부여받았다. 여기서 몇 가지 표현들은 『정신현상학』 서문의 단락 68 이하에서 주어진 비판적인 특성묘사를 상기시킨다. 그러나 거기서 등장하는 것은 "천재성"과 "직접적 계시"의 주창자들과 더불어 다른 노선의 주창자로서 "상식"의 옹호자들이지 아직은 회의주의를 주장하는 자들이 아니다.

5. "왜냐하면 그것의 근저에는 하나의 핵심이 놓여 있고 ……": 헤겔이 정신과 심정의 저 충일함의 "근저에 놓여 있는" "핵심"과 동시에 프랑스 혁명을 통해 또한 "정치적"이기도 한 저 운동의 역사적 권리를 인식하고 인정한다는 사실은, 여전히 단락 5가 보여주듯이, 그가 자신의 실질적인 대립을 약화시키지 않은 만큼 더욱 더 중요하다.

6. "이 관심이 때때로 오히려 **직접지**와 **감정**의 형식을 취했을지라도": 이것은 직접적으로 야코비를 언급한다. 이에 대해서는 이 서문에 대한 일반적인 예비적 언급을 참조.

제2판 서문

1. 1827년의 제2판에 대한 서문이 그 특수한 의미를 지니는 것은 그것이 헤겔의 사유에 대한 이해를 위해 결정적인 그의 종교철학적인 입장을 밝혀 주고,—처음 보기에는 『엔치클로페디』에 대한 서문으로서는 조금은 의외로—거의 배타적이라고 할 만큼 철학과 종교의 관계 문제에 바쳐져 있다는 점 때문이다.

그러나 1907년에 헤르만 놀에 의해 출판된 『헤겔의 신학적인 청년기 저술들』은 이미 피히테와 셸링과 마찬가지로 신학에서 출발했고 1893년에 신학사 학위시험에 합격한 헤겔이 얼마만큼이나 종교적-신학적 문제들에 의해 움직여졌는지를 보여준다. 근원적으로 바로 그 문제들과의 대결 속에서 그는 자신의 사유를 형성했다. 그것들은 그것들이 외면적으로 뒤로 물러서는 곳에서도 계속해서 살아 있는 지반으로 머문다. 왜냐하면 헤겔에게 있어 근본확신은 철학과 종교가 "절대자"를 공동의 내용으로 지닌다는 점이었기 때문이다. 즉 종교는 감정과 표상의 형식에서, 철학은 개념의 형식에서 그러하다는 것이다. 그렇다면 헤겔이 베를린에서의 10여 년에 걸친 교수 활동에서 종교철학에 대해 강의했을 때(처음은 1821년 여름에), 이 강의가 언제나 거듭해서 정점을 형성한 것은 우연이 아니었다.

이 서문은 헤겔이 종교와 철학에 관한 자신의 사상들을 가지고서 얼마나 강력하게 시대와의 대결에 임했는지를, 그러나 또한 동시에 그가 그러한 대결에서 한갓된 "시대현상들"을 넘어서서 인류의 지속적인 문제들로 얼마나 멀리까지 올라서고자 했는지를 인식하게 해준다. 부인할 수 없고 이미 일찍부터 너무도 인상적으로 키르케고르가 사변적 체계에 대한 자신의 철저한 공격에서 지적했던 헤겔 종교파악의 한계들에 대해서는 여기서 이야기할 수 없다. 문제가 되는 것은 우선은 헤겔을 이해하는 것이다.

여기서는 무엇보다도 우선 종교와 철학의 관계 자체를 단순화하는 것에 대해 주의해야만 할 것이다. 헤겔의 서문은 바로 이 관계의 "몰정신적인" 단순화와 외면화에 반대한다. 그에 못지않게 그것은 또한 헤겔이 실정종교에 철학적-주관적인 교양종교를 대립시킨다고 단순하게 말할 수 없다는 것을 설득력 있게 보여준다. 헤겔은 오히려 계몽의 추상적인 이성종교뿐만 아니라 주관적 감정종교의 "한 점으로 집중하는" 경건함에 대립하여 "신조와 교설 그리고 교의학"을 요구하는데,—다른 한편으로는 그렇다고 해서 정통적인 교조주의에 빠져드는 것도 아니다. 그에 의해 비로소 종교는 "정신의 종교"로서 특수하게 인간적인 의식단계로 고양된다. 왜냐하면 정신은, 헤겔이 신앙과 지식이라는 주제에 대해 근본적인 것으로서 여기서 일반적으로 비교하며 끌어들여야 하는 1822년의 「힌리히스의 종교철학에 대한 서문」에서 상론하듯이, "감각에 감각된 것이 상응하고, 감각의 살아 있음이 무의식적인 집중에 머무는 것이 아니라 동시에 객관적 진리들에 대한 몰두"일 것을 요구하기 때문이다(XVII, 293; Jub., 20, 17; 11/56). 주해 14를 참조.

따라서 이 서문은 지극히 간결함에도 불구하고, 또한 직접적인 종교적 감동의 근원성에서 멀리 떨어져 있음에도 불구하고, 나아가 불가피하게 떠오르는 논쟁적이고 호교론적인 경향들에도 불구하고 헤겔에게서 기독교적-서구적 사유의 근원적 주제에 관한 성찰이 나아가는 연관들이 지닌 사상적 깊이를 명확히 보여줄 수 있다.

2. "내가 일반적으로 나의 철학적 노력들에서 경주해 왔고 또 경주하고 있는 것은 진리의 학문적 인식이다. ……": 철학적인 사상의 전개가 시작되는 이 단락은 철학의 학문적인 길("방법")에 대한 지극히 집중적인 정식화를 제공하는데, 사유의 도정으로서의 그 길은 현실을 "넘어서고자 노력"하고 "스스로를 그 너머에 정립"하는 것으로 보이지만, 참으로는 사상을 "사태로 이끌어" "내실"을 "정신의 터전"에서 "회복"한다.

3. "온건한 지성계몽이 통찰의 욕구 및 종교와 동시에 만족되며": 헤겔은 계몽의 "자연종교" 또는 "이성종교"를 생각하고 있다.

4. "그 후 분열이 뒤따르게 되고 모순이 전개되었다.": 여기서 생각될 수 있는 것은 무엇보다도 우선 경건주의지만, 또한 요한 게오르크 하만과 계몽의 과도한 경향들에 의한 종교의 억압에 대한 그의 열정적인 저항이기도 하다. 그러나 다른 한편으로 하만은 동시에 이미 "구체적인 것"을 향한 그의 충동으로 인해 단지 주관적일 뿐인 경건주의를 훨씬 넘어서 있다. 하만은 1827년 10월에 있었던(서문은 1827년 5월 27일의 것이다) 헤겔과 괴테와의 대화의 중심에 놓여 있었는데, 에커만의 보고에 따르면 그 대화에서는 "헤겔이 대화를 이끌면서 저 비상한 정신에 관한 그토록 철저한 견해들이 어떻게 해서 오로지 대상에 대한 가장 진지하고도 성실한 연구로부터만 생겨날 수 있는지를 펼쳐보였다." 1828년 헤겔은 『학문적 비판 연보』에서의 하만의 저술에 대한 방대하고도 유명해진 비평에서 "북방의 마법사"가 지닌 의미를 명쾌하지만 동시에 비판적으로 평가했다.

5. "그러나 철학에서는 정신이 자기와 자기 자신과의 화해를 누렸으며,

따라서 이 학문은 오로지 저 모순 자체 및 그 모순의 겉모습과만 모순 속에 있다.": 철학에서는 참다운 "정신의 자기 자신과의 화해"(요컨대 철학이 진정한 것인 한에서 철학과 종교의 화해)가 존재하거니와, 철학은 추상적 이원론, 즉 철학에 대한 종교의 단적인 "모순"뿐만 아니라 또한 현실적 구별의 한갓된 "겉모습"(이것에서는, 헤겔이 「힌리히스의 종교철학에 대한 서문」(주해 1을 참조)에서 "정신의 깊이에 대한 무관심성의 평화"에 대해 이야기하듯이, 대립들을 "한편으로 치워놓는" 계몽의 이신론이 생각될 수 있다)과도 대립한다. 그러나 철학(헤겔 자신의 철학) 그 자체는 "순진무구한" 종교와 경건함(다시 말하면 신앙과 지식의 대립에 관한 반성에 의해 아직 어지럽혀지지 않은 그러한 종교와 경건함)과 결코 모순되지 않는다. 모순된다고 생각하는 것은, 텍스트가 계속해서 보여주듯이, 철학이 감각경험이나 법의 이성적 현실성과 대립한다고 생각하는 것과 마찬가지로 "나쁜 선입견"일 것이다. 철학은 바로 현실의 이러한 "형태들"에 대한 사상적인 "정당화"에 이바지한다.

6. "왜냐하면 이 옹골찬 내용은 그것이 사유되는 한에서 사변적 이념 자체이기 때문이다.": 그러므로 "사변적 이념"은 현실로부터 멀리 떨어진 모종의 사상적 구성물이 결코 아니다. 오히려 그것은 "사유되는 한에서의" 구체적 경험과 현실의 "옹골찬 내용"이다.

7. "보편적인 학문적 교양을 지닌 지성이 처해 있는 중요한 부정적인 결론, 즉 유한한 개념의 도정에서는 진리와의 어떠한 매개도 가능하지 않다는 결론은 이를테면 직접적으로 그 속에 놓여 있는 것과는 대립된 결과를 가지곤 한다. ……": 해명해 주는 바가 풍부한 단락 5의 핵심내용. 지성인식은 유한하게 머물며(칸트), 그러므로 진리의 파악을 위해서는 충분하지 않다는 "부정적인" 통찰은 좀 더 깊은 비판적인 성찰로 나아가지 못하고 다만 이 범주들을—"마치 절망 상태에서처럼"—무비판적으로 사용하는

데 이르렀을 뿐이며, 마침내 사유하는 인식의 실패가 가정된 결과 그것을 대신하여 감정의 단적인 직접성을 정립하는 것이 정당하다는 오해를 산출했을 뿐이다. 직접성은 헤겔이 보기에는 "정신의 최고의 욕구들"과 관련하여 다만 너무도 "메마른 범주"일 뿐이다. 철학과 개념을 배제해서는 다만 무비판적이고 무사려한 이치추론에게 문이 열려 있을 뿐이다.──누구보다도 우선 슐라이어마허가 종교를 파악하는 데서 기반으로 삼은 **감정**에 대한 헤겔의 판단에 대해서는 그의 『역사철학 강의』 서론에서의 한 구절이 인용될 수 있을 것이다. "확실히 모든 정신적인 것, 의식의 모든 내용, 사유의 산물이자 대상인 바의 것, 무엇보다도 우선 종교와 인륜은 인간에게서 또한 감정의 방식으로도 존재해야만 하거니와, 처음에는 감정이다. 그러나 감정은 이 내용이 그로부터 인간에게 흘러가는 원천이 아니라 다만 그 내용이 인간에게서 발견되는 바의 양식과 방식일 뿐이며, 가장 나쁜 형식, 즉 인간이 동물과 공유하는 형식이다. …… 우리가 이러한 방식으로 신적인 내용──신의 계시, 신에 대한 인간의 관계, 인간을 위한 신의 존재──을 한갓된 감정으로 환원한다면, 그것은 특수한 주관성, 자의, 임의의 입장에 제한된다." 또한 1800년의 『체계단편』도 이미 다음과 같은 문장을 포함한다. "신적인 감정, 유한자에 의해 느껴진 무한자는 반성이 부가됨으로써 비로소 완전해진다."(Nohl, 349) 그러나 특히 『종교철학 강의』에서의 한 절인 "종교적 의식의 형식들, 1. 감정의 형식"(XI, 112 ff.; 16/117 ff.)을 참조. 가장 냉혹하고 가장 거친 정식화를 포함하는 것은 이미 언급한 1822년의 「힌리히스의 종교철학에 대한 서문」이다. "만약 감정이 인간 본질의 근본규정을 이루어야 한다면, 인간은 동물과 동등하게 정립되는데, 왜냐하면 동물의 고유한 것은 그의 규정인 바의 것을 감정에서 지니고 그 감정에 따라 사는 것이기 때문이다. 만약 인간에게서 종교가 단지 감정 위에 근거지어진다면, 그러한 감정은 사실상 인간의 의존성의 감정이라는 것 이외의 다른 규정을 지니지 않거니와, 따라서 개가 가장 훌륭한 기독교인일 것인바, 왜냐하면 개는 이 의존성의 감정을 가장 강력하게 자기 내에 지니며 무엇보다도 특히 이 감정 속에서 살기 때문이다."(XVII, 295; Jub., 20, 19; 11/58) 또한 글로크너의 논문 「종교철학과 신앙론을 둘러싼 헤겔과 슐라이어마허의 투쟁Hegel und Schleiermacher im Kampf um Religionsphilosophie und Glaubenslehre」, Dtsch. Vj. f. Lit. W. u. Geistesg. 1930을 참조.

8. "**직접성**과 같은 그토록 메마른 범주 위에": "직접성"에 대한 비판에 대해서는 『정신현상학』 서문에서의 대결을 참조. 이 『엔치클로페디』 서문에서 헤겔의 관심은 종교적인 것의 영역에서 나타나는 이 문제에 집중되고 있다.

9. 길게 이어진 이러한 이야기로써 헤겔은 신학이 철학을 "제거"할 수 있다고 생각할 때 빠지는 위험을 지적한다. 요컨대 그 경우 신학은 한층 더 무비판적으로 "어딘가에서 만들어진 전제들"에 예속되는 것이다. 그러므로 신학은 철학함을 회피함으로써 더욱 더 커다란 악—철학이 일반적으로 "악"이라고 불릴 수 있는 한에서—에 빠지는데, 왜냐하면 철학이란 진리에 대한 물음을 비판적이고 의식적으로 펼치는 것 이외에 다른 것이 아니기 때문이다.

10. "그에 더하여 철학 자체는 그런 입장을 취하는 자들이 철학에 관계하여 철학을 한편으로 파악하고 다른 한편으로 판정할 때 최악의 운명을 경험하지 않을 수 없다. ……": 이 단락에서 다루어지는 것은 그 "반성"이 이미 단적인 "자연적이거나 정신적인, 특히 또한 종교적인 생동성의 **사실**"을 "파악할 능력이 없는" 추상적인 지성사유로 인해 사변철학이 처해 있는 오해들이다. 좀 더 새로운 표현들로 헤겔은 한편으로 "무비판적 지성"과 그것의 "범주들" 및 "고정된 전제들"과 다른 한편으로 "사변철학의 이념" 사이에 존립하고, 그와 비슷하게 철학의 "추상적 정의"와 그것의 "사변적 전개" 사이에, 또는 "추상적인 몰정신적 동일성"과 자기 내에 구별을 포함하

는 "구체적이고 정신적인 통일" 사이에 존재하는 불균형을 강조한다. 왜냐하면 모든 사람들에게 그렇듯이 철학에게도 주체와 객체, 유한과 무한의 "구별"이 잘 알려져 있음은 물론이기 때문이다. 그러나 일반적으로 그와 더불어 비로소 철학적 문제가 시작된다. 오로지 구별만 가지고서는 무구별적인 통일의 가정에서와 마찬가지로 아무것도 이루어지지 않는다.

11. "…… 따라서 사변철학에 대해서는 **동일성체계**, **동일성철학**이라는 이름이 이미 수용된 이름이 되었다.": 자신의 철학을 추상적인 동일성철학으로 잘못 이해하는 것에 대한 헤겔의 방어에 대해서는 『엔치클로페디』 § 573을 참조. "그리하여 그들은 철학에 대해 무미건조한 동일성이 그것의 원리이자 결과이며 그것이 곧 동일성체계라고 하는 것 이외에 아무것도 진술할 줄 모른다. 동일성의 이러한 몰개념적인 사상을 견지하여 그들은 바로 철학의 구체적 통일과 개념 그리고 내용에 관해서는 아무것도 파악하지 못하고 오히려 그 반대를 파악했다." 같은 곳의 몇 문장 앞에서는 다음과 같이 말하고 있다. "그러나 학문 일반에 대한 파악과 이 학문에 대한 모든 고발들이 이 관계에 대한 파악과 연관되기 때문에, 그에 관해 다음과 같은 것이 상기될 수 있거니와, 요컨대 철학이 물론 **통일** 일반과 관계해야 하지만 추상적이고 단순한 동일성과 공허한 절대자가 아니라 **구체적** 통일(개념)과 관계하여 그 과정 전체에서 전적으로 그것과만 관계해야 하는 까닭에,—전진의 각각의 모든 단계는 이러한 구체적 **통일**의 **특유한 규정**이며, 통일의 규정들 가운데 가장 심오하고 최종적인 것은 절대정신의 그것이라는 것이다."—지금 이 서문의 텍스트에서 뒤따르는 "신앙고백"의 예는 부분진리를 절대적으로 정립하고, 헤겔이 한 비평문에서 말하듯이(XVII, 134; 11/375), "구체적 전체로부터 오로지 그 절반만을 파악하는" 추상적 지성사유의 근본오류를 명료히 하고자 한다.

12. "철학에게 당연히 잘 알려져 있지 않은 상이성과 관련하여 좀 더

규정적으로 말하자면, ……": 이하에서 헤겔은 자신의 철학에게는 상이성이 "잘 알려져 있지 않다"는 의견에 대해 좀 더 방어하는 가운데 언제나 거듭해서 철학적-신학적 논의의 초점에 놓여 있었던 물음, 즉 선과 악의 관계에 대한 물음을 다시 끄집어낸다. 그 물음은 바로 사변철학에서 문제가 되는 것은 구별들이 탈락한 추상적 통일이라는 일반적 비난에 본래적인 신랄함을 부여하는 바의 것이다. 왜냐하면 여기서 "한갓된 가상으로" 될 위험에 처해 있는 것은 임의의 어떤 구별이 아니라 삶의 근본대립이기 때문이다. 주해 13a를 참조.

13. 1799년에 태어나 1824년 이래로 베를린 대학의 신학 원외 교수였고, 1826년 이후로는 할레의 정교수였던 **톨룩**은 프로테스탄트 신학의 경건주의 노선의 지도적인 인사들 가운데 한 사람이었다.——비교적 긴 주해에서 톨룩과의 대결의 핵심을 형성하는 것은 톨룩의 "**이것이냐-저것이냐**"에 대한 헤겔의 비판이다. 요컨대 그 속에서 개별성과 자유가 다만 기만일 뿐인 근원근거인가 아니면 개별자들의 절대적 자립성인가 하는 것에 대한 비판인 것이다. 헤겔은 이러한 양자택일에서 물론 시대의 사유에 대해 지극히 특징적인 방식으로 아주 "심오한 감정"을 지닌 사람마저도 지배하는 추상적 지성사유의 일면성이 작용하고 있음을 보며, 그것에 이 두 가지 일면성의 "**이것도-저것도 아님**"을 대립시킨다. 여기서 헤겔은 톨룩이 "추상물"이 아닌 "사변적인" "근본규정", 즉 "화해"의 규정을 철저히 소유하고 있다고 본다.

13a. "나는 선과 악의 상이성을 한갓된 가상으로 만들어 버리는 저 이른바 결론을 짧게 조명하고자 하는데, 그것은 철학에 대한 그러한 파악의 공허함을 정당화하기 위해서가 아니라 오히려 그 공허함의 예를 제공하기 위해서다.": 그러므로 헤겔은 이 단락에서 철학에 대한 통례적인 논박을 지배하는 거짓되고 "공허한" 파악의 단 하나의 예만을 제시하고자 하는데, 그렇다고

해서 예로서 선택된 철학 자체를 주장하거나 옹호하고자 하지는 않는다. 그렇기 때문에 그는 또한 지금까지 그가 항상 공격해온 스피노자의 철학을 예로서 선택할 수 있는데, 그렇게 한 것은 그것에서조차 신학적인 비판이 보여주듯이 사정이 그렇게 단순하지 않다는 것을 보이기 위해서이다. 왜냐하면 스피노자의 실체철학에서도 선과 악의 대립은 지워져 있지 않기 때문이다. 대립은 다만 신에 관한 학설에서가 아니라 헤겔의 확신에 따라서도 오직 거기서만 대립이 "본래적으로" 존재하는 인간에 관한 학설에서만 자기의 장소를 지닌다.—그러므로 스피노자에게서조차 구별의 문제가 간과되고 있지 않다면, 결국 삶과 정신에서의 대립들의 경험과 문제에서 자신의 변증법적 방법을 발전시킨 헤겔의 철학에서는 훨씬 더 그렇지 않다. 물론 여기서는 바로 헤겔에게서의 대립들의 변증법을 통해 분열로서의 악이 그 근원성과 깊이에서 평준화되는 것은 아닌가 하는 물음이 제기된다. 1809년의 『인간 자유의 본질』에 관한 탐구에서 가시화된 사유의 결정적인 전환에서 이루어진 사변철학에 대한(또한 그 자신의 과거에 대한) 셸링의 공격이 많은 칭송을 받는 자유야말로 단순히 자연을 넘어선 이성의 나라로의 고양이 아니라는 경험에서 결정적인 출발점을 지녔던 것은 우연이 아니다. 자유가 이성에로의 고양이라는 것은 다만 "일반적이고" "형식적인" 개념일 뿐이라는 것이다. "그러나 실재적이고 살아 있는 개념은 자유가 **선과 악의** 능력이라는 것이다." 이것으로 셸링은 이미 칸트에서 불안하게 등장했고, 사실상 대립들과 절대자에서의 그것들의 통일에 관한 일반적인 학설을 통해서 진정될 수 있는 것이 아니라 오히려 바로 신에 직면하여 다만 더욱 괴로운 것이 될 뿐인 수수께끼를 언급한 것이다.

14. "철학의 역사는 철학의 대상인 절대자에 관한 **사상들**의 발견의 역사이다. ……": 본론을 벗어난 이 철학의 역사에 관한 논의가 바로 앞의 논의와 어떤 연관을 지니는지는 그 논의가 진행되는 과정에서 드러난다. 단지 소수의 명제들만이 보존되어 있는 과거의 사상가들의 경우에는 그들이 내세우

지 않은 주장들을 그들에게 뒤집어씌우고 개별적 계기들을 전체로 받아들이는 것이 변명될 수 있으나, 헤겔의 철학처럼 완전히 전개되어 놓여 있는 철학에 대해서는 이러한 변명이 있을 수 없다. 거기서 만약 사람들이 어떤 하나의 사상을 전체에서 차지하는 그것의 위치를 고려함이 없이 떼어내고, 그러므로 그것을 전체의 연관들에 의해 "매개된" 것으로서 아니라 "직접적으로" 취한다면, 그것은 "사상의 조야함"이다.—(이 단락의 세 번째 문장에서 언급되는 요한 야콥 브루커Johann Jakob Brucker, 1696-1770은 다수의 철학 편람의 저자이다. 특히 『철학사에서의 물음들*Fragen aus der philosophischen Historie*』, 7 Bde., 1731-36, 『비판적 철학사*Historia critica philosophiae*』, 5 Bde., 1742-44를 들 수 있는데, 이것들은 오늘날에는 완전히 낡은 것이라 할 수 있다. 독일에서 현실적인 철학적 철학사 서술은 헤겔과 더불어 시작된다.)

15. "종교는 진리가 어떤 교양을 지닌 인간이든 간에 모든 인간을 위해 존재하는 바의 의식의 양식과 방식이다. 그러나 진리의 학문적 인식은 그 노동을 모두가 아니라 오히려 오직 소수만이 수행하는 진리 의식의 특수한 양식이다. **내실은 동일하다**. ……": 이 단락과 더불어 헤겔은 서문의 주요대상인 철학과 종교의 관계에 도달한다. 이에 대해서는 이 서문에 대한 원칙적인 주해 1에서 이미 언급한 것을 참조. 헤겔이 대결하는 것은 무엇보다도 우선, 종교심이 "정신의 심정"과 관계한다는 것을 망각함으로써 "확장되지 못하고 따라서 몰정신적인 자기의 강렬함"에 있어 감정마저도 공허하게 만드는 왜곡되고 거짓된 대립들에 도달하는, 일면적으로 "심정의 한 점으로 집중하는 수축된 종교심"(경건주의적인 경향)이다. 그런 까닭에 헤겔의 비판은 또한 그것이 마음의 측면을 완전히 부인하는 것처럼 이해되어서는 안 된다. 오히려 그는 내용이 풍부한 정식화에서 본질적으로 종교에 속하는 "철저히 다듬어진 마음"에 대해 이야기할 수 있었다. 무엇보다도 우선 이성과 계시의 대립이 지성과 감정의 그것과 잘못 등치된다. 이에 대해 헤겔은 이미 언급된 「힌리히스의 종교철학에 대한 서문」에서 다음과 같이 말한다. "저 선택에

제한되어 있기 위해서는", 요컨대 지성과 감정 사이에서 "지성을 던져버리고서" "기독교의 가르침을 감정 위에 근거짓고자 하기 위해서는" 우리는 "기독교가 자기의 원천으로 제시하는 바의 것, 즉 좀 더 고차적인 신적 계시를 이미 제거"했어야만 한다(XVII, 296; Jub., 20, 20; 11/59). 계시가 지성과 감정의 주관적 대립에 맞서듯이, 지금 이 단락에서는 철학의 진리로서의 "구체적 개념"은 주관적 이원성에 맞선다. 즉, 철학과 종교에서 "내실"은 "동일하다." 「힌리히스의 종교철학에 대한 서문」은 또한 다음과 같이 말하기도 한다. "그러나 시대의 **욕구**에 관한 한, **종교**와 **철학**의 **공통된** 욕구는 **진리의 실체적이고 객관적인 내용으로 귀착**한다."(XVII, 299; Jub., 20, 23; 11/61) "알려진 진리, 객관적 내용의 결여"는, 같은 「힌리히스 서문」에서 말하듯이 (XVII, 287; Jub., 20, 11; 11/50), 시대의 본래적인 악이다. 그리하여 사람들은, 우리의 지금 이 서문이 말하듯이, 재탄생을 여전히 오직 "참회와 고뇌"에서 볼 뿐이고, 참된 "정신"과 객관적 진리에 대한 신앙 그리고 철학과 신학에서의 이 진리의 객관적 전개를 위축시키되, 그것도 "추상적 감정상태의 메마르고 내용 없는 정점을 억지로 유지"하는 태도에서 그러할 뿐만 아니라 이러한 태도가 이미 "반성과 이치추론으로부터 산출된 결과"라는 것을 깨닫지 못하는 것이다. 여기서는 동시에 독일 관념론의 주관주의와 신비론을 향한 신학의 비판적 공격이 헤겔에게 전혀 도달하지 못한다는 점이 인식될 수 있다. 그것이 헤겔에게 적중해야 한다면, 그것은 좀 더 깊이 들어가야만 한다. 그러한 좀 더 깊이 착수되는 비판을 위한 토대가 두 종파의 현재의 신학적 사유에 물론 철저하게 주어져 있다. 헤겔에 대한 변증법적 신학의 비판에 대한 비판에 대해서는 나들러K, Nadler, 『헤겔 철학에서의 변증법적 모순과 기독교의 역설*Der dialektische Widerspruch in Hegels Philosophie und Paradoxon des Christentums*』, 1931을 참조. 기독교와 관념론 간의 대결에 대해서는 앞의 「서론을 위한 예비적 언급」의 각주 3에서 언급된 문헌을 참조. 더 나아가 프리케G. Fricke, 『독일 관념론을 둘러싼 투쟁, 새로운 연보들*Der Kampf um den deutschen Idealismus, Neue Jahrbücher*』, 1932, 70 ff., 180 ff., 245 ff.

레제K. Leese, 『프로테스탄트적인 인간의 종교*Die Religion des protestantischen Menschen*』, 1938, 특히 238 ff. 슈타인뷔헬Th. Steinbüchel, 「신비학과 관념론, 마이스터 에크하르트와 헤겔Mystik und Idealismus, Meister Eckhart und Hegel」 in: Universitas 1947, 1409 ff. 또한 슈타인뷔헬의 논문, 「관념론적, 낭만주의적 철학과 종교에서의 실존의 문제Das Problem der Existenz in idealistischer und romantischer Philosophie und Religion」 in: Scientia Sacra, Festgabe für Kardinal Schulte 1935를 참조. 헤겔의 종교철학적 사상을 받아들여 더욱 발전시키려는 시도를 둘카이트G. Dulckeit, 『헤겔 철학의 정신에서 신의 이념*Die Idee Gottes im Geiste der Philosophie Hegels*』, 1947이 수행하고 있다.

16. 1575년에 괴를리츠에서 태어나 1624년 11월 17일에 같은 곳에서 사망한 야콥 뵈메는 그 당시 특히 셸링과 바더에 의해 새롭게 조명된 "구두장이 철학자"였다. 그는 루터와 파라켈수스의 신비적인 자극을 소화해내는 가운데 자생적이고 심오한 역동적이고 의지주의적인 신론을 발전시켰다. 신의 본성 형식들과 그 본성이 가장 근원적인 현실형식들로서 생성되는 형식들을 뵈메는 질들Qualitäten이라고 부른다. "질Qualität"은 뵈메 자신에 의해 직접적인 "고뇌와 추동Quallen und Treiben"으로 규정된다. 이러한 "고뇌함"은 (헤겔의 언급에 따르자면) 존재의 근거에서의 감각적-실재적이지만 비대상적인 사건이다.

17. 이 주해는 가르쳐 주는 바가 풍부한데, 왜냐하면 그것은 바로 철학자 헤겔이 어떻게 경건주의적인 종교심의 "열광적인 대표자들"에 반대하여 기독교 교의, 즉 "주관적 신앙의 토대"로서의 "신조"와 특히 삼위일체론의 옹호자가 되는지를 보여주기 때문이다. 또한 "좀 더 특수한 교의들 가운데" 톨룩에게서는 아무것도 발견되지 않는데, 그는 자신의 독자들을 다만 "그리스도의 수난과 죽음에로", 그러므로 영혼의 참회로 이끌긴 하지만, "그의 부활과 아버지 우편에로의 오르심 그리고 성령의 부어주심에로 이끌지는

않는다."

18. 헤겔이 여기서 계몽과 경건주의를 대립이라기보다는 오히려 다만 구체적이고 역사적인 내용들을 도외시하는 동일한 사고방식의 서로 다른 드러남으로 고찰할 때, 그는 역사적으로나 체계적으로 올바르게 파악했다. 내적인 빛, 즉 루멘 인테르눔lumen internum으로 되돌아가는 것은 그들의 공통의 뿌리이다.

19. 1765년 3월 27일 뮌헨에서 태어나 1841년 5월 23일에 사망한 프란츠 폰 바더Franz Xaver von Baader는 누구보다도 우선 야콥 뵈메와 셸링의 뒤를 이어 낭만주의적-사변적인 철학론과 신론을 발전시켰다. 헤겔은 바더의 이러한 "그노시스"를 "철학적 관심을 불붙이고 촉진시키는 특유한 방식"으로 인정했다(단락 11). 그는 바더가 "타락한 계몽Aufklärerei의 내용 없는 불모성"뿐만 아니라 또한 "내포적으로만 머무르고자 하는 경건함"에도 대립하며, 또한 그노시스의 한계들도 깨닫고 있다고 본다. 왜냐하면 그노시스가 일정한 종교적 내용들과 계시들을 다소간에 자의적으로 완성된 "전제들"로서 받아들여 "그와 같은 것들로부터 설명하고 이치추론하고 반박"함으로써 결코 이 내용들에 대한 외적 관계를 넘어서서 본래적인 발전에, 하물며 "개념의 발전"에 이르지 못한다는 것은 모든 그노시스에 대한 헤겔의 근본적인 반박이기 때문이다. 그러한 형성물들을 늘어놓는 것이 내실을 정신에 대해 현실적으로 열어 보이고 그것을 그 내적인 필연성에서 그 자신으로부터 제시하려는 노력을 스스로 받아들이는 것보다 "더 손쉽다"고 하는 것은 말할 필요도 없다.

19a. "우리가 믿는 것을 **알려고** 하지 않는다면 …… 내게는 게으름으로 보인다.Negligentiae mihi videtur si ... non studemus quod credimus, intelligere.": 캔터베리의 안셀무스에 대한 이 지적과 더불어 포괄적인 연관이, 즉 우리가

헤겔의 신-논리적 사상들을 올바로 평가하기 위해서는 그것을 당대의 모든 관계들을 넘어서서 그 속에서 파악해야만 할 포괄적인 연관이 드러난다.

20. 야코비: 『엔치클로페디』 제1판 서문에 대한 주해를 참조.

21. 야콥 뵈메: 주해 16을 참조.

22. 주해는 바더와 같은 사변적인 사상가마저도 헤겔에게 있어 신과 자연의 관계를 원초적이라고 할 정도로 너무 소박하게 파악한다는 것을 보여준다. 헤겔에게서 문제가 되는 것은 신으로부터 물질의 출현(헤겔에 따르면 이 "출현"은 일반적으로 범주가 아니라 다만 구상적인 표상일 뿐이다)이 아니며, 또한 (자연의 창조에서 생기하는) "영원한 나감"이 "신에게로 다시 들어옴"을 "제약"한다는 것도 아니다. 헤겔에 따르면 그러한 것은 일반적으로 다만 외부로부터 사태에 제기되지 사태 자체로부터 전개되지 않는 "전적으로 형식적인 규정들"일 뿐이다. 물론 "개념의 전개"(서문의 단락 12)보다 더 손쉬운 신과 자연에 대한 고립되고 경직된 확정들은 바로 일반적으로 아직 철학이 아니다.

23. "우리는—종교들과 신화들, 고대와 근대의 그노시스주의적이고 신비화하는 철학들에서—좀 더 순수하든 흐릿하든 진리의 형태화들을 **충분히** 그리고 **넘쳐날 정도로** 가지고 있다고 말할 수 있다. 우리는 이 형태화들에서 이념을 **발견**하고 철학적 진리가 무언가 그저 고독한 것이 아니라 오히려 그 형태화들에서 철학적 진리의 작용력이 최소한 발효제로서 현전해 왔다는 데서 만족을 얻는 나름의 기쁨을 누릴 수 있다.": "이념"과 그것의 "형태화들"과의 구별은 이 단락에 대해(이미 단락 11부터) 본질적이다. 헤겔은 한편으로 바더가 이념이 수백 년 전부터 현상하면서 취한 풍부한 "형식들과 형태화들"에게 그것들의 사변적인 내실에서 "학문적 영예를 안겨준 것은"

그의 공적이라고 평가한다. 그러나 다른 한편으로 그는 이념이 역사적 현상들 속에 현전해 있다는 것을 단순히 확정하는 것만으로는 철학에 대해 충분하지 않으며(단락 12), 중요한 것은 이념 자체를 그것의 내적인 사상적 · 개념적 필연성에서 전개하는 것이라고 이의를 제기한다. 그러한 것은 우선은 순수하고 추상적인 이념을 한편으로 하고, 단순한 역사적 현상을 다른 한편으로 하는 경직된 이원론처럼 작용한다. 그러나 헤겔은 내용이 "자기 자신에게 가장 어울리는 형태인 개념의 형태"를 스스로에게 부여할 수 있는 발걸음에서 진리 형태의 필연적인 자기발전을 본다(단락 13, 14). 그러한 것은 오랜 신화들에 대한 임의적이고 단지 해소할 뿐인 반성의 반대물이다. 물론 헤겔은 여기서 언제나 새롭게 정신을 괴롭히고 헤겔에 의해 결코 해결되어 있지 않은 문제(신화와 학문, 종교와 철학의 진리요구들의 관계와 대립)에 대해 언급하고 있다.

24. "단정적인, assertorisch"(라틴어 asserere = 주장하다, 단언하다, 단정하다에서 유래)는 근거짓는 전개와는 달리 단지 주장할 뿐인 것을 가리킨다.

25. "그러한 사유는 오로지 옹골찬 내용이 동시에 자기 자신에게 가장 어울리는 형태인 개념의 형태, 즉 내용과 사상의 모든 것을 결합하고 바로 그렇게 하는 가운데 자유롭게 하는 필연성의 형태를 스스로에게 부여할 수 있는 한에서만 자기 자유의 절대적 권리 속에서 이 옹골찬 내용과 화해하는 견고함을 주장한다.": 왜냐하면 그리함으로써 내용의 발전이 오로지 그 자신의 고유한 본질로부터만 가능해지기 때문이다. "개념"에서 생각해야 할 것은 그것이 헤겔에게 있어 추상의 산물이 아니라 현실을 내적 본질필연성으로서 지배하고 규정하되 오로지 정신과 주관적 개념에서만 자기에게 도달하는 것이라는 점이다.

26. "낡은 것, 즉 낡은 형태화가—왜냐하면 내실 자체는 영원히 젊기

때문이다—새로워져야 한다면, 가령 **플라톤**과 훨씬 더 심오하게는 **아리스토텔레스**가 부여한 것과 같은 이념의 형태화야말로 무한히 상기할 만한 가치를 지니는데, 그 까닭은 우리의 사상 형성에 전유함으로써 그 형태화를 밝히 드러내는 것은 직접적으로 그에 대한 이해일 뿐만 아니라 학문 자체의 진보이기 때문이기도 하다.": 이념의 낡은 형식의 형태화들(예를 들면 신비들과 신화들)을 단순히 받아들이는 것은 사유가 그 사이에 이룩한 진보를 부인한다. 최고로 문제가 되는 것은 "**플라톤**과 훨씬 더 심오하게는 **아리스토텔레스**(!)가 부여한 것과 같은 이념의 형태화"(아리스토텔레스에 대한 관계에 대해서는 『정신현상학』 서문에 대한 주해 48과 125를 참조)인바, 왜냐하면 그것을 전유하는 데서 학문 자체의 진보가 가능하기 때문이다.

27. "개념은 자기 자신과 몰개념적인 형태에 대한 이해지만 이 몰개념적인 형태는 자기의 내적 진리로부터 개념을 이해하지 못한다. 학문은 감정과 신앙을 이해하지만, 학문은 오직 스스로 그에 기반하는 것으로서의 개념으로부터만 판정되며, 학문은 개념의 자기전개인 까닭에 학문에 대한 개념으로부터의 판정은 학문에 대한 판단이라기보다는 함께 전진하는 것이다.": "개념"(주해 25를 참조)은 척도일 수 있는데, 왜냐하면 그것은 "자기 자신의 그리고 타자의 이해", 요컨대 "몰개념적인 형태", 즉 단순한 감정과 단순한 신앙에 대한 이해이기 때문이다. 그러나 학문에게 있어 개념은 한갓 외적인 척도가 아닌데, 왜냐하면 학문은 개념을 통해 전진하고 일반적으로 개념의 "자기전개" 이외에 다른 것이 아니기 때문이다.

제3판 머리말

1. 제3판에 대한 "머리말Vorwort"—그 밖의 경우들에 헤겔은 "서문Vorrede"이라고 말한다—은 철학적으로 새로운 것은 아무것도 제시하지

않는다. 그것은 다만 다시 한 번 특히 "기독교 신앙의 소유"를 "주관적으로 뽐내는" 모든 "오만함"에 대한, 그러나 또한 형식주의와 계몽신학의 내용의 빈곤함에 대한 헤겔의 대립을 강조하고, "신앙의 토대"로서의 "교설의 형성 · 발양"을 통한 종교적 내실의 객관적 전개, 즉 "정신적 확대"에 대한 요구를 새롭게 정식화할 뿐이다. 그러나 그것은 모든 논박을 넘어서서 단적인 사태의 실질에 대한 헤겔의 엄밀한 태도를 표현하는 구절들을 포함하거니와, 바로 그런 까닭에 그것은 생략되어서는 안 된다.

2. 원문에서는 키케로의 문장을 라틴어 그대로 인용하고 있다. "Est philosophia paucis contenta judicibus, *multitudinem* consulto ipsa fugiens, eique ipsi et *invisa* et *suspecta*; ut, si quis universam velit vituperare, *secundo id populo* facere possit."

3. "나는 다른 곳에서 열정들과 무지로 엮어진 그와 같은 현상들의 몇 가지에 대해 그 정체를 폭로하여 조명하는 불쾌하고 결실 없는 과업을 떠맡은 바 있다.": 헤겔이 생각하고 있는 것은 『학문적 비판 연보』 1829, Nr. 10과 11, 13과 14에 게재된, 자신의 철학에 관한 책들에 대한 두 개의 비평이다. 이는 Ges. Werke XVII 149 ff., Jub. XX, 314 ff., 그리고 11/390 ff.에서 찾아볼 수 있다.

4. 라손은 자신이 편집한 판에서 헤겔이 여기서 헹스텐베르크의 교회신문(『복음교회신문*Evangelischen Kirchenzeitung*』)과 할레 대학 신학부의 합리주의의 대표자들 사이의 이른바 할레 논쟁에 대해 생각하고 있다고 지적한다.

4a. "근대 철학에 대해서는 그것에서는 인간 개인이 신으로 정립된다고 하는 불명예스러운 비난이 퍼부어졌다.": "인간 개인이 신으로 정립된다"고 하는 비난은 바로 인간이 절대지로까지 고양될 수 있다고 이야기하는 헤겔

철학에 대해 오늘날까지도 계속해서 퍼부어져 왔다. 헤겔은 비난하고 저주하는 "세계심판자"로서 그렇게 비난하는 자들 자신이 그에 못지않게 절대적 진리와 참된 기독교 신앙을 대자적으로 소유하고 있다고, 아니 유일하게 소유하고 있다고 주장하는 "엄청난 오만불손함"을 지적함으로써 그 비난을 너무도 날카롭게 그들에게 되돌려준다. 물론 헤겔은 논박 과정에서 신앙의 그저 주관적일 뿐인 "단언들"에 대한 너무도 올바른 비판에도 불구하고 신앙을 소유한다고 주장하는 것과는 다른 것인 그리스도에 대한 기독교인들의 현실적인 신앙을—좀 더 깊은 고려를 요하는 방식으로—사라지게 하고 부인하는 사상들에 빠져든다. 그러나 그 경우에도 "그리스도의 시간적이고 감성적이며 현재적인 인격에 대한 신앙"에 대한 헤겔의 비판은 그리스도 신앙과 예수상의 나중의 심리주의에서 영향력 있게 된 위험들을 드러낸다. 물론 그렇다고 해서 헤겔 자신이 그리스도의 인간화가 지닌 살아 있는 현실성에 대한 적합한 관계를 발견한 것은 아니다.

5. "그러나 저들은 그러한 확신, 즉 조건에 머문다. 그러나 확신 자체는 단지 주관적일 뿐이며, 형식적으로 다만 **단언**의 주관적 열매만을, 그리고 바로 그 점에서 오만, 중상모략 그리고 저주의 열매만을 맺는다. 그들은 성서에 어긋나게 인식의 확대이자 비로소 진리가 되는 성령・정신에 반대해 단지 확신만을 견지한다.": 헤겔 자신의 생각을 명료화하기 위해서는 헤겔의『역사철학 강의』서론에서 발견될 수 있고 또 그 자신의 초고에 들어 있던 신 인식에 대한 다른 구절이 덧붙여질 수 있을 것이다. "신은 편협한 마음과 공허한 머리를 지닌 자들이 아니라 그 정신이 자기 자신에 대해서는 가난하지만 신에 대한 인식에서는 부유하고 오로지 신에 대한 이러한 인식에만 모든 가치를 정립하는 그러한 자들을 자기의 아이들로 삼고자 한다."(12/27)—물론 그럼에도 불구하고 헤겔에게 있어 신의 인식의 "확대"가 인간 정신의 자기 확증과 "확대"에 얼마만큼이나 이바지할 수 있는가 하는 물음이 제기된다.

6. “이러한 경건함은 학문적이고 일반적으로 정신적인 내실을 결여한 이 불모성을 그것이 직접적으로 자기의 고발과 저주의 대상으로 삼는 것과 나누어 가진다. 지성계몽은 저 경건함이 신앙을 “주여, 주여”라는 증표로 환원시킴으로써 종교의 모든 내용을 비워버렸듯이 자기의 형식적이고 추상적이며 내실 없는 사유를 통해 그렇게 했다. 그 점에서 양자는 서로 더하고 덜한 것이 없다. ……”: 단락 4와 함께 헤겔의 방어는 사상의 자유라는 부정적-형식적 요구—물론 그 배후에는 진정한 “정신의 무한한 권리”가 놓여 있다—에 머무르고, 따라서 단지 주관적 신앙만을 뽐내는 종교심과 마찬가지로 모든 것의 관건이 되는 내용을 결여하고 있는 “지성계몽”으로 향한다. 사변철학에 대한 투쟁에서 종교적 경향들과 추상적-합리주의적 경향들의 특유한 공동작용과 만남에 대해 헤겔은 특히 「칼 프리드리히 괴셸의 『기독교적 신앙인식과의 관계에서 무지와 절대지의 아포리즘』」에 관한 자신의 비평에서 지적한 바 있다(『학문적 비판 연보』, 1829, Nr. 99-102, 105와 106; 이는 다음에서 찾아볼 수 있다. Ges. Werke XVII, 111 ff., Jub., XX 276 ff., 11/353 ff.).

4. 베를린 대학 취임사

1. 이 취임사는 쉽게 이해될 수 있고 개별적인 설명을 필요로 하지 않는 것으로 보인다. 헤겔의 노력과 연관되는 역사학적인 시사점들, 즉 베를린으로의 헤겔의 초빙과 철학 및 시대 일반의 정신적 상황 사이의 내적인 관계를 밝혀주는 것들의 경우에도 그것은 그것 자신을 통해 해명될 수 있다. 그러나 쉽게 이해될 수 있다고 해서 거기에 포함되어 있고 참조를 필요로 하는 문제들을 보지 못해서는 안 된다.

이 취임사는 그 핵심적인 기초를 헤겔이 1816년 10월 28일에 하이델베르크 대학에서 자신의 『철학사 강의』에 대해 제공한 서문에서 지니는데, 그로부터 특히 유명한 마지막 문장명제들이 그대로 다시 받아들여져 있다. 거기에 베를린 대학으로의 초빙과 관련된 특수한 사정들, 그리고 무엇보다도 우선 진리의 인식 불가능성을 옹호하고 일반적으로 "이성적 인식에 대한 포기"로 이어지는 모든 회의적이고 비판적인 종류의 학설들과의 날카로운 대립이 덧붙여져 있다. 헤겔은 그것들에 의해 철학이 지닌 너무도 고유한 힘이 마비되고, 철학이 자신의 참된 실체적 내실과 유일하게 어울리는 대상을 빼앗긴다고 본다. 인간이 "자신을 최고의 것에 걸맞은 존재로 여겨야 한다"는 확신의 토대로부터 자라난, 사유하는 정신의 위력에 관한 그 자신의 고유한 테제들은 근원적으로 칸트로부터 출발한 관념론적 운동이 최종적인 정점에 도달했음을 보여준다. 비판적 관념론으로부터 사물 자체의 실재론을 포기하는 가운데 절대적인 형이상학적 관념론이 생성되었다. 발전은 새로운 형이상학의 정초에 이바지해야 할 인식의 조건들에 대한 칸트의 성찰을 수용하는 가운데 칸트와 정반대되는 입장으로 나아갔다. 칸트가 자신의 『순수이성비판』을 가지고서 인간 이성에 대해 세워놓은 제한들은 붕괴되었다. 이성은 그것이 현재하는 곳이면 어디서나 하나의 위력이다. 처음부터 접근할 수 없는 것은 아무것도 없다. 그 어느 것도 "한갓 비판적일 뿐인 노력"에 대립하는 형이상학적 인식의 용기와 깊이에 대해 닫혀 있지 않다. 오히려 철학은 본질적으로 절대적 이성, 절대적 이념, 진리 자체로의 사유의 고양이다. 헤겔의 확신에 따르면 오로지 이러한 고양에서만 정신은 그 자신의 고유한 진리와 자유에 도달한다.

연설의 이러한 일련의 중심 사상들이 환기시키는 아주 많은 물음들, 그것도 대단히 비판적인 물음들이 존재한다. 물론 연설 전체는 강령적인 것으로 머문다. 그리고 우리는 일련의 위대한 이념들에 대해 사소한 비판을 가지고서 대응해서는 안 될 것이다. 그러나 자기의식과 형이상학적 비약에 의해 담지된 헤겔의 요구들이 여기서 사변적인 높이로까지 고양됨으로써 "관념론의 붕괴"라고 불리곤 하는 것이 다만 너무도 이해할 만한 것으로 되는 것은 아닌가 하는 것은 철학적인 근본물음이다. 그러나 그리해서는 사태가 단순화되며, 또한 너무 일면적으로 칸트로부터 파악될 뿐이다. 왜냐하면 이 연설의 너무도 극단적인 "관념론적" 정식화들의 연관에서마저도 관념론 배후에 헤겔을 철학적 발전에서의 종점이 아니라 시작점으로 만들어 줄 좀 더 심오한 실재론이 발견될 수 있는 것이 아닌가 하는 물음으로 이어지는 울림과 사상들이 떠오르기 때문이다. 헤겔 자신은 "좀 더 옹골찬 정신의 여명"에 대해 말할 수 있다고 믿는다. 그리하여 그는 주관주의적인 "의견들의 허영심"에 맞선 "실체적 내실"과 "실체적 기초"를 강력히 피력한다. 나아가 그는 시대의 생기사건들과 투쟁들 일반에서 마음에 들어온 "좀 더 심오한 진지함"이야말로 또한 "철학의 참다운 지반"이기도 하다는 점을 강조한다. "가장 옹골찬 진지함은 즉자대자적으로 진리를 인식하고자 하는 진지함이다." 사실 최근의 연구는 점점 더 헤겔의 철학이 구체적 현실의 내용과 소여들에 대한 수년간의 아니 수십 년간의 사유노동에서 성장하고 성숙했음을 보여줄 수 있었는데, 물론 그 사유노동은 19세기의 실증주의적인 경험주의와는 구별되게 무엇보다도 우선 인간적-정신적 세계의 소여들에 대한 것이었지만, 그렇게 한 것은 바로 주관적인 것에 그 가장 깊은 뿌리들과 힘들을 지니는 것으로 보이는 그 세계 속에서 모든 주관적인 것에 한계를 정립하는 객관적인 것의 실재성을 끌어내기 위해서였다.

2. "세계정신": 『정신현상학』 서문에 대한 주해 58을 참조.

3. "그런데 현실의 이러한 폭풍이 잦아들고 독일 민족 일반이 자기의 민족성, 즉 모든 살아 있는 삶의 근거를 구원한 후, 이제 국가 내에서 현실적 세계의 통치와 더불어 또한 사상의 자유로운 나라도 자립적으로 활짝 피어나는 시대가 시작되었다. 그리고 일반적으로 정신의 위력은 ……": 하이델베르크 대학 취임사에서 이에 상응하는 구절은 다음과 같다. "그런데 **현실의 이러한 흐름이 단절된 까닭에, 즉 독일 민족이 스스로를 그렇듯 조야한 것으로부터 구출해내어 모든 살아 있는 삶의 근거인 자신의 민족성을 구해낸** 까닭에, 우리는 모든 관심을 자기 속에 삼켜버린 **국가**와 더불어 또한 **교회**도 높이 솟아나기를, 요컨대 지금까지 사상들과 노력들이 귀착되었던 **세상 나라와 더불어** 또한 **신의 나라**도 다시 사유되기를, 다시 말하면 **정치적이거나 그 밖의** 하찮은 **현실**에 매인 관심들과 더불어 또한 **순수한 학문, 즉 정신의 자유로운 이성적 세계가 다시 활짝 피어나기를** 희망해도 좋을 것이다."——이미 단어 선택에서 드러나지만 동시에 사상적인 것에도 깊이 관계되는 두 구절의 차이에 주목해야 한다. 하이델베르크 대학 취임사에서 헤겔은 여전히 "교회"(물론 여기서 오로지 조직화된 교회만이 생각될 수 있는 것은 아니다)와 "신의 나라"에

대해 말하고 있지만, 베를린 대학 취임사에서는 다만 "사상의 나라"와 "정신의 위력"에 대해서만 말한다. 그러나 무엇보다도 우선 하이델베르크 연설에서는 "국가"와 "교회", "세상 나라"와 "신의 나라", 보통의 현실과 정신의 현실의 병렬에 머물고 있다. 그에 반해 베를린 연설에서 다루어지는 문제는 정치적 삶과 "정신의 내적인 삶"의 단순한 병렬이나 심지어 상호대립이 아니라 바로 그들의 좀 더 심오한 연관을 획득하는 것이다. 헤겔은 곧바로 세계정신이 "현실에 그토록 몰두하여 외부로 향할 수밖에 없었으며", 이제야 비로소 다시 자기의 참된 위력과 존엄을 타당화시킬 수 있게 되었다고 세계정신을 변호한다. 그는 자신을 자기 내에 받아들인 국가에 대해 "외적 수단"에 의해서가 아니라 "정신적 우월함"에 의해 "자기의 중요한 의미를 획득했으며", 그 나라에서는 "교양과 학문들의 만발은 국가의 삶 자체에서 본질적인 계기들 가운데 하나이다"라고 찬양한다. 단락 2의 처음은 "정신적 삶"을 "이 국가의 실존에서 근본요소"라고 표현하며—이는 앞 단락의 생각을 부연하는 것이다—, 이어서 "정신의 인륜적 위력" 일반을 "현실의 강제력과 위력으로서 관철"시키기도 한 근원적인 것, 일차적인 것이라고 말한다. 하지만 또한 "독립"과 "전제로부터의 해방"을 위한 "민중의 저 위대한 투쟁"이 "마음에서 …… 좀 더 고차적인 단계에서 시작되었다." 이 단락의 마지막에서 헤겔이 "모든 측면, 즉 정치적, 인륜적, 종교적, 학문적 측면에 따라 그 핵심을 좀 더 발전시키는 것이 우리의 시대에 맡겨져 있는 것이다"라고 말할 때 그것은 아마도 가장 분명하게 헤겔의 의도를 보여준다 할 것이다. 여기서 국가, 인륜, 종교, 학문은 좀 더 근원적으로 모든 것을 담지하는 전체의 계기로서 파악되고 있다. 단락 3은 "새롭게 젊어지고 강화된 실체적 기초"의 최초의 "가장 비근한 작용과 발현"으로서의 "정치적 현실"에 대해 이야기하며, 나아가 그 실체적 기초의 "그 이상의 현상"에 "좀 더 커다란 인륜적이고 종교적인 진지함"이 속한다고 말한다. 그러므로 국가는—그것이 헤겔에게 있어 "객관적 정신"의 실재성으로서 발견한 특수한 영예에도 불구하고—종종 헤겔에게 쏟아지는 비난에도 불구하고 결코 절대적인 것으로 정립되어 있지 않다.[1] 『법철학』에 대한 서문을 참조.

4. "그러나 독일에서조차 그의 재탄생 이전 시대의 아둔함은 진리의 인식이란 존재하지 않으며, 신, 즉 세계와 정신의 본질은 불가해하고 파악할 수 없는 것이고, 정신은 종교에 머물러야만 하며, 종교는 이성적 앎 없이 신앙과 감정 및 예감에 머물러야만 한다는 것을 발견하고 증명했다고 생각하며 단언할 정도로 멀리 나아가 있다.": 단락 4와 더불어 회의주의적이고 비판적이며 주관주의적인 경향들에 대한 헤겔의 비판이 시작된다(주해 1을 참조). 이 비판은 이례적으로 날카롭고 일면적인 방식으로 반정립적인데, 이 점은 취임사의 강령적인 성격과 연관될 수 있을 것이다. 다른 경우에 헤겔은 반대 측의 의견도 생산적인 계기로서 자기의 사상수행 안으로 받아들이곤 한다. 중요한 의미가 부여되는 것은 무엇보다도 우선 철학이 저 경향들을 통해 다만 "공허한" 것과 관계할 뿐이며, 따라서 철학에게 "내실"을 부여할 수 있는 유일한 것인 철학의 본래적인 대상, 즉 "참된 것", "영원한 것", "신적인 것"을 상실한다고 하는 것이다. 이러한 내실은 헤겔에게 있어 생각해내어진 것이나 피안적인 것이 아니다. 오히려 그것은 바로 자연과 정신의 현실성 자체에 대한 인식에서 밝혀진다.

5. "이성에 대한 절망은 그러한 절망에까지 도달해 있다시피 여전히 아픔

---

1. 프란츠 로젠츠바이크Franz Rosenzweig, 『헤겔과 국가*Hegel und der Staat*』, II, 65 f.도 베를린 연설에서 정신에 대한 국가의 우위로의 전환을 보는 데로 기울어지지만, 나로서는 거기서 그러한 점을 결코 발견할 수 없다. 왜냐하면 "국가에서" 현실적 세계의 지배와 더불어 사상세계의 활짝 피어남이라는, 로젠츠바이크에 의해 언급된 정식화도 이미 텍스트의 전개가 직접적으로 보여주듯이 결코 국가의 우위를 언표하는 것이 아니기 때문이다. 오히려 거기서 문제되는 것은 어떠한 가치부여도 없이 이루어진 확정, 즉 "시대의 궁핍함"과 긴박한 정치적 과제들에 의해 "남김없이 요구"받았고 "정신의 내적인 삶이 고요함을 획득할 수 없었던" 프로이센 국가에서도 이제 정신을 위한 새로운 상황이 성립했다고 하는 확정이다. 물론 베를린에서 그리고 베를린의 분위기에 의해 정신과 국가의 관계라는 문제영역 전체가 헤겔에게 있어 새롭게 현실적인 것이 되었다는 점은 지금의 문제가 아니다.

과 슬픔과 연결되어 있었다. 그러나 곧바로 종교적이고 인륜적인 경솔함과 그러고 나서는 스스로를 계몽이라 부르는 앎의 피상성과 천박함이 솔직하고 자유롭게 자신의 무력함을 고백했고 좀 더 고차적인 관심들을 철저히 망각한 것을 자랑으로 삼았다. 그리고 마침내 이른바 비판철학이 영원한 것과 신적인 것에 관해서는 아무것도 알려질 수 없다는 것을 **증명**했다고 단언함으로써 영원한 것과 신적인 것에 대한 이러한 무지를 정당화했다.": 그러므로 헤겔은 단연코 진정한 "이성에 대한 절망"을 알고 있거니와, 그러한 것과 진리의 인식 불가능성을 뽐내는 회의주의자의 자기 확신적이고 성급하며 공허한 태도를 구별한다. 그러한 태도는 그것이 공격하는 합리주의적 인식교조주의에 못지않게 교조적이며, 정신으로 하여금 다만 헤겔에게서 관건이 되는 사태에 대한 현실적 노동을 그만 두게 할 뿐이다.

6. "삶 속에서 참되고 위대하며 신적인 것은 이념을 통해 그러하다.": 이 문장은 헤겔에게서 이념이 지니는 위력을 보여준다. 근대 철학의 경험주의와 주관주의에서와 같은 한갓된 관념, 한갓된 표상과는 달리, 그러나 또한 칸트에게서처럼 단지 규제적일 뿐인 이성 개념과는 달리 이념은 플라톤적인 관념론의 의미에서 유일하고 참된 실재성이지만, 동시에 주어진 현실의 본질형식이라는 아리스토텔레스적인 의미에서 현실 안에 내재하는 살아 있는 본질적 힘으로서 파악된다(이에 대해서는 무엇보다도 우선 『법철학』에 대한 서문을 참조). 이러한 의미에서 우리는 헤겔의 "객관적 관념론"에 대해 말할 수 있다. (또한 후고 팔켄하임Hugo Falkenheim, 『괴테와 헤겔 *Goethe und Hegel*』, 1934, 특히 S. 10 ff.를 참조.) "이념"과 "이성" 그리고 그들의 실현에는 모든 주관적 의도에 대립되는 객관적 "필연성"이 속한다. 그리고 물론 헤겔에 의해 그에 못지않게 강조되는(우선은 마치 하나의 대립이라는 듯이, "그러나 정신의 나라는 자유의 나라이다") "정신의 자유"는 바로 "이념들의 파악"에 존립하거니와, 그것이야말로 비로소 정신을 자기 자신에 대해 자유롭게 만든다. 그러나 그것은 (고대에서 유래한) 객관적

이념실재론과 (근대적 원천을 지닌) 주관적 자유관념론의 한갓 외적일 뿐인 종합이 아니다. 오히려 그것은 (인간의 모든 주관적 사유에 선행하는) 객관적 이성이 정신 속에서 자기 자신에 도달함으로써 그 둘의 대립의 내적인 지양이다. 헤겔에게 있어 그의 "정신의 위력에 대한 믿음"에 대한 내적인 철학적 정당화는 바로 여기에 근거한다. 그러므로 헤겔에게 있어 이러한 정신의 위력은 본질적으로 (가령 피히테의 행위 파토스와는 달리) 인식의 위력이거니와, 이 위력에 대해서는 "우주만물의 닫혀 있는 본질"도 "스스로를 드러내어 자기의 풍요로움과 자기의 깊이를 그 눈앞에 펼치지" 않을 수 없는 것이다. (우리는 여기서 또한 헤겔의 지향들과 "창조된 정신은 자연의 내적인 것으로 뚫고 나아가지 못한다"는 표어에 대한 괴테의 격렬한 거부 사이에 존재하는 내적인 공통성을 알게 된다.) 바로 그러한 인식은 주관적인 인식이 아니라 현실을 그 본질적 내실에서 파악하는 것이다. 현실을 넘어서는 한갓 주관적일 뿐인 의견들과 이론들에 대립하는 헤겔의 이러한 객관적-실재론적인 면모는 『법철학』 서문에서 좀 더 명확하게 파악될 수 있게 된다.

5.『법철학 요강』 서문

“자연법과 국가학 강요”라는 부제를 달고서 1820년에 출간된『법철학 요강』은 베를린 시대에 출판된 헤겔의 유일한 책임과 동시에 그 자신에 의해 책으로서 가다듬어진 마지막 저작이다. 이 저작은 다음과 같은 세 부분, 즉 기본 표제가 말하는 것 이상으로 추상법, 도덕성, 인륜(이는 또다시 세 개의 장, 즉 가족, 시민사회, 국가로 이루어진다), 요컨대 이미『엔치클로페디』에 포함되어 있는, 역사 과정의 초개인적인 담지자로서의 “객관적 정신”에 관한 학설의 포괄적이고 상세한 전체적 서술을 담고 있다. 그것이 지니는 중요한 의미는 이미 헤겔이 바로 “객관적 정신의 발견자”로서 여겨진다는 점에서 생겨난다. (하르트만N. Hartmann,『정신적 존재의 문제*Problem des geistigen Seins*』, S. 170; 더 나아가 벵케H. Wenke,『헤겔의 객관적 정신의 이론*Hegels Theorie des objektiven Geistes*』, 1927과『헤겔*Hegel*』, 1929에서의 N. 하르트만의 서술을 참조.)

물론 그것은 동시에 특별히 법철학과 국가철학의 출판물로서, 헤겔이 다만 프로이센 국가를 찬양하고자 했을 뿐이라는, 여전히 계속해서 귀 기울여야 하는 의견에 대한 동기를 부여하는 것이기도 했다. 이에 대해 말할 수 있는 것은 헤겔의 국가철학적인 사상들은 그의 철학 체계 전체의 확고한 구성부분을 나타내며, 그 사상들은 헤겔이 베를린에 올 것을 전혀 생각할 수 없었던 때부터 이미 오랫동안 헤겔 내부에 살아 있었다는 점이다. 명확히 인식될 수 있는 직접적인 뿌리는 1802년의 『자연법의 학문적 취급 방식』과 『인륜의 체계』에 이르며, 좀 더 먼 뿌리는 신학적인 청년기 저술들에까지 소급된다. 더 나아가 헤겔의 정치적 사유에 대한 이해를 위해서는 1797년의 『뷔르템베르크의 최근의 내정』에 관한 논고의 단편들과 『독일헌법론』에 관한 중요한 저술(1799년에 시작되고 1802/3년에 종결되었으나 출판되지 않았다)로부터 시작하여 그의 정치적-역사학적 저술들 전체를 함께 보아야 한다.[1] 왜냐하면 그것들은 형식들이 더 이상 정신에 의해 그 생명을 부여받지 못하는 곳에서 개혁에로 돌진하는 헤겔의 비판적 정신을 보여주기 때문이다. 바로 헤겔의 발전사에 대한 근본적인 연구는 그의 법철학이 그의 초기의 사상들을 받아들였으며, 그의 국가사유가 향했던 곳은 프로이센 국가가 아니라 그리스의 폴리스였고, 추후적인 편입마저도 오로지 매우 조건적으로만 가능하다는 점을 보여주었다. 비록 몇몇 명제들이 1820년의 프로이센 국가의 정당화로서 해석되고 이용될 수 있다 할지라도, 그 점은 법철학과 국가철학의 고유하고도 본래적인 철학적 관심사와는 전혀 관계가 없었다(라렌츠K. Larenz, 『헤겔주의와 프로이센 국가이념*Hegelianismus und preußische Staatsidee*』, 1940을 참조. 또한 중요하지만 논란의 여지가 있는 프란츠 로젠츠바이크Franz Rosenzweig, 『헤겔과 국가*Hegel und der Staat*』, 1920과 대결하고 있는 부세M. Busse, 『헤겔의 정신현상학과 국가*Hegels Phänomenologie des Geistes und der Staat*』, 1931도 참조). 그러나 또한 프란츠 로젠츠바이크, 『헤겔과 국가』, II, 75도 헤겔 자신이 법철학에서의 스스로를 "조금도 정부의 무조건적인 옹호자로서" 간주하지 않았으며, 이미 "자신의 국가철학적인 관점의 높이"에 의해 "어떠한 경우에도 몰이념적인 정부 추종"과 혼동되지 않을 것으로 믿었다는 점을 강조하고 있다.

• • •

1. 라손의 비판본에서 헤겔의 정치적 저술들의 총괄은 Bd. VII, Schriften zur Politik und Rechtsphilosophie, 2. Aufl. 1923.

물론 헤겔에게 있어 보편적이고 주관적인 의지의 통일로서의 국가는 인륜적 이념의 실현이자 객관적 정신 자체의 실재성이다. 그 경우 헤겔에게 문제가 되는 것은 개별자가 더 이상 국가에 소원하고 외면적으로 대립하는 것이 아니라 국가 속으로 그리고 언제나 구체적-역사적인 것인 국가의 초개인적이고 객관적인 실재성 속으로 받아들여진다는 점이다(여기서 개별자의 인격적인 존재가 완전히 흡수되는 것이 아니라는 점을 하임죄트 Heimsoeth, 「헤겔 역사철학에서 정치와 도덕Politik und Moral in Hegels Geschichtsphilosophie」, Blätter für deutsche Philosophie, 1934가 보여준다). 그러나 그 점을 넘어서서 일반적으로 헤겔에게는 이성과 현실, 보편자와 특수자를 분열시키는 이원론적 사고방식의 극복이 문제가 된다(이 점은 역사학자 오토 포슬러Otto Voßler, 『루소에서 랑케까지의 민족적 사상*Der Nationalgedanke von Rousseau bis Ranke*』, 1936, 148 ff.에 의해 올바르게 파악되고 있다). 어쨌든 칼 맑스는 결국 우리가 헤겔의 생성의 변증법과 결합하여 이러한 근본 관심사로 되돌아갈 때 일면적으로 보수적인 것과는 전혀 다른 결론들을 끌어낼 수 있다는 점을 아주 인상적으로 보여준 바 있다(물론 이는 또다시 다른 측면에서 일면적이게 된다). 난해하고 다층적인 문제들로 이어지는 또 다른 물음은 이념과 현실, 인륜과 국가, 법과 권력, 정신과 정치의 관계를 좀 더 깊게 근거짓고자 하는 헤겔의 시도가 결국 명백하게 오해될 수 있었던 권력국가 사상으로 얼마만큼이나 나아갔던가 하는 것이다.

1. 『법철학』에 대한 **서문**은 헤겔이 "법, 인륜, 국가"의 문제들에 대한 자신의 철학적 입장 전체를 언표하는 바로 그것의 핵심테제들이 처음부터 특히 불쾌감을 불러일으키는 것으로서 작용했던 한에서 예비적 언급에서 제기된 물음들의 한가운데로 들어간다.[2] 그런 까닭에 서문의 철학적인 근본

• • •

2. 에두아르트 간스Eduard Gans는 1833년의 제2판에 대한 그의 머리말에서 "서문의 유일한 명제" (요컨대, "이성적인 것, 그것은 현실적이며" 등등)가 분노와 오해의 주요한 동기였다고 지적한

지향들을 미리 그 대강의 윤곽에서 그려 보이는 것이 적절할 것이다.

서문에서 헤겔에게 철학적으로 궁극적인 문제가 되는 동시에 서문에 그 나름의 중요성을 부여하는 것은 바로 "현실에 대한 철학의 태도"이다. 그는—자신의 강요의 동기와 형식에 대한 지적 이후에—우선 철학적 "저술가들"에 의해 찬양받는 다소간에 새로운 이른바 "진리들"의 다수성에 "공적인 법률들, 공적인 도덕과 종교에서 공표되고 잘 알려져 있으며" 모든 "공평무사한 마음"에 대해 그의 행동의 객관적이고 "확고한 기초"를 형성하는 "법, 인륜, 국가"에 관한 "아주 오랜" 진리를 대립시킨다. 물론 헤겔은 "권위적으로" 주어진 것에 머무는 것이 아니라 그것을 파악하는 데서 더 나아가 (한갓 교조주의적으로 주장된 모든 것들에 대립하여) "가장 내적인 것에서 진리와 하나가 될 수 있기" 위해 학문적으로 개념 파악할 필요를 강조한다. 다른 한편으로 그는 사유가 인간으로 하여금 "사유와 정신 일반의 자유가 오로지 공적으로 인정된 것으로부터의 벗어남과 심지어 그에 대한 적대성에 의해서만 증명된다는 듯이" 자기의 주관적 사념을 "실체적인 법", 즉 "보편자"에 대해 반목하게 하도록 유혹한다는 점을 알고 있다. 자연에 대해 우리는 물론 관건이 되는 것이 그것을 그것의 고유한 본질에서 파악하는 것임을 인정하지만, "정신적 우주", "인륜적 세계"에 대해서는 그에 대한 우연적 반성들과 이론들을 타당하게 만들 수 있고 또 그리 해야만 한다고 믿는다. 거기서 우리는 1) 정신적-인륜적 삶에서도 주관적 자의를 벗어나 있는 초개인적 연관들과 풍부하게 조직된 질서들이 존재하는 가운데 "객관적 정신"의 영역을 형성한다는 점과, 2) 이러한 객관적 정신의 현실성과 관련해서도 "참다운 사상"이 한갓된 "사태에 관한 의견"이 아니라 "사태 자체의 개념"이라는 점을 완전히 간과한다. 철학은 바로 이러한 것을 부인하는 "불안하게 몰아쳐대는 반성과 허영심"("자의적인 곡해")에 의해 멸시당하게 되었다. 그리하여 결국 "이성의 노동"과 "사상과 개념의 발전" 대신

바 있다. 그러나 또한 이미 『엔치클로페디』, § 6에서의 헤겔 자신의 지적에 더하여 이 서문에 대한 주해 29도 참조.

에 모종의 한갓된 감정과 "우연한 상상"이 들어설 수 있었다. 경건한 감정마저도 그것을 객관적인 현실적 질서에 맞서게 하기 위해 이용될 수 있다고 믿어졌다. 그러나 그 모든 것은 또한 국가에게도 무관심할 수 없는데, 왜냐하면 여기서는 "내적인 인륜"뿐만 아니라 또한 "공적인 질서"의 파괴로 이어지는 특수하고 자의적인 원리들의 확산이 문제가 되기 때문이다. 그 경우에는 결국 "참된 것의 개념들", "인륜적인 것의 법칙들"은 그 자체가 다름 아닌 "의견들"일 뿐이며, "가장 범죄적인 원칙들"과 구별될 수 없다. 그렇게 되면 모든 임의적인 것이 "모든 사유하는 인간의 관심과 인륜적 세계의 유대를 이루는 것과 동등한 지위에 놓이게" 된다. 그러나 그리됨으로써 더욱 더 분명하게 철학의 참된 과제가 드러난다. 철학의 과제는 이미 언제나 현실을 넘어서 있으면서 더 잘 안다고 하는 허영심을 지닌 모종의 원리들, 요구들, 교조들, 산물들을 이 현실에 대립시킴으로써 이원론적으로 존재에 대해 추상적 당위를 반목케 하는 데 존립할 수 없다. 바로 이러한 이원론에서 헤겔은 그저 분리시킬 뿐이고 전체를 추상적으로 분열시키는 가운데 현실에 대립하는 지성의 위험한 오류를 본다. 철학의 참된 과제는 다만 현실을 고안되고 구성된 것이 아닌, 그것의 현재적이고 실체적인 실재성에서 파악하고 근거짓는 것일 수 있을 뿐이다. "존재하는 것을 개념적으로 파악하는 것이 철학의 과제이다." "프로테스탄티즘의 원리"를 이루는 "근대"에 특징적인 "아집", 즉 사상들에 의해 정당화되어 있는 것만을 인정하고자 하는 아집은 그것에 모순되지 않는다. 다만 그 아집은 자기 자신을 올바르게 이해해야만 하거니와, 요컨대 임의적으로 넘어설 수 있는 것이 아니라 사유에 비로소 그 내용과 실체를 제공하는 것으로서의 현실을 그 본질에서 파악하여 "개념에서 파악"하라는 그러한 이성에 대한 요구로서 스스로를 이해해야만 하는 것이다. 그렇다면 사상과 현실은 더 이상 대립을 의미하지 않는다. 오히려 사상은 현실에서 스스로를 다시 발견한다. 이성과 현실은 그들의 변증법적 통일에서 그 모습을 드러낸다. 그 경우 또한 잘 알려진 몇 가지 말들도(예를 들면 이미 언급된 "이성적인 것, 그것은 현실적이며,

현실적인 것, 그것은 이성적이다") 이러한 연관에 속한다. 그 말들은 여기서 헤겔 사유의 근본연관들로 뚫고 들어갈 수 있는 가능성을 지니는 개별적 설명에서 좀 더 상세하게 설명되어야 한다.

2. 『법철학 요강』은 『엔치클로페디』에서의 "객관적 정신"의 철학(제1판, 1817, § 400 ff.; 제3판, 1830, § 483 ff.)과 겹친다. 다만 법철학은 그 주제에 대한 좀 더 풍부하고 "좀 더 체계적인 상론"일 뿐이다. 물론 그것 역시 다만 바로 베를린에서 헤겔이 전력을 기울였던 바의 "강의들에 대한 입문서"로서만 생각되고 있다.

3. "철학적 강요에 대해서는 이러한 체재가 기대되지 않는데, 그 까닭은 가령 이미 우리가 철학이 성취하는 것이란 매일 처음부터 다시 시작되는 페넬로페의 직물과 같은 하룻밤의 작업이라고 생각하기 때문이다.": 헤겔은 여기서 철학에서는 일반적으로 연속성, 학설의 전통, 교수 가능성과 같은 것이 존재하지 않으며, 그러므로 철학은 페넬로페처럼 언제나 새롭게 자기의 "직물"을 다시 짜기 시작해야 한다는 듯이 생각하는 의견을 거부한다. 오히려 철학적 작업에는 철두철미 이미 잘 알려진 것, 이미 가르침을 받은 것, 이미 지식으로 된 것이 존재한다. 새로운 것을 생각해내는 것이 아니라 잘 알려진 것을 인식하는 것이야말로 헤겔에 의해 반복적으로 힘주어 강조되는 철학의 과제이거니와, 이것이 바로 이 서문에서의 중심적 주제가 된다. 단락 7 이하를 참조.——물론 다음 단락 3이 보여주듯이, 철학적 강요는 그 밖에 편람이라 불리곤 하는 것과 그 "방법"에 의해 구분된다. 그러나 바로 그 방법은 임의의 새로운 시작이나 자의적으로 착수하는 반성작용과는 반대되는 것이다. 다음 주해를 참조.

4. "그러나 여기서는 하나의 소재에서 다른 소재로 전진하고 학문적으로 증명하는 철학적 양식, 즉 이러한 사변적 인식방식 일반이 본질적으로 다른

인식방식과 구별된다는 것이 전제된다.": 여기서 "사변적"이란 개별적인 것에 머무는 것이 아니라 개별적인 것을 항상 전체의 체계적 연관 속에서 개념 파악한다는 점에 그 특징이 있는 헤겔의 학문적 철학의 특수한 형식을 가리킨다. 그런 까닭에 사변적 인식은 경험인식에 추상적으로 대립하는 것이 아니라 그것을 자기 내에 포함하며, 그것을 자기 내에서 지양한다. 그것은 "지성이 그에 머무르는 저 대립들(그러므로 또한 주관적인 것과 객관적인 것의 대립)을 지양된 것으로서 자기 내에 포함하고, 바로 그리함으로써 스스로를 구체적인 것과 총체성으로서 입증하는 바로 그것"이다(『엔치클로페디』 § 82, 8/178).

5. "하지만 결국 또한 반성과 사상관계들도 들어서야만 하는 까닭에, 사람들은 무의식적으로 전적으로 일상적인 추론과 이치추론의 경멸받은 방법으로 처리해 나간다.": 그러므로 사람들은 전래된 논리학의 불충분한 형식들과 규칙들을 내부로부터 그리고 사유 자체로부터 철학적으로 극복하는 대신, 그것들에 단지 주관적 감정을 대립시켰을 뿐이다. 그런 까닭에 사람들은 부득이하게 "경멸받은 방법들에" 여전히 고착되어 있다. "이치추론"이라는 것에서 헤겔이 이해하는 것은 사태의 본질로 뚫고 들어가지 못하고 한갓 외면적으로만 어떤 것에 관해 반성하는 것이다.

6. "왜냐하면 이 논구에서 문제로 되는 것은 **학문**이며, 학문에서 내용은 본질적으로 형식에 매여 있기 때문이다.": 학문에서 내용이 "본질적으로 형식에 매여 있는" 까닭은 학문적 서술이 임의적으로 내용을 쏟아 붓는 것이 아니라 바로 그것을 방법적으로 전개하고 체계적으로 확대해 가는 성격을 지니기 때문이다. 그러나 이러한 체계적 전개는 내용에 외적인 것, 무관심한 것이 아니라 내용에 고유한 규정성과 연관들의 전개이다. (그런 까닭에 "전체"는 헤겔에게 있어 논리학이 단지 주관적 정신의 규칙들이 아니라 내용 자체의 규정성을 이루는 구조들과 본질형식들을 포함하는

한에서, 단락 3의 마지막에서 세 번째 문장이 말하듯이, "논리적 정신"에 토대한다. 『논리의 학』 서문과 나의 해명들을 참조.)

7. "물론 우리가 문제를 너무도 철저히 다루는 것처럼 보이는 사람들에게서 들을 수 있는 것은 형식이란 무언가 외적인 것이자 사태에 대해 무관심한 것이고 관건이 되는 것은 오로지 사태일 뿐이라는 것이다. 나아가 우리는 저술가, 특히 철학적 저술가의 과업을 **진리**를 발견하고 **진리**를 말하며 **진리**와 올바른 개념들을 널리 보급하는 것으로 정립할 수도 있다. ……": 이 단락은 이런저런 "진리들"을 단지 주장할 뿐인 방식으로 언표하는 경향에 맞서 학문적 형식의 필연성의 사상을 전개한다. 왜냐하면 이 진리들에는 다른 측면에서 또다시 다른 진리들이 대립하여 "진리들의 혼돈"이 생성되거니와, 그에 맞서 기준으로서의 "학문"에 대한 성찰이 스스로 출현하기 때문이다. 학문에 대한 이러한 성찰은 교체되는 개별적 "진리들"과 진리요구들에 맞서 "지속하는" 진리의 내적 연관에 대한 눈을 열어준다. 이러한 생각은 다음 단락에서 더욱 심화된다. 주해 8을 참조.

8. "어차피 **법, 인륜, 국가**에 관한 **진리**는 **공적인 법률들, 공적인 도덕과 종교**에서 **공표되고 잘 알려져 있는 만큼이나 아주 오래된** 것이다. ……": 헤겔의 담지적이고 주도적인 확신이 앞 단락에서의 한갓된 의견들과 새로운 진리들에 대한 거부에 이어 지금의 이 단락 5에서 직접적으로 드러난다. 왜냐하면 특히 법, 인륜, 국가에 관한 한, 여기서 필요한 것은 새로운 진리들이 아니라, 다만 공적으로 잘 알려진 현실에서 인륜과 법, 종교에 관해 주어진 진리를 개념 파악하는 것일 뿐이기 때문이다. 물론 사유하는 인간에 대해서는 "국가의 외적인 실정적 권위"라는 의미에서나 단지 주관적일 뿐인 확신과 한갓된 "내적 감정의 권위"라는 의미에서의 주어진 것 그 자체는 충분하지 않다. 그는 근거짓기라는 "이성적 형식"에 의한 정당화를 요구하는 것이다. 헤겔은 외적 소여성이든 내적 소여성이든 그에 머무르는 실증주의자가 결코

아니었다. 바로 단순한 실증주의에 대한 당대의 적대적 입장이야말로 객관적-실재적 정신이라는 법과 인륜 그리고 국가적 삶에서의 구체적 현실에 대한 그의 물론 중심적이라 할 수 있는 성찰에 대해 특징적이다. 단지 주어져 있을 뿐인 내용에 맞서 "형식"을 강조하는 것(주해 6과 7을 참조)은 이로부터 심화된 의미를 획득한다. 학문적 형식을 통해 비로소 "자유로운 사유"는 "가장 내적인 것에서 진리와 하나가 될 수 있다."

9. "공평무사한 마음의 단순한 태도는 공적으로 잘 알려진 진리에 대한 신뢰로 가득 찬 확신을 견지하고 이러한 확고한 기초 위에 삶에서의 자신의 행동방식 및 확고한 입장을 세우는 것이다. 이러한 단순한 태도……": 단락 6은 모든 "공평무사한" 사람들에게 있어 행동의 "확고한 기초"로서의 "공적으로 잘 알려진" 진리를 한편으로 하고, 법과 도덕에 대한 단순한 의견들을 다른 한편으로 하는 대립의 사상을 새롭게 받아들인다. 법과 윤리의 객관성(단락 8은 "법률의 인륜적 질서와 객관성"에 관해 이야기한다)에 반대해야 한다는 의견들의 상이성은 참으로는 다만 "보편적으로 인정된 것과 타당한 것, 법과 인륜적인 것의 실체와는 다른 어떤 것을 의욕"하는 이러한 의견들의 주관주의를 드러낼 뿐이다. 다른 "어려움"(단락 6의 마지막 부분)은 좀 더 진지하거니와, "인간이 사유한다는 것", 다시 말하면 그가 제공되는 것을 아무런 의문도 제기하지 않고 단순히 받아들이고자 하는 것이 아니라 자유롭게 결정하고자 한다는 것은 좀 더 진지한 문제이다. 그러나 이러한 "권리"는 그것이 다만 타당한 것으로부터 벗어나는 것에서만 스스로 자유로울 수 있다고 생각한다면 "불법 · 비권리"로 전도된다.

10. 시대의 주관적 경향들에 맞서 법, 인륜, 국가의 객관적 실재성을 제시하고자 하는 헤겔의 노력은 여기서 훨씬 더 강조적이게 된다. 단락 5와 6과 마찬가지로 단락 7도 국가에 대한 특별한 관계 아래 구체적 질서들(헌법 등등)로 표현되는 초개인적인 실재성을 지니는 **객관적 정신**이 낯선 것, 신비

적인 것, 허구, 개념의 한갓된 실체화가 아니라는 점을 강조한다. 객관적 정신은 오히려 경험적으로 잘 알려져 있다. 단락 6에서 말해졌듯이, "공적으로 인정된 것", "인륜과 국가의 명령"을 견지하고 이 기초들 위에 자기의 삶을 구축하는 자연적 인간의 "단순한 태도"는 그의 직접적으로 현재적인 현실, 개별적인 것을 담지하는 현실을 확증한다. 역으로 바로 그런 까닭에 헤겔의 생각에 따르면, 마치 어떠한 국가와 국헌도 세계에 아직 존재한 적이 없었다는 듯이 인륜적 세계가 이제 비로소 주관적인 "지금의 발상과 근거해명 그리고 근거짓기를 기다려야" 한다면, 그것은 기이한 것으로 받아들여지지 않을 수 없다. 단락 7이 진행되는 가운데 주어지는 비교, 즉 발견되어야 할 객관적 질서와 법칙성이 인정되는 자연에 대한 학문적 탐구와 바로 이성이 "실현"되어야(즉 "힘과 강제력에" 도달하고 "그 속에서 주장되고 내재"해야) 하지만, 그럼에도 불구하고 객관적 이성이 논란되는—따라서 객관적 이성이 "우연과 자의에 내맡겨지는"—정신적-인륜적 세계에 대한 인식 사이의 비교는 주해와 나중의 보론에서 좀 더 분명하게 상론된다. 그 비교는 헤겔이 맞서 있던 과제의 의미를 보여주지만, 또한 그가 성취한 것의 위대함을 드러내기도 한다. 그는 제2의 "객관적" 세계로서의 "정신적 우주"를 발견했던 것이다.

11. "두 가지 종류의 법칙들, 즉 자연의 법칙들과 법의 법칙들이 존재한다. ……": 이 주해는 헤겔이 자연의 객관적 세계와 더불어 나타나는 정신의 객관적 세계를 발견함에 있어 그 둘의 구별을 간과하지 않는다는 점을 보여준다. 자연과 인륜에서 문제가 되는 것은 다른 "필연성"이다. 자연 질서의 척도는 우리 외부에 있으며, 인륜적-정신적 삶의 척도는 언제나 동시에 우리 안에 있다. 그 점은 자연이 알지 못하는 긴장들과 대립들, 모순과 자의의 가능성을 낳는다. 하지만 그것들은 동시에 다만 "즉자대자적으로 존재하는 법"을 숙고해야 하는 과제와 욕구가 좀 더 절박한 것이 되게 할 뿐이다. 거기서는 또한 사유 그 자체가 결코 의견의 주관주의에 "문을

열지" 않으며, 그러므로 삶의 실체에 대해 위협적이고 파괴적이게 되는 것이 아니라는 점이 제시된다. 오히려 참다운 사상은 일반적으로 사태에 대한 한갓된 의견이 아니라 "사태 자체의 개념"이다. 사유의 본래적인 대상은 바로 법에서도 그에게 "마주 다가오는" "객관적 이성"이다.

12. "과제, Problema"(그리스어)는 앞에 던져진 것, 앞에 놓인 것, 부과된 것, 과제를 의미한다. 이 구절에서는 현실이 아니라 **다만** 하나의 과제일 뿐이라는 의미에서 쓰이고 있다.

13. 단락 7의 마지막 부분은 어떻게 해서 "저 불안하게 몰아쳐대는 반성과 허영심"이 국가 자체와 "국가의 이 현실"에서 사실적으로 살고 있는 국민의 현실에 대해 물론 "위험"할 수 있는 한갓 "공허한 유희"일 뿐인가 하는 것과(단락 10을 참조), 나아가 어쨌든 철학 자체가 철학적으로 주어지는 "저 몰아치는 듯한 움직임"에 의해 불신 받게 된다는 것을 보여준다. 그와 더불어 헤겔은 "최근의 철학"의 원리적인 주관주의에 대해 이야기하기에 이른다.

14. "그렇지 않아도 그렇게 자처하는 철학은 **참된 것 자체는 인식될 수 없으며**, 모두가 인륜적 대상들, 특히 국가, 정부 그리고 헌법에 관해 **자신의 심정, 마음, 영감으로부터 솟아오르게** 하는 것이 참된 것이라고 명확히 언표했다.": 특히 사물 자체의 인식 불가능성에 관한 칸트 학설의 대중화에 의해 이러한 의견에 도달하게 되었는데, 그 의견을 다른 한편에서 단순한 감정, 단순한 신앙의 주관주의로 기울어지는 낭만주의적인 경향이 받아들였다.

15. 프리스J. Fr. Fries, 1773-1843. 칸트 철학의 심리학적 변형의 정초자. 주저: 『지식, 신앙, 징벌*Wissen, Glaube und Ahndung*』, 1805. 『새로운 또는 인간학적인 이성 비판*Neue oder anthropologische Kritik der Vernunft*』, 3 Bde.,

1807.——프리스는 하이델베르크에서 헤겔의 전임자였다.

16. "악명 높아진 공적인 축제의 기회": 독일 대학생 학우회의 바르트부르크 축제(1817년 10월 18일)가 생각되고 있다.——헤겔의 공격은 의심할 바 없이 내용적으로뿐만 아니라 인격적으로도 이례적이고 또 불필요하게 날카롭다. 그러나 "고발"이라고는 말할 수 없다(이에 대해서는 또한 로젠츠바이크, 『헤겔과 국가』 II, S. 74를 참조). 헤겔이 비판하는 프리스의 바르트부르크 연설은 오래전부터 공론장에 알려져 있었다. 프리스 자신은 이미 1819년 11월에 철학 교수직에서 면직되었다(그는 1824년에 다시 수학과 물리학을 위한 교수직을 얻었으며, 1825년에 또다시 철학 강의들을 행할 수 있게 되었다). 헤겔에게 문제가 되었던 것은 그가 이제야 비로소 철학과 학문에 대한 주요한 위험으로 인식하게 된 견해에 대한 투쟁이었다. 그는 또한 그와 같은 견해로 인해 이제 국가적 삶의 인륜적 실체가 위험에 처하게 되었다고 보았다. 주해 17을 참조.

17. 언뜻 보아 여기서는 민중으로부터 출발하는 사유의 대변자에 맞서 헤겔이 마치 단지 반동적인 국가철학을 이야기하고 있을 뿐이라는 것처럼 보일 수 있을 것이다. 그러나 텍스트의 진행과 전체 연관은 다른 좀 더 심오한 대립이 문제라는 것을 보여준다. 이미 "국가라고 하는 인륜적인 것의 자기 내 풍부한 편성"과 "국가의 이성성의 건축술" 그리고 감각들과 영감의 "죽"에 비해 "척도의 엄밀함"과 "조화"에 의해 부각되는 국가라는 "건축물"에 대한 강조, 그리고 그에 못지않게 단지 감정적일 뿐인 것을 한갓되이 끌어들이는 것에 맞서 "이성의 수천 년에 걸친 노동"을 내놓는 것이 그 점을 명확히 해준다. 헤겔은 다만 법률과 법, 인륜적 질서에 대한 대립과 주관적 자의의 지배를 은폐하는 데 이바지할 뿐인, 생명과 민중, 민중적 감각을 논하는 감정으로 충만하고 유창할 뿐만 아니라 천박하기도 한 연설이 존재한다는 것을 알고 있다. 헤겔의 확신에 따르면 법과 법률에

대한 입장이야말로 거기서 비로소 민중의 참된 친구와 거짓된 친구가 구별될 수 있는 바로 그것이다.—우리는 동시에 "인륜적인 것의 자기 내 풍부한 편성"과 "공적 생활의 영역들과 그것들에 대한 정당화의 규정된 구별을 통해 그리고 모든 기둥과 천장, 버팀목이 그 속에서 유지되는 척도의 엄밀함을 통해 전체의 강함을 그 지절들의 조화로부터 출현하게 만드는 국가의 이성성의 건축술 ……" 등등에 관한 정식화들에서 "객관적 정신"이 헤겔의 눈앞에 얼마나 구체적으로 놓여 있는지를 볼 수 있다.

17a. 그리스의 철학자이자 그의 이름에 따라 명명된 에피쿠로스학파의 창시자인 에피쿠로스(기원전 341-270)는 데모크리토스의 원자론적 세계관을 계승하여 세계를 최종적인 근원원소로서의 원자들의 우연적인 충돌로부터 파악하고자 했다. 그는 이러한 최초의 우연적인 충돌을 설명하기 위해 원자들의 근원적인 낙하방향으로부터의 "너무도 작은" 자의적인 벗어남을 가정했다.

18. 서재에서 메피스토펠레스가 파우스트의 긴 옷을 입고서 행하는 그 구절은 정확하게는 다음과 같다.

> 오직 이성과 학문을 경멸하라,
> 인간 최고의 재능을,
> 오직 요술과 마법으로
> 거짓 정신으로 기운을 돋게 하라,
> 그러면 너는 이미 내손아귀에 들었다—
> ……
> 그는 자기를 악마에게 넘겨주지 않았을지라도,
> 그는 몰락하지 않을 수 없다네!"(Goethe, 『파우스트』, 제1부, 서재, Ⅴ. 1851-67.)

19. 종교적 주관주의에 대한 논파에 대해서는 『엔치클로페디』 제2판 서문에 대한 주해들을 참조.

20. "그런 까닭에 **법칙**은 이 교과서가 전개되는 과정에서 어디선가 언급되고 있듯이 무엇보다도 이른바 민중의 거짓 형제들과 친구들이 거기서 구별되는 암호이다.": 여기서 좀 더 상세하게 지시되어 있지 않은 곳(어디선가)에서 생각되고 있는 것은 아마도 칼 루트비히 폰 할러Karl Ludwig von Haller의 『국가학의 부흥*Restauration der Staatswissenschaft*』과의 대결을 담고 있는 § 258에 대한 주해일 것이다. 거기서는 "광신과 아둔함 그리고 선의를 가장한 위선"이 인식될 수 있는 "암호"로서의 "법률에 대한 증오"에 대해 말하고 있다.——여기서 암호로 번역된 "Schiboleth"(헤브라이어)은 암호, 구호, 인식표를 의미한다(『구약성서』, 「사사기」, 12장 6절에 따라). 헤겔이 똑같은 논증을 가지고서 한 번은 프리스에 대해, 그리고 다른 한 번은 전적으로 보수적인 국가 이론가인 할러에 대해 전선을 형성하고 있는 것은 놀라운 일이지만 또한 해명해 주는 바가 많다 할 것이다. 또한 이러한 이중적인 적대적 입장은 헤겔이 전혀 기존의 것에 대한 한갓된 옹호자로서 파악되거나 확정될 수 없다는 점을 보여준다.

21. "그런데 법의 자의적인 곡해가 **철학**이라는 이름을 자기 것으로 삼고서 수많은 대중들로 하여금 마치 그와 같은 야단법석이 철학이라는 듯이 생각하게 만들 수 있었던 까닭에, 국가의 본성에 관해 여전히 철학적으로 논하는 것은 심지어 거의 불명예로 되었거니와, ……": 그러나 헤겔은 철학이 "법의 자의적인 곡해"에 의해 경멸받게 되었다는 것, 그리고 국가와 객관적 정신의 실재성에 맞선 한편으로 무관심하고 다른 한편으로 해소시키는 주관주의적 경향들(따라서 여기서 헤겔은 소피스트들에 대한 플라톤의 투쟁을 암시한다)은 마침내 또한 국가의 옹호자들에게서도 철학 일반을 "불신"에 빠뜨렸다는 것을 의식하고 있다.

22. 이 점은 철학이 공무원인 교수들에 의해 대학에서 가르쳐지는 한에서 사실이다.

22a. "그러나 천박성은 그 스스로 인륜적인 것과 법 그리고 의무 일반과 관련하여 이 영역에서 천박한 것을 이루는 그와 같은 원칙들, 즉 우리가 **플라톤**으로부터 그토록 결정적으로 알게 되는 **소피스트들**의 원리들로 나아가거니와—그 원리들은 법・옳음인 바의 것을 **주관적 목적들과 의견들** 그리고 **주관적 감정**과 **특수한 확신** 위에 세우는 것으로서,—그 원리들로부터는 내적 인륜성과 성실한 양심, 그리고 사적 인격들 사이의 사랑과 법・옳음의 파괴뿐만 아니라 또한 공공질서와 국법의 파괴가 따라 나온다.": 여기서 헤겔은 근본문제에 대해 언급한다. 즉 주관주의는 "공적 질서", 객관적 연관들뿐만 아니라 또한 "내적 인륜성"마저도 파괴한다. 그것은 "성실한 양심"을 허물어뜨리는 것이다. 헤겔은 이 문제를 나중에 법철학의 구체적인 상론들에서 좀 더 상세하게 추적했다(특히 § 136 이하). 거기서 그는 또한 양심 자체, 즉 확실히 "그것을 침해하는 것이 모독행위가 될 터인 성스러움"은 바로 그 양심에 비로소 규정된 내용을 부여하는 구체적 의무들의 현실에서 균형추를 필요로 하거니와, 그것이 없으면 양심은 오로지 주관적으로만 자기를 뽐내는 가운데 "자기의식의 허영심, 자의"를 원리로 삼을 위험에 빠진다는 점을 지적하기도 했다. 헤겔의 『세계사의 철학에 대한 강의』에서도 마찬가지로 다음과 같이 말하고 있다. "한갓 심정으로부터만 통치하는 주관적인 덕은 가장 끔찍스러운 전제를 초래한다."(IX 561; 12/533)

23. "심지어 그에 대한 저항"은 다시 "직무"와 관련시켜 이해되어야 한다. 즉 마치 국가적 삶의 원칙들을 자의적인 반성에 의해 파괴하는 것이 철학자의 직무에 적절하기나 하다는 듯이, 라고 이해될 수 있는 것이다. 그러나 바로 "직무의 권위" 그 자체가 이미 특별한 특권을 준다는 것은 오류이다.

바로 그러한 언급에서 우리는 헤겔이 단순히 "권위적으로" 생각하는 것이 전혀 아님을 인식한다. 그에게 문제가 되는 것은 구호들을 가지고서 달성되지 않는 전적으로 다른 어떤 것, 즉 객관적 정신의 영역에 주어진 실재성에 대한 파악이거니와, 하지만 그것은 바로 주관주의에 한계를 정립하는 것이다.

24. "왜냐하면 ……": 이 문장은 눈에 띄게 길고 여러 갈래로 나누어져 있다. 그럼에도 불구하고 그것은 여전히 일목요연하게 이해될 수 있다. 헤겔은 이 문장으로써 단락의 첫 문장에서 제시된 지적, 즉 참된 철학은 그것이 지닌 과제 때문에 국가적 보호를 필요로 한다는 것을 근거짓고 있다. 그는 사태와 관련한 무지와 "개념의 요구"에 대한(그러므로 학문적이고 철학적인 요구에 대한) 포기를 조명하고 있는데, 그는 그것들에서 어째서 "실증적 학문들"뿐만 아니라 "종교적 교화"가 철학에 대해 내려다볼 수 있다고 믿고 있는지 그 주요한 이유를 보고 있다.

그렇지만 텍스트의 진행은 또한 그 공격들이 자기들의 권리를 주관주의적 철학함의 "천박성"으로부터 끌어낸다는 것, 그러나 그것들 자신이 일반적으로 모든 것을 "평준화"하고 "참된 것의 개념들"과 "인륜적인 것의 법칙들"을 자의에 내맡기는, 주관주의적 철학함에 못지않게 천박한 사유양식—이는 더 이상 모종의 "특수한 객체들"과 "인륜적 세계의 유대들" 사이의 구별을 알지 못한다—에서 유래한다는 것을 보여준다.

25. "철학의 내용, 즉 **신**과 물리적 자연 내지 정신적 자연 · 본성에 대한 **개념 파악하는 인식**, 곧 **진리의 인식**": 헤겔의 사상세계는 종교적인 뿌리를 지니고 있다(『엔치클로페디』 제2판에 서문에 대한 주해들을 참조). 물론 이 점이 헤겔에게서 철학을 신학에 내맡기는 것으로 이어지는 것은 아니다. 오히려 헤겔은 철학적 방식으로 그들의 좀 더 심오한 공통성을 밝히고자 한다. 신은 신앙에 대해서뿐만 아니라 철학과 앎에 대해서도 최고의 유일한

대상이다. 참으로 절대적인 존재로서의 신의 존재는 포괄적인 방식으로 세계의 존재를 자기 내에 포함한다. 세계는 자연이라는 타자존재를 관통하는 신 자신의 전개 이외에 아무것도 아닌 것이다. 세계는 신의 타자이다. 진리는 무한자와 유한자의 통일이다. 신을 단지 피안에서만 보는 것은 헤겔에게 있어서는 진리의 축소, 한갓된 추상일 것이다. 따라서 그는 철학의 과제와 그 내용을 "신과 물리적 자연 내지 정신적 자연·본성에 대한 개념파악하는 인식"이라고 표현할 수 있다.—물론 다음의 물음은 남는다. 이러한 헤겔의 신은 과연 여전히 신앙의 신인가?

26. 이 단락과 더불어 이 서문에 나름의 철학적 의미를 부여하는 본래적인 논의, 즉 "현실에 대한 철학의 태도"에 관한 논의가 시작된다.

27. 여기서 짧게 고찰되고 있는 주제, 즉 "이성적인 것의 근거해명"으로서의 철학은 (현실을 넘어서는 모든 이론들, 즉 다만 "공허한 이치추론"의 산물일 뿐인 모든 "피안적인 것의 정립"과는 대립되게) "현재적인 것과 현실적인 것의 파악"이라고 하는 것은 이후 단락 13에서 좀 더 정확하게 설명된다. 주해 28, 29, 33을 참조.

28. "**공허한 이상**의 표어로서 여겨지는 **플라톤**의 국가조차도 본질적으로는 그리스적 인륜의 본성 이외에 다른 아무것도 파악하지 않았으며, ……": 그러므로 또한 단연코 "공허"한 것이 아니라 오히려 이미 현실에서 드러나 있고 따라서 이러한 의미에서 이미 현실적인 바의 그러한 것들에서 언표되어 있는 이상적인 것들이 존재한다. 그러한 이상을 헤겔은 다름 아닌 "그리스적 인륜"을 서술하는 "플라톤의 국가"에서 본다. 플라톤에 대한 지시는 뜻밖일 수 있는데, 왜냐하면 플라톤은 전통적인 파악에서 바로 이념을 주어진 현실의 피안으로서 대립시키는 관념론의 대표자로서 여겨지기 때문이다. 그러나 바로 그러한 까닭에 헤겔에게 있어서는 반대당파의 가장 중요한

가능한 공범증인인 플라톤을 자기의 견해를 위해 요구하는 것이야말로 결정적이다. 물론 다음 문장들은 그것들이 보여주는 간결한 암시들로 인해 전혀 쉽게 이해될 수 없다. 그것들을 해명하기 위해 우리는 헤겔의 『철학사 강의』에서 도움을 구하지 않을 수 없다(WW. XIV, 170 f., 277 f.; 19/105 ff.). 헤겔에 따르면 플라톤의 주요 사상은 인륜적-객관적인 것이 또한 개인들의 참된 실체, "제2의 정신적인 자연·본성"이라는 것이다. 그러나 이러한 근본확신에 반하여 주관적 자유를 향한 개인들의 "동경"이 일어난다. 이러한 동경과 그 "원리"(이는 오로지-객관적일 뿐인 것에 대립하는 인격적인 결단의 요구로서 헤겔에 의해 단연코 "좀 더 심오한 것"으로 표현되고 인정된다)는, 『철학사 강의』가 말하듯이, 또한 그리스 세계로도 들어오되 "퇴폐의 원리로서" 들어왔을 뿐인데, 왜냐하면 그것은 그리스의 인륜과 그리스의 폴리스에 적합하지 않았던 까닭에 단지 파괴적으로만 작용할 수 있었기 때문이다. 그리하여 플라톤은 "저 퇴폐를 제거"하기 위해 이 원리에 맞서 국가의 인륜의 객관성을 정립해야만 했던 것이다. 물론 그는 그렇게 함으로써 동시에 아직 그 순간이 도래하지 않은 "자유로운 무한한 인격성"의 진정한 좀 더 심오한 관심사를 침해할 수밖에 없었다. ("도움"은 "높은 곳으로부터", 다시 말하면 기독교의 계시를 통해 와야만 했다.) 그럼에도 불구하고 플라톤은 "위대한 정신"으로서 입증되었는데, 그 이유는 그가 "세계의 변혁"에서 중심이 되었던 바로 그 핵심문제를 파악했기 때문이다. 왜냐하면 인간이 "내적인 정신적 본질"에서 그의 "참다운 본질"을 지니며, "정신" 즉 "이념"이 참된 현재적인 현실이라는 것을 그 후 기독교가 보편적인 원리로 삼음으로써 플라톤의 "이념"과 이념들을 기독교적 신앙의 지반에서 생산적으로 받아들였기 때문이다.

29. "이성적인 것, 그것은 현실적이며,
현실적인 것, 그것은 이성적이다.
Was vernünftig ist, das ist wirklich;

und was wirklich ist, das ist vernünftig."

텍스트로부터 테제적으로 출현하는 이 명제들에 관해 헤겔 자신은 『엔치클로페디』 § 6에서 다음과 같이 말한 바 있다. "이 단순한 명제들은 많은 사람에게, 더 나아가 철학과 아마도 본래 종교를 가지고 있다는 것을 부인하려고 하지 않는 사람들에게조차도 기이하게 보였고 또한 적대감을 불러일으켰다." 이미 바로 앞의 단락이 이 명제들에 빛을 비추어준다. 왜냐하면 헤겔이 거기서 그리스도의 출현과 기독교의 성립을 지적하고 있는 "세계의 변혁"에서는 신적인 이성이 그 현실성과 현재성에서 계시되었고(제1테제), 따라서 또한 현실 자체도 비로소 참으로 이성적인 내용을 지닌 것으로서 인식될 수 있게 되었기 때문이다(제2테제). 이 명제들은 이러한 세계사적인 배경에서 파악되어야 하며, 그때 비로소 이 명제들에 대한 상세한 해석은 헤겔 철학의 핵심으로 나아갈 수 있다.

텍스트의 직접적인 진행은 이 명제들의 이해를 위해 본질적인 것으로서 인식될 수 있다. 1. 여기서 문제가 되는 것은, 루돌프 하임이 생각하듯이, 정치적 변호론이나 교조적 보수주의의 정식이 아니라 "우주만물" 전체, 즉 정신적 우주 및 자연적 우주와 관계되는 근본적인 철학적 테제이다. 2. 그러나 다른 한편으로 여기서 다루어지는 것은 고도로 사변적인 이론이 아니거니와, 오히려 그것은 "모든 공평무사한 의식"에게 고유한 확신, 즉 더 잘 안다고 하는 거짓된 허영심에서 그 현재성에서의 현실성 자체를 보지 못하게 하는 바로 그러한 구성들과 요청들 및 유토피아적인 이상들에 반대하는 확신이다. 3. 헤겔의 의도에 적중하기 위해서는 좀 더 명확하게 다음과 같이 말해져야만 할 것이다. 즉, 참으로 이성적인 것이 참으로 현실적이듯이 오로지 **참으로** 이성적인 것, 그것만이 **참으로** 현실적이다. 그것은 일반적으로 오직 현전할 뿐인 모든 것을 현실이라고 표현하는 것과는 다른 "좀 더 실체적인" 현실 개념이다. "관건이 되는 것은 시간적인 것과 일시적인 것의 가상 속에서 내재적인 실체와 현재적인 영원한 것을 인식하는 것", 즉 "외피"와 "핵심"을 구별하는 것이다(그러므로 어떤 대가를 치르더라도 기존의 것을 정당화하는 것이 문제가 되는 것은 아니다). 4. "이성적"과 "현실적"이라는 개념들이 이중테제를 통해 결합되되, 그것들이 그때마다 구별되지만 동시에 구별 속에서 통일로서 융합됨으로써 추상적 통일이 아니라 구체적-변증법적 통일을 형성한다는 것이다. 여기서는 두 개의 고립되고 서로 낯선 개념들이 동일성 관계로 가져와지는 것이 아니라 구체적 통일이 서로로부터 펼쳐짐으로써 근원적인 내적 관계가 드러난다.

명제들의 중요성으로 인해 명제들을 남김없이 다 파헤치기 위해서는 함께 파악되지 않으면 안 되는 연관들과 대립들이 좀 더 상세하게, 그것도 각각의 테제가 이제 그 자체로 취해져 해명되어야 할 것인데, 여기서 두 테제의 각각이 자기 자신을 통해 그리고 자기 자신 내에서 다른 테제를 지시하고 그와 관계되어 있다는 것이 보이게 될 것이다.

첫 번째 테제, 즉 "**이성적인 것, 그것은 현실적이다**"라는 테제는 가령 현실적인 것이 인간 이성에 의존하며, 따라서 인간 이성이 척도와 기준으로서 현실에 추상적으로 맞서 있고, 현실에는 다만 인간 이성에 의해 이해되고 그에 일치하는 것만이 속한다는 것을 말하는 것이 아니다. 그러한 것은 말할 것도 없이 의문의 여지가 있는 합리주의일 것이다. 오히려 이 테제는 이성과 이론의 고립화, 현실로부터의 그들의 분리에 반대하는데, 왜냐하면 바로 이러한 분리야말로 "공허한 이치추론"으로 이어졌기 때문이다. 그러한 이치추론은 이념과 이성의 가치를 절하시켰고, 그리하여 근대적 사유의 내용은 결국 한갓 주관적인 표상들과 추상들, 심지어 환영들로 해소되거나 현실 위로 고양됨으로써 그것의 이념들은 현실성이 없는 것이 되어 실재성에 대해 무력한 것으로 남았던 것이다.[3] 이성과 이성적이라는 것에서 생각되

• • •

3. 『엔치클로페디』 § 6에서 헤겔 자신에 의해 제시된, "적대감을 불러일으킨" 명제들에 대한 해설을 참조. "그러나 내가 현실에 대해 말했을 때 어떤 의미에서 이 표현을 사용하는지를 스스로 생각해 보아야 할 것이다. 왜냐하면 나는 상세한 **논리학**에서도 또한 현실성을 다뤘고 그것을 곧바로 우연적이면서도 또한 실존을 지니는 그러한 것과 구별했을 뿐만 아니라, 또한 좀 더 자세하게는 현존재, 실존 그리고 그 밖의 규정들과 정확히 구별했기 때문이다.—**이성적인 것의 현실성**에는 이미 이념들과 이상들은 환상에 지나지 않고 철학은 그러한 환영들의 체계라고

는 것은 일반적으로 주관적 의견들과 정립들 및 요구들을 지니는 인간의 이성이 아니다. 바로 이러한 이성 파악과 그것의 "공허함"은 비판되어야 한다. 참된 로고스, 참된 이념은 생각해 내어진 것, 즉 현실 저편의 한갓된 당위가 아니다. 오히려 그것은 현실 **안에** 있으며, 현실적인 것의 참다운 본질이다. 헤겔이 뒤이어 상론하듯이, 참된 이념은 (특히 유명론과 마침내 17, 18세기의 경험주의에서 이해된 것과 같은) "단지 그렇듯 사념 속에서의 이념, 즉 표상"이 아니거니와 오히려 "이념 이외에 그 어떤 것도 현실적이지 않은" 것이다. 그런 까닭에 우리가 문제되고 있는 구절의 내실을 온전하게 다 파악하기 위해서는 다음과 같은 점들을 인식하는 것이 필수적이다. 1. 헤겔은 시대의 논의를 넘어서서 플라톤의 "객관적 관념론"의 전통을 자기의 사유에 받아들이거니와, 그 객관적 관념론에서는 이념이야말로 존재라는 이름을 참으로 받아 마땅한 유일한 것이다. 2. 헤겔은 이러한 관념론을

• • •

본다든지, 역으로 이념들과 이상들은 현실성을 갖기에는 뭔가 너무 탁월한 것이라거나 그러한 현실성을 획득하기에는 뭔가 너무 무력한 것이라고 보는 표상이 대립한다. 그러나 현실과 이념의 분리는 특히 지성에게 사랑받는데, 이 지성은 자기의 추상적인 꿈들을 뭔가 참다운 것으로 여기고, 마치 세계가 그렇게 있지는 않으나 **마땅히** 어떻게 **있어야** 하는지를 경험하기 위해서는 자기를 기다려야 하기나 할 것처럼 그가 주로 정치적 영역에서도 즐겨 처방하는 **당위**에 우쭐하는 것이다. 그러나 세계가 마땅히 있어야 할 그대로 있다고 한다면 건방진 이 지성적 당위는 어디에 머물 것인가? 지성이 만약 당위를 가지고서 가령 일정한 시대와 특수한 영역에 대해서는 상대적으로 커다란 중요성을 가질 수도 있는 진부하고 외면적이며 무상한 대상들, 제도들, 상태들 등등에 반대한다면, 그 지성은 아마도 올바를 수도 있을 것이고 그러한 경우에서 보편적이고 올바른 규정들에 상응하지 않는 많은 것들을 발견할 수도 있을 것이다. 하지만 자기의 주변에서 마땅히 있어야 할 그대로 사실상 있지 않은 많은 것들을 볼 수 없을 만큼 영리하지 않은 자가 누가 있겠는가? 그러나 이 영리함이 그러한 대상들 및 그것들의 당위를 가지고서 철학적 학문의 관심 내부에 놓이게 된다고 상상하는 것은 옳지 않다. 철학은 오로지 다만 당위적일 뿐 현실적으로는 존재하지 않을 만큼 무력하지는 않은 이념만을 다루며, 따라서 저 대상들, 제도들, 상태들 등등이 바로 그것의 단지 피상적인 외면일 뿐인 현실만을 다룬다." 마지막의 것에 보완적으로 언급될 수 있는 것은 당위 개념에 대한 대결이 헤겔의 모든 저작들에서 발견된다고 하는 점이다. 가령 이미 『헤겔의 신학적인 청년기 저술들』, 놀, 264 f., 266에서, 다음으로는 특히 『정신현상학』의 「법칙을 부여하는 이성」과 「도덕적 세계관」에 관한 장들에서, 『논리의 학』에서는 특히 「제한과 당위」에 관한 절에서(III, 140 ff.; 5/142 ff.), 그리고 『엔치클로페디』에서는 § 472 f., § 507 ff., 이제 『법철학』 자체에서는 § 108, 그리고 § 133, 136에 대한 보론에서 당위 개념에 대한 대결이 발견된다.

아리스토텔레스의 실재론적 확신과 결합하는데, 이 확신에 있어 이념은 현실 저편에 존재를 지니는 것이 아니라 현실 안에 그것의 본질형식으로서 실존한다("내재하는 실체"). 3. 고대로 소급되는 이러한 사상들이 기독교적 확신들에 의해 담지되는데, 이 점은 "현재적인 영원한 것"이라는 표현에서 알아볼 수 있다. 4. 더 나아가 여기서는 초개인적 실재성으로서의 "객관적 정신"에 관한 헤겔의 학설을 볼 수 있게 되는데, 그 학설은 직접적으로 역사적 현실에서 문제되는 것이 주관적 정신의 실현 그 이상의 것이라는 점을 보여준다. 헤겔의 가장 심오한 확신은 이성과 이념이 자기 자신을 관철하는 힘을 지닌다는 것, 그리고 그것들이 확실히 인간들에 의해 실현되지만 그들의 주관적 자의를 벗어나 그들의 정열들과 충동들마저도 자기를 위해 이용하여 실현되며, 그리하여 인간은 단지 자기의 의욕과 소망만을 따른다고 믿는 곳에서도 여전히 이성의 초개인적인 힘에 봉사한다고 하는 것이었다. 헤겔은 그것을 자기의 역사철학에서 "이성의 간지"라고 부른다.

두 번째 테제, 즉 '**현실적인 것, 그것은 이성적이다**'는 한편으로는 사람들이 감정, 생명, 몰개념적인 직접적 직관을 끌어들이는 모든 곳에서 알아볼 수 있게 되는 모호한 비합리주의에 반대하며, 다른 한편으로는 피히테와 같이 조급하게 밀어붙이는 주관주의적인 당위 파토스를 가지고서 자기들의 더 나은 앎을 현실에 대립시키는 사람들에 반대한다(앞의 각주 3에서 인용된 『엔치클로페디』의 구절과 그것을 보완해 주는 것들을 참조). 헤겔 자신은 언젠가 젊은 시절에 프랑스 혁명과 그것의 이념 실현에 감명을 받아, 관건이 되는 것은 "있어야 할 바의" 이념들의 "확산"이며, 그와 더불어 "영원히 모든 것을 있는 그대로 받아들이는 분별 있는 사람들의 무감동은 사라질" 것이라고 생각했다(Briefe von und an Hegel, WW. XIX, 1795년 1월 15일). 그러나 그 사이 그가 걸어간 길은 그를 현실 속으로 훨씬 더 깊이 인도하여 그로 하여금 현실의 무게를 깨닫게 했으며, 그리하여 또한 당위와 존재, 이론과 실천의 연관에 대한 새로운 이해를 그에게 열어주었다(하이스R. Heiß의 논문, 「헤겔에게서 이론과 실천의 관계Verhältnis von Theorie und

Praxis bei Hegel」, Blätter für deutsche Philosophie 1935, 75-84 참조). 현실은 참으로는 바로 단지 몰이성적이고 몰형식적일 뿐인 어떤 것이 아니라 이성에 의해 철저히 지배되고 있다. 그러므로 세계 그 자체가 무의미한 카오스이거나 인간이 비로소 자기의 주관적인 원리들을 가지고서 세계에 의미와 질서를 가져오거나 하는 것이 아니다. 오히려 세계는 자기 내에 로고스와 법칙을 담지한다. 다만 이 로고스는 우리에 의해 발견되고 구명되고 전개되어야만 한다. 그것이야말로 바로 철학에서 관건이 되는 것이다. 그러므로 이 테제는 값싼 낙관주의의 의미에서 이해되어서는 안 된다. 일반적으로 헤겔은 자아와 자아의 주관적 소망들로부터 출발하지 않는데, 왜냐하면 많은 것이 잘못되고 나쁜 것으로 나타날 수 있기 때문이다. 누구보다도 헤겔은 세계사가 행운의 장소가 아니며, 영원히 이성적인 것의 자기실현이 위기들과 투쟁 없이 이루어지지 않는다는 것을 잘 알고 있다. 문제가 되는 것은 오히려 대립들이 그에 속하는 현실의 존재구조이며, "십자가"와 고난을 포함하는 존재 전체의 연관과 필연성이다. 그러므로 헤겔의 테제는 이제 개별적인 것에 이르기까지의 모든 임의의 현실적인 것이 더 이상 "타자존재"를 알지 못하는 교조주의적인 범논리주의의 의미에서 합목적적인 것으로서 증명되거나 개념적으로 연역될 수 있다는 것을 의미하지 않는다. 물론 필연적이라 할 수 있는 비판(주해의 끝을 참조)이 처음부터 너무 피상적으로 착수되지 않아야 한다면, 우리는 반드시 그 점을 보아야만 한다. 헤겔은 뒤이어서 분명히 현실의 "다채로운 외피"로서의 "무한한 재료"와 그것의 "외면성"을 유일하게 철학의 참된 대상일 수 있는 현실의 "핵심"으로부터 구별한다. 그런 까닭에, 헤겔이 말하듯이, 플라톤은 "유모들에게 아이를 안고 있을 때는 결코 가만히 있지 않고 아이를 계속해서 팔 위에서 흔들어대야만 한다고 충고하기"를 포기할 수 있었으며, 피히테는 경찰에게 개별적인 처방을 제공할 필요가 없었던 것이다. 그러한 것은 더 이상 철학의 사태가 아니며, 현실의 본질에 관계하지 않는다. 『엔치클로페디』 § 6에서 헤겔은 온갖 착상과 온갖 위축되고 무상한 실존이 현실이라 불릴 수 있지만, 그렇다고 해서 그 자신이 『논리의 학』에서 분명히 한 구별이 간과되어서는 안 된다는 점을 힘주어 지적한다. 그것은 다른 한편으로 현실의 존재론적 이성성에 대한 원리적인 제한이나, 사람들이 그렇게 생각했듯이, 새로운 이원론을 의미하지 않는다. 왜냐하면 "외면성"에도 "본질의 가현"이 영향을 끼치며, 또한 "외적인 형태화들"에서도 "내적인 맥박"이 고동치거니와, 단지 우연적일 뿐인 것에 대해 헤겔은 바로 자립적인 고유한 현실성을 부인하기 때문이다. 경험적 우연성을 지닌 한갓 개별적인 것으로서의 그것은 포괄적인 변증법적 전체의 계기로 머물며, 그 점은 그것이 "개념"에서 벗어나 있는 곳에서도 마찬가지다. 왜냐하면 그것은 바로 그러한 벗어남에서도 계속해서 개념에 관계하고 있거니와, 개념은 언제나 자기 자신과 타자의 통일이기 때문이다. 물론 여기서 헤겔에 의해 결코 해결되어 있지 않은 문제들이 떠오른다. 그러나 그것들은 철학 일반의 근본적인 아포리아들로 이어진다.——물론 말하지 않으면 안 되는 것은 헤겔 자신이 자기 테제의 교조화의 위험을 알아차리지 못했던 것은 아니라고 하는 것이다. 그 점을 그의 『세계사의 철학에 대한 강의』가 보여준다. 거기서는 철학은 역사 문제에 오로지 하나의 사상, 하나의 전제만을 가져온다고 말한다. 그 사상, 그 전제는 이성이 세계를 지배하며, 그러므로 세계사도 이성적으로 진행된다고 하는 것이다. 그는 이러한 것을 역사 진행의 내적인 필연성에서 명백히 제시할 수 있다고 믿는다. 그는 역사에서 좀 더 고차적인 합목적성이 작용하고 있다고 본다. 그 합목적성을 증시하고자 하는 시도는 물론 현실의 이해를 위한 헤겔의 고투가 지닌 깊이를 보여주지만, 그러나 또한 그의 한계들도 드러낸다.[4]

30. ("이념과 같은 뜻인 이성적인 것"에서 "같은 뜻"으로 번역된——옮긴

• • •

4. 게오르크 라손에 의한 철학총서 판본에 의해 새롭게 발굴된 자료들에 근거하여 헤겔의 『세계사의 철학에 대한 강의』에 관한 전체 개관을 제공하고자 하는 최초의 시도를 레제K. Leese, 『역사철학*Die Geschichtsphilosophie*』, 1922가 보여준다.

이) "synonym"은 그리스어에서 유래한 것으로서 "같은 것을 의미하는, 같은 뜻의"를 의미한다. 텍스트 연관에 대해서는 주해 28을 참조.

31. "따라서 결국 이 논구는 그것이 국가학을 포함하는 한에서 **국가를 자기 내에서 이성적인 것으로 개념 파악하고 또 서술**하려는 시도 이외의 다른 것이 아니어야 한다. 철학적 저술로서의 이 논구는 **국가를, 즉 그것이 어떻게 존재해야만 하는지를** 구성해야 하는 것으로부터는 가장 멀리 떨어져 있어야만 한다. 그 속에 놓여 있을 수 있는 가르침은 국가에게 그것이 어떻게 존재해야 하는지가 아니라 국가라고 하는 인륜적 우주가 어떻게 인식되어야 하는지를 가르치는 데 귀착될 수 있다": 이 서문이 새롭게 분명히 국가로 향하게 되는 전기를 이루는 이 구절에서도 헤겔에게 문제가 되는 것이 단지 기존의 국가 그 자체에 대한 옹호가 아니라 "인륜적 우주"의 현실로서의 국가에 대한 인식이라는 점이 드러난다. 강조되는 것은 바로 추상적인 당위로부터 국가에 대해 주어질 수 있는 한갓된 가르침과, 철학의 과제인 바의 존재하는 것에 대한 현실적 인식의 대립이다. 텍스트의 이후의 전개는 이 점을 확증해 준다. 물론 바로 다음 단락의 첫 명제인 "**여기가** 로도스다, **여기서** 뛰어라"[5]는 여기에 지금 주어져 있는 국가에 대한 직접적인 정당화로 넘어가는 것으로 보인다. 그러나 그 명제는 곧바로 이어서 원칙적인 해석을 획득하는데, 요컨대 존재하는 것, 바로 그것을 개념 파악하는 것이야말로 철학의 과제라고 하는 해석을 얻는 것이다. 물론 여기서의 "존재하는"에는 다음 문장에 의해 좀 더 날카롭게 제기되는 문제들이 놓여 있다. "왜냐하면 **존재하는 것**, 그것은 이성이기 때문이다." 따라서 우리는 이미 논의된 근본테제들, 즉 "현실적인 것, 그것은 이성적이며, 이성적인 것, 그것은 현실적이다"

• • •

5. 널리 알려진 말이 된 이 격언은 한 "이솝 우화"에서 유래한다. 그 우화는 로도스 섬에서 엄청나게 뛰어 올랐다고 떠벌이며 그것을 봤다고 하는 증인들을 내세우는 한 허풍선이에 대해 이야기한다. 그에 대해 주위에 있던 한 사람이 대답했다. "친구여, 만약 그게 참이라면, 너는 증인이 필요 없다. 여기가 로도스다, 여기서 뛰어라."

에 다시 부딪치게 된다. 그러나 동시에 현재성, 다시 말하면 시간성 속에 있는 현실을 뛰어넘을 수 없다는 것이 완전히 밝혀진다. 개인이 자기의 시대, 자기의 "로도스"를 뛰어넘을 수 없듯이, 철학도 마찬가지다. 그러나 그것은 이미 주해 33에서 다루어지는 유명한 명제로 이어지는데, 그 명제는 전체 연관에 새로운 빛을 던져줄 수 있는 별도의 논구를 필요로 한다.

32. "**존재하는 것**, 그것을 개념 파악하는 것이야말로 철학의 과제이다.": (이미 주해 31에서 언급된 바 있는) 아주 단순하게 들리는 이 기본적인 명제는 독일 관념론의 철학적 발전에서 헤겔에 의해 도달해 있고 또 우리가 이미 언제나 그에 부딪쳐 있는 특유한 전환을 너무도 직접적으로 언표한다. 헤겔로 하여금 19세기의 근본방향의 다름 아닌 "개척자"(요엘Joel, 『세계관의 변화*Wandlungen der Weltanschauung*』 II, 519)가 되도록 해주는 이 전환이란 바로 "객관적으로" 주어진 세계내용을 사태 그대로 수용하는 것인바,— 그렇게 하는 까닭은 그 내용에 판정과 판결의 추상적 척도를 갖다 대기 위해서가 아니라 그것을 다양한 전체성에서 보편적－엔치클로페디적으로 (그러므로 수집할 뿐만 아니라 그것이 지니는 연관들에서 파악하는 방식으로) 개념 파악하기 위해서이다(또한 직접적인 연관들과 영향들을 드러내기 위해서이다. 예를 들면 "이폴리트 텐네의 사상세계에 대한 헤겔의 영향Einfluß Hegels auf die Gedankenwelt Hyppolit Tainès"에 관한 엥겔O. Engel의 같은 제목의 논문, 1920을 참조). 그러나 헤겔로 하여금 평면화하고 평준화하는 실증주의의 막다른 골목에 이르지 못하게 해주는 철학적 자극이 곧바로 다음 문장, 즉 존재하는 것을 "이성"으로서 규정하는 문장에서 감지될 수 있게 된다. 따라서 또다시 이원론적으로 현실에 낯선 외적인 척도가 적용되어서는 안 된다는 점은 확실하다. 여기서 드러나는 것은 우리가 중심적인 의의를 지니는 주해 29에서 이미 살펴본 바 있는 헤겔의 현실 개념이 지닌 비실증주의적인 철학적 긴장감이다.

33. "그렇듯이 또한 철학도 **사상으로 포착된 그의 시대**이다.": 이 명제는 존재하는 바의 것을 개념 파악하는 그 과제와 직접적으로 연관시키는 가운데 철학을 특징짓고 있다. 이러한 특징부여는 우선은 사람들이 헤겔을 극단적인 사변들과 현실과 삶으로부터 멀리 떨어져 있음을 이유로 비난하는 만큼 더욱 더 눈에 띈다. 물론 철학을 삶과 가까이 정립하는 바로 이러한 정식화는 이전에는 거의 그런 식으로 분명하게 이루어진 적이 없었던 만큼 더욱 더 특히 오해에 사로잡힌 논란에 처하게 되었다. 왜냐하면 이 정식화는 역으로 이제 다시 철학의 내실을 상대화하는 가운데 마치 그것이 일반적으로 단지 그때그때마다의 우연적인 시대 상황들의 표현이라는 듯이 그것을 전적으로 우연적인 순간에 내맡기는 것으로 보이기 때문이다. 그러나 거기서 사람들은 다음과 같은 것들을 보지 못하고 있다. **첫째**, 철학이 우연적인 시대 상황들 앞에서 굴복해야 한다는 것은 결코 헤겔의 생각이 아니다. 오히려 철학은 그와는 달리 그 상황들의 본질적인 것, 즉 그것들의 실체적인 것을 개념적으로 파악하고, 단연코—물론 철학이 그 속에 현재해야만 하는—여기와 지금 저 너머를 지시하는 그 내적 필연성을 서술해야 한다. 그것은 원초적인 통일이 아니라 철두철미 비판적인 "시대와의 합일"이다(헤겔은 이미 1800년 9월 14일로 날짜가 기록된 최초의 체계초안의 마지막 문장에서 그렇게 정식화하고 있다). **둘째**, (좀 더 깊은 파악의 차원에서) 헤겔에게 있어 시간 일반은 고립된 순간, 즉 연관 없는 여기와 지금이 아니라 과거가 그 속에 "지양되어" 있는 현재적 시간의 충만함이다. 헤겔은 이미 이 서문의 앞에서 한갓된 "지금", 즉 매순간 "전적으로 처음부터 시작"해야 하는 것으로서 여겨지는 "지금의 발상"에 대해 힘주어 반대한 바 있다. 그때그때마다의 현재는 역사적 발전의 연관 속에서 생성의 전체를 자기 내에 포함하여 총괄한다. 이러한 방식으로 철학은 시간에 대한 관계를 통해 객관적 정신의 건너뛸 수 없고 초개인적인 역사적 실재성과 발전에 관계되어 있지만, 바로 그리함으로써 주관적 자의가 제거된다(개인은 "본디 자기 시대의 아들"이다). 좀 더 심오한 필연성은 철학에게 그것이 지닌 권리와

힘을 부여한다. 『정신현상학』 서문의 마지막 부분에서 말하고 있듯이 "우리는 참된 것이 자기의 시대가 다가왔을 때 관철되는 본성을 지닌다는 것을 …… 확신해야만 한다." 이와 연관된 **세 번째** 것은 다음과 같다. 즉, 그때그때마다의 지금 시대에 대한 숙고는 여기서도 **한편으로는** 삶을 그때그때마다 담지하는 실재성의 구체적인 현재성이 지닌 무게와 내실의 가치를 추상적인 유토피아와 이상들을 위해 절하시키면서도 자기들이 그렇게 함으로써 철학에게서 그 지반을 박탈한다는 것을 보지 못하는 자들에 반대하며, **다른 한편으로는** 이미 시간이 지나버린 개념들을 반복하는 데 만족하여 "모든 세대는 철학의 과제를 새로운 힘들을 가지고서 거머쥐어야만"[6] 하되, 그것도 고유한 현재의 정신이 지닌 힘으로부터 그리 해야만 한다는 것을 인식하지 못하는 자들에 반대하기도 한다. 이와 더불어 우리는 이미 **네 번째** 점에 대해 언급하게 된다. 즉, 절대자의 현실은 헤겔에게 있어 바로 그것이 그때그때마다의 현재 속에서 존재하는 점에서 확증된다고 하는 것이다. "그러므로 우리는 오로지 정신의 이념만을 문제로 삼아야 하고 세계사에서의 모든 것을 다만 정신의 현상으로서만 고찰하는 까닭에, 과거를 뚫고 달려갈 때 우리는 그 과거가 아무리 위대한 것이라 할지라도 오로지 **현재적인 것**만을 문제 삼아야 한다. 왜냐하면 참된 것에 몰두하는 것으로서의 철학은 영원히 현재적인 것을 문제 삼아야 하기 때문이다. 철학에게 모든 것은 과거 속에서 상실되어 있지 않은데, 왜냐하면 이념은 현재하며 정신은 불사적인바, 다시 말하면 정신은 지나가 버린 것도 아니고 아직 있지 않은 것도 아니라 본질적으로 지금 있는 것이기 때문이다."(『역사철학 강의』, 12/105) 이로부터 "여기가 로도스다, 여기서 뛰어라"에 새로운 빛이 비추어진다.

이러한 연관들은 헤겔이 마치 철학이 일반적으로 자신과 자신의 철학과 함께 그 절대적 종언에 도달했으며, 자신의 체계가 모든 미래를 위한 최종적

---

6. 가령 이미 하인리히 숄츠Heinrich Scholz는 『현재의 철학적 사유를 위한 헤겔 철학의 의미*Die Bedeutung der Hegelschen Philosophie für das philosophischen Denken der Gegenwart*』에 관한 1921년에 출간된 논고(개정증보판)에서 이 점을 올바르게 파악한 바 있다.

인 정점과 궁극적인 종결을 형성한다고 생각했다는 듯이 그를 이해하는 것이 얼마나 잘못된 것인지를 보여준다(물론 그의 책임이 전혀 없는 것은 아니다). 오히려 우리는 그에게 있어서는 철학이 한 시대의 자기의식이 지닐 수 있는 그때마다의 최고의 형식이었다고 말해야만 할 것이다. 『철학사 강의』의 마지막 장들 중의 하나에서 말하고 있듯이, 철학은 그때그때마다 오로지 "지금에 대해서"만 "종결"인데, 왜냐하면 "어떠한 철학도 자기의 시대를 넘어서지 않기" 때문이다.──물론 그 자신의 철학은 동시에 실체에서의 아무것도, 따라서 또한 과거의 실체에서도 아무것도 상실되지 않는 식으로 (역사를 포함한) 현실의 전체를 파악하고자 시도한 최초의 철학이었다. 그 점은 헤겔에게 고유하고도 특수한 자기의식을 부여한다. 그는 철학을 의식이 일반적으로 도달할 수 있는 최고의 단계로 이끌었다고 믿고 있다. 그리하여 모든 앎과 모든 알려진 것을 능가하여 절대적 의식 자체의 단계에서 있다고 하는 과도한 주장은 물론 헤겔적 사유의 위험과 한계를 드러낸다. 그러나 동시에 헤겔은 모든 시대가 새롭게 개념과 현실의 화해와 현재로부터 절대적인 것에로의 비약을 자기의 역사적 단계에서 수행해야만 한다는 것을 알고 있다. 모든 현재는 현재로서 역사적 도정의 끝이지만, 동시에 시작이기도 하다. 따라서 각각의 모든 개별적인 철학은 고유한 현재의 최고의 힘으로부터 이루어지는 자기숙고의 그때그때마다의 비약으로서 절대자의 자기실현과 자기인식의 발전과정에서 필연적 계기가 된다. 그런 까닭에 우리는 헤겔의 철학에서 정신과 역사가 정지 상태에 도달한다고 말할 수 없을 것이다. 그러나 과연 헤겔에게 있어 정신의 자기실현의 행위들에서 이루어지는 역사의 계속되는 과정에서 정신이 그럼에도 불구하고 언제까지나 자기 자신에 머무르지 못하며, 그리하여 참으로는 어떠한 것도 생기하지 않고, 최소한 정신 자신에게는 아무것도 본래적으로 생기할 수 없는 것인지 어떤 것인지의 물음이 제기된다. 그럼에도 불구하고 헤겔에게 있어 정신의 역사성의 특유한 것은 바로 정신이 외화 속에서 자기를 상기하며, 타자 속에서 그 타자를 자기화하고 자기와 결합하는 가운데 자기의 고유한 것을 획득하고, 그리함으로써 대자적으로 그 자체에서 · 즉자적으로 자기인 바의 것이 된다고 하는 데에 놓여 있다. (마르쿠제H. Marcuse, 『헤겔의 존재론과 역사성 이론의 정초*Hegels Ontologie und die Grundlegung einer Theorie der Geschichtlichkeit*』, 1932, S. 351 ff., 가다머H. G. Gadamer, 「헤겔과 역사적 정신Hegel und der geschichtliche Geist」, Ztsch. f. d. ges. Staatswiss. 1939, 25 ff.를 참조.) 어쨌든 여기서 우리는 헤겔에 의해 현실적이게 되었지만, 동시에 그의 철학 체계를 넘어서는 그러한 문제에 부딪친다.

34. "그 어떤 임의적인 것도 상상될 수 있는 허약한 터전"으로서의 "사념Meinen"이라는 표현은 다시 한 번 헤겔적인 이성관념론의 심오하게 실재론적이고 엄밀하게 객관적인 특징을 분명히 드러내 보여준다.

35. "**여기에** 장미가 있다, **여기서** 춤춰라.*Hier* ist die Rose, *hier* tanze.": 장미를 의미하는 그리스어 "rhodon"을 가지고 행하는 대담한 말장난에서 관건이 되는 현재에 대한 명칭으로서의 "Rhodos"로부터 그 모든 어려움과 낯섦을 지니는 우리의 이 현실에서의 신적 이성의 현재성에 대한 명칭으로서 장미Rose가 생성된다. 이 점은 이성을 현재라는 십자가에서의 장미라고 말하고 (주해 37을 참조) "현실과의 화해"라는 주제를 분명히 제시하는 다음 문장들에서 좀 더 명확해진다.

36. "자기의식적 정신으로서의 이성과 현전하는 현실로서의 이성 사이에 놓여 있는 것, 즉 전자의 이성을 후자의 이성으로부터 갈라놓고 그 현실로서의 이성 속에서 만족을 발견할 수 없게 하는 것은 개념으로 해방되어 있지 못한 모종의 추상물의 속박이다.": 인간의 이성으로 하여금 그 자신의 참된 이성적 질서 속에 있는 현실과의 연관을 형성하지 못하도록 방해하는 것은 "모종의 추상물의 속박"인바, 바로 그러한 까닭에 그 추상물은 현실적인 "개념"이 아니다. 왜냐하면 개념의 의미와 본질은 현실적인 것을 "개념

파악"하는 것이기 때문이다.

37. "이성을 현재라는 십자가 속의 장미로 인식함으로써 이 현재를 기쁘게 향유하는 것, 이러한 이성적 통찰이야말로 ……": 이성을 "현재라는 십자가 속의 장미"라고 하는 헤겔의 말은 흰 장미로 둘러싸인 심장의 한가운데에 검은 장미가 새겨져 있는 루터의 문장紋章을 상기시키는데, 그 둘레에 있는 문자가 그 의미를 보여준다. "그리스도인의 심정은 그 한가운데에 십자가가 놓여 있는 장미로 귀착한다." 그러나 구별은 명확하다. 루터에게 있어 그리스도 신앙의 순수한 표현인 것이 헤겔에게 있어서는 이성신앙이 된다. 그것은 현실의 대립들과 분열들에서 화해의 힘으로서의 이성에 대한 상징이 된다.

38. "철학이 가져다주는 현실과의 **화해**": 여기서는 헤겔의 철학적인 근본 주제가 명확하게 모습을 드러낸다. 즉, 인간의 이성은 현전하는 현실 자체의 본질을 이루는 절대적 이성으로 고양됨으로써 이성이 "자유"를 자의적인 것에서 잃어버리는 것이 아니라 "즉자대자적인 것 속에 서게" 되는 이성과 융합되어야만 한다는 것이다. **다음** 단락의 처음에서 헤겔은 이러한 의미에서 형식과 내용의 통일에 대해 말한다. 형식은 개념 파악하는 인식으로서의 이성이며, 내용은 현실의 실체적인 본질로서의 이성인바, "양자의" 통일은 "철학적 이념이다."

39. "사상을 통해 정당화되지 않는 것은 아무것도 심정 속에서 인정하지 않고자 하는 것은 하나의 위대한 아집, 즉 인간에게 명예를 안겨주는 아집이거니와,—이 아집이야말로 근대의 특징적인 것이자 본디 프로테스탄티즘의 특유한 원리이다.": "프로테스탄티즘의 원리"에 대해서는 『역사철학 강의』 WW. XV, 339을 참조. "프로테스탄트적인 원리는 기독교에서 일반적으로 사유로서의 내면성이 의식되게 된다는 것인바, 이에 대해서는 모두가

요구한다. 아니 사유는 모두에게 하나의 의무이거니와, 모든 것은 그에 토대한다." 더 나아가 『종교철학 강의』의 라손 판, 307쪽에서는 다음과 같다. "프로테스탄티즘은 인간이 오로지 자기가 아는 것만을 믿을 것을, 그리고 인간의 양심은 성스러운 것으로서 침해될 수 없어야 할 것을 요구한다. 신적인 은총 속에서 인간은 수동적인 존재가 아니다. 그는 본질적으로 자기의 주관적 자유를 가지고서 거기에 있으며, 그의 앎과 의욕, 신앙에는 분명히 주관적 자유가 요구되고 있다." 물론 이러한 것을 가지고서, 헤겔이 생각하듯이, 루터의 관심사가 충분히 충족되는가 하는 것은 논란의 여지가 있을 것이다. 왜냐하면 바로 루터의 신학은 아무리 인격적인 신앙에 호소한다 하더라도 동시에 인간의 모든 "아집"과 모든 자기정당화에 대한 가장 날카로운 비판을 포함하기 때문이다.

40. "어중간한 철학은 신으로부터 벗어나게 하지만—인식을 진리에의 **접근**에 놓는 것은 이러한 어중간함이다—, 참된 철학은 신에게로 이끈다는 것이 유명한 말이 되었듯이 ……": 라손은 베룰람의 베이컨, 『학문의 존엄과 증대에 대하여*De dignitate et augmentis scientiarum*』 Ⅰ, 5를 지적한다. "leves gustus in philosophia movere fortasse ad atheismum, sed pleniores haustus ad religionem reducere."(철학에서 가벼운 시음은 아마도 무신론으로 움직이겠지만, 좀 더 충분한 마심은 종교로 되돌아간다.)

41. "이성이 차지도 않고 따뜻하지도 않은 까닭에 뱉어내지는 것으로서의 접근에 만족하지 않는 것과 마찬가지로 ……": 요한계시록 3장 16절을 시사. "네가 이렇게 미지근하여 뜨겁지도 않고 차지도 않으니, 나는 너를 내 입에서 뱉어 버리겠다."

42. "또한 이성은 이 시간성 속에서는 아마도 나쁘게나 기껏해야 평범하게 일이 되어갈 뿐, 그 속에서는 더 좋은 것을 가질 수 없는 까닭에 다만 현실과

의 평화만을 유지할 수 있을 거라고 승인하는 차가운 절망에 만족하는 것도 아니다. 인식이 마련해주는 것은 현실과의 좀 더 따뜻한 평화이다.": 그러므로 문제가 되는 것은 이성과 현실 사이의 미지근한 화해나 접근이 아니라 현실 없는 이성과 이성 없는 현실의 허무함에 대한 철저하고도 원리적인 통찰이다. 사유의 요구들이든 현실의 요구들이든 약화되지 않는다. 양자는 똑같이 진지하게 받아들여지지만, 바로 그에 의해 그들의 좀 더 깊은 연관들과 그들 상호간의 본질적인 의존성이 그 근거로부터 "인식이 마련해주는" 참다운 "평화"로서 파악된다.

43. "개념이 가르치는 다음과 같은 것을 필연적으로 역사도 마찬가지로 보여주는데, 요컨대 현실의 성숙 속에서 비로소 관념적인 것이 실재적인 것에 맞서 현상하고, 전자는 후자의 세계를 그의 실체 속에서 파악하여 지적인 나라의 형태로 구축하게 되는 것이다.": 철학은 그것이 현실 자체가 아니라 "세계의 사상"인 한에서 실재적인 것에 맞서 "관념적인 것"으로서 현상한다. 그러나 바로 그런 까닭에 철학은 한갓 관념적인 것이 아니라 바로 이와 같은 "그의 실체 속에서 파악된 현실적 세계"이자 "지적인 나라로 구축"된 것이다. 여기서 새롭게 강조될 수 있는 것은 지적인 나라가 또다시 주관적-지적인 나라가 아니라 현실 자체의 본질을 드러내 보여준다는 것이다. 그 밖에 주해 42를 참조.

44. "철학이 자기의 회색을 회색으로 칠할 때에는 삶의 형태는 이미 늙어져 있거니와, 회색을 회색으로 칠함으로써 삶의 형태는 젊어지는 것이 아니라 다만 인식될 수 있을 뿐이다. 미네르바의 부엉이는 황혼이 깃들 무렵에야 비로소 날기 시작한다.": 이 문장들은 유명해진 이미지로 단락 18뿐만 아니라 이미 이성적인 것과 현실적인 것의 통일에 관한 이중테제와 자기 시대의 자기의식으로서의 철학에 관한 명제에 포함되어 있는 것을 다시 한 번 요약하고 있다. 그 명제들은 오로지 이 구절들에 대해 주어지는 해명들로부

터만 올바르게 이해될 수 있다. 이 구절들은 아마도 처음에는 체념적인 것으로 들리겠지만 결코 지친 체념의 한갓된 표현이 아니라, 모든 공허한 개념적 수다와 또한 더 잘 알고 있고 가르치고 싶어 하는 열정적이고 강요하는 파토스를 지닌 철학에 대립하여 유일하게 철학의 과제일 수 있는 것, 즉 "**존재하는** 것을 개념 파악하는 것"에 대한 비판적 숙고의 표현이다. 왜냐하면 언젠가 『정신현상학』 서문에서 말하고 있듯이, "경험 속에" 있지 않은 것은 아무것도 알려지지 않기 때문이다. 바로 그러한 까닭에 철학은 (단락의 초두에서 말하고 있듯이) 단적인 "가르침"을 위해서는 "너무 늦게" 온다. 다시 한 번 요청함과 구성함에 대해 현실적 인식이 대립한다. 철학함이 현실과 현실경험을 전제한다는 것은 철학함의 본질에 속한다. 이러한 이유에서 철학함은 "현실의 성숙 속에서" 나타난다. "세계의 사상"으로서의 철학함은 이미 존재하는 것을 의식 속으로 끌어올리며, 그 사상이 공허하게 머무르지 않아야 한다면 세계를 현존해야만 하는 그 "실체" 속에서 파악한다. 이러한 의미에서 철학은 삶 이후에, 즉 낮 이후에 "황혼"이 시작될 때 출현한다.

물론 지금 문제되는 이 문장들의 원리적인 의미에 대한 통찰로 인해 그것들이 지닌 구체적-역사적인 의미가 간과되어서는 안 된다. 왜냐하면 "개념이 가르치는 것을 필연적으로 역사도 마찬가지로 보여주기" 때문이다. 『철학사 강의』에서의 그에 상응하는 구절들은 이 점을 명확히 해준다. 우리는 호프마이스터 판, S. 151 ff.를 참조할 수 있는데, 거기서는 아주 구체적으로 다음과 같이 말하고 있다. "그러므로 철학이 한 민족에서 등장해야 한다면, 현실적 세계에서 균열이 발생해 있어야만 한다. 그때 철학은 화해이다. …… 철학은 실제적 세계의 몰락과 함께 시작된다. …… 거의 모든 민족들에서 철학은 공적인 삶이 더 이상 민족의 관심을 만족시키지 못하고 그것을 지니기를 그칠 때 비로소 등장한다. …… 이러한 것은 철학의 역사 자체에서 확증되는 본질적인 규정이다. 이오니아 국가들의 몰락과 더불어 이오니아 철학이 떠올랐다. 외적 세계는 더 이상 정신을 만족시키지 못했다. 로마인들의 경우에도 데마고그들이 국가행정을 공격하여 모든 것이 해소되고 새로운 것에 대한 추구에 사로잡혀 있었던 공화국의 붕괴와 더불어 비로소 철학하기를 시작했다. 그리고 너무도 위대하고 부유하며 화려했지만 내면적으로 이미 사멸해 있던 로마 제국의 몰락과 더불어 좀 더 오랜 그리스 철학자들은 신플라톤학파와 알렉산드리아학파를 통해 자신들의 최고의 형성・발양을 경험했다. 마찬가지로 우리는 중세의 몰락에서 고대 철학의 되살아남을 발견한다." 그런 까닭에 철학은 삶을 "젊게" 하지 않는다. 철학에게는 다만 인식할 것이 부과될 뿐이다. 그러나 이 인식에 그것이 지닌 현실 관련과 현실적 중요성이 놓여 있다. 그리고 이 인식 자체는 세계와 인간에게 있어 단지 불필요한 부가물인 것이 아니라 본질적인 사건이다. 그것을 통해 그들의 본질이 밝혀지고 충족된다.

그러므로 철학의 나중의 도래는 모든 것이 끝난 뒤 절뚝거리며 나타나는 것으로 오해되어서는 안 된다. 철학은 오히려 그때그때마다 발전의 완성이자 정점이다. 『철학사 강의』는 앞에서 언급한 구절들과 연관하여 철학에 대해 정신의 "최고의 개화"라고 이야기한다. "철학은 자기의 내용을 아는 정신이다." "다음과 같은 것, 즉 인간이 자기가 무엇인지를 알고, 그가 이것을 가장 순수한 방식으로 안다는 것, 다시 말하면 그가 자기가 무엇인지에 대한 사유에 도달한다는 것은 일반적으로 인간의 존엄함이다." 그러나 정신으로 하여금 한갓된 현존재와 구별되어 그러한 것 이상이게끔 해주는 이러한 앎은 또한 "정신의 발전에서 새로운 형식을 산출하고" 따라서 철학을 헤겔 사상의 견인 속에 놓여 있는 놀라운 전환의 모습에서 바로 미래 지시적으로 "정신의 내적인 탄생지"로 만듦으로써 나중에 "현실로서 등장"하게 하는 것이기도 하다(호프마이스터 판, S. 149 f.). 여기서는 결코 몰락으로 규정되어 있거나 지쳐 기진맥진하지 않는 고차적인 철학적 에토스가 감지된다. 그리하여 헤겔은 오히려 자신의 베를린 대학 취임사에서도 "청년의 정신"에 호소하고 "건강한 심정"을 가지고서 "진리를 요구할 용기"를 지닌 "좀 더 옹골찬 정신의 여명"을 환영했던 것이다.

그럼에도 불구하고 우리는 최소한 "황혼"과 "미네르바의 부엉이"와 같은 서문의 특유한 분위기를 자아내는 문장들에서 역사적 현실에서의 철학의 장소에 관한 일반적 확정을 넘어서서 동시에 이제 자신의 철학에서 다시 한 번 보편적으로 총괄되어 있는 하나의 세계가 끝에 도달했다고 하는 헤겔의 어렴풋한 느낌이 표현된다고 하는 인상을 전혀 떨쳐버리지 못할 것이다. 가령 그는 나중에 그의 죽음 며칠 전에 씌어진 『논리의 학』의 제2판 서문을 "시대적 관심사들의 크기와 다면성에 의해 불가피한 산란함"에 대한 지적과, "하루하루의 떠들썩한 소음과 시대적 관심사들에 스스로를 제한한다고 우쭐대는 상상의 마비시킬 듯한 수다스러움이 과연 아직도 오로지 사유할 뿐인 인식의 정열 없는 고요함에 참여하기 위한 공간을 열어두고 있는지"에 대한 의심으로 끝맺고 있다.

그러나 더 본질적인 것은 바로 삶의 현재성에 대한 헤겔의 특유하고도 너무도 내적인 관련이야말로 그로 하여금 현실과 역사를 현상들의 빠른 지나감과 모순으로부터 벗어나 그 근거로부터 투명하게 볼 수 있는 깊이에서 파악할 수 있도록 해준다는 것이거니와,—헤겔은 직관적으로나 예언적으로가 아니라 바로 오랫동안의 수고스럽고 헌신적인 사유노동을 통해 그럴 수 있었던 것이다. 하지만 이 점은 유일무이한 방식으로 끊임없이 근면하고 또 전혀 지치지 않고서 자신의 삶을 세계경험을 개념적으로 꿰뚫어 파악하는 데 바침으로써 존재의 근거들에 대한 관조적인 자기침잠 속에서 나이가 들어간 한 사람에게 있어서는 결코 다를 수 없었을 것이다.

참고문헌

Ⅰ. 헤겔의 저작

Gesammelte Werke, hrsg., Verein von Freunden des Verewigten.

Sämtliche Werke(Jubiläumsausgabe), hrsg., Hermann Glockner, 1927-30.

Werke in Zwanzig Bänden. Theorie Werkausgabe. Redaktion Eva Moldenhauer und Karl Marcus Michel. Frankfurt a. M. 1969 ff.

Dokumente zu Hegels Entwicklung. hrsg. von J. Hoffmeister. Stuttgart 1936.

Phänomenologie des Geistes, hrsg., J. Hoffmeister, Felix Meiner, Philosophische Bibliothek.

Briefe von und an Hegel, hrsg. J. Hoffmeister, Felix Meiner.

Erste Druckschriften, hrsg. G. Lasson, Felix Meiner.

Jenenser Logik, Metaphysik und Naturphilosophie(1801/02년 강의, 라손의 비판판 Bd. XVIII).

System der Sittlichkeit, Bd. XIII.

Ⅱ. 헤겔 연구 관련 문헌

Baer, R., Hegel und die Mathematik, in: *Verhandlungen des 2. Hegelkongresses*, 1932.

Brunner, Emil, *Die Mystik und das Wort*, 2. Auflage, 1928.

Brunswig, A., *Hegel*, 1922.

Busse, M., *Hegels Phänomenologie des Geistes und der Staat*, 1931.

Croce, Benedetto, *Lebendiges und Totes in Hegels Philosophie*, (이탈리아어판 1907, 독일어판 1909.)

Dilthey, Wilhelm, *Die Jugendgeschichte Hegels*. 1906(in: Diltheys Gesammelte Schriften. Bd. Ⅳ. 1921).

Dulckeit, G., *Die Idee Gottes im Geiste der Philosophie Hegels*, 1947.

Engel, O., Einfluß Hegels auf die Gedankenwelt Hyppolit Tainès, 1920.

Falkenheim, Hugo, *Goethe und Hegel*, 1934.

Fichte, J. G., *Sämtliche Werke*, ed. I. H. Fichte. Berlin, 1845-6.

Fischer, Kuno, *Hegels Leben, Lehre und Werke*, 2 Bde. 1901(H. Falkenheim과 Lasson에 의해 보완된 신판, 1909).

Fricke, G., *Der Kampf um den deutschen Idealismus, Neue Jahrbücher*, 1932.

Fries, J. Fr., *Wissen, Glaube und Ahndung*, 1805.

Fries, J. Fr., *Neue oder anthropologische Kritik der Vernunft*, 3 Bd., 1807.

Gadamer, H. G., Hegel und der geschichtliche Geist, *Ztsch. f. d. ges. Staatswiss*., 1939.

Gadamer, H. G., Volk und Geschichte im Denken Herders, 1942.

Glockner, Hermann, *Hegel*, 2 Bd. 1929-40.

Glockner, Hermann, *Hegel-Lexicon*. 4 Bd. 1935-39.

Groos, H., *Der deutsche Idealismus und das Christentum*, 1927.

Haering, Th., *Hegel, sein Wollen und sein Werk*, Ⅰ, 1928, Ⅱ, 1938.

Haller, Karl Ludwig von, *Restauration der Staatswissenschaft*, 6 Bd., Winterthur, 1817-1834.

Hartmann, Nicolai, *Aristoteles und Hegel*, 1923.

Hartmann, Nicolai, *Die Philosophie des deutschen Idealismus*, 2. Teil. Berlin, 1929.

Hartmann, Nicolai, *Hegel*, 1929.

Hartmann, Nicolai, *Problem des geistigen Seins*, 1933.

Hartmann, Nicolai, Hegel und das Problem der Realdialektik, *Blätter für Deutsche Philosophie*. 1935.

Hartmann, Nicolai, Der philosophische Gedanke und seine Geschichte, 1936.

Haym, Rudolf, *Hegel und seine Zeit*, Berlin, 1857(Hildesheim, 1974).

Heimsoeth, *Metaphysik der Neuzeit*, 1929.

Heimsoeth, Politik und Moral in Hegels Geschichtsphilosophie, *Blätter für deutsche Philosophie*, 1934.

Heiß, R., Verhältnis von Theorie und Praxis bei Hegel, *Blätter für deutsche Philosophie*, 1935.

Heiß, R., Philosophie als Universalwissenschaft, *Blätter für deutsche Philosophie*, 1942.

Hirsch, E., *Die idealistische Philosophie und das Christentum*, 1926.

Hoffmann, Ernst, Über die Problematik der philosophiegesch. Methode, Theoria, *A Swedish Journal of Philosophy and Psychology III*, 1937.

Hoffmeister, Johannes, *Hölderlin und Hegel*, Tübingen, 1931.

Hoffmeister, Johannes, Der Geistbegriff des dt. Idealismus, in *Dt. Viert. schr.* 1932.

Höhne, Horst, Hegel und England. In: *Kant-Studien*. Bd. 36, Berlin, 1931.

Irving, *Erfahrungen und Untersuchungen über den Menschen*, 3 Band, 1779.

Jakowenko, B., *Geschichte des Hegelianismus in Rußland*, 1938.

Jung, E., *Entzweiung und Versöhnung in Hegels Phän. d. Geistes*, 1940.

Kroner, R., *Von Kant bis Hegel*, 2 Bde. 1921/24.

Krüger, Gerhard, Die Aufgabe der Hegelforschung, Theologische Rundschau, 1935.

Larenz, K., *Hegelianismus und preußische Staatsidee*, 1940.

Leese, K., *Die Geschichtsphilosophie*, 1922.

Leese, K., *Die Religion des protestantischen Menschen*, 1938.

Lessing, Gotthold Ephraim, *Nathan der Weise*, 1779.

Levy, H., Die Hegel-Renaissance in der deutschen Philosophie, 1927.

Litt, Th., Kant und Herder als Deuter der geistigen Welt, 1928.

Litt, Th., Die Befreiung des gesch. Bewußtseins durch Herder, 1942.

Lütgert, W., *Die Religion des deutschen Idealismus und ihr Ende*, Ⅰ/Ⅱ, 1923, Ⅲ, 1925.

Marcuse, H., *Hegels Ontologie und die Grundlegung einer Theorie der Geschichtlichkeit*, 1932.

Meinecke, Fr., *Die Entstehung des Historismus*, 1936.

Metzke, E., ein Beitrag zur Geschichte des sog. Hegelianismus im 19. Jahrhundert, 1929.

Metzke, E., J. G. Hamanns Stellung in der Philosophie des 18. Jahrhunderts, *Schriften der Königsberger Gelehrtengesellschaft*, 1934.

Moog, W. *Hegel und Hegelsche Schule*, 1930.

Nadler, K., *Der dialektische Widerspruch in Hegels Philosophie und Paradoxon des Christentums*, 1931.

Niel, Henri, *De la Médiation dans la philosophie de Hegel*, Paris 1945.

Nink, C., *Kommentar zu den grundl. Abschn. d. Geistes*, 1931.

Purpus, W., *Zur Dialektik des Bewußtseins nach Hegel*, 1908.

Rosenkranz, K., *Hegels Leben*, 1844.

Rosenzweig, *Hegel und der Staat*, 1920.

Schelling, Friedrich Wilhelm Joseph von, *Vorlesungen über das akademische Studium*, 1802.

Scholz, Heinrich, hrsg., *Die Hauptschriften zum Pantheismusstreit*, 1916.
Scholz, Heinrich, *Die Bedeutung der Hegelschen Philosophie für das philosophischen Denken der Gegenwart*, 1921.
Schwarz, J., *Hegels philosophische Entwicklung*, 1937.
Sesemann, W., Zum Problem der Dialektik, *Blätter für Deutsche Philosophie*, 1935.
Spranger, E., *Der Kampf gegen den Idealismus*, 1931.
Stadelmann, R., Der historischen Sinn bei Herder, 1928.
Steinbüchel, Th., *Das Grundproblem der Hegelschen Philosophie*, 1933.
Steinbüchel, Th., Das Problem der Existenz in idealistischer und romantischer Philosophie und Religion, in: *Scientia Sacra, Festgabe für Kardinal Schulte*, 1935.
Steinbüchel, Th., Mystik und Idealismus, Meister Eckhart und Hegel, in: *Universitas*, 1947.
Stirling, J. Hutchison, *The Secret of Hegel*, London 1867.
Trendelenburg, Adolf, *Logischen Untersuchungen*, 1870.
Tschizewskij, hrsg., *Hegel bei den Slawen*, 1934.
Unger, R., *Hamann und die Aufklärung*, 2. Aufl., 1925.
Voßler, Otto, *Der Nationalgedanke von Rousseau bis Ranke*, 1936.
Wahl, J., *Le malheur de la conscience dans la philosophie de Hegel*, 1929.
Wenke, H., *Hegels Theorie des objektiven Geistes*, 1927.
Wiese, B. v., Herder, 1939.
Wigersma, hrsg., *Verhandlungen des 2. Hegelkongresses*, Ⅰ, 1931, Ⅱ, 1932, Ⅲ, 1933/34.(*Verhandlungen des ersten Hegelkongresses*, 1930/31.)
Windelband, Wilhelm, Die Erneuerung des Hegelianismus, 1910.
Wolff, Christian, *Theologia naturalis*, 1731.

옮긴이 후기

도서출판 b의 헤겔총서 제2권으로 출간되는 이 『헤겔의 서문들—헤겔 철학 입문을 위한 그 주해』는 에르빈 메츠케Erwin Metzke가 편집하고 주해한 『*Hegels Vorreden—Mit Kommentar zur Einführung in seine Philosophie*』, F. H. Kerle Verlag · Heidelberg, 1949를 우리말로 옮긴 것이다. 메츠케는 이 『헤겔의 서문들』에서 헤겔이 생전에 공식 출간한 저작들, 즉 『정신현상학』, 『논리의 학』, 『철학적 학문들의 엔치클로페디 강요』, 『법철학 요강』의 서문들과 그에 더하여 베를린 대학 취임사를 제1부의 텍스트로서 정리하고, 제2부에서 그것들에 대한 상세한 주해를 시도하고 있다. 옮긴이는 제1부의 텍스트에서 베를린 취임사 뒤에 그것의 핵심적 내용을 선취하고 있는 하이델베르크 대학에서의 취임강의를 부록으로 덧붙였다.

편주자인 에르빈 메츠케는 1906년 7월 3일 단치히에서 태어나 1956년 7월 3일 튀빙겐에서 사망한 독일의 철학자이다. 그는 1925년부터 1929년까지 쾰른과 쾨니히스베르크에서 에리히 제베르크Erich Seeberg에게서 고전문헌학과 철학 및 신학을 공부하고, 1929년 하인츠 하임죄트Heinz Heimsoeth에게서 「칼 로젠크란츠와 헤겔. 19세기의 이른바 헤겔주의 철학의 역사에 대하여Karl Rosenkranz und Hegel. Ein Beitrag zur Geschichte der Philosophie des sogenannten Hegelianismus im 19. Jahrhundert」(Heims, Leipzig 1929)에 관한 논문으로 박사학위를 취득했다. 이어서 그는 1934년 「18세기 철학에서 요한 게오르크 하만의 위치Johann Georg Hamanns Stellung in der Philosophie des 18. Jahrhunderts」(Niemeyer, Halle 1934)에 관한 연구로 그 사이 쾰른으로 옮겨 간 하임죄트에게서 교수자격을 취득했다. 이들 학위논문과 지금 이 『헤겔의 서문들』 이외에 그의 저작으로는 『역사적 현실성. 독일의 역사철학에 대하여*Geschichtliche Wirklichkeit. Gedanken zu einer deutschen Philosophie der Geschichte*』(Philosophie und Geschichte Heft 57, Mohr, Tübingen 1935), 『세계와 인간의 삶에 관한 파라켈수스의 견해*Paracelsus' Anschauung von der Welt und vom menschlichen Leben*』(Junker & Dünnhaupt, Berlin 1943), 『성사와 형이상학. 육체적-물질적인 것에 대한 기독교적 사유의 관계에 관한 루터 연구 *Sakrament und Metaphysik. Eine Lutherstudie über das Verhältnis des christlichen Denkens zum Leiblich-Materiell*』(Kreuz, Stuttgart 1948), 『철학 소사전*Handlexikon der Philosophie*』(Kerle, Heidelberg 1948)이 있다. 한편 메츠케는 2차 세계대전 후 튀빙겐에서 칼 포를랜더Karl Vorländer의 철학사의 처음 두 권(고대와 중세)에 대한 개정작업을 수행하고 나아가 맑스주의와 성적 차이의 문제 등을 다뤘다. 그는 『맑스주의 연구*Marxismusstudien*』(1954) 제1권의 편집자였으며, 제2권에는 「맑스 사유의 근원적 발상에서 인간과 역사Mensch und Geschichte im ursprünglichen Ansatz des Marxschen Denkens」를 주제로 한 논문을 게재하기도 했다.

일반적으로 헤겔 철학에 대한 이해의 시도, 특히 그 텍스트들에 대한 독해의 시도는 우리에게 언제나 좌절을 안겨주는 쓰라린 경험이다. 그러한 경험은 기본적으로 헤겔 사유의 지극히 복잡한 논리적 구조와 그것이 다루는 분석대상의 방대함 그리고 그것이 파헤치는 각각의 주제들의 철학적 깊이에서 비롯된다 할 것이다. 그런데 그것이 그렇지 않을 수 없는 까닭은 헤겔의 철학 자체가 그리스 문화와 기독교에 뿌리박고 있는 선행하는 유럽의 철학적·학문적 사유 전체의 총괄적인 체계적 종합, 다시 말하면 헤겔의 철학이 플라톤과 아리스토텔레스의 고대 관념론과 기독교 그리고 르네상스와 종교개혁 이후로 전개된 서구적 사유의 포괄적인 연관 속에서 실현된 철학적 산물이기 때문일 것이다. 더군다나 헤겔은 자기 당대의 철학적 움직임들, 즉 칸트와 피히테, 셸링 및 계몽주의와 낭만주의 등과의 치열한 대결 속에서 자기의 사유를 다듬어 나갔다. 그렇다면 이러한 헤겔 철학에 대한 이해 및 그 텍스트들에 대한 독해를 위해서는 충실한 철학사적 지식을 비롯한 보편적인 철학적 교양 수준 및 헤겔이 직접적으로 부딪쳤던 당대의 철학적 논쟁들과 헤겔의 철학적 체계 영역들 전체에 대한 일정한 친숙함을 필요로 할 것이다. 그러나 헤겔 이해를 위한 이러한 까다롭고도 요구하는 바가 많은 전제조건이야말로 우리로 하여금 헤겔에 처음 접근하는 데서 곧바로 독해의 의욕을 저버리게 하는 바로 그것이지 않을 수 없다.

그렇다면 우리는 돌파구가 보이지 않는 듯한 이러한 상황에서 그저 포기하고 말 것인가? 그러나 옮긴이의 생각에 우리에게는 몇 가지 실마리가 주어질 수 있는데, 그것은 바로 헤겔 철학의 주제들과 그것들이 지닌 역사적 맥락에 대한 설명 및 헤겔 철학의 복잡한 개념 세계를 해명해 주는 개념적 지도 그리고 더 나아가서는 헤겔 철학체계의 근거짓기 이론적인 구조에 대한 해명 등일 것이다. 옮긴이는 지난 몇 년 사이 헤겔 철학의 개념적 지도 및 헤겔 연구와 관련된 사항들에 대한 안내로서 『헤겔사전』을, 그리고 헤겔 철학의 주제들 및 그 역사적 맥락에 대한 접근을 위해—지금 이 헤겔총서의 제1권으로서—프레더릭 바이저의 『헤겔—그의 철학적 주제들』을 옮겨 내놓은 바 있지만, 옮긴이가 보기에 그것들은 모두 헤겔 철학과 헤겔 자신의 텍스트들에 대한 접근의 길을 모색하고 있는 이들에게 무언가 기여할 수 있는 것들이었다.

그런데 이 『헤겔의 서문들』의 편주자인 메츠케는 우리가 자연스러운 방식으로 헤겔 자신에게서 헤겔의 철학에 접근할 수 있는 통로를 찾을 수 있거니와, 그것은 바로 헤겔 자신이 자기의 주요 저작에 붙인 서문들이라고 말하고 있다. 왜냐하면 헤겔의 서문들은—헤겔 자신이 『정신현상학』 서문에서 말하듯이 "철학적 저술에서는 필요 없을 뿐만 아니라 사태의 본성 때문에 심지어 부적절하고 목적에 반하는 것으로 보이는"—그저 외적이고 몰개념적인 예비적 언급들을 담고 있는 것이 아니라 헤겔 철학의 근본입장 및 그의 밀도 있는 철학적 사유를 그때그때마다 다양한 맥락에서 집중적으로 보여주고 있기 때문이라는 것이다. 헤겔의 서문들은 '학문적 인식'과 '학문적 방법', '언어와 사유형식', '철학과 종교의 관계', '현실에 대한 철학의 태도' 등등을 둘러싸고 헤겔의 정신사적 입장과 체계적 입장 및 그 자신의 철학적 자기이해에 대해 특별히 특징적인 것으로 받아들여져 온 정식화들 가운데 많은 것을 포함하고 있다.

가령 우리는 헤겔의 서문들에서 헤겔이 자신의 철학적 삶에서 처음부터 끝까지 최대의 노력을 기울였던 것이 무엇보다도 "진리에 대한 학문적 인식"(8/14)이었음을 확인할 수 있다. 요컨대 이러한 학문적 인식의 길은 헤겔에게 있어 그 무엇보다도 어려운 길이지만, 진리에 대한 의지와 용기를 보존하고 있는 정신에 대해서는 유일하게 관심과 가치를 지닐 수 있는 길이었는데, 왜냐하면 정신은 학문적 "방법만이 사상을 제어하여 그것을 사태로 이끌고 그 속에서 유지할 수 있다는 것을 발견"(같은 곳)하기 때문이다. 그러므로 헤겔에게 있어 진리, 즉 참된 것의 터전은 방법을 자기의 내용적 본성으로 하고 있는 개념이며, 진리의 참된 형태는 개념의 방법적 전개에 의해 실현되는 학문적 체계이다. 다시 말하면 헤겔에게 있어 "진리가 실존하는 참된 형태는 오로지 진리의 학문적 체계일 수 있을 뿐"(3/14)인바, 철학은 개념을 터전으로 하여 이루어지는 학문 형식에 접근하기 위해 "자기 자신을 정립하고 자기 내에서 살아 있는 것, 자기의 개념 속에 있는 현존재"(3/46)이자 "스스로 **운동하는** …… **내용의 본성**"(5/16)인 방법을 추적하는 것이다. 헤겔에 따르면 정신은 그와 같은 학문적 방법에 이끌림으로써 스스로가 우선은 넘어서고자 노력했고 스스로를 그 너머에 정립시켰던 절대적인 내실을 회복할 뿐만 아니라 그것도 "정신의 가장 고유하고도 가장 자유로운 터전에서”(8/15) 회복하게 된다.

이와 같은 논의는 『정신현상학』과 『논리의 학』 및 『엔치클로페디』에 붙여진 서문들에서 확인할 수 있는 학문적 체계로서의 철학과 그 방법에 대한 정식화지만, 그 밖에 또 다른 정식화의 예를 들자면 우리는 『법철학』 서문에서의 ‘이성적인 것’과 ‘현실적인 것’의 관계를 둘러싼 논의 및 ‘미네르바의 부엉이’와 관련된 언급 등등을 찾아볼 수 있다.

그리하여 메츠케는 헤겔의 서문들의 텍스트들을 정리할 뿐만 아니라 이 서문들에서의 헤겔의 다양한 철학적 정식화들을 비롯한 핵심적인 사항들을 드러내고 나아가 그것들에 대한 적절한 주해들을 제공함으로써 우리가 헤겔 자신의 인도를 따라 그의 사유와 본래적인 방식으로 만날 수 있게 해주고 있다. 요컨대 메츠케는 헤겔 철학의 이념사적 포괄성과 역사적 현실성 및 체계적인 총체적 연관을 고려하는 가운데 각각의 개별적인 부분들에서 그 개별적인 것들도 담지하는 사상의 총체적 운동을 해명해 보임으로써, 우리로 하여금 헤겔이 문제 삼는 사태를 그 자체로부터 파악하고 함께 철학해 나갈 수 있게 해주는 것이다. 그리하여 이제 옮긴이로서는 이 『헤겔의 서문들』이 헤겔 철학과 그의 텍스트에 접근하고자 많은 이들에게 그야말로 아리아드네의 이끄는 실이 될 수 있기를 바랄 뿐이다. 한편 번역과 관련하여 한마디 덧붙이자면, 제2부의 주해는 물론이겠거니와 제1부의 서문들의 텍스트에서도 옮긴이는 기왕의 우리말로 읽을 수 있는 것이 존재하는 경우에도 그것들을 이용하지 않고 새롭게 옮기고자 했다. 그렇게 한 까닭은 다양한 텍스트의 번역상의 통일을 기하기 위해서 등 여러 이유 때문이지만, 이 텍스트들 가운데 우리말로 최초로 번역되는 부분들뿐만 아니라 이미 다른 번역이 존재하는 부분들에서도 옮긴이의 이 번역이 독자들에게 도움이 되기를 바란다.

연초에 헤겔총서 제1권으로서 프레더릭 바이저의 『헤겔』을 출간했을 때 많은 분들이 예상치 못했던 호응을 보내주셨다. 그 관심은 특별히 지금

이 시점에서 왜 헤겔이 다시 문제인가를 묻는 것으로 이어졌는데, 그렇게 묻는 이들에게 옮긴이는 "상대주의적이고 허무주의적인 지향을 지닌 포스트 담론들에 대한 반성이 헤겔 철학을 대안으로서 다시 불러들이고 있다"고 대답하고자 했다. 그런데 이 대답이 어떠한 내용과 의미를 지니는 것이든 간에 그것이 그저 옮긴이 혼자만의 생각은 아니었던 듯한데, 왜냐하면 많은 분들이 헤겔총서가 어떤 내용을 담을 것인지 궁금히 여기는 가운데 또 여러분들이 이런저런 구상들을 가지고서 헤겔총서에 참여하고자 하는 뜻을 전해 오셨기 때문이다. 이것은 옮긴이를 비롯한 도서출판 b의 기획자들을 고무시키지 않을 수 없었다. 왜냐하면 본래 헤겔총서는 우리의 힘이 닿는 한 헤겔의 원전들을 새롭게 담아낼 뿐만 아니라 시기와 지역 그리고 관련되는 철학 영역들을 막론하여 풍부하고 다양한 헤겔 철학 관련 연구서들을 포함하고자 했기 때문이다. 우리는 그 사이 우리에게 전달된 그 다양한 구상을 실현하고자 애쓰고 있지만, 이제 그 밖의 귀중한 계획들을 갖고 계신 다른 많은 분들의 참여를 기대한다.

마지막으로 옮긴이로서는 『헤겔사전』의 작업 이래로 맺어진 도서출판 b의 조기조 대표, 편집부의 백은주 선생과 김장미 선생, 그리고 이런저런 구상을 위해 머리를 맞대고 있는 심철민 박사와 이성민 학형, 그리고 조영일 학형과 정지은 박사와의 만남이 삶을 밀고 나가는 추동력임을 고백하지 않을 수 없다. 이 모든 분들과 그 밖의 많은 분들에게 진심으로 감사의 인사를 전한다.

2012년 12월

이신철

구미어 찾아보기

(A)

(B)

(D)

(E)

(F)

(G)

(H)

(I)

(L)

(M)

(N)

(O)

(P)

(Q)

(R)

(S)

(T)

(U)

(V)

(W)

우리말 찾아보기

(ㄱ)

(ㄴ)

(ㄷ)

(ㄹ)

(ㅁ)

(ㅂ)

(ㅅ)

(ㅇ)

(ㅈ)

(ㅎ)

헤겔 총서 2

헤겔의 서문들

초판 1쇄 발행 • 2013년 1월 18일

지은이 • G. W. F. 헤겔
편주 • 에르빈 메츠케
옮긴이 • 이신철
펴낸이 • 조기조

펴낸곳 • 도서출판 b
등록 • 2003년 2월 24일 제12-348호
주소 • 151-899 서울특별시 관악구 미성동 1567-1 남진빌딩 401호
전화 • 02-6293-7070(대)
팩시밀리 • 02-6293-8080
홈페이지 • b-book.co.kr
전자우편 • bbooks@naver.com

정가 • 22,000원

ISBN 978-89-91706-71-2 93160